Geschichte

Lehrbuch für Klasse 9

Volk und Wissen
Volkseigener Verlag Berlin
1989

Das Lehrbuch wurde unter Verantwortung des Zentralinstituts für Geschichte an der Akademie der Wissenschaften der DDR entwickelt.

Leiter des Autorenkollektivs:
Dr. Wolfgang Bleyer

Autoren:
Dr. Wolfgang Bleyer (Einführung, Kapitel 3)
Dr. Helga Gotschlich (Abschnitte 1.4. bis 1.6. und Kapitel 2)
Dr. sc. Gerhart Hass (Abschnitte 1.1. bis 1.3. und Kapitel 4)
Dr. Peter Hübner (Kapitel 5 und 6)

Entwurf der Karten:
Gerhard Ziegler

Methodische Begutachtung der gesamten Lehrbuchreihe:
Prof. Dr. sc. Horst Diere, Martin-Luther-Universität Halle-Wittenberg

Redaktion:
Gerhard Ziegler

Vom Ministerium für Volksbildung der Deutschen Demokratischen Republik als Schulbuch bestätigt.

ISBN 3-06-110904-8

2. Auflage
Ausgabe 1988

Lizenz-Nr. 203 · 1000/89 (DN 110904-2) · VWV 30/88
Printed in the German Democratic Republic
Schrift: 9/9/10 Timeless
Gesamtherstellung: Grafischer Großbetrieb Völkerfreundschaft Dresden
Illustrationen: Karl-Heinz Wieland
Grafische Darstellungen: Erika Kerschner
Einband: Manfred Behrendt
Reihenkonzeption: Manfred Behrendt/Günter Wolff
Typografische Gestaltung: Erika Kerschner
Kartenredaktion: Dieter Bloch
Kartenherstellung: VEB Hermann Haack Gotha
Redaktionsschluß: 1. Dezember 1988
LSV 0681
Bestell-Nr. 731 380 5
Schulpreis DDR: 3,30

Inhaltsverzeichnis

Wird nicht mehr behandelt

Einführung in das Lehrbuch

Die Große Sozialistische Oktoberrevolution, die den Höhepunkt des Geschichtsunterrichts in Klasse 8 bildete, eröffnete ein neues Zeitalter in der Weltgeschichte, die Epoche des Übergangs vom Kapitalismus zum Sozialismus. Die Völker Rußlands errichteten die erste Arbeiter-und-Bauern-Macht auf einem Sechstel unseres Erdballs und begannen mit dem Aufbau des Sozialismus. Das gab der revolutionären Arbeiterbewegung und allen nach Freiheit und Frieden dürstenden Menschen Ziel und Richtung für ihren Kampf. Die Erkenntnisse aus diesen Kämpfen strahlen bis in unsere Tage aus und helfen uns, die Gegenwart aktiv mitzugestalten.
In diesem Lehrbuch erhalten Sie ein konkretes Bild von den Auseinandersetzungen der Klassenkräfte auf deutschem Boden. In den Jahren der Weimarer Republik stand die KPD unter der Führung ihres Thälmannschen Zentralkomitees an der Spitze der Kämpfe, die die deutsche Arbeiterklasse im Bündnis mit anderen Werktätigen um die Verteidigung und den Ausbau der Errungenschaften der Novemberrevolution in Deutschland führte. In den dunkelsten Jahren der faschistischen Diktatur kämpften die Kommunisten konsequent und opfermutig an der vordersten Front des antifaschistischen Widerstandskampfes für den Sturz der Hitlerdiktatur und für die Erhaltung des Friedens. Die KPD rang dabei konsequent um das gemeinsame Handeln aller Hitlergegner. Der aggressive deutsche Imperialismus entfesselte den zweiten Weltkrieg und fügte der Menschheit unermeßliches Leid zu.
Der Sieg der Staaten und Völker der Antihitlerkoalition über den Faschismus war das bedeutendste Ereignis nach der Großen Sozialistischen Oktoberrevolution. Unter seinen Auswirkungen konnten die Arbeiterklasse und ihre Bündnispartner

1900	1914 bis 1918	Erster Weltkrieg
	1917	Große Sozialistische Oktoberrevolution
	1918/19	Novemberrevolution in Deutschland
	1919 bis 1933	Weimarer Republik
	1922	Gründung der UdSSR
	1925	Bildung des Thälmannschen Zentralkomitees der KPD
	1933 bis 1945	Faschistische Diktatur in Deutschland
	1935	VII. Weltkongreß der Kommunistischen Internationale
	1939 bis 1945	Zweiter Weltkrieg
	1946	Vereinigung von KPD und SPD zur SED
	1949	Gründung der DDR
1950	1955	Abschluß des Warschauer Vertrages
	1971	VIII. Parteitag der SED
Gegenwart	1986	XI. Parteitag der SED

in mehreren Ländern Europas und Asiens volksdemokratische Staaten errichten und zum Aufbau des Sozialismus übergehen. Auch im Osten Deutschlands errichtete die Arbeiterklasse, geführt von der SED, mit ihren Verbündeten die erste Arbeiter-und-Bauern-Macht auf deutschem Boden. Sie schuf mit der DDR den ersten deutschen Friedensstaat und beschritt den Weg des Sozialismus. In den Jahren nach dem zweiten Weltkrieg bildete sich das sozialistische Weltsystem heraus, das entscheidend zur Sicherung des Weltfriedens beiträgt.
Beim Lehrbuchstudium werden Sie Achtung vor den Kräften und Persönlichkeiten gewinnen, die unter großen Mühen und Opfern diese Leistungen vollbrachten. Ihnen sollen Sie nacheifern. Dazu wollen der Geschichtsunterricht und dieses Lehrbuch beitragen.

Damit Sie mit dem Lehrbuch besser arbeiten und lernen können, geben wir Ihnen folgende Hinweise:

Inhaltsverzeichnis	Es steht am Anfang des Buches und soll bei der schnellen Orientierung helfen.
Zeittafel	Auf den Seiten 289 bis 291 sind alle Merkzahlen aufgeführt, die im Geschichtsunterricht der Klassen 5 bis 9 verlangt werden.
Empfehlungen für die außerunterrichtliche Lektüre	Hier finden Sie einige Bücher, in denen Sie mehr über den behandelten Lehrstoff erfahren können. Nutzen Sie dabei die Ihnen bekannten Bibliotheken. Die Literaturempfehlungen befinden sich auf den Seiten 292 bis 295.
Register	Wichtige Begriffe und Namen werden auf den Seiten 296 bis 300 in alphabetischer Reihenfolge genannt. Mit Hilfe dieses Registers finden Sie rasch die Seite, auf der zu den Begriffen oder Namen Aussagen getroffen werden.
Fragen und Aufgaben	Sie sind mit einem blauen Punkt ● gekennzeichnet. Sie helfen beim Lernen und machen auf historisch interessante Zusammenhänge aufmerksam.
Hervorhebungen im Text	Zur besseren Orientierung beim Lesen und beim Wiederholen enthält das Lehrbuch halbfett gedruckte Stichwörter im Text.
Zusammenfassungen	Am Ende von Abschnitten befinden sich kurze Zusammenfassungen, die durch ein blaues Dreieck ▶ erkennbar sind. Sie nützen Ihnen aber nur, wenn Sie den jeweils vorangegangenen Lehrbuchabschnitt kennen. Die Zusammenfassungen enthalten auch knappe Zeittafeln, die die Geschichtszahlen des Abschnitts noch einmal hervorheben. Dabei finden Sie – halbfett gedruckt – auch die Merkzahlen.

Autoren und Redaktion wünschen Ihnen beim Lesen und Lernen mit diesem Buch viel Freude und Erfolg!

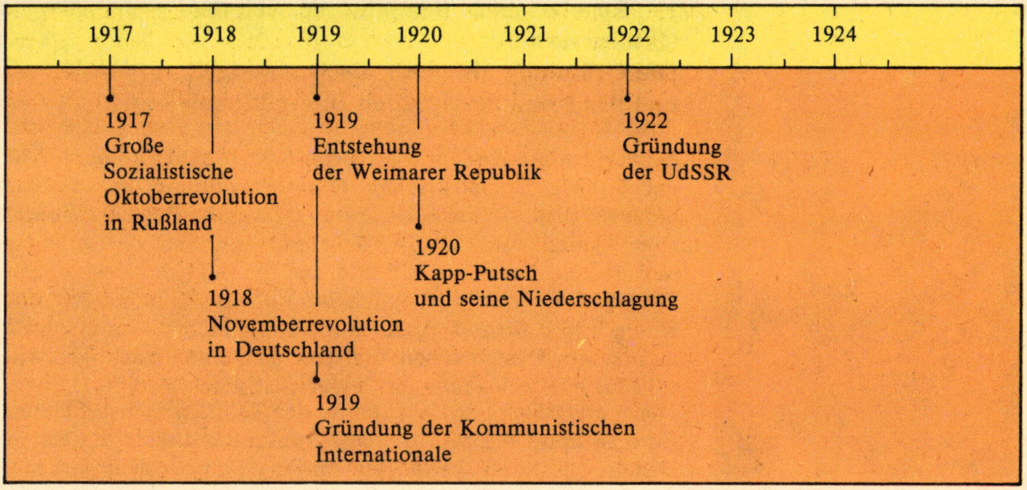

Klassenauseinandersetzungen nach dem Sieg der Großen Sozialistischen Oktoberrevolution

1. KAPITEL

In diesem Kapitel machen wir uns mit Geschehnissen vertraut, die sich in den ersten Jahren nach der Großen Sozialistischen Oktoberrevolution in der Welt ereigneten. Ausgangspunkt ist die Erkenntnis, daß mit der siegreichen sozialistischen Revolution in Rußland die ungeteilte Herrschaft des Kapitalismus über den gesamten Erdball aufgehört hatte. Wir werden erfahren, wie sich das internationale Kräfteverhältnis völlig veränderte und welche Klassenkräfte dabei den entscheidenden Einfluß ausübten.
Der Weltimperialismus gab sich nicht kampflos geschlagen. Er versuchte, den Sieg der russischen Arbeiter und Bauern rückgängig zu machen. Wie geschah das? Und wie gelang es der Arbeiterklasse in Sowjetrußland, ihre Macht zu verteidigen? Wir werden erfahren, wie zum ersten Mal in der Welt die Arbeiterklasse im Bündnis mit der werktätigen Bauernschaft, geführt von der Partei Lenins, begann, den historischen Weg zum Sozialismus zu beschreiten.
Wie wirkte dieses Beispiel auf die revolutionären Bewegungen in den Jahren 1918 bis 1923, und wie spornte es die fortschrittlichen Kräfte aller Kontinente an, in ihrem Kampf gegen den Imperialismus nicht nachzulassen?
Was vermochte die deutsche Arbeiterklasse aus den Errungenschaften der Novemberrevolution zu machen? Welche Klassenkräfte und Ereignisse bestimmten in der Zeit von 1919 bis 1923 die weitere Entwicklung in Deutschland?
Diesen erregenden Geschehnissen wollen wir nachgehen und auf die Fragen Antworten finden.

1.1. Revolutionäre Bewegungen nach der Oktoberrevolution. Die Gründung kommunistischer Parteien und der Kommunistischen Internationale

„Abgesandte der Bauern bei Lenin“, Gemälde von W. A. Serow, 1950

● *Welche Länder wurden von der revolutionären Welle erfaßt? Werten Sie die Karte auf S. 9 aus!*

● *Was waren die wichtigsten Ergebnisse und Errungenschaften der Novemberrevolution?*

Die Oktoberrevolution als Beginn einer neuen Epoche. Mit der Großen Sozialistischen Oktoberrevolution begann die neue welthistorische Epoche des Übergangs der Menschheit vom Kapitalismus zum Sozialismus. Der Sieg der Arbeiter und Bauern in Rußland hatte den Werktätigen der ganzen Welt gezeigt, daß es möglich ist, auf revolutionäre Art mit Krieg, Imperialismus, Ausbeutung und Unterdrückung Schluß zu machen. Das „russische Beispiel“ gab einen mächtigen Anstoß für den weltweiten antiimperialistischen Kampf.

Die Werktätigen und Soldaten in den kapitalistischen Staaten Europas und der USA, die schwer unter den Lasten des ersten Weltkrieges litten, verlangten ein Ende des Völkermordens. Der revolutionäre Kampf in Deutschland und in Österreich-Ungarn führte Ende Oktober/Anfang November 1918 das Ende des von diesen beiden Staaten militärisch längst verlorenen Krieges herbei. Das Ringen der Völker um den Frieden, um nationale Unabhängigkeit, Demokratie und sozialen Fortschritt bewirkte bedeutende politische Veränderungen in der Welt.

Die historische Bedeutung der Novemberrevolution in Deutschland. Nach der Oktoberrevolution in Rußland war die Novemberrevolution in Deutschland die größte revolutionäre Aktion in der Welt. Das Volk erzwang die Beendigung des Krieges, stürzte das Kaiserreich, setzte der Herrschaft der Monarchen und Fürsten im ganzen Lande ein Ende und errichtete die bürgerliche Republik. Es erkämpfte einige demokratische Freiheiten und soziale Rechte, wie zum Beispiel die Presse- und Versammlungsfreiheit, das Wahlrecht für Frauen und den Achtstundentag. In der Revolution war die Arbeiterklasse die Haupttriebkraft. Im Feuer des Kampfes entstand mit der Kommunistischen Partei Deutschlands eine wahrhaft revolutionäre Partei der Arbeiterklasse. Die KPD trat an der Spitze der deutschen Arbeiterklasse für die Verteidigung und Erweiterung der Errungenschaften der Novemberrevolution und für die Solidarität mit der jungen Sowjetmacht ein.

Die Weiterführung des Kampfes zur sozialistischen Revolution gelang jedoch in Deutschland insbesondere durch die reformistische Haltung rechter Führer der Sozialdemokratie nicht. So blieb die Novemberrevolution ihrem Charakter nach eine antiimperialistisch-demokratische Revolution.

Die Entstehung bürgerlicher Nationalstaaten. Aktionen der revolutionären und nationalen Bewegungen im Kaiserreich Österreich-Ungarn zwangen die Regierung Ende Oktober 1918, um den Waffenstillstand zu bitten. Das Herrscherhaus der Habsburger mußte nach über 600jähriger Machtausübung abdanken. Die nationale Frage besaß in der Revolution im österreich-ungarischen Vielvölkerstaat eine besondere Bedeu-

tung. Die Ungarn, Tschechen, Slowaken, Serben, Kroaten, Slowenen, Polen und andere Völkerschaften kämpften sowohl für den sozialen Fortschritt als auch für ihre nationale Unabhängigkeit.

Nach dem Zusammenbruch entstanden auf dem ehemaligen Territorium des Kaiserreiches selbständige bürgerliche Nationalstaaten. In den deutschsprachigen Landesteilen wurde am 12. November 1918 eine bürgerliche Republik Deutschösterreich gegründet, die nach den Bestimmungen des Friedensvertrages vom September 1919 *Österreich* heißt.

Am 16. November 1918 entstand die bürgerliche Republik *Ungarn.* Der revolutionäre Kampf in Ungarn führte im März 1919 zur Errichtung einer Räterepublik. Industrie, Banken, Bergbau, Verkehrswesen und Bodenbesitz über 57 Hektar wurden verstaatlicht. Gegen die **Ungarische Räterepublik** gingen konterrevolutionäre ungarische Verbände und Truppen Frankreichs, Rumäniens, der Tschechoslowakei und Jugoslawiens vor. Trotz heldenhaften Widerstandes erlag die Räterepublik am 1. August 1919 der Übermacht der inneren und äußeren Konterrevolution.

In Ungarn entstand ein bürgerlicher Staat, der Staatsform nach ein Königreich, an dessen Spitze der reaktionäre Admiral Miklós Horthy stand.

Schon am 28. Oktober 1918 wurde in Prag von kleinbürgerlichen und rechtssozialdemokratischen Parteiführern die bürgerliche *Tschechoslowakische Republik* gebildet. In diesem Staat gab es neben den vorherrschenden Tschechen auch noch Slo-

Béla Kun, Mitbegründer der Kommunistischen Partei Ungarns, ruft in Budapest die Räterepublik aus, März 1919

PKW „Opel“, 1924

waken, Deutsche, Ungarn, Ukrainer, Polen und Angehörige anderer Nationalitäten. Versuche revolutionärer Kräfte, die Entwicklung auf einen sozialistischen Weg zu führen, scheiterten. Eine **Slowakische Räterepublik**, die vom 16. Juni bis 7. Juli 1919 existierte, wurde von der bürgerlichen tschechoslowakischen Regierung unterdrückt.
Die ehemaligen südslawischen Gebiete Österreich-Ungarns schlossen sich mit Serbien und Montenegro zum Königreich der Serben, Kroaten und Slowenen zusammen. Es benannte sich im Jahre 1929 in *Jugoslawien* um.
Das Volk in *Polen* forderte, die mehr als 125jährige russische, deutsche und österreichische Zwangsherrschaft über die polnischen Landesteile zu beenden, diese zusammenzuschließen und den polnischen Staat wiederzuerrichten. Die von der Sowjetmacht verkündete „Deklaration der Rechte der Völker Rußlands“ gab den Polen das Recht auf Selbstbestimmung. Unter der Führung linker Kräfte der polnischen Sozialdemokratie begannen Arbeiter- und Bauernbewegungen den Kampf für ein sozialistisches Polen. Zwischen diesen Bewegungen einerseits und reaktionären Kräften andererseits, die von rechten Kreisen der Sozialdemokratie unterstützt wurden, kam es zu harten und zum Teil blutigen Auseinandersetzungen über die Gesellschafts- und Staatsform des Landes. Mit den Revolutionen in Deutschland und Österreich-Ungarn brachen auch deren Besatzungsregime in Polen zusammen. Das schuf günstige Bedingungen für den Erfolg der nationalen Unabhängigkeitsbewegung des Landes. Bis zum Frühjahr 1921 wurde Polen als bürgerlicher Staat vollständig wiederhergestellt. Die Regierungen Polens betrieben eine reaktionäre Innen- und Außenpolitik. Sie beteiligten sich an der Intervention gegen Sowjetrußland.
Im Ergebnis der Oktoberrevolution waren 1917/1918 auch in den zum zaristischen Rußland gehörenden Gebieten *Estland, Finnland, Lettland* und *Litauen* revolutionäre Machtorgane entstanden. Der Bourgeoisie und Weißgardisten gelang es jedoch, zum Teil mit Hilfe ausländischer Interventen, darunter deutscher Freikorps, den Sieg der sozialistischen Revolution zu verhindern und die Sowjets wieder zu liquidieren. Finnland und die baltischen Republiken wurden bürgerliche Staaten.

- *Welche Staaten wurden nach dem ersten Weltkrieg in Europa unabhängig? Benutzen Sie auch die Karte auf S. 11, um die Frage zu beantworten!*

Massenbewegungen in Europa. In den meisten kapitalistischen Staaten kam es zwischen 1919 und 1923 zu bedeutenden Aktionen der Werktätigen. In *Frankreich* führten die Arbeiter am 1. Mai 1919 einen Generalstreik für den Achtstundentag und gegen die Intervention in Sowjetrußland durch. Französische Truppenteile, die als Interventen in Südrußland eingesetzt waren, weigerten sich im Frühjahr 1919 zu kämpfen. Matrosen der französischen Flotte im Schwarzen Meer hißten im April 1919 rote Flaggen und verbrüderten sich mit russischen Revolutionären. Große Streiks, die zum Teil den Charakter von Generalstreiks ganzer Berufsgruppen annahmen, fanden im Juni/Juli 1919 im Bergbau, im Mai 1920 bei den Eisenbahnern, im August 1922 bei den Hafenarbei-

Europa im Jahre 1923
Staatsgrenze
POLEN nach dem ersten Weltkrieg entstandener Staat
1 DANZIG (unter Schutz des Völkerbundes)
2 Saargebiet (Völkerbundsmandat)
0 250 500 km
U d S S R
Moskau
FINNLAND
Helsinki
ESTLAND
Tallinn
LETTLAND
Riga
LITAUEN
Kaunas
POLEN
Warschau
SCHWEDEN
Stockholm
NORWEGEN
Kristiania
DÄNEMARK
Kopenhagen
DEUTSCHLAND
Berlin
TSCHECHOSLOWAKEI
Prag
ÖSTERREICH
Wien
LIECHT.
SCHWEIZ
Bern
UNGARN
Budapest
RUMÄNIEN
Bukarest
BULGARIEN
Sofia
SERBISCH-KROATISCH-SLOWENISCHER STAAT
Belgrad
ALBANIEN
Tirana
GRIECHENLAND
Athen
TÜRKEI
Istanbul
Dodekanes (ital.)
PERSIEN
Irak (brit. Mandat)
Syrien (frz. Mandat)
ITALIEN
Rom
SAN MARINO
FIUME
MONACO
Malta (brit.)
FRANKREICH
Paris
LUXEMBURG
BELGIEN
Brüssel
NIEDERLANDE
Amsterdam
GROSSBRITANNIEN
London
IRLAND (brit. Dom.)
Dublin
SPANIEN
Madrid
ANDORRA
PORTUGAL
Lissabon
Gibraltar (brit.)
Tanger (internat.)
Span.-Marokko
Marokko (frz.)
Rabat
Algerien (frz.)
Algier
Tunesien (frz.)
Tunis
ATLANTISCHER OZEAN
Nordsee
Ostsee
Mittelmeer
Adria
Schwarzes Meer
Kaspisches Meer
Ural
Wolga
Don
Dnepr
Dnestr
West. Dwina
Weichsel
Oder
Elbe
Rhein
Donau
Po
Rhône
Loire
Ebro
Tajo
Kura
Aras
Euphrat
Tigris

tern, in der Textil- und Metallindustrie für die Durchsetzung des Achtstundentages, für die Amnestierung politischer Häftlinge, für Lohnerhöhungen und andere Forderungen statt.
Auch in *Großbritannien* kam es im Januar/Februar 1919 zu Streiks der Hafen-, Metall- und Bauarbeiter sowie der Schiffbauer, im Sommer der Textilarbeiter und im Herbst von Eisenbahnern für die Verkürzung der Arbeitszeit und für Lohnerhöhungen. Im Oktober/November 1920 streikten mehr als eine Million Bergarbeiter. Reformistische Gewerkschaftsführer gingen jedoch Kompromisse mit der Regierung ein und verhinderten Erfolge des Massenkampfes.
Die Arbeiter in *Spanien* forderten mit politischen Generalstreiks und Massendemonstrationen soziale Verbesserungen und politische Reformen. Erst im September 1923 gelang es der Bourgeoisie durch die Errichtung einer reaktionären Diktatur unter General Primo de Rivera, die revolutionäre Bewegung zeitweilig zu unterdrücken.
In *Italien* streikten vielerorts Arbeiter und besetzten Fabriken. Nur durch die Einführung einer faschistischen Diktatur unter Benito Mussolini gelang es der Bourgeoisie, die revolutionäre Bewegung im Oktober 1922 niederzuschlagen.
Nationale Befreiungsbewegungen. Das Beispiel der Oktoberrevolution, die den im zaristischen Rußland unterdrückten und in kolonialer Abhängigkeit gehaltenen Völker den sozialistischen Weg zu nationaler gleichberechtigter Entwicklung wies, beeinflußte die Bewegungen in mehreren Ländern Asiens, Afrikas und Lateinamerikas. Die anfänglich zumeist spontanen Aktionen richteten sich gegen die koloniale und halbkoloniale Ausbeutung. Nach der Oktoberrevolution wurden die antiimperialistischen Massenaktionen zielgerichteter. Im Kampf für die politische Unabhängigkeit spielte in diesen Ländern die sich entwickelnde nationale Bourgeoisie eine bedeutende Rolle. Vom Sturz der Kolonialherrschaft und von der politischen Selbständigkeit erwartete sie für die einheimische Industrie und den Handel bessere Entwicklungs- und Profitmöglichkeiten. Einen hervorragenden Anteil am antiimperialistischen und antikolonialen Kampf hatten patriotische Offiziere, Intellektuelle, Angestellte, Lehrer und Schüler höherer Lehranstalten. Diese waren oft das Bindeglied zwischen den Führungen der nationalen Befreiungsbewegungen und den Volksmassen.

LKW, 1920

Asien. 1921 siegte in der *Mongolei* eine antifeudale, antiimperialistische Volksrevolution. Die **Mongolische Volksrepublik** wurde 1924 gegründet.

Revolutionäre Kräfte unter Sun Yat-sen kämpften in *China* für die vollständige nationale Souveränität und die Befreiung vom ausländischen Kapital. In *Korea* erhob sich das Volk im März 1919 zu einem Aufstand gegen die japanische Vorherrschaft, der jedoch blutig niedergeschlagen wurde. In den Jahren 1918 bis 1920 kam es in *Indien* zu Massenstreiks gegen die britische Herrschaft. Truppen der Kolonialmacht gingen gewaltsam vor und töteten allein im April 1919 mehr als eintausend Inder.

Afrika. Ein Aufstand gegen die britische Kolonialherrschaft brach im März 1919 in *Ägypten* aus. Britisches Militär schlug die Bewegung unter Einsatz von Artillerie und Panzern nieder. In dem gewaltigen französischen Kolonialreich kam es mehrfach zu Bauernaufständen. In *Spanisch- und Französisch-Marokko* führten Araber- und Berberstämme bewaffnete Kämpfe gegen die Kolonialherren. Sie gründeten im September 1921 eine unabhängige Rifrepublik, die aber von den Kolonialherren bis 1926 wieder liquidiert wurde.

In der britischen Kolonie *Sierra Leone* streikten 1919 die Eisenbahner. Dieser Kampf ist als erster Streik der Völker Westafrikas bekannt geworden.

Südafrikanische Truppen unterdrückten mit Land- und Luftstreitkräften in *Südwestafrika* (heute *Namibia*) den Befreiungskampf des Volkes. Das gleiche Schicksal erlitten 1922 Aufstände in der portugiesischen Kolonie *Angola.*
Unter der Führung des Afrikanischen Nationalkongresses kämpften fortschrittliche Kräfte in der *Südafrikanischen Union* (heute *Republik Südafrika*) gegen die Rassendiskriminierung und Rassentrennung (Apartheid). Über 100000 afrikanische Arbeiter streikten im März 1918 gegen die menschenunwürdigen Arbeitsbedingungen und die politische Unterdrückung durch das Apartheidregime.
Lateinamerika. Im November 1918 kam es in *Brasilien* zu einem Generalstreik und zu Barrikadenkämpfen. Am 1. Juli 1919 fand ein 24stündiger Proteststreik der Metallarbeiter von Rio de Janeiro gegen die imperialistische Intervention in Sowjetrußland statt. In *Argentinien* kämpften im Januar 1919 die Arbeiter von Buenos Aires eine Woche lang auf den Barrikaden gegen die Ausbeutung durch in- und ausländische Kapitalisten. In *Mexiko* ging der Kampf für die Verwirklichung einer bürgerlich-demokratischen Verfassung, die 1917 angenommen worden war, in einen Bürgerkrieg über. Auch in anderen Staaten Lateinamerikas kam es zu Streiks, Demonstrationen und Bauernunruhen.

● *In welchen Gebieten der Erde kam es nach 1917 zu Aufständen und Kämpfen gegen die Kolonialherrschaft? Werten Sie auch die Karte auf S. 13 aus!*

Das Entstehen kommunistischer Parteien. Als unter dem Einfluß der Oktoberrevolution der revolutionäre Aufschwung in vielen kapitalistischen Staaten begann, fehlten der Arbeiterklasse revolutionäre proletarische Parteien, um die Völker, wie die Partei Lenins in Rußland, zur sozialistischen Revolution zu führen. In den meisten Staaten gab es in den sozialdemokratischen und sozialistischen Parteien linke Gruppierungen, die die Oktoberrevolution begrüßt hatten und gegen den Opportunismus und Revisionismus ihrer Parteiführungen auftraten. Jedoch war es bis 1918/19 nirgends, außer in Rußland, gelungen, die Mehrheit der Arbeiterklasse von der opportunistischen Ideologie und Politik der II. Internationale abzubringen und die linken Kräfte in revolutionären Parteien organisatorisch fest zusammenzuschließen.
Der Erfolg der Leninschen Partei in der Oktoberrevolution überzeugte viele revolutionäre Arbeiter in den kapitalistischen Staaten von der Notwendigkeit, mit den opportunistischen und reformistischen Parteiführungen zu brechen. Der revolutionäre Kampf in allen Ländern und der Erfolg der Oktoberrevolution lehren die Arbeiterklasse, daß sie nur siegen, die Staatsmacht erobern und behaupten kann, wenn sie von einer marxistisch-leninistischen Partei geführt wird. Mitten im revolutionären Kampf begannen linke Gruppierungen in vielen Ländern der Welt, selbständige kommunistische Parteien zu gründen.
Als der Kampf um die Macht in der Novemberrevolution in Deutschland Ende 1918 noch nicht entschieden war, hatte der Spartakusbund unter der Führung von Karl Liebknecht und Rosa Luxemburg mit der Sozialdemokratie gebrochen. Vom

sozialistischer Staat

Land, in dem eine kommunistische Partei gegründet wurde

Gründung der III. (Kommunistischen) Internationale 2.–6.3.1919 in Moskau

Grenzen 1924

Die Gründung kommunistischer Parteien bis 1925 und der Kommunistischen Internationale 1919

● *Warum war die Gründung der KPD ein Wendepunkt in der Geschichte der deutschen Arbeiterbewegung?*

30. Dezember 1918 bis zum 1. Januar 1919 erfolgte in Berlin die **Gründung der Kommunistischen Partei Deutschlands (KPD).** Die deutsche Arbeiterklasse erhielt damit wieder eine Partei, die ein revolutionäres marxistisches Programm hatte.

▌ **Die Gründung der Kommunistischen Internationale.** Um einen erfolgreichen Kampf gegen das in Monopolen, übernationalen politischen Organisationen und staatlichen Bündnissen zusammengeschlossene Kapital führen zu können, war der internationale Zusammenschluß der revolutionären Parteien und Organisationen der Arbeiterklasse erforderlich. Karl Marx und Friedrich Engels hatten bereits nachgewiesen, daß die Arbeiterklasse ihre historische Mission im Kampf gegen die international verbundene Bourgeoisie nur verwirklichen kann, wenn sie sich ebenfalls international zusammenschließt. Schon im Kommunistischen Manifest stellten sie die Losung auf: „Proletarier aller Länder, vereinigt euch!" Mit der I. Internationale schufen sie dafür ein Beispiel.

Als die opportunistische II. Internationale sich dem Ausbruch des imperialistischen ersten Weltkrieges nicht widersetzte und nicht für die Wiederherstellung des Friedens kämpfte, begann W. I. Lenin, die revolutionären linken Kräfte Europas zu vereinigen. Auf den Konferenzen sozialistischer Kriegsgegner in der Schweiz (in Zimmerwald 1915 und in Kiental 1916) be-

Präsidiumsmitglieder des Gründungskongresses der Kommunistischen Internationale (von rechts nach links): Fritz Platten (Sozialdemokratische Partei der Schweiz – Opposition), W. I. Lenin (Kommunistische Partei Rußlands/Bolschewiki), Hugo Eberlein (Kommunistische Partei Deutschlands), Gustav Klinger (Kommunistische Partei der deutschen Minderheit in Sowjetrußland).

gann Lenin, die Gründung einer neuen, revolutionären Internationale vorzubereiten.

Der Sieg der Oktoberrevolution, die Festigung der Sowjetmacht, das Anwachsen der weltweiten revolutionären Kämpfe und das Entstehen kommunistischer Parteien machten es möglich und notwendig, eine neue Internationale zu schaffen. Die Initiative ging von Lenin aus, der besonders aktiv von deutschen Kommunisten unterstützt wurde.

Der **Gründungskongreß der Kommunistischen Internationale (KI, Komintern, III. Internationale)** fand vom **2. bis 6. März 1919 in Moskau** statt. 52 Delegierte aus 30 Ländern vertraten 35 Parteien und linke Gruppierungen.

Der Gründungskongreß der Komintern befaßte sich auch mit der wichtigsten Frage der sozialistischen Revolution, nämlich mit dem Kampf um die Macht. Dazu sprach W. I. Lenin in seinem Referat über **bürgerliche Demokratie und Diktatur des Proletariats**. Er sagte: „Die Geschichte lehrt, daß noch nie eine unterdrückte Klasse zur Herrschaft gelangt ist und auch nicht gelangen konnte, ohne eine Periode der Diktatur durchzumachen, d. h. der Eroberung der politischen Macht und der gewaltsamen Unterdrückung des verzweifeltsten, wildesten, vor keinem Verbrechen zurückschreckenden Widerstands, der immer von den Ausbeutern geleistet wurde." Schlußfolgernd fügte Lenin hinzu: Die Diktatur des Proletariats ist „absolut notwendig für die ganze Masse der Werktätigen als einziger Schutz gegen die Diktatur der Bourgeoisie, die zum Krieg geführt hat und neue Kriege vorbereitet".[1]

Mit der einstimmigen Billigung von Lenins Thesen grenzten sich die Delegierten von den Parteien der II. Internationale ab, die die Diktatur des Proletariats ablehnten.

Der Gründungskongreß bekannte sich zu Sowjetrußland, dem ersten Staat der Diktatur des Proletariats, und trat für die solidarische Hilfe für die Sowjetmacht in ihrem schweren Abwehrkampf gegen die Konterrevolution ein.

Die Aufgabe der Kommunistischen Internationale bestand damals vor allem darin, dem Weltimperialismus eine einheitliche Front der internationalen revolutionären Arbeiterbewegung entgegenzustellen. Die III. Internationale und die kommunistischen Parteien suchten nach Wegen zur Eroberung der Macht durch die Arbeiterklasse entsprechend den konkreten Bedingungen im jeweiligen Land. Die Komintern war unermüdlich bestrebt, den revolutionären Kampf der Arbeiterklasse Sowjetrußlands und der kapitalistischen Staaten mit dem nationalen Befreiungskampf der unterdrückten Völker zu einer weltweiten antiimperialistischen Bewegung zu vereinen.

Die III. Internationale orientierte darauf, in allen Ländern kommunistische Parteien zu schaffen. Vor diesen stand die Aufgabe, sich den Leninismus anzueignen, in allen Fragen nach dem Marxismus-Leninismus zu handeln und ihn der gesamten Arbeiterklasse zu vermitteln, die Parteiarbeit nach den Prinzipien des demokratischen Zentralismus zu organisieren und zu den anderen Organisationen der Arbeiterklasse, insbe-

- *Warum war die Gründung einer neuen, einer kommunistischen Internationale notwendig?*
- *Vergleichen Sie die historischen Entstehungsbedingungen der I. und II. Internationale mit der Lage im Jahre 1919!*

Aufgaben der KI

sondere zu den Gewerkschaften, ein Vertrauensverhältnis herzustellen. Parteien, die sich von diesen Grundsätzen leiten lassen, heißen **Parteien neuen Typs.**

In der Geschichte der internationalen Arbeiterbewegung spielte die III. Internationale eine hervorragende Rolle. Sie setzte unter den neuen historischen Bedingungen das Werk der von Karl Marx und Friedrich Engels geführten I. Internationale fort und knüpfte an revolutionäre Traditionen und Leistungen der II. Internationale an. Die Komintern entwickelte den proletarischen Internationalismus, die solidarische Hilfe der kommunistischen Parteien untereinander und das Einstehen für den ersten Arbeiter-und-Bauern-Staat der Welt, für Sowjetrußland.

Welche Aufgaben hatte die Kommunistische Internationale zu lösen?

Mit dem Entstehen einer Vielzahl kommunistischer Parteien mit Millionen Mitgliedern, die sich auch im zweiten Weltkrieg als anerkannte Vorkämpfer gegen Faschimus, Imperialismus und Krieg und für Frieden, Demokratie und Sozialismus bewährten, erfüllte die Kommunistische Internationale ihre historische Mission. Im Mai 1943 wurde die Kommunistische Internationale aufgelöst.

März 1919 Gründung der KI
März bis August 1919 Ungarische Räterepublik

▶ Das Beispiel der Großen Sozialistischen Oktoberrevolution in Rußland beeinflußte die Revolutionen in Deutschland und Österreich-Ungarn sowie den Kampf der Völker für Frieden, Demokratie, sozialen Fortschritt und nationale Selbständigkeit. Im Ergebnis der Revolution, der Aktionen der nationalen Bewegungen für die Unabhängigkeit und der großen Massenkämpfe der Werktätigen entstanden Estland, Finnland, Jugoslawien, Lettland, Litauen, Österreich, Polen, die Tschechoslowakei und Ungarn 1918 bis 1920 als bürgerliche Staaten. Das politische Kräfteverhältnis in Europa wurde sowohl durch das Entstehen neuer Staaten als auch durch das Erstarken der revolutionären Arbeiterbewegung zugunsten der Völker weiter verändert.

Auch in Asien, Afrika und Lateinamerika zeugten die Massenbewegungen der unterdrückten und entrechteten Völker vom Beginn der neuen Epoche des Übergangs vom Kapitalismus zum Sozialismus.

In Rußland war es unter der Führung der Partei Lenins gelungen, die Macht zu erringen und die Oktoberrevolution zum Siege zu führen, während in den anderen Staaten infolge des Fehlens marxistisch-leninistischer Parteien die Revolutionen und revolutionären Massenaktionen nicht zu sozialistischen Revolutionen wurden. Aus dieser Tatsache zogen die revolutionären Kräfte in der Arbeiterbewegung die richtige Schlußfolgerung: Sie bildeten kommunistische Parteien. Diese schufen sich mit der Kommunistischen Internationale ein Führungsorgan zum Kampf gegen imperialistische Kriege und kapitalistische Ausbeutung sowie für die Rechte der Völker, für Demokratie und sozialen Fortschritt.

1.2. Der Sieg der Sowjetmacht über die innere Konterrevolution und die ausländische Intervention

Ziele der weißgardistischen Konterrevolutionäre und der ausländischen Interventen

Vernichtung des ersten sozialistischen Staates
Wiederherstellung der alleinigen Herrschaft des Imperialismus in der Welt
Verhinderung der Ausbreitung der Revolution auf andere Länder
Wiedererrichtung der Herrschaft der Bourgeoisie und Großgrundbesitzer in Rußland
Rückgabe der von der Sowjetmacht enteigneten ausländischen Kapitalanlagen, Fabriken und Bergwerke
Aufteilung Rußlands in imperialistische Interessensphären

Intervention der imperialistischen Mächte. Nach der Oktoverrevolution verbanden sich die gestürzten russischen Kapitalisten und Gutsbesitzer mit den ausländischen Imperialisten gegen das eigene Volk. Sie wollten die Errungenschaften der Oktoberrevolution rückgängig machen und die kapitalistische Gesellschaftsordnung in Rußland wiederherstellen.

Die ausländische **militärische Intervention**, d. h. das gewaltsame Eindringen von Truppen fremder Mächte und deren Einmischung in die inneren Angelegenheiten des Sowjetlandes, begann im Februar 1918. Die Truppen des kaiserlichen Deutschlands drangen aus den von Deutschland im ersten Weltkrieg besetzten baltischen Gebieten in Richtung Petrograd, der damaligen Hauptstadt Sowjetrußlands, vor. In schweren Abwehrkämpfen brachte die junge Rote Armee diese jedoch am 23. Februar 1918 im Raum Pskow-Narva-Tallinn zum Stehen. Seither wird der 23. Februar als Tag der Sowjetarmee begangen. Deutsche und österreich-ungarische Truppen rückten aber auch in Belorußland, in der Ukraine, in Finnland, auf die Krim und in Transkaukasien vor. Sie unterdrückten blutig die Macht der Arbeiter und Bauern, stellten die Herrschaft der Kapitalisten und Großgrundbesitzer wieder her und setzten konterrevolutionäre, weißgardistische Machtorgane ein.

Die Verbündeten des ehemaligen zaristischen Rußlands – Frankreich, Großbritannien und die USA – sowie Japan, Polen, die Türkei und andere Staaten entsandten ab 1918 ebenfalls Truppen gegen Sowjetrußland. Heuchlerisch erklärten sie, Rußland vor der „deutschen Gefahr" retten zu müssen. In Wirklichkeit ging es ihnen darum, die Sowjetmacht zu stürzen und mit den konterrevolutionären Kräften im Lande den Kapitalismus wiederherzustellen. Im März 1918 landeten britische, französische und US-amerikanische Truppen in Murmansk, im August 1918 in Archangelsk. In dieser Zeit besetzten japanische Truppen Wladiwostok und fielen britische Truppen in Transkaukasien, Turkmenien, Usbekistan, Tadshikistan und Kirgisien ein. Im Mai 1918 begann ein tschechoslowakisches Korps, das aus etwa 50 000 ehemaligen Kriegsgefangenen bestand, unter der Führung konterrevolutionärer Offiziere einen Angriff auf die Transsibirische Eisenbahn. Dieses Korps förderte konterrevolutionäre Aktionen in wichtigen Zentren des Wolgagebietes, im Ural und in Sibirien. Zusammen mit weißgardistischen Truppenteilen schuf das tschechoslowakische Korps eine Ostfront gegen die Sowjetmacht. Rumänische Truppen besetzten Bessarabien. Insgesamt beteiligten sich 14 Staaten an der Intervention.

Der Bürgerkrieg. Die gestürzten Ausbeuterklassen Rußlands, ehemalige zaristische Offiziere, Führer der früheren bürgerlichen und kleinbürgerlichen Parteien, kurzum alle

ROSTA-Fenster von Wladimir Majakowski, 1920. Das waren handgemalte Plakate über Nachrichten der Russischen Telegraphen Agentur, ROSTA genannt. Sie hießen ROSTA-Fenster, weil diese Plakate meist in Schaufenstern hingen, um die Bevölkerung, vor allem die Analphabeten, zu informieren.

- *Was sagt dieses ROSTA-Fenster aus?*

Gegner der Sowjetmacht, verbanden sich mit den ausländischen Interventen und entfesselten 1918 den Bürgerkrieg.
Unterstützt von den in Murmansk und Archangelsk gelandeten britischen, französischen und US-amerikanischen Truppen, marschierten weißgardistische Einheiten gegen Petrograd. Mit Hilfe der deutschen Besatzer übernahm in Kiew eine konterrevolutionäre Regierung im März 1918 die Macht in der Ukraine. Truppen der ehemaligen Zarengenerale *Kornilow, Denikin* und *Wrangel* versuchten, die Sowjetmacht in Südrußland, auf der Krim und im Kaukasus zu zerschlagen. Der ehemalige Befehlshaber der zaristischen Schwarzmeerflotte, Admiral *Koltschak*, sammelte in Sibirien konterrevolutionäre Kräfte. Im November 1918 erklärte er sich zum „Obersten Regenten Rußlands". In Omsk wurde eine sibirische „Regierung" gebildet. Deutsche „Freikorps" reihten sich 1919/20 in die weißgardistischen Verbände unter General *Judenitsch* ein und halfen, die Ende 1918 wiedererrichtete Sowjetmacht in den baltischen Gebieten im Frühjahr 1919 erneut zu stürzen.

Im Sommer 1918 geriet die Sowjetmacht in eine sehr schwierige Lage. Drei Viertel des Landes befanden sich unter der Kontrolle ihrer Feinde (vgl. Karte, S. 21). In den von Weißgardisten und Interventen eroberten Gebieten errichteten sie ein grausames Regime. Der „weiße Terror" richtete sich gegen Kommunisten und andere Anhänger der Volksmacht. Viele von ihnen wurden verfolgt und ermordet. In Baku ließen britische Interventen und Konterrevolutionäre führende Kommunisten, die als die 26 Kommissare bekannt geworden sind, im September 1918 erschießen. In Aserbaidshan und anderen Gebieten wurde die Sowjetmacht zeitweilig beseitigt.

Das von der Sowjetmacht gehaltene Gebiet war von wichtigen Lebensmittel- und Rohstofflieferungen abgeschnitten. Viele Betriebe standen still, da sie kein Brennmaterial hatten. Das Volk hungerte. Die Brotration mußte auf täglich 50 Gramm gesenkt werden; aber auch diese Menge war nicht immer vorhanden.

- *Machen Sie sich anhand der Karte auf S. 21 das Zusammenwirken der Weißgardisten und Interventen gegen die Sowjetmacht klar!*

Von britischen Interventen erschossene Arbeiter an der Murmansker Eisenbahnlinie

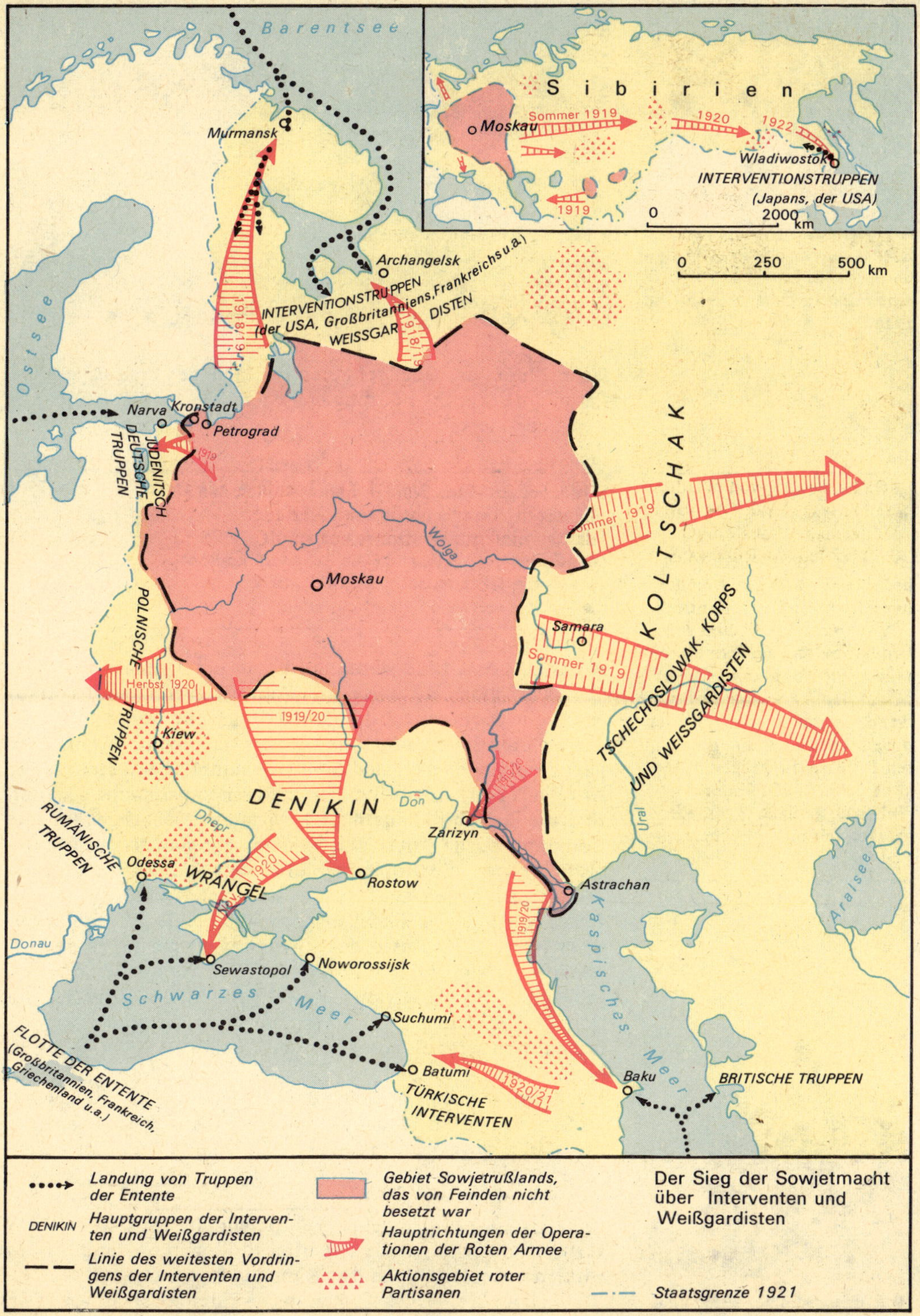

Der Sieg der Sowjetmacht über Interventen und Weißgardisten

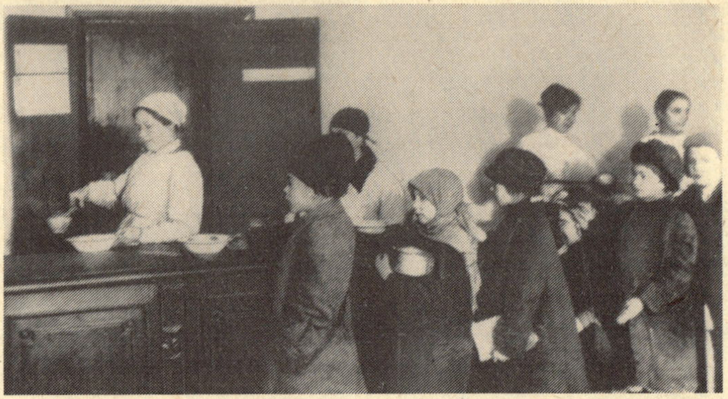

Hunderttausende hungernder Kinder durchziehen das leidgeprüfte Land. Das Foto zeigt eine Essenausgabe in Petrograd 1918.

Unter diesen unsagbar schweren Bedingungen organisierte die Partei unter Lenins Führung den Kampf gegen die Weißgardisten und Interventen.

Lenin vor Moskauer Eisenbahnern im Jahre 1918

„Niemals wird man ein Volk besiegen, in dem die Arbeiter und Bauern in ihrer Mehrheit erkannt, empfunden und gesehen haben, daß sie ihre eigene Macht, die Sowjetmacht, die Macht der Werktätigen verteidigen, daß sie die Sache verteidigen, deren Sieg ihnen und ihren Kindern die Möglichkeit gewährleistet, alle Güter der Kultur zu genießen, von allen Werken der menschlichen Arbeit Gebrauch zu machen.“[2]

Der Arbeiterdichter Demjan Bedny schrieb damals
„Genossen, um uns her – ein Feuerring!
Die Raubtierbrut, sie springt uns an die Kehle.
Ins Heimatland sich schon die Schänder krallen.
Zwei Wege läßt uns das Geschick nur. Wähle:
Im Kampfe siegen oder ehrlich fallen.“

Am 30. August 1918 wurde auf Lenin ein Mordanschlag verübt. Nach einer Rede vor Arbeitern eines Moskauer Werkes schoß eine Konterrevolutionärin auf ihn. Eine vergiftete Kugel durchschlug die Schulter, eine andere traf einen Lungenflügel. Lenin verlor viel Blut, und die Ärzte kämpften um sein Leben. Auf die Nachricht von Lenins schwerer Verwundung scharten sich die Arbeiter, Bauern und Soldaten noch enger um die Kommunistische Partei. Die Sowjetmacht ging nunmehr unerbittlich gegen die Konterrevolution vor, sie war zum „roten Terror“ gezwungen.

Verteidigung des sozialistischen Vaterlandes. In dieser äußerst schwierigen Phase des Bürgerkrieges gelang es der Arbeiterklasse unter der Führung der Kommunistischen Partei nur durch höchste Organisiertheit, bewußte Disziplin, revolutionäre Wachsamkeit und Geschlossenheit, die Völker Sowjetrußlands zur Verteidigung des sozialistischen Vaterlandes zu mobilisieren.

Die Partei konzentrierte sich darauf, neue Streitkräfte der Arbeiter-und-Bauern-Macht, die Rote Armee, aufzustellen. Etwa die Hälfte aller Parteimitglieder und des Kommunistischen Jugendverbandes (Komsomol), der Ende 1918 gegründet worden war, meldeten sich freiwillig. Im Juli 1918 führte der Sowjetkongreß die allgemeine Wehrpflicht ein. Im Oktober 1919 verfügte die Rote Armee über drei Millionen Soldaten. In ihr wirkten bedeutende, aus den Kämpfen hervorgegangene Heerführer. Der Name des Kommandeurs der Reiterarmee *S. M.*

Rotarmistenmütze, 1919

S. M. Budjonny (1883–1973)

Budjonny jagte beispielsweise den Weißgardisten Furcht und Schrecken ein.
Für den Kampf um das Überleben und den Sieg der Sowjetmacht mußten alle wirtschaftlichen Mittel eingesetzt werden. Der Sowjetstaat zentralisierte die Wirtschaftsleitung, die Produktion und die Verteilung der Konsumgüter. Lebensmittel und Waren des täglichen Bedarfs wurden auf Karten verteilt, und zwar nach dem Prinzip „Wer nicht arbeiten will, der soll auch nicht essen!“ Der private Handel wurde verboten, Mittel- und Kleinbetriebe nationalisiert. Es bestand eine allgemeine Arbeitspflicht. Die Bauern mußten die gesamten Ernteüberschüsse an den Staat abliefern. Dabei verfuhr die Sowjetmacht nach dem Grundsatz: Von den armen Bauern nichts nehmen, von den mittleren wenig, von den Großbauern möglichst viel! Alle diese Maßnahmen wurden als **Kriegskommunismus** bezeichnet. Das alles schuf wesentliche innere Voraussetzungen für den Sieg über die innere Konterrevolution und die ausländische Intervention.
Im Hinterland leisteten Millionen Werktätige eine aufopferungsvolle Arbeit. Als erste führten Moskauer Eisenbahner am Sonnabend, dem 12. April 1919, freiwillig einen unbezahlten Arbeitseinsatz durch und reparierten die Lokomotiven. Diese Bewegung erhielt die Bezeichnung **kommunistische Subbotniks**. Lenin schätzte die Subbotniks sehr hoch ein und nannte sie die große Initiative der Massen.

▌Die Offensive der Sowjetmacht. Der Aufbau der Roten Armee und die ökonomischen Maßnahmen ermöglichten es der Sowjetmacht, Ende April 1919 im Ural und in Sibirien gegen die Truppen der Weißgardisten und Interventen offensiv vorzugehen. Von Oktober 1919 bis Anfang 1920 griff die Rote Armee in der Südukraine und am Kuban erfolgreich an. Gleichzeitig erlitten die Truppen unter Judenitsch und ihre britischen, französischen, deutschen und US-amerikanischen Helfer vor Petrograd eine Niederlage. Die Interventen mußten Murmansk und Archangelsk räumen. Im Sommer 1920 gelang es, die ukrainischen Nationalisten und die polnischen Interventen aus der Ukraine und Belorußland zu vertreiben. Bis zum Jahresende wurde die Krim befreit. Ende 1920 waren die ausländischen Interventen und die inneren Konterrevolutio-

Als neue Waffe bewährten sich Panzerzüge, die aus einer leistungsstarken Lokomotive und mehreren Waggons bestanden, gegen Beschuß weitgehend unempfindlich waren und während der Fahrt aus eingebauten Maschinengewehren und Geschützen feuern konnten (links oben).

Im Juli 1919 schrieb Lenin in der Broschüre „Die große Initiative“

„Der Kommunismus beginnt dort, wo *einfache Arbeiter* in selbstloser Weise, harte Arbeit bewältigend, sich Sorgen machen um die Erhöhung der Arbeitsproduktivität, um den Schutz *eines jeden Puds* [Pud = altes russisches Mengenmaß; 1 Pud = 16,38 kg – d. Red.] *Getreide, Kohle, Eisen* und andere Produkte, die nicht den Arbeitenden persönlich und den ihnen ‚Nahestehenden‘ zugute kommen, sondern den ‚Fernstehenden‘, d. h. der ganzen Gesellschaft in ihrer Gesamtheit.“[3]

- *Erläutern Sie, welche Eigenschaften Lenin von einem sozialistischen Arbeiter fordert!*
- *Informieren Sie sich an der Karte, S. 21, über die Offensive der Sowjetmacht gegen die Interventen und Weißgardisten!*

„Am Grabe der Konterrevolution“, Plakat von W. N. Deni, 1920

● *Vergleichen Sie die Pläne des Weltimperialismus mit dem Ergebnis des Interventions- und Bürgerkrieges!*

näre entscheidend geschlagen. Lediglich aus dem Gebiet um Wladiwostock konnten die japanischen Interventen erst im Oktober 1922 vertrieben werden.

▮ **„Hände weg von Sowjetrußland!“** Unter dieser Losung protestierten die Werktätigen in vielen kapitalistischen Staaten, auch in Deutschland, gegen die Interventionspolitik der Imperialisten. Vielerorts verhinderten Arbeiter Transporte von Kriegsmaterial für die Interventen und Weißgardisten.

Am 9. Mai 1920 veröffentlichte die kommunistische Zeitung „Die Rote Fahne“ einen Aufruf der KPD. Darin hieß es: „Arbeiter! Genossen! Das revolutionäre Proletariat aller Länder hat die gebieterische Pflicht, für Sowjetrußland auf die Schanzen zu steigen. Sowjetrußland verlangt nichts als die Möglichkeit des friedlichen kommunistischen Aufbaus ... Gebt in Massen euren Willen kund, daß keine gegenrevolutionäre Macht in Deutschland es wagen soll, sich direkt oder indirekt, aktiv oder passiv am Kesseltreiben gegen Sowjetrußland zu beteiligen.“

Mit der Waffe in der Hand kämpften an der Seite der Werktätigen der Sowjetrepubliken auch viele ausländische Arbeiter, die zu einem bedeutenden Teil ehemalige Kriegsgefangene aus Deutschland, Österreich, Ungarn, der Tschechoslowakei und anderen Ländern waren.

Lenin über die Solidarität der Arbeiter in aller Welt

Lenin betonte, daß „gerade diese Unterstützung, gerade die Sympathie, die wir bei den werktätigen Massen – sowohl bei den Arbeitermassen als auch bei den ländlichen, den Bauernmassen – in der ganzen Welt, sogar in den uns am feindlichsten gegenüberstehenden Staaten fanden, daß gerade diese Unterstützung und diese Sympathie die letzte, entscheidende Quelle, die entscheidende Ursache dafür waren, daß alle gegen uns gerichteten Angriffe mit einem Fiasko endeten.“[4]

1918 bis 1922 Innere Konterrevolution und ausländische Intervention gegen die Sowjetmacht
April 1919 Erste kommunistische Subbotniks

▶ **Der Bürgerkrieg und die ausländische militärische Intervention gegen die Sowjetmacht waren ein Versuch der gestürzten Ausbeuterklassen Rußlands, mit Hilfe des Weltimperialismus ihre Herrschaft zurückzugewinnen und die Volksmacht zu beseitigen. Der siegreichen Arbeiterklasse gelang es unter der Führung der Kommunistischen Partei, das Bündnis mit der Bauernschaft zu festigen, die kampfstarke Rote Armee aufzubauen sowie Industrie und Landwirtschaft auf die Aufgabe zu konzentrieren, die Weißgardisten und Interventen zu schlagen. Das Volk konnte sich davon überzeugen, daß die Kommunistische Partei fähig war, die Volksmassen für die Verteidigung der Arbeiter-und-Bauern-Macht und der Errungenschaften der Oktoberrevolution zu mobilisieren, den Sieg über die Konterrevolution herbeizuführen und den Frieden wiederherzustellen.**

Die internationale proletarische Solidarität der Arbeiterklasse der ganzen Welt erwies sich als große Hilfe für den Kampf des Sowjetvolkes.

1.3. Der Beginn des sozialistischen Aufbaus in der UdSSR

▮ Das Ringen um die Wiederherstellung der Volkswirtschaft. Die furchtbaren Folgen des ersten Weltkrieges, der Intervention und des Bürgerkrieges lasteten auf dem Sowjetland. Viele Städte und Dörfer waren zerstört. 70000 Kilometer Eisenbahnstrecke, fast die Hälfte der Lokomotiven und ein Viertel der Waggons waren unbrauchbar. Die Großindustrie produzierte im Jahre 1920 nur noch ein Siebentel von dem, was vor dem Kriege erzeugt wurde. Der Wert der Produktion sank dementsprechend von 5,1 Milliarden Rubel im Jahre 1913 auf 810 Millionen Rubel im Jahre 1920. An Roheisen wurden sogar nur drei Prozent der Vorkriegsproduktion erzeugt. Bei Kohle wurde nur ein Drittel und bei Erdöl weniger als die Hälfte gefördert. Die landwirtschaftlichen Erträge waren auf etwa die Hälfte des Jahres 1913 gesunken. Hinzu kam im Jahre 1920 eine Mißernte und 1921 eine Dürre. Das Vieh krepierte. Die Folge war eine Hungersnot. 30 Millionen Menschen waren in Lebensgefahr. Seuchen brachen aus. Die Menschen flohen vor dem Hungertod aus den Industriegebieten. Die Sowjetmacht unternahm alles nur mögliche, um zu helfen. Die Arbeiter vieler Staaten, die selbst Not litten, schickten Hilfssendungen. Auch zahlreiche fortschrittliche Vertreter der Intelligenz Europas unterstützten das Sowjetvolk. Der norwegische Polarforscher Fridtjof Nansen leitete einen Hilfsfonds, Albert Einstein und Bernard Shaw schickten Geld und der französische Schriftsteller Anatole France spendete seinen Nobelpreis. Das Land erlebte in diesen unvorstellbar schweren Zeiten weltweite solidarische Hilfe.

● Was waren die Ursachen für die schwierige Lage des Sowjetlandes nach Bürgerkrieg und Intervention?

Trotz dieser schweren Bedingungen erkämpfte die Rote Armee den Sieg über die Konterrevolutionäre und Interventen. Auch gelang es, die Hungersnot zu überwinden. Zur Verbesserung der Lebenslage des Volkes und als Voraussetzung für den Wiederaufbau der Industrie und des Verkehrswesens mußte ein Aufschwung in der Landwirtschaft herbeigeführt werden. Viele Bauern waren jedoch mit der Ablieferungspflicht unzufrieden, die mit dem Kriegskommunismus eingeführt worden war. Sie hatten keinen Ansporn, um die landwirtschaftliche Produktion zu entwickeln. Getreide, Schlachtvieh und Milchprodukte wollten die Bauern in den Städten und Dörfern frei auf dem Markt verkaufen und sich für den erzielten Gewinn die benötigten Industriewaren zur Verbesserung ihres Lebens kaufen. Der Mißmut der Bauern wurde von den Überresten der konterrevolutionären Kräfte ausgenutzt, die in einigen Gebieten Aufstände wohlhabender Großbauern (Kulaken) gegen die Sowjetmacht anzettelten.

Um die Masse der Bauern stärker in den Wiederaufbau einzubeziehen, beschloß der X. Parteitag der Kommunistischen Partei im **März 1921**, die **Neue Ökonomische Politik (NÖP)** einzuführen. An die Stelle der Ablieferungspflicht für alle Lebensmittelüberschüsse trat eine Naturalsteuer. Nach dieser brauchten die Bauern nur noch die Hälfte der vorher abzuliefernden Mengen an den Staat abzuführen. Die verbleibenden Überschüsse durften sie frei auf dem Markt verkaufen. Über diese Politik sagte Lenin: „Es könnte scheinen, als sei das nur ein Kampf um das Brot, in Wirklichkeit ist das der Kampf für den Sozialismus."[5]

Die ökonomischen Schlüsselpositionen – Großindustrie, Verkehrswesen, Banken, Steuerpolitik und Außenhandel – waren fest in den Händen der Sowjetmacht. Auf der Basis des Volkseigentums an den entscheidenden Produktionsmitteln und am Grund und Boden galt es, mit Hilfe der NÖP eine schnellere Befriedigung der dringenden Bedürfnisse des Volkes zu erreichen sowie Mittel für die Entwicklung einer sozialistischen Industrie zu gewinnen.

Durch die NÖP kam es zu einem begrenzten Wiederaufleben kapitalistischer Elemente. Im Handel, Handwerk und in der kleinen und mittleren Industrie wurden Privatbetriebe zugelassen. Ausländische Kapitalisten konnten Konzessionen für das Betreiben von Fabriken erwerben. In den Jahren 1923/24 entfielen auf die an in- und ausländische Konzessionsinhaber verpachteten Unternehmen jedoch nur 4 Prozent der gesamten Industrieproduktion. Auf die staatliche und genossenschaftliche Industrie entfielen 76,3 Prozent, auf die Privatindustrie 23,7 Prozent der gesamten Produktion. Es gelang, die Versorgung der Stadtbevölkerung mit Lebensmitteln und der Landbevölkerung mit Industriewaren zu verbessern. Gleichzeitig kam die Wiederherstellung der Industrie und des Verkehrswesens voran.

Die Bauern, die riesige Mehrheit der Bevölkerung Sowjetrußlands, unterstützten die Politik der Kommunistischen Partei. Sie hatten den Boden von der Sowjetmacht erhalten. Diese hatte sie auch vor einer Wiederkehr der Gutsbesitzer bewahrt und schützte sie vor der Ausbeutung durch die Großbauern. Die NÖP ermöglichte es ihnen schließlich, vorteilhaft zu wirtschaften. Dadurch festigten sich die Beziehungen zwischen der Arbeiterklasse und den Bauern, was für den sozialistischen Aufbau äußerst wichtig war.

● *Begründen Sie, warum die NÖP die Weiterführung der sozialistischen Revolution sicherte!*

▌**Der Leninsche Plan zum Aufbau des Sozialismus.** Nach den ersten Erfolgen bei der Wiederherstellung der Volkswirtschaft stand die Aufgabe, planmäßig die sozialistische Umgestaltung der gesamten Wirtschaft zu beginnen. Lenin ging davon aus, daß das Sowjetvolk alles Notwendige für den vollständigen Aufbau des Sozialismus besaß. Das sowjetische Territorium umfaßte über 22 Millionen km^2 und verfügte über bedeutende Bodenschätze und genügend landwirtschaftliche Nutzfläche. Es gab eine kampferprobte, von der Kommunistischen Partei geführte Arbeiterklasse. Die Mehrheit der Bauern hatte in der Revolution und im Bürgerkrieg an der Seite der Arbeiterklasse gestanden. Die grundlegende Voraussetzung für den Aufbau des Sozialismus, die Diktatur des Proletariats, hatte sich im Kampf gegen die innere Konterrevolution und die ausländische Intervention bewährt. Der Staat wurde in den Händen der Arbeiterklasse zum Instrument für den Aufbau des Sozialismus.

Ende 1920 legte eine staatliche Kommission einen Plan zur Elektrifizierung Sowjetrußlands vor, der als **GOELRO-Plan** bezeichnet wurde (GOELRO = russ. Abkürzung für: Gosudarstwennaja komissija po elektrifikacii Rossii = Staatliche Kommission für die Elektrifizierung Rußlands). Dies war der erste wissenschaftlich begründete Plan für die sozialistische Umgestaltung der Wirtschaft Sowjetrußlands.

Der GOELRO-Plan sah vor, im Laufe von 10 bis 15 Jahren 30 neue Kraftwerke zu bauen. Damit sollte die Stromerzeugung gegenüber 1913 um das 4,6fache von 1,9 Milliarden Kilowattstunden auf 8,8 Milliarden Kilowattstunden gesteigert werden. Im Jahre 1922 begann der Bau des ersten neuen Kraftwerks. 1931 war der Plan erfüllt. Seine Verwirklichung bedeutete, Strom für eine moderne Großindustrie, das Verkehrswesen und die Landwirtschaft. Lenin schrieb darüber: „Kommunismus – das ist Sowjetmacht plus Elektrifizierung des ganzen Landes."[6]

Die umfassende **Industrialisierung des Sowjetlandes** war erforderlich, um die Sowjetmacht wirtschaftlich von den kapitalistischen Ländern unabhängig zu machen, denn vor einer neuen Intervention konnte man nicht sicher sein.

Anfang der zwanziger Jahre fehlten in Sowjetrußland im Vergleich zu den großen kapitalistischen Industriestaaten ganze Industriezweige, wie die Automobil-, Anlagen- und Chemieindustrie. Lenins Plan sah vor, vorrangig die Schwerindustrie zu entwickeln. Es gelang, in den Jahren 1921 bis 1923 in der Schwerindustrie eine durchschnittliche jährliche Wachstumsrate von 41 Prozent zu erreichen. Im Jahre 1924 stellte das Moskauer Autowerk die ersten sowjetischen Anderthalb-Tonnen-Lastkraftwagen her, schon ein Jahr später kamen Dreitonner aus einem Werk in Jaroslawl. Das Leningrader „Rote-Putilow-Werk" lieferte die ersten Traktoren. Im Januar 1925 erfolgte die erste Fahrt einer in Leningrad gebauten Diesellokomotive nach Moskau. Bereits 1925 deckte die neue sowjetische Flugzeugindustrie den Eigenbedarf.

Eine wichtige Frage für das Erreichen der Ziele des Leninschen Industrialisierungsplans war die Steigerung der Arbeitsproduktivität. Sie lag 1923 noch bei knapp 40 Prozent des Standes von 1913. F. E. Dzierzyński, Vorsitzender des Obersten Volkswirtschaftsrates, erklärte: „Wenn wir die Arbeitsproduktivität nicht heben, werden wir als sowjetischer Arbeiterstaat nicht existieren können."[7]

Unter Führung der Kommunistischen Partei gelang es den Werktätigen, bis 1926/27 die Volkswirtschaft wiederherzustellen. Auch die Landwirtschaft erreichte fast die Kennziffern des Jahres 1913.

Der Leninsche Plan des Aufbaus des Sozialismus verlangte, die rückständige zersplitterte Einzelbauernwirtschaft an moderne sozialistische Produktionsformen heranzuführen. Die **sozialistische Umgestaltung der Landwirtschaft** erhielt die Be-

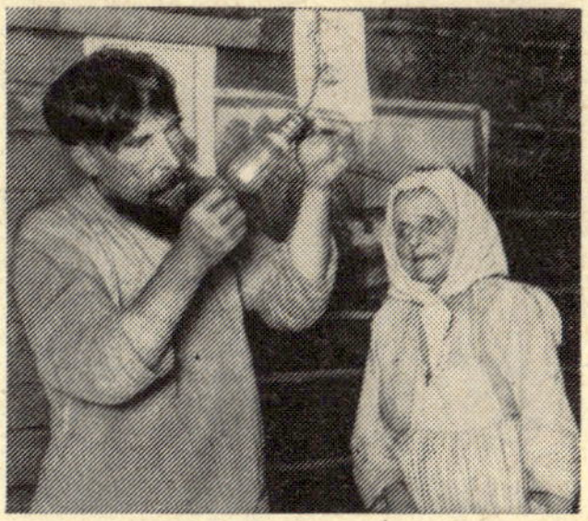

Das elektrische Licht kommt in die Dörfer. Foto aus dem Jahre 1926

• *Erklären Sie, welche Zukunftsvorstellungen Lenin mit diesem Ausspruch verband!*

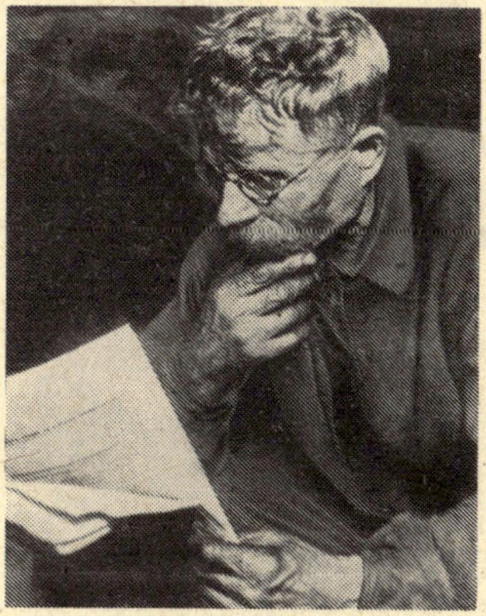

Ein entscheidender Erfolg der jungen Sowjetmacht: Ältere Menschen lernen Lesen und Schreiben.

Sowjetische Industrieproduktion (1913 = 100)

Jahr	Gesamte Industrie	Großindustrie
1920	13	14
1925	73	75
1926	98	108
1927	111	122

zeichnung **Kollektivierung**. Es wurden landwirtschaftliche Produktionsgenossenschaften errichtet, die sich **Kolchosen** nannten. Doch dieser Prozeß ging zunächst nur langsam voran. Bis 1928 waren nur 1,8 Prozent der Bauernwirtschaften in Kolchosen vereinigt.

Um die gewaltigen Aufgaben der sozialistischen Umgestaltung zu lösen, mußte der Bildungsrückstand großer Teile des Volkes aufgeholt, eine **Kulturrevolution** vollzogen werden. Alle mußten rasch lesen und schreiben lernen. In der neuen Gesellschaft war die Weltanschauung des Marxismus-Leninismus durchzusetzen. Es kam aber nicht nur darauf an, Analphabetentum und Unwissenheit zu überwinden, sondern auch die wissenschaftlich-technische Intelligenz für den Sozialismus zu gewinnen und eine neue, der Sowjetmacht treu ergebene Intelligenz heranzubilden.

● *Was waren die Bestandteile des Leninschen Plans des sozialistischen Aufbaus?*

Die Gründung der UdSSR. Nach dem Sieg der Oktoberrevolution hatten sich auf dem Gebiet des ehemaligen Russischen Reiches mehrere selbständige Sowjetrepubliken gebildet. 1922 bestanden die Russische Sozialistische Föderative Sowjetrepublik, die Ukrainische Sozialistische Sowjetrepublik, die Belorussische Sozialistische Sowjetrepublik und die Transkaukasische Föderative Sowjetrepublik. Zur letzteren hatten sich die Sowjetrepubliken Aserbaidshan, Armenien und Georgien zusammengeschlossen.

M. I. Kalinin (1875 bis 1945)

Für eine erfolgreiche Behauptung der Macht der Arbeiterklasse und die Lösung der Aufgaben beim Aufbau des Sozialismus fehlte eine gemeinsame politische und militärische Führung sowie eine einheitliche Planung und Leitung der Volkswirtschaft aller Sowjetrepubliken. Für die neuen Aufgaben reichten die Verträge und Bündnisse, die zwischen den damals existierenden Sowjetrepubliken bestanden, nicht mehr aus. Mit dem Sieg über die innere Konterrevolution und die ausländische Intervention hatte die äußere Gefahr für die Sowjetvölker nicht aufgehört. Die Sowjetrepubliken waren von kapitalistischen Staaten eingekreist. Reaktionäre Kreise in Westeuropa und in anderen Staaten verfolgten weiter antikommunistische und antisowjetische Ziele. Konterrevolutionäre Emigranten versuchten, eine neue Intervention zu organisieren. Ein planmäßiges Zusammenwirken aller Sowjetrepubliken beim Aufbau des Sozialismus, bei der Verteidigung, in der Außenpolitik und im Außenhandel war erforderlich, um die Sowjetmacht weiter zu stärken.

Auf Arbeiterversammlungen forderten die Werktätigen den Zusammenschluß der Sowjetrepubliken zu einem Staat.

Am **30. Dezember 1922** wurde in Moskau auf einem gemeinsamen Sowjetkongreß die **Union der Sozialistischen Sowjetrepubliken (UdSSR)** gegründet. Sie entstand auf freiwilliger Basis. Jede Republik, die der UdSSR beitrat, war gleichberechtigt. Zum **Vorsitzenden des Rates der Volkskommissare** wurde **W. I. Lenin** und zum Vorsitzenden des Zentralexekutivkomitees, zum **Staatsoberhaupt, M. I. Kalinin** gewählt. Moskau wurde die Hauptstadt der UdSSR.

● *Begründen Sie die Notwendigkeit der Gründung der UdSSR!*

Erste außenpolitische Aktivitäten des Sowjetstaates. Nach dem Sieg über Konterrevolution und Intervention bemühte sich der Sowjetstaat, getreu der in der Oktoberrevolution mit dem „Dekret über den Frieden" eingeleiteten Friedenspolitik mit den anderen Staaten der Welt normale, gutnachbarliche Beziehungen herzustellen. Dem diente auch das Leitmotiv der sowjetischen Außenpolitik, das **Leninsche Prinzip der friedlichen Koexistenz von Staaten mit unterschiedlicher Gesellschaftsordnung.** Anfang der zwanziger Jahre kam es darauf an, die diplomatische Isolierung der UdSSR zu durchbrechen, das Verhältnis zu vielen Nachbarstaaten zu normalisieren und zu weiteren Staaten wirtschaftliche, diplomatische und freundschaftliche Beziehungen herzustellen. Die Erfolge, die dabei von der sowjetischen Außenpolitik erzielt wurden, festigten die Sowjetmacht.

In den kapitalistischen Staaten kam es nach dem ersten Weltkrieg zu einer Wirtschaftskrise. Ein Versuch, diese zu überwinden, war eine **Wirtschaftskonferenz in Genua (10. April bis 19. Mai 1922).** Zu dieser zogen die kapitalistischen Siegermächte auch Sowjetrußland sowie Deutschland, Österreich, Ungarn und Bulgarien hinzu. Sowjetrußland war eingeladen worden, um es zur Anerkennung der zaristischen Vorkriegsschulden und zur Rückgabe des ausländischen Besitzes zu veranlassen, der in der Oktoberrevolution enteignet worden war. Die sowjetische Delegation lehnte dieses Ansinnen ab, nutzte jedoch die Konferenz, um ihre Vorschläge für die Regelung der wirtschaftlichen und finanziellen Probleme und einen Plan für eine weltweite Abrüstung zu unterbreiten.

Auf der Konferenz in Genua zeigte sich, daß die Siegermächte nicht bereit waren, Deutschland als gleichberechtigten Staat zu akzeptieren. Sie blieben bestrebt, es durch die Reparationszahlungen weiter auszupressen. Die sowjetische Delegation trat dagegen für die Interessen und Rechte Deutschlands ein. Der Arbeiter-und-Bauern-Staat bot der deutschen Regierung ein Abkommen an. Angesichts der feindseligen Haltung der Westmächte entschied sich Deutschland, das Angebot anzunehmen. In dem Ort Rapallo bei Genua wurde am **16. April 1922** der **Vertrag von Rapallo** abgeschlossen. Dieses Abkommen unterzeichneten der Volkskommissar für Auswärtiges *G. W. Tschitscherin* und Reichsaußenminister *Walther Rathenau.* Es vereinbarte den Verzicht beider Staaten auf die gegenseitigen Ansprüche aus dem ersten Weltkrieg und aus Nationalisierungen. Die diplomatischen Beziehungen wurden sofort wiederhergestellt. Die deutsche Regierung verpflichtete sich, an keiner, auch wirtschaftlichen, antisowjetischen Aktion teilzunehmen. Der Vertrag von Rapallo entsprach den Interessen beider Seiten und förderte die Handelsbeziehungen zwischen ihnen. Er trug zur Verhinderung einer neuen antisowjetischen Koalition bei und war somit auch ein Beitrag zur Erhaltung des Friedens. Lenin sah in diesem Vertrag ein Modell für die Beziehungen des Sowjetstaates zu kapitalistischen Mächten.

Die ersten außenpolitischen Verträge des Sowjetstaates

1920: Friedensverträge mit Estland, Litauen, Lettland und Finnland
1921: Friedensvertrag mit Polen, Freundschaftsverträge mit Iran, Afghanistan, Türkei und Mongolei, Handelsverträge mit Großbritannien, Deutschland, Norwegen, Österreich und Italien
1922: Vertrag von Rapallo, Wiederaufnahme der diplomatischen Beziehungen zu Deutschland
1924: Aufnahme diplomatischer Beziehungen zu Großbritannien, Italien, Österreich, Griechenland, Norwegen, Schweden, China, Dänemark, Mexiko und Frankreich
1925: Aufnahme diplomatischer Beziehungen zu Japan

Die Delegationsleiter Sowjetrußlands und Deutschlands während der Rapallo-Konferenz: Reichskanzler Joseph Wirth, L. B. Krassin, G. W. Tschitscherin und A. A. Joffe (von links nach rechts)

● *Inwiefern ist der Rapallo-Vertrag Ausdruck der Leninschen Politik der friedlichen Koexistenz?*

Aus dem Aufruf des Zentralkomitees der Kommunistischen Partei Rußlands (Bolschewiki) vom 22. Januar 1924

„Seit Marx hat die Geschichte der großen Befreiungsbewegung des Proletariats keine so herausragende Persönlichkeit hervorgebracht wie unseren verstorbenen Führer, Lehrer und Freund. Alles, was es an wirklich Großem und Heldenhaftem im Proletariat gibt – unerschrockener Geist, eiserner, unbeugsamer, fester, alles überwindender Wille, heiliger Haß, tödlicher Haß auf Sklaverei und Unterdrückung, revolutionäre Leidenschaft, die Berge versetzen kann, grenzenloser Glaube an die schöpferischen Kräfte der Massen, außergewöhnliches Organisationstalent – all das fand seine glanzvolle Verkörperung in Lenin ...“[8]

Der Tod Lenins. Die jahrzehntelange aufopferungsvolle Arbeit für die Sache der Arbeiterklasse, Haft, Verbannung, Emigration und das Attentat im August 1918 hatten Lenins Gesundheit untergraben. Im Herbst 1922 erkrankte er schwer und konnte nur noch zeitweilig arbeiten. **Am 21. Januar 1924 starb W. I. Lenin.**

Lenin war ein bedeutender Revolutionär, Wissenschaftler und Staatsmann. Er entwickelte die von Marx und Engels geschaffene wissenschaftliche Weltanschauung entsprechend den neuen Bedingungen zu Beginn des 20. Jahrhunderts schöpferisch zum **Marxismus-Leninismus** weiter. Er gründete die erste Arbeiterpartei neuen Typs, die Partei der Bolschewiki. Er war der Begründer der Theorie vom Hinüberwachsen der bürgerlich-demokratischen Revolution in die sozialistische Revolution. Schließlich bewies er die Möglichkeit und Notwendigkeit des Sieges der proletarischen Revolution in einem Lande. Daraus leitete Lenin die Aufgabe ab, den Aufbau des Sozialismus in der Sowjetunion zu beginnen.

An der Spitze der Kommunistischen Partei und des Rates der Volkskommissare war Lenin der Begründer und erste Leiter des Sowjetstaates. Sein ganzes Leben blieb Lenin einfach und bescheiden. An sich selbst und an alle Kommunisten stellte er hohe Ansprüche. Er verhielt sich zu den Menschen sehr feinfühlig und brachte den Bedürfnissen und Wünschen der Werktätigen große Aufmerksamkeit entgegen.

Die Nachricht vom Tode Lenins löste bei den Menschen in der Sowjetunion und bei den Revolutionären in der ganzen Welt tiefe Trauer aus. Eine Woche lang nahm das Volk Abschied von Lenin. Bei strengem Frost kamen die Menschen Tag und Nacht nach Moskau. Dort war der tote Revolutionär im Säulensaal des Gewerkschaftshauses aufgebahrt. Am Tage der Beisetzung ruhte in der Sowjetunion, aber auch in vielen kapitalistischen Ländern für fünf Minuten die Arbeit. Lenin wurde in einem Mausoleum auf dem Roten Platz an der Kremlmauer in Moskau beigesetzt.
Die Arbeiterklasse der Sowjetunion ehrte ihren toten Führer, indem sie sich noch enger um die Kommunistische Partei scharte. In den Trauertagen stellten viele Tausende Arbeiter den Antrag, in die Partei aufgenommen zu werden. Das Zentralkomitee beschloß darauf das Leninaufgebot. Mehr als 240000 der besten Produktionsarbeiter, die sich in der Revolution und im Bürgerkrieg bewährt hatten, traten in die Partei ein. Sie setzten die Leninsche Politik fort und erfüllten sein Vermächtnis.
An der Spitze der Kommunistischen Partei stand nunmehr **J. W. Stalin**, der seit April 1922 Generalsekretär des Zentralkomitees war.
Nachfolger Lenins als Vorsitzender des Rates der Volkskommissare der UdSSR wurde **A. I. Rykow**.

Das Lenin-Mausoleum an der Kremlmauer heute

Der Rote Platz in Moskau am Tage der Beisetzung Lenins (S. 30)

● *Worin bestehen die historischen Verdienste Lenins?*

▶ Nach dem Sieg über Interventen und Weißgardisten verfolgte die Kommunistische Partei das Ziel, die Volkswirtschaft wiederherzustellen, zum planmäßigen Aufbau des Sozialismus überzugehen und alle Sowjetrepubliken in einem gemeinsamen Staat zu vereinen.
Die Neue Ökonomische Politik, der GOELRO-Plan, die Leninschen Pläne zur Industrialisierung sowie zur Kollektivierung der Landwirtschaft und die Kulturrevolution wiesen dem Volk den Weg zur sozialistischen Umgestaltung der sowjetischen Gesellschaft. Der Leninsche Plan des Aufbaus des Sozialismus war ein komplexes Programm. Es mußte von der Arbeiterklasse im Bündnis mit den Bauern und der Intelligenz unter der Führung der Kommunistischen Partei in einem längeren Zeitraum verwirklicht werden.
Die Gründung der UdSSR und die ersten außenpolitischen Erfolge der Leninschen Politik der friedlichen Koexistenz, die insbesondere im Rapallo-Vertrag zum Ausdruck kamen, zeugten vom Erstarken der Sowjetmacht.
Der Tod Lenins war ein schwerer Verlust für das ganze Sowjetvolk und die internationale Arbeiterklasse. Das Herz des großen Revolutionärs und Theoretikers, der die Oktoberrevolution zum Siege geführt und der Sowjetunion den Weg des sozialistischen Aufbaus gewiesen hatte, schlug nicht mehr. Doch die revolutionäre Arbeiterklasse erfüllte sein Vermächtnis und setzte ihren Kampf um Frieden und Sozialismus fort.

1920 GOELRO-Plan
März 1921 Einführung der NÖP
16. April 1922 Vertrag von Rapallo
30. Dezember 1922 Gründung der UdSSR
21. Januar 1924 Lenins Tod

Taillenloses Kleid und Topfhut aus den zwanziger Jahren

Bubikopffrisur um 1920

1.4. Deutschlands innen- und außenpolitische Situation im Jahre 1919

▮ **Klassen und Parteien.** Im Ergebnis der Novemberrevolution war **die Weimarer Republik** entstanden.

Im Vergleich zur Monarchie hatte die **Arbeiterklasse** in diesem bürgerlich-parlamentarischen Staat günstigere Kampfbedingungen für die Erfüllung ihrer historischen Aufgabe: den Sturz der kapitalistischen Ordnung und die Errichtung der sozialistischen Gesellschaft, frei von Ausbeutung und Unterdrückung. Das Streben nach dauerhaftem Frieden mußte Bestandteil dieses Ringens sein. Die *KPD* entwickelte dazu ein Kampfprogramm auf der Grundlage wissenschaftlicher Theorien von Marx und Engels. Die Mehrheit der Arbeiterklasse vertraute aber weiterhin der Reformpolitik der *SPD*, besonders nachdem im Mai 1919 die Novemberrevolution nach opferreichen Auseinandersetzungen ihren Abschluß gefunden hatte. Maßgebliche SPD-Führer kündigten eine neue bürgerliche Verfassung an, die Freiheit, Demokratie, Gerechtigkeit für alle bringen und ein friedliches Hineinwachsen in den Sozialismus ermöglichen werde. KPD und Vertreter der *USPD* kritisierten diese Auffassungen als eine Illusion.

Kaum hatten die **Monopolkapitalisten** und **Großgrundbesitzer** ihre Machtpositionen gerettet, strebten sie bereits wieder nach einer Zurücknahme jener Zugeständnisse, die sie während der Novemberrevolution einräumen mußten. Sie suchten auf diese Weise ihre Klassenherrschaft wieder zu festigen. Verschiedene Kreise der herrschenden Klasse entwickelten dafür unterschiedliche Vorstellungen.

Von Anbeginn sträubten sich besonders schwerindustrielle Monopolkapitalisten, Bankiers, preußische Großgrundbesitzer und Militärs aus der ehemaligen kaiserlichen Armee gegen eine bürgerlich-parlamentarische Staatsordnung. Sie verlangten nach diktatorischer Herrschaft und wollten die Niederlage des ersten Weltkrieges durch eine baldige Revanche revidieren. Ihre Politik vertraten die *Deutschnationale Volkspartei (DNVP)* und die *Deutsche Volkspartei (DVP)*.

Interessen der Konzernherren der deutschen Montanindustrie bzw. Monopolkapitalisten und Großgrundbesitzer, die ihre Bindung zur katholischen Kirche betonten, nahm die *Zentrumspartei (Z)* wahr. Bürgerlich-liberal gesinnte Bankiers, Großhändler, Konzernherren der Elektro- und Fertigwarenindustrie, aber auch linksbürgerlich-antiimperialistische Intellektuelle wurden durch die *Deutsche Demokratische Partei (DDP)* vertreten. Maßgebliche Politiker des Zentrums und der DDP hielten eine Rückkehr zum diktatorischen Obrigkeitsstaat angesichts des Kräfteverhältnisses der Klassen für unrealistisch, hatten aber gegen einen späteren gestaffelten Abbau der bürgerlich-parlamentarischen Ordnung keine Bedenken, sofern er Erfolg versprach.

In der gesetzgebenden Nationalversammlung bildete die **Weimarer Koalition** aus Zentrum, DDP und SPD die Mehrheit.

Sie setzte sich bei der Abstimmung über die künftige Verfassung gegen die Vertreter aus der DNVP, der DVP und der USPD durch. Der sozialdemokratische Reichspräsident **Friedrich Ebert** unterzeichnete die Verfassung.

▌Die Weimarer Verfassung. Diese Verfassung war nach Weimar, dem Tagungsort der Nationalversammlung, benannt. Sie trat am 11. August 1919 in Kraft. Im Artikel 1 hieß es: „Die Staatsgewalt geht vom Volke aus." Ihr weiterer Inhalt legte eine **bürgerlich-parlamentarische Ordnung** fest, die die Errungenschaften der Novemberrevolution berücksichtigte und dem veränderten Verhältnis der Klassenkräfte Rechnung trug. Entscheidend war jedoch, daß die Verfassung das Privateigentum an Produktionsmitteln garantierte (Art. 153) und damit Monopolherren und Großgrundbesitzern weiterhin die Reichtümer des Landes, die Grundlage ihrer Herrschaft, zusicherte. Damit war der Artikel 1 leeres Gerede.

Auch der Staatsaufbau bezweckte die **Aufrechterhaltung der imperialistischen Klassenherrschaft.** Das höchste parlamentarische Organ war der Reichstag. Er sollte auf vier Jahre gewählt werden (Art. 23) und hauptsächlich Gesetze beschließen. Die Rechte der Reichstagsabgeordneten blieben begrenzt. Ihr Einfluß auf die Polizei und andere Staatsbeamte war geringfügig. Die Rechtsprechung lag außerhalb ihrer Kontrolle. Die Ernennung der Richter erfolgte auf Lebenszeit (Art. 104).

Mehr Autorität und Befugnisse als das Parlament besaß das Staatsoberhaupt, der Reichspräsident. In geheimer und direkter Wahl sollte alle sieben Jahre über die Besetzung dieses höchsten Amtes entschieden werden. Der Reichspräsident besaß den Oberbefehl über die Armee (Art. 47). Er konnte nach eigenem Ermessen verfassungsmäßig festgelegte Rechte der Bürger zeitweilig aufheben bzw. Gesetze vorübergehend aussetzen oder auch neue Gesetzesvorlagen als Notverordnung erklären und gegen eine Parlamentsmehrheit durchsetzen (Art. 48).

Die Weimarer Verfassung enthielt aber auch fortschrittliche Festlegungen. Sie bestimmte die Freiheit der Person (Art. 114), die Unverletzlichkeit der Wohnung (Art. 115), das Postgeheimnis (Art. 117), die Gleichheit aller Bürger vor dem Gesetz und die Gleichberechtigung der Frau (Art. 109). Sie garantierte allen Bürgern das Recht, sich in Parteien oder Vereinigungen zusammenzuschließen, Versammlungen abzuhalten, ihre Meinung offen zu äußern (Art. 118, 123, 124) oder ihren Willen durch Volksentscheide (Art. 74, 75, 76, 77) kundzutun. Damit war die damalige deutsche Verfassung die fortschrittlichste der imperialistischen Welt.

Bürgerliche und sozialdemokratische Politiker überbetonten die in der Verfassung festgeschriebenen Rechte der Bürger und wollten glauben machen, die Volksmassen könnten im Staat entscheidend mitregieren. Sie verschleierten dabei das Klassenwesen der Weimarer Republik.

Viele fortschrittlich klingende Verfassungsartikel konnten

Friedrich Ebert, der erste deutsche Reichspräsident von 1919 bis 1925

Artikel 48 der Weimarer Verfassung

„Der Reichspräsident kann, wenn im Deutschen Reiche die öffentliche Sicherheit und Ordnung erheblich gestört oder gefährdet wird, die zur Wiederherstellung der öffentlichen Sicherheit und Ordnung nötigen Maßnahmen treffen, erforderlichenfalls mit Hilfe der bewaffneten Macht einschreiten. Zu diesem Zweck darf er vorübergehend die in den Artikeln 114, 115, 117, 118, 123, 124 und 153 festgesetzten Grundrechte ganz oder zum Teil außer Kraft setzen."

- *Inwiefern wurden die in der Verfassung verankerten demokratischen Rechte durch die Befugnisse des Reichspräsidenten beschränkt?*
- *Worin bestanden im Vergleich zum monarchistischen Deutschland die günstigeren Kampfbedingungen für progressive Kräfte in der Weimarer Republik?*

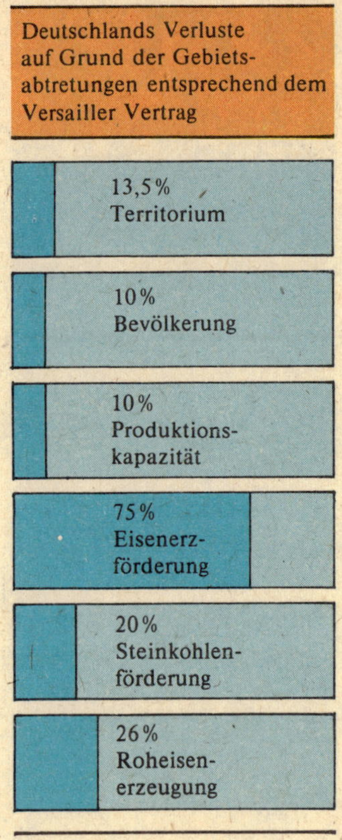

schon darum wenig oder keine praktische Bedeutung erlangen, weil es den Volksmassen an materiellen Voraussetzungen zur Wahrnehmung ihrer Interessen mangelte. Hier nur ein Beispiel von vielen: Die Weimarer Verfassung legte das „gleiche Bildungsrecht für alle" (Art. 147) fest. Aber den Arbeitern fehlten die Mittel, um ihre Kinder zur höheren Schule oder gar auf die Universität zu schicken. Das Bildungsprivileg der Besitzenden blieb bestehen.
Die KPD verwies auf die Klassenschranken der Weimarer Verfassung. Sie betonte, daß wahre Demokratie unter den gegebenen Umständen nicht möglich sei; denn Polizei, Heer, Justiz, Verwaltungsbehörden und Bildungseinrichtungen waren strukturell und personell nur geringfügig verändert aus dem Kaiserreich übernommen worden. Die „Diener der Republik" fühlten sich diesem Staate kaum verbunden und handelten oft genug in krasser Opposition zu ihm.
Die KPD und andere progressive Kräfte nutzten in der Folgezeit verfassungsmäßig verankerte Rechte für ihren parlamentarischen und außerparlamentarischen Kampf im Interesse der Volksmassen.

▮ **Versailler Vertrag.** 1919 fand in Paris eine Konferenz der Siegermächte aus dem ersten Weltkrieg statt. Sie diktierten Deutschland harte Bedingungen. Am **18. Juni 1919** setzten die deutschen Bevollmächtigten Hermann Müller (SPD) und Johannes Bell (Zentrum) im Schloß zu Versailles ihre Unterschrift unter den Friedensvertrag.
Das Dokument schränkte die Möglichkeiten Deutschlands ein, über eigene wirtschaftliche, politische und militärische Angelegenheiten selber zu entscheiden. Im Versailler Vertrag wurde die Alleinschuld Deutschlands am Krieg formuliert. Die Siegermächte verlangten hohe Wiedergutmachungsleistungen – **Reparationen** genannt. Deutschland mußte Maschinen, Chemikalien, Transportmittel, Kohle, Vieh abliefern und Patente abtreten, vor allem aber Geldsummen aufbringen, deren endgültige Höhe noch nicht bestimmt wurde.
Gebietsabtretungen wurden festgelegt. Sie betrafen im einzelnen: Gebietsabtretungen an Frankreich, Polen, Belgien, Dänemark, die Tschechoslowakei und an den Völkerbund, die Abtretung der deutschen Kolonien, eine fünfzehnjährige alliierte Verwaltung des Saargebietes und die Besetzung des linken Rheinufers durch alliierte Truppen, die Entmilitarisierung einer 50-Kilometer-Zone rechts des Rheins.
Der Versailler Vertrag begrenzte die Stärke des deutschen Heeres auf 100 000 Mann Land- und 15 000 Mann Marinetruppen. Er bestimmte die Auflösung des Generalstabes und verbot den Besitz und die Herstellung schweren Kriegsmaterials. Alliierte Kontrollorgane überwachten die Einhaltung der deutschen Verpflichtungen.
Die Hauptlasten der Reparationen mußten die Werktätigen tragen, denn ein Teil der Zahlungen wurde durch Lohnkürzungen aufgebracht. Der Staat verschaffte sich zum gleichen Zweck durch erhöhte Verbrauchersteuern zusätzliche Einnah-

- *Informieren Sie sich an Hand der Karte auf S. 35 über die territorialen Verluste Deutschlands nach dem Versailler Vertrag!*
- *Wie spiegelt sich der Charakter des ersten Weltkrieges im Versailler Vertrag wider?*

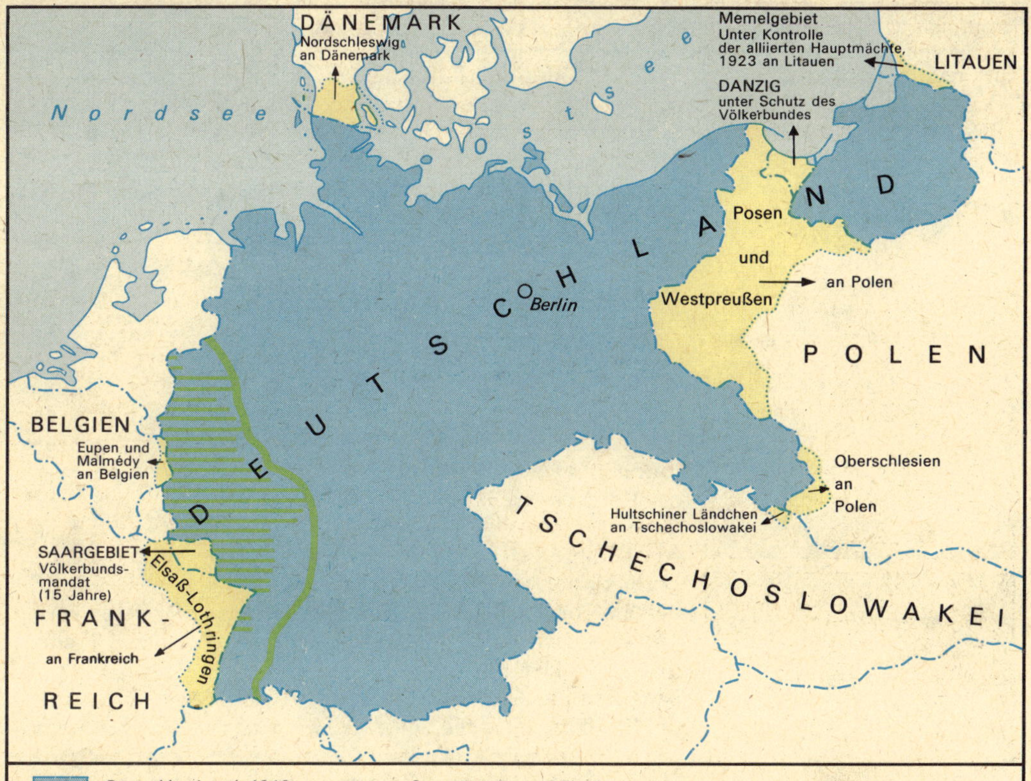

Deutschland nach dem Versailler Vertrag 1919

men. Der unzufriedenen Bevölkerung erklärten reaktionäre Politiker z. B. aus der DNVP und der DVP, allein die Forderungen der Siegermächte seien an der Verarmung und Verelendung von Millionen Werktätigen schuld. Sie nutzten die allgemeine Empörung im deutschen Volk gegen die Bestimmungen des Friedensvertrages, um chauvinistisches, revanchistisches und nationalistisches Denken zu schüren.

▌**Aggressive Kräfte gegen den Versailler Vertrag.** Um 1920 schossen reaktionäre Organisationen wie Pilze hervor. Ihre Initiatoren nutzten das verfassungsmäßig sanktionierte Recht auf den Zusammenschluß von Vereinigungen und suchten mit chauvinistischer, revanchistischer und nationalistischer Propaganda Einfluß unter den Massen zu gewinnen. Auch sie machten sich die Stimmung in der deutschen Bevölkerung zunutze und schürten Haß- und Rachegedanken.

Diese Organisationen bildeten eine geheime Reserve des zahlenmäßig beschränkten deutschen Heeres. Sie wurden zumeist von Monopolkapitalisten finanziert.

Wichtigste rechtsextreme Organisationen in Deutschland um 1920	
Nationale Vereinigung (NVg) (1919/20)	Lose Verbindung zahlreicher militärischer Verbände und Einzelpersonen mit den unterschiedlichsten Namen (auch Zeitfreiwilligenverbände). An der Spitze agierten vielfach ehemalige Heerführer des ersten Weltkrieges und konterrevolutionäre Politiker. Sie einten gemeinsame Ziele: – Liquidierung der Weimarer Republik – Zerschmetterung der Arbeiterbewegung – Errichtung einer Diktatur (eventuell Monarchie) – Vorbereitung eines Revanchekrieges – Kreuzzug gegen das Sowjetland
Einwohnerwehren (1919 bis 1921)	Antikommunistische, bewaffnete Organisationen – **als lokale Bürgerwehr** im November 1918 zur Bekämpfung der Revolution entstanden, seit März 1919 zur Unterdrückung der revolutionären Bewegungen eingesetzt. Sie bildeten eine Reserve der Reichswehr.
Freikorps (1918 bis 1920)	Antikommunistische und antidemokratische militaristische Formationen aus Resten der kaiserlichen Armee. Ein Teil der Freikorps ging in der Reichswehr auf, ein anderer Teil formierte sich nach 1920 in sogenannten **Wehr- und Traditionsverbänden** mit unterschiedlichsten Namen. Sie bekämpften die Arbeiterbewegung und progressive Kräfte in der Weimarer Republik und gehörten zu den Wegbereitern des deutschen Faschismus. Ein Teil der Freikorps blieb als „Schwarze Reichswehr" illegale Reserve des Heeres.
Deutsche Arbeiterpartei (1919), später **Nationalsozialistische Deutsche Arbeiterpartei (NSDAP)** (1920 bis 1945)	Sie formierte sich auf dem äußeren Flügel der Reaktion, zuerst in Bayern. Absicht war, Volksmassen für konterrevolutionäre Ziele, d. h. gegen ihre ureigensten Interessen zu aktivieren. Verbreitung faschistischer Ideologie (Nationalismus, Chauvinismus, Antikommunismus, Rassismus u.a.m.). Formierung einer faschistischen Terrorgarde (SA, SS).

1919 Versailler Vertrag
1919 Weimarer Verfassung

▶ Die Weimarer Verfassung spiegelte das politische Kräfteverhältnis in Deutschland wider. Der imperialistische Klassencharakter des Staates blieb erhalten. Die Verfassung bestimmte eine bürgerlich-parlamentarische Ordnung und enthielt in einigen Artikeln wichtige Rechte der Bürger. Sie war damit eine der fortschrittlichsten Verfassungen der damaligen Zeit.
Der Versailler Vertrag formulierte die Alleinschuld Deutschlands am ersten Weltkrieg und besiegelte seine Niederlage. Er legte Gebietsabtretungen, Einschränkungen der Souveränität und Reparationszahlungen fest. Er trug den Keim neuer Kriege in sich. Um 1920 entstanden in Deutschland zahlreiche Organisationen, die Revanchismus, Chauvinismus und Nationalismus propagierten und von reaktionären Kräften des Monopolkapitals gefördert wurden.

1.5. Der Kapp-Putsch und seine Niederlage

Preis 5 Pfennig Extra-Blatt Preis 5 Pfennig

Berliner Lokal-Anzeiger

Umsturz in Berlin.

Ein Ultimatum an die Regierung.

Die Regierung geflüchtet.

Heute nacht ist die Marinebrigade Ehrhardt von Döberitz nach Berlin marschiert. Sie stellte der Regierung ein Ultimatum, das früh 7 Uhr ablief. Zu diesem Zeitpunkt erklärte die Brigade, an der Siegessäule anzutreten. Die Regierung lehnte das Ultimatum ab und verließ, ohne ihre Ämter niederzulegen, um ½6 Uhr im Automobil Berlin. Die Brigade Ehrhardt ist früh 7 Uhr, ohne Widerstand zu finden, mit schwarz-weiß-roten Fahnen in Berlin eingerückt und hat das Regierungsviertel in weitem Kreise streng abgesperrt.

„Berliner Lokalanzeiger“ vom 13. März 1920

Der Kapp-Putsch. Am 13. März 1920 begannen reaktionäre Kreise einen Putsch in Berlin. Die Vorbereitungen waren nicht verborgen geblieben. Aber nur die KPD warnte ihre Parteiorganisationen am 10. März vor einem bevorstehenden militärischen Schlag der äußersten Reaktion. Diese beabsichtigte, die republikanische Regierung unter dem sozialdemokratischen Reichskanzler Gustav Bauer zu stürzen und eine Militärdiktatur zu erzwingen. Zu den Hauptorganisatoren und Anführern zählte der Antikommunist und Chauvinist, Gutsbesitzer *Wolfgang Kapp.* Seit geraumer Zeit agierte er an der Spitze der „Nationalen Vereinigung“ (vgl. S. 36). Weitere Rädelsführer waren der ranghöchste General der Reichswehr, *Walther Freiherr von Lüttwitz,* und der ehemalige kaiserliche General *Erich Ludendorff.* Unter ihrem Kommando marschierten am 13. März gegen 7.00 Uhr morgens etwa 5000 Soldaten mit schwarz-weiß-roten Fahnen, den Farben des alten Kaiserreiches, und dem Hakenkreuz am Stahlhelm in das Berliner Regierungsviertel ein.

Monopolkapitalisten wie Emil Kirdorf und Hugo Stinnes, Vertreter der Deutschen Bank und anderer Großbanken hatten dem Unternehmen finanzielle Unterstützung zugesichert. Den Putschisten standen Teile der Reichswehr, eine Reihe militanter Organisationen, darunter Freikorps und Einwohnerwehren (vgl. S. 36) zur Verfügung. Rückhalt fanden sie auch in verschiedenen Junkervereinigungen und bei Politikern der DNVP und der DVP.

Eilig berief der sozialdemokratische Reichswehrminister Gustav Noske eine Zusammenkunft maßgeblicher Befehlshaber der Armee und Offiziere der Polizei ein und forderte Maßnahmen zur Verteidigung der Republik. Doch die Mehrheit der Versammelten verweigerte ihm den Gehorsam. Sofern die Militärs nicht zu den Verschwörern zählten, verhielten sie sich abwartend. Einige erklärten kurz und bündig: „Truppe schießt nicht auf Truppe!“ Der führende Reichswehrgeneral Hans von

Truppen der Kapp-Putschisten am Wilhelmsplatz in Berlin

Plakat mit dem Aufruf zum Generalstreik in Schwerin

Ein Bergarbeiter aus dem Ruhrgebiet berichtete

„Nachdem wir am Morgen eingefahren waren, kamen leere Wagen den Bremsberg herauf, auf allen Seiten mit Kreide vollgeschrieben. ‚Putsch in Berlin‘ stand in dicken Kreidestrichen auf dem Kopfende, darunter ‚Schmeißt die Brocken hin! Sofort rausfahren!‘ ... Von Weiterarbeiten war jetzt keine Rede mehr. Bohrhämmer und Luftschläuche wurden abmontiert ...“

Den Arbeitern war am 15. März in Gotha der Sieg über die Putschisten schon sicher. Letzte Kämpfe entbrannten um die Fliegerwerft, wo sich Kapp-Meuterer noch verschanzt hatten. Endlich hißten auch sie die weiße Fahne und öffneten das Tor. Mit Jubel stürzten Arbeiter vorwärts. Plötzlich schlug die Pforte hinter ihnen zu, Maschinengewehre ratterten, 30 revolutionäre Kämpfer fanden den Tod. Bevor die Mörder in der Dunkelheit entkamen, steckten sie das Objekt in Brand.

Seeckt entgegnete: „Haben Sie, Herr Minister, etwa die Absicht, eine Schlacht vor dem Brandenburger Tor zu dulden zwischen Truppen, die eben erst Seite an Seite gegen den Feind gekämpft haben? Wenn Reichswehr Reichswehr niederschlägt, dann ist alle Kameradschaft im Offizierskorps hin ... Wenn das aber einträfe, dann wäre die wahre Katastrophe, die mit so unendlicher Mühe am 9. November 1918 vermieden worden ist, erst richtig da.“

Daraufhin wagte die Regierung nicht, den Schießbefehl zu erteilen. Noch im Morgengrauen des 13. März floh sie Hals über Kopf nach Dresden, später nach Stuttgart. Stunden darauf ernannte sich Kapp in Berlin zum Reichskanzler und bildete eine neue Regierung. Großsprecherisch erklärte er in der Öffentlichkeit, die Reichsverfassung des monarchistischen Deutschlands werde bald wieder gelten.

Wie in Berlin, so besetzten die Putschisten auch in anderen Teilen Deutschlands die Ämter und bemächtigten sich der Staatsgewalt. Das Erscheinen von Zeitungen wurde verboten. Bewaffnete Truppen terrorisierten die Bevölkerung und versuchten, sie einzuschüchtern.

Generalstreik gegen Kapp. Die Putschisten hatten sich jedoch verrechnet. Wie ein Lauffeuer verbreitete sich die Kunde vom Staatsstreich. Besonders in den Industriegebieten protestierten die Werktätigen und legten die Arbeit nieder.

Vielerorts breitete sich die Streikbewegung mit elementarer Wucht aus. Die Führungen der SPD, der USPD und der Gewerkschaften riefen am 13. März zum Generalstreik zur Verteidigung der bürgerlich-demokratischen Republik auf. Streikappelle erließen die KPD-Organisationen in Rheinland-Westfalen und im Bezirk Erzgebirge-Vogtland. Kommunisten traten in örtliche Streikleitungen ein und drängten sie zum Handeln. Am 14. März forderte die KPD mit dem Generalstreik die Bewaffnung der Arbeiter und die Entwaffnung der Putschisten sowie die Abkehr von der arbeiterfeindlichen Politik der bisherigen Koalitionsregierung.

In und um Berlin entflammte der Widerstand, noch ehe sich die Kapp-Putschisten fest eingenistet hatten. Fabrikschlote rauchten nicht, die Gas-, Wasser- und Stromversorgung kam zum Erliegen, Lokomotiven und Turbinen, Drehbänke und Motoren standen still. Größtenteils ruhte der Verkehr.

Am 15. März 1920 hatte der Generalstreik ganz Deutschland erfaßt. Es beteiligten sich bereits zwölf Millionen Arbeiter. Sie wurden von Handwerkern, Händlern, Beamten, Angestellten und Vertretern der Intelligenz unterstützt. Da Eisenbahnen außer Betrieb waren, konnten die Putschisten keine Truppenverschiebungen vornehmen. Der Streik der Post- und Telegrafenämter isolierte die Kapp-Zentrale vom Hinterland. In Sachsen, Thüringen, Mittelschlesien, in Mecklenburg, Pommern, Ostpreußen, an der Wasserkante entstanden Aktionsausschüsse, Einheitskomitees, revolutionäre Vollzugsorgane. Arbeiter hoben geheime Waffenlager der Terrororganisationen aus und begannen mit der Aufstellung von Arbeiterwehren.

Der Kampf der Arbeiterklasse gegen den Kapp-Putsch 1920

Allerorts verliefen die Auseinandersetzungen mit den Konterrevolutionären für die Arbeiter opferreich.

Die Rote Ruhrarmee. Ein Hauptzentrum des bewaffneten Widerstandes der Arbeiterklasse wurde das Ruhrgebiet. Etwa 100000 proletarische Kämpfer aus der KPD, der USPD, der SPD, Gewerkschaften und auch nicht organisierte Arbeiter vereinten sich innerhalb weniger Tage in einer Arbeiterarmee, in der Roten Ruhrarmee. Mit Gewehren und Artillerie, die sie in früheren Kämpfen gegen Einwohnerwehren oder im Widerstand gegen Freikorps erobert hatten, stürmten sie Dortmund, errichteten in Ahlen, Bochum, Hamm und anderen Orten militärische Stützpunkte. Sie schlugen die Putschisten im Westen des Industriezentrums in die Flucht und kämpften schließlich in einer einzigen Woche das gesamte Ruhrgebiet von ihnen frei.

- *Werten Sie die Karte unter folgenden Gesichtspunkten aus:*
  – Welche Gebiete wurden vom Generalstreik erfaßt?
  – Wo gelang die Aktionseinheit der Arbeiterklasse?
  – Wo fanden bewaffnete Kämpfe statt?
  – Wo vereinten sich Land- und Industriearbeiter im wehrhaften Kampf?

Patrouille der Roten Ruhrarmee

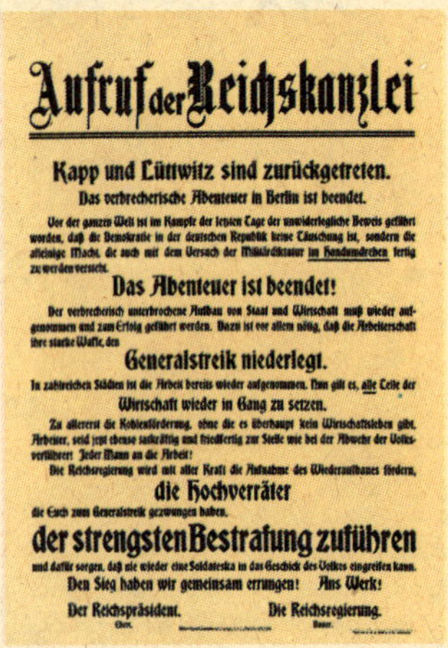

Aufruf der Reichskanzlei

Kapp und Lüttwitz sind zurückgetreten.

Das verbrecherische Abenteuer in Berlin ist beendet.

Vor der ganzen Welt ist im Kampfe der letzten Tage der unwiderlegliche Beweis geführt worden, daß die Demokratie in der deutschen Republik keine Täuschung ist, sondern die alleinige Macht, die auch mit dem Versuch der Militärdiktatur im Handumdrehen fertig zu werden versteht.

Das Abenteuer ist beendet!

Der verbrecherisch unterbrochene Aufbau von Staat und Wirtschaft muß wieder aufgenommen und zum Erfolg geführt werden. Dazu ist vor allem nötig, daß die Arbeiterschaft ihre starke Waffe, den

Generalstreik niederlegt.

In zahlreichen Städten ist die Arbeit bereits wieder aufgenommen. Nun gilt es, alle Teile der

Wirtschaft wieder in Gang zu setzen.

Zu allererst die Kohlenförderung, ohne die es überhaupt kein Wirtschaftsleben gibt. Arbeiter, seid jetzt ebenso tatkräftig und friedfertig zur Stelle wie bei der Abwehr der Volksverführer! Jeder Mann an die Arbeit!

Die Reichsregierung wird mit aller Kraft die Aufnahme des Wiederaufbaues fördern,

die Hochverräter

die Euch zum Generalstreik gezwungen haben,

der strengsten Bestrafung zuführen

und dafür sorgen, daß nie wieder eine Soldateska in das Geschick des Volkes eingreifen kann.

Den Sieg haben wir gemeinsam errungen! Ans Werk!

Der Reichspräsident. Ebert. Die Reichsregierung. Bauer.

Aufruf der Reichskanzlei: Kapp und Lüttwitz sind zurückgetreten (Faksimile).

Der Sieg über Kapp. Am 17. März 1920 wichen die Putschisten zurück. Kapp floh ins Ausland. Das einmütige Handeln der Arbeiterklasse und ihrer Verbündeten bereiteten den Kapp-Putschisten die völlige Niederlage und zeigte überzeugend die Kraft der Einheitsfront gegen die Reaktion.

Die sozialdemokratischen Führer gaben sich nach dem Abzug der Putschisten und der Wiederherstellung der bürgerlich-parlamentarischen Ordnung zufrieden. Den aufgebrachten Massen versprach die zurückgekehrte Regierung strengste Bestrafung der Putschisten und die Zerschlagung jener bewaffneten Banden, die Kapp unterstützt hatten. In gutem Glauben nahmen daraufhin große Teile der Werktätigen ihre Arbeit wieder auf. Andere revolutionäre Arbeiter folgten jedoch den Kommunisten und linken Führern der USPD. Sie verlangten Garantien, die eine Wiederholung derartiger Anschläge der Konterrevolution künftig ausschließen sollten. Sie setzten deshalb ihre Streikaktionen fort. Die Reichsregierung versuchte, diese Forderungen und Aktionen im Keime zu ersticken. Unverzüglich setzte sie dagegen Reichswehr ein, die jetzt völlig gehorsam war. Schwerbewaffnete Truppen gingen gegen Streikende vor. Die Kämpfe waren für die Arbeiter wieder sehr verlustreich.

Das Bielefelder Abkommen. Am 23. März 1920 traf der sozialdemokratische Reichs- und preußische Staatskommissar Carl Severing im Auftrag der Regierung mit Vertretern der Arbeiterorganisationen, der DDP, des Zentrums und einigen Staatsbeamten ein Abkommen in Bielefeld. Er wiederholte Versprechungen der Regierung und bezweckte die Beschwichtigung der kämpfenden Ruhrarbeiter. Viele Arbeiter lieferten nach Abschluß des Bielefelder Abkommens die Waffen ab und beendeten den Streik. Aber noch ehe die Versprechungen eingelöst waren, marschierten Reichswehrtruppen ins Ruhrgebiet ein. Sie begannen die Rote Ruhrarmee zu zerschlagen. Bis Anfang April behaupteten sich die Arbeiter, dann erlagen sie der militärischen Übermacht von Reichswehr und Freikorps in blutigen Kämpfen. Hunderte Arbeiter wurden im Ruhrgebiet ohne Gerichtsverfahren erschossen, viele zu Tode gefoltert.

Während die Kapp-Putschisten bis auf wenige Ausnahmen ungeschoren blieben, bestrafte die Justiz der Weimarer Republik die kämpfenden Arbeiter. Sondergerichte verhängten gegen viele Männer, Frauen und Jugendliche hohe Kerkerstrafen.

- *Wodurch gelang die Niederschlagung des Kapp-Putsches?*
- *Welche Lehren konnte die Arbeiterklasse aus dem Kapp-Putsch ziehen?*

1920 Kapp-Putsch in Deutschland und seine Niederschlagung

Mit dem Kapp-Putsch versuchten besonders aggressive Kreise der herrschenden Klasse, die Errungenschaften der Novemberrevolution zu beseitigen und eine Militärdiktatur zu erzwingen. In ganz Deutschland wehrten sich die Werktätigen in einem Generalstreik und im bewaffneten Widerstand. Im Ruhrgebiet entstand die 100000 Mann starke Rote Ruhrarmee. Die geschlossene Abwehr der Arbeiterklasse und ihrer Bündnispartner brachte den Kapp-Putsch zum Scheitern.

1.6. Weitere Kämpfe der Arbeiterklasse in Deutschland

Die Vereinigung des linken Flügels der USPD mit der KPD. Die Empörung der Volksmassen über das Elend im Gefolge des Weltkrieges und die fortgesetzten Angriffe herrschender Kreise auf die Errungenschaften der Novemberrevolution waren Ursachen für erneute Aktionen der Arbeiterklasse. Dabei erwies sich die KPD als konsequenteste Verfechterin der Lebensinteressen des werktätigen Volkes. Das erkannten auch immer mehr Mitglieder der USPD. Eine starke Gruppierung dieser Partei, zu der **Ernst Thälmann, Wilhelm Florin, Walter Stoecker, Wilhelm Koenen** gehörten, sprach sich für eine Vereinigung der beiden Arbeiterparteien aus. Diese linken Kräfte setzten sich im Oktober 1920 mit 237 gegen 156 Stimmen auf einem außerordentlichen USPD-Parteitag in Halle durch. Die in Minderheit gebliebenen Delegierten verließen den Parteitag und spalteten damit die USPD. Noch leidenschaftlicher als zuvor rangen danach die KPD und die linken Kräfte der USPD um ihre ideologische und organisatorische Vereinigung.

Im Dezember 1920 war es soweit. Der revolutionäre Flügel der USPD vereinigte sich mit der KPD auf einem Parteitag in Berlin. Dieser Zusammenschluß war ein bedeutender Schritt zur Überwindung der Spaltung der Arbeiterbewegung. Die **Vereinigte Kommunistische Partei Deutschlands (VKPD)** – später nannte sie sich **KPD** – war nun eine revolutionäre Massenpartei mit 2500 Ortsgruppen und rund 300000 Mitgliedern.

Klassenkämpfe in Mitteldeutschland 1921. Dem wachsenden Einfluß der KPD versuchten herrschende Kreise im März 1921 durch eine Provokation zu begegnen. Sie wurde von Monopolkapitalisten, Großgrundbesitzern und rechten Politikern der Sozialdemokratie vorbereitet. In Mitteldeutschland, wo die Not der Bevölkerung besonders groß und der Einfluß der KPD stark war, ließ die Regierung schwerbewaffnete Polizei-

Nach den Märzkämpfen in Mitteldeutschland gefangengenommene Arbeiter verbände einmarschieren. Am 19. März 1921 besetzten sie Ammendorf, Eisleben, Hettstedt, Merseburg und andere Orte.

Der Übermacht dieser Truppen stellten sich Tausende Arbeiter bewaffnet und etwa 150000 in Streiks entgegen. Die Kumpel der Mansfelder Schächte und die Arbeiter des Leuna-Werkes antworteten mit dem Generalstreik. In den folgenden bewaffneten Auseinandersetzungen in Mitteldeutschland – die als **Märzkämpfe** in die Geschichte eingingen – erlitten die Arbeiter gegen die weit besser ausgerüsteten Polizisten und die Reichswehrartillerie eine militärische Niederlage. Am 29. März 1921 mußten sie den Kampf einstellen. Der Terror des Militärs forderte blutige Opfer.

▮ Der Mord an Walther Rathenau. Die Klassenauseinandersetzungen hielten auch 1922 an. Anlaß war vor allem eine unterschiedliche Resonanz auf den Rapallo-Vertrag (vgl. S. 29) in Deutschland. Einerseits unterstrichen immer mehr Werktätige in Versammlungen ihre Zustimmung. Die KPD veranstaltete deutsch-sowjetische Freundschaftskundgebungen. Realistisch denkende Experten aus Handel und Industrie errechneten aus dem Vertrag mit dem Sowjetland für Deutschland einen lohnenden wirtschaftlichen Austausch. Andererseits steigerten Rechtskräfte insbesondere aus der DNVP und deren monopolkapitalistische Drahtzieher ihre antisowjetische Propaganda. Sie lehnten den Rapallo-Vertrag kategorisch ab. Letztere finanzierten die Organisation Consul – eine der militanten konterrevolutionären Verbände. Angehörige dieser Organisation schossen am 24. Juni 1922 den deutschen Unterzeichner des Rapallo-Vertrages **Walther Rathenau** auf offener Straße nieder.

Dieser Mord löste in weiten Bevölkerungskreisen Proteste aus. KPD, SPD und Gewerkschaften forderten in einem gemeinsamen Schreiben wirksame Maßnahmen gegen den ständig weiter um sich greifenden Terrorismus. Auch kleinbürgerliche und bürgerliche Kreise empörten sich. Reichskanzler Joseph Wirth (Zentrumspartei) erklärte in aller Öffentlichkeit: „Der Feind steht rechts!"

Im Juni 1922 erließ die Reichsregierung unter dem Druck der Massen ein Republikschutzgesetz. Es stellte den politischen Mord unter Strafe und bevollmächtigte die Staatsorgane, antirepublikanische Kundgebungen zu verbieten. Es ist jedoch bezeichnend für das Klassenwesen der Weimarer Republik, daß Regierungsvertreter in der Folgezeit immer wieder Aktionen der revolutionären Arbeiter als antirepublikanisch diffamierten und das Gesetz insbesondere gegen sie in Anwendung brachten, während Konterrevolutionäre ungeschoren blieben.

▮ Die Inflation. Seit 1919 erfolgte in Deutschland eine fortschreitende Geldentwertung – die Inflation. Herrschende Kreise bezweckten damit eine Umverteilung des Nationaleinkommens zum eigenen Vorteil. Praktisch geschah das folgendermaßen: Die Reichsbank ließ unaufhörlich zusätzliches Pa-

Banknoten aus der Inflationszeit

Entwertung der Papiermark gegenüber der Goldmark (ab August 1923 gegenüber dem Dollar)	
Juni 1914	1,00
Dezember 1918	2,08
Dezember 1919	10,81
Dezember 1920	17,40
Dezember 1921	45,20
Dezember 1922	1750,87
August 1923	2700000,–
September 1923	132000000,–
Oktober 1923	3760000000,–
November 1923	2520000000000,–

piergeld drucken und in Umlauf bringen. Diese ständige Vermehrung des Papiergeldes bei gleichzeitig verringertem Warenangebot bewirkte eine zunehmende Entwertung der Mark. Die Löhne der Arbeiter blieben hinter den rasch emporschnellenden Preisen zurück. Erkämpften die Werktätigen z. B. höhere Löhne, so war dieser Erfolg nur von kurzer Dauer, denn die nächste Verteuerung der Waren und Mieten folgte oft sehr rasch. Auf diese Weise gelang es den Unternehmern, die Ware Arbeitskraft zu herabgedrückten Preisen zu erwerben. Außerdem verschafften sie sich Staatskredite zum Ankauf von Sachwerten und zahlten sie später mit entwertetem Papiergeld zurück. Kapitalisten spekulierten auch im Ausland und ergaunerten sich wertbeständige Devisen.
Die Inflation erreichte ihren Höhepunkt im Jahre 1923. Was sich damals in Deutschland ereignete, hatte sich noch niemals und nirgends auf der Welt in diesem Ausmaß zugetragen. Dreihundert Papierfabriken produzierten auf Hochtouren. Sie belieferten die Banknotenpresse, die wiederum unaufhörlich Millionen-, Milliarden-, ja Billiardenscheine druckte. Kaum waren die Geldscheine getrocknet, wurden sie oft schon nach wenigen Stunden ungültig oder mit fettem roten Überdruck und mit noch mehr Nullen für eine kurze Zeit als Zahlungsmittel in Umlauf gebracht.
Früher hatte der Arbeiter seinen Wochenlohn in einer schmalen Tüte nach Hause getragen. Nun brauchte er für den Verdienst eines einzigen Tages einen großen Rucksack. Bettler wurden Multimillionäre und hungerten dabei ärger als je zuvor. Die Preise kletterten in schwindelnde Höhe. Werktätige erstanden des abends für den Tagelohn ein Brot und hätten für das gleiche Geld noch am Morgen einen Sack Mehl erwerben können. Das Schulkind bezahlte das Schreibheft mit einem Packen von Geldscheinen, der dicker war als ein Bücherstapel.
Abends froren in dunklen Wohnvierteln Arbeiterfamilien. Es fehlte Geld für Heizung und Licht. Auch die Spareinlagen des

1. 10. 1919

15. 12. 1922

1. 10. 1923

5. 11. 1923

So stiegen die Gebühren für einen Fernbrief (20 Gramm) von 1919 bis 1923

Viele Einzelhändler und kleine Handwerksbetriebe werden durch die Inflation ruiniert und müssen schließen.

Wie war es möglich, daß Großindustrielle durch die Inflation immer reicher und Arbeiter immer ärmer wurden?

Mittelstandes wurden wertlos. Händler, Handwerker, Klein- und Mittelbauern verloren ihre Existenz. Die Intelligenz geriet in soziale Not. Die Selbstmordziffer stieg.

Währenddessen bereicherten sich die Großindustriellen immer mehr. Sie liehen vom Staat Geld und kauften damit bankrotte Betriebe auf. Der Schwerindustrielle Hugo Stinnes wurde zum „König der Inflation". Er brachte in dieser Zeit 1664 Unternehmen mit 2890 Betrieben an sich. Damit hatte der Konzern Konkurrenten ausgeschaltet und seine Wertanlagen ausgeweitet. Letztere versprachen in Zukunft Profite.

Doch in einem hatte sich die herrschende Klasse gründlich verrechnet. Sie hatte geglaubt, Not und Entbehrungen würden den Kampfwillen der Arbeiter brechen. Aber die revolutionären Aktionen nahmen zu. Immer mehr Werktätige streikten. Sie protestierten gegen die fortwährende Senkung ihres Realeinkommens, gegen Preiswucher und Mieterhöhung. Notleidende veranstalteten Hungermärsche.

Auf die Dauer wirkte sich aber die Inflation auch immer störender auf die Produktion und den Handel aus: Die Kaufkraft der Bevölkerung sank, der Absatz der Produkte stockte, Vorratslager quollen über, verderbliche Ware verkam. Verluste entstanden, die Profite verringerten sich. Monopolkapitalisten wünschten das Ende jenes Wirtschaftschaos herbei. Zum Ausklang des Jahres 1923 wurde wieder eine stabile Währung festgesetzt. 1000000000000 Mark (Papiergeld der Inflationszeit) wurde eine Rentenmark, im gleichen Verhältnis wurden die Preise korrigiert.

Massenbewegung gegen die Politik der Cuno-Regierung. 1923 entstand der **Ruhrkonflikt**, ein verschärfter Konkurrenzkampf deutscher und französischer Schwerindustrieller im Ruhrgebiet, der politische Spannungen brachte. Skrupellos, allein auf den eigenen Vorteil bedacht, feilschten deutsche und französische Konzernherren um die Vorherrschaft in der westeuropäischen Schwerindustrie, die im wesentlichen auf der deutschen Ruhrkohle und dem französischen Eisenerz in Lothringen beruhte.

Die besonders reaktionäre Reichsregierung unter dem Monopolkapitalisten **Wilhelm Cuno** als Reichskanzler stoppte fällige Reparationsleistungen an Frankreich und provozierte dadurch weitere Konflikte. Die französische Regierung schickte daraufhin ihre Armee und ihr verpflichtete belgische Truppen in das Ruhrgebiet. Die wirtschaftlichen Folgen waren für Deutschland empfindlich, denn die Produktion im Ruhrgebiet kam weitgehend zum Erliegen. Jedoch wurden den Ruhrindustriellen ausbleibende Profite teilweise aus dem Staatshaushalt ersetzt, während die Arbeiter den Lohnausfall hinnehmen mußten.

Die Cuno-Regierung und mit ihr verbündete aggressive Politiker nutzten den Ruhrkonflikt zu einer haßerfüllten revanchistischen Propaganda, insbesondere gegen Frankreich. Dabei behaupteten sie auch, die unerbittlich auf Reparationen bestehenden Siegermächte seien die eigentlichen Blutsauger der

„Brot", Zeichnung von Käthe Kollwitz, 1924

notleidenden Bevölkerung Deutschlands. Die Regierung förderte Terrorakte und Sabotage im Ruhrgebiet und verschärfte mit ihrer Politik die entstandene Kriegsgefahr.
In dieser Situation war der Kampf um die Erhaltung des Friedens für das deutsche und französische Volk gleichermaßen lebenswichtig. Die Kommunisten beider Länder vereinigten ihre Aktivitäten und entlarvten die Absichten der imperialistischen Kriegstreiber.
Am 11. August 1923 beschlossen über 15000 Berliner Betriebsräte auf einer Versammlung, den Rücktritt der Reichsregierung durch einen Generalstreik zu erzwingen. Kommunisten mobilisierten die Werktätigen. Als herrschende Kreise sahen, daß dieser Appell weithin Gehör fand, beeilten sie sich, der Streikaktion zuvorzukommen und den Reichskanzler Cuno durch den gemäßigteren Vertreter der Bourgeoisie **Gustav Stresemann** auszuwechseln. Sozialdemokraten übernahmen Ministerposten. Viele Anhänger der SPD erhofften durch sie eine Regierungspolitik im Sinne der Werktätigen.
Die Stresemann-Regierung unternahm große Anstrengungen, um der inneren Situation Herr zu werden. Sie beeilte sich, außenpolitische Spannungsherde durch deutsch-französische Verständigung abzubauen.
Die neue Regierung konnte nicht verhindern, daß im Herbst 1923 in Deutschland eine **revolutionäre Krise** heranreifte: Die Kampfbereitschaft der Massen wuchs, die KPD gewann an Einfluß. Innerhalb der SPD verschärfte sich der Gegensatz zwischen einem großen Teil der Mitgliedschaft, der ein entschiedeneres Vorgehen gegen die Reaktion verlangte, und rechten Führern der Partei. Diese machten alle Entscheidungen von der Haltung ihrer Weimarer Koalitionspartner, dem Zentrum und der DDP, abhängig. Innerhalb der herrschenden Klasse spitzten sich die Auseinandersetzungen über die geeignetste Politik zur Festigung und zum Ausbau ihrer Macht zu.

▮ Arbeiterregierungen in Sachsen und Thüringen. Auf ihrem 8. Parteitag im Februar 1923 hatte die KPD schon die Möglichkeiten erwogen, gemeinsam mit der SPD Arbeiterregierungen zu bilden. Sie sollten vorerst mit den Mitteln der bürgerlichen Demokratie, gestützt auf die proletarische Massenbewegung, die Interessen der Arbeiter wahrnehmen.
Gelegenheit dazu bot sich im Herbst 1923 in Sachsen und Thüringen. Hier hatten sich die Klassenauseinandersetzungen besonders zugespitzt, es bestand eine relativ starke Einheitsfrontbewegung. Teilweise bewaffnete proletarische Hundertschaften konzentrierten sich in diesem Raum. Bei den Landtagswahlen 1923 erzielten die KPD und SPD zusammen die Parlamentsmehrheit.
Am **10. Oktober 1923** gelang es in **Sachsen** und am **16. Oktober 1923** in **Thüringen**, auf verfassungsmäßiger Grundlage **Arbeiterregierungen aus linken Sozialdemokraten und Kommunisten** zu bilden. Arbeiter in ganz Deutschland begrüßten diesen Schritt.

Die Rote Fahne
Schlagt Poincaré und Cuno an der Ruhr und an der Spree!

„Die Rote Fahne“ vom 23. Januar 1923:
„Schlagt Poincaré und Cuno an der Ruhr und an der Spree!“
Das Zentralorgan der KPD ruft zum Kampf gegen den deutschen und französischen Imperialismus auf.

● *Welche politische Entwicklung drückt sich in der Bildung von Arbeiterregierungen aus?*

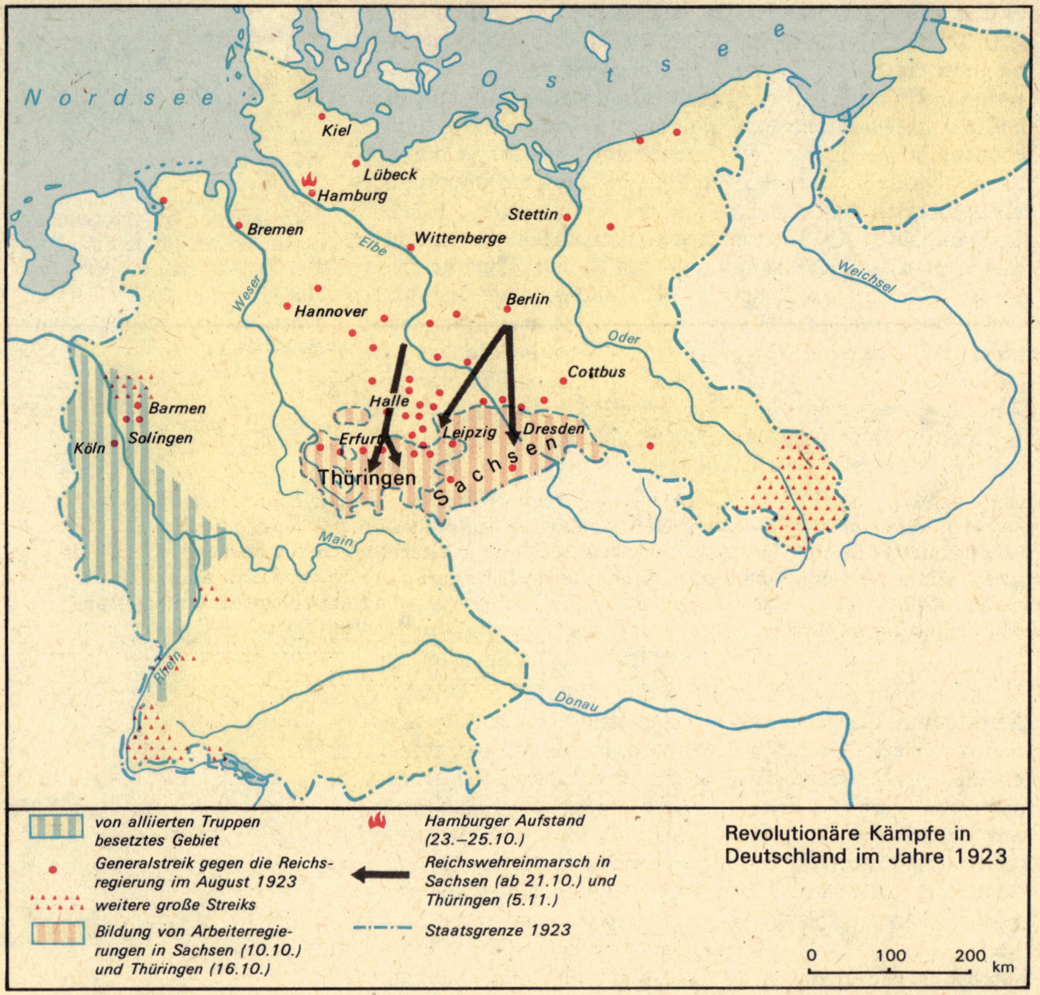

Revolutionäre Kämpfe in Deutschland im Jahre 1923

Diese Ereignisse verunsicherten Monopolherren, Bankiers, Großgrundbesitzer, Militärs, reaktionäre Politiker. Der Reichspräsident leitete Schritte ein. Gestützt auf den Artikel 48 der Weimarer Verfassung, nutzte er sein Recht, das Parlament auszuschalten und mit Notverordnungen zu regieren. Er stimmte Maßnahmen zur Absetzung der sächsischen und thüringischen Landesregierungen mit der Reichswehr ab.

Angesichts des unmittelbar bevorstehenden bewaffneten Angriffs gegen die Arbeiterregierungen beschloß die Führung der KPD, Forderungen verschiedener Arbeiterversammlungen nach dem Generalstreik aufzugreifen und in ganz Deutschland den bewaffneten Aufstand auszulösen, um so die Regierungen in Sachsen und Thüringen zu verteidigen. Auf einer Konferenz der sächsischen Regierung am 21. Oktober 1923 lehnten Sozialdemokraten diesen Vorschlag ab. Daraufhin ließ auch die Zentrale der KPD dieses Vorhaben fallen.

Der Hamburger Aufstand. In Unkenntnis dieser Sachlage begannen Kommunisten entsprechend dem zuvor gefaßten Parteibeschluß am **23. Oktober 1923** in Hamburg den bewaffneten Aufstand. Um 5 Uhr morgens stürmten Kampfgruppen die Polizeireviere, erbeuteten Gewehre und Munition. Waffenläden wurden ausgeräumt. Der Verkehr kam in Teilen der Großstadt zeitweilig fast zum Erliegen. In den nördlichen und östlichen Vororten der Stadt errichteten die Aufständischen Barrikaden. Die politische Leitung des Aufstandes lag in den Händen **Ernst Thälmanns.**

Die „Hamburger Volkszeitung" über den 23. Oktober 1923

„Unzählige Barrikaden entstanden wie aus der Erde gestampft. Alles half mit am Bau der proletarischen Verteidigungsstellungen. Straßen waren quer aufgerissen, die Bäume auf beiden Seiten gefällt und mit Stacheldraht umwickelt. Asphaltplatten losgemeißelt und als Brustwehren in den Schützengräben verwandt. Lebensmittel und Zigaretten wurden von sympathisierenden Kleinbürgern verteilt, proletarische Frauen kochten im Verlauf der Kämpfe dicke Suppen und Kaffee. Kuriere kamen und brachten Munition. Unvergeßlich sind jedem diese Bilder proletarischer Solidarität und proletarischen Heldenmutes."

Ernst Thälmann über das Ergebnis des Aufstandes

„Hamburg wurde geschlagen. Die Barrikadenkämpfer wurden niedergeworfen ... Die proletarische Revolution hat mehr als eine blutige Niederlage ertragen. Sie ist niemals daran verblutet. Sie ist stärker, stolzer, entschlossener weitergeschritten."[9]

Bis zum 24. Oktober hielten die Arbeiter einer zwanzigfachen militärischen Übermacht stand. Über 5000 Polizisten sowie Landetruppen von Kriegsschiffen wurden gegen die Aufständischen eingesetzt. Sogar Panzerautos und Flugzeuge kamen zum Einsatz.
Als die kämpfenden Arbeiter erkannten, daß der Aufstand von den Werktätigen anderer Teile Deutschlands nicht unterstützt wurde und ihr Ziel unerreichbar blieb, traten sie einen geordneten Rückzug an.
Am 29. Oktober 1923 besetzte die Reichswehr die Ministerien in Dresden. Die Arbeiterregierung in Sachsen wurde beseitigt. Gleiches geschah im thüringischen Weimar.

Während des Hamburger Aufstandes im Oktober 1923

Die Reichsregierung verhängte vom November 1923 bis zum 28. Februar 1924 über ganz Deutschland den **militärischen Ausnahmezustand.** Seit Anfang November 1923 verfügte der Chef der Heeresleitung, General von Seeckt, über die exekutive Gewalt. Arbeiterorganisationen wurden verboten, die KPD in die Illegalität gezwungen. Ihre Führer wurden verfolgt, gejagt, vor die Justizbehörden gezerrt, verurteilt. Politische Häftlinge, vor allem Kommunisten, auch sozialdemokratisch organisierte Arbeiter, Parteilose, selbst bürgerliche Demokraten füllten die Gefängnisse.

▌**Kommunisten warnen vor der aufkommenden faschistischen Gefahr.** Verstärkt drängten rechtsextreme Kreise auf eine sofortige diktatorische Herrschaft und drohten mit der Vernichtung der Arbeiterbewegung. Terrorverbände und faschistische Organisationen wurden immer dreister und zahlreicher. So putschte im Herbst 1923 die NSDAP (vgl. S. 36) unter ihrem Führer Adolf Hitler in München. Dem Kreis der Verschwörer und heimlichen Unterstützer des **Hitler-Putsches** gehörten u. a. General Ludendorff und die Schwerindustriellen Kirdorf und Stinnes an. Doch vorerst scheiterten derartige Anschläge.

Aber nicht nur in Deutschland war die faschistische Bewegung angewachsen. Im Oktober 1922 hatten Faschisten in Italien unter *Benito Mussolini* eine Diktatur errichtet und rechtsextremen Bewegungen anderer Länder Auftrieb gegeben. In Bulgarien kam es am 9. Juni 1923 zur Beseitigung einer bürgerlich-demokratischen Regierung durch ein reaktionäres Terrorregime faschistischer Prägung.

Die Kommunistische Internationale setzte sich mit dieser Erscheinung auseinander. Auf der Tagung des Exekutivkomitees der KI (EKKI) im Juni 1923 kennzeichnete Clara Zetkin den Faschismus als einen „außerordentlich gefährlichen und furchtbaren Feind" des Proletariats und ergänzte: „Der Faschismus ist der stärkste, der konzentrierteste, er ist der klassischste Ausdruck der Generaloffensive der Weltbourgeoisie in diesem Augenblick. Ihn niederzuringen ist eine elementare Notwendigkeit."[10]

- *Charakterisieren Sie zusammenfassend die Klassenkampfsituation in Deutschland 1921 bis 1923!*
- *Wie ordnen sich die Ereignisse in die durch die Große Sozialistische Oktoberrevolution eingeleitete Epoche des Übergangs vom Kapitalismus zum Sozialismus ein?*

1920 Vereinigung des linken Flügels der USPD mit der KPD
1921 Märzkämpfe
1919 bis 1923 Inflation
1923 Ruhrkonflikt
1923 Arbeiterregierungen in Sachsen und Thüringen
1923 Hamburger Aufstand

▶ **In den harten Klassenauseinandersetzungen zwischen 1919 und 1923 waren die Arbeiter und ihre Verbündeten immer dann erfolgreich, wenn sie eine Einheitsfront bildeten. Die KPD erwies sich als konsequenteste Interessenvertreterin der Werktätigen. Es zeigte sich aber, daß die Entwicklung der KPD zur führenden Kraft der Arbeiterklasse ein langwieriger, komplizierter Prozeß war. In entscheidenden Situationen blieb die Arbeiterbewegung gespalten, die Mehrheit folgte der SPD.**

Im Herbst 1923 entstand eine revolutionäre Situation, die Schwächen der herrschenden Klasse offenbarte. Da aber die Arbeiterbewegung nicht geschlossen kämpfte, konnten Großbourgeoisie, Großgrundbesitzer, Militärs und deren Interessenvertreter die imperialistische Herrschaft retten.

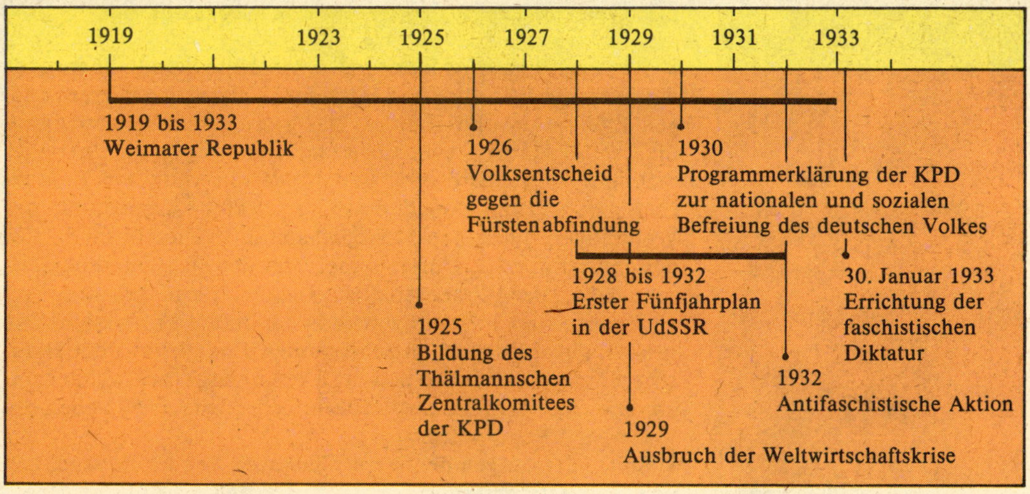

2. KAPITEL

Der Kampf zwischen Fortschritt und Reaktion in den Jahren 1924 bis 1933

In den Jahren 1924 bis 1928 festigte sich das imperialistische Weltsystem wirtschaftlich und politisch. Deutschland machte da keine Ausnahme. Aber konnte dieser Aufschwung von Dauer sein? Reaktionäre Politiker priesen die Stärke des Kapitalismus und wiesen verächtlich auf die Sowjetunion, die vor schwierigsten Aufgaben stand. Aber die Probleme des Sozialismus waren lösbar. Die dem Kapitalismus eigenen Widersprüche schwelten unter der Oberfläche weiter und mündeten 1929 in einer verheerenden Weltwirtschaftskrise. Zugleich strebten aggressivste Kräfte im Lager des Imperialismus stärker denn je nach Faschismus und einem neuen Krieg. Der Menschheit drohte daraus größte Gefahr. Sie zu bannen wurde die vordringlichste historische Aufgabe aller progressiven Kräfte. Kommunisten standen in diesem Kampf in vorderster Front. Die Frage war lebenswichtig: Wer würde in diesem Kampf zwischen Fortschritt und Reaktion letztendlich siegreich sein?

„Der Geldmagnet USA", zeitgenössische britische Karikatur

Berliner Funkturm, 1926

Rundfunksender. Aus diesem Raum wird 1923 das erste deutsche Rundfunkprogramm übertragen.

2.1. Das Erstarken des deutschen Imperialismus

Wirtschaftlicher Aufschwung. Schritt für Schritt überwandt die deutsche Wirtschaft ab 1924 den Tiefpunkt. Langsam stiegen Produktion und Handel. Das gelang nicht zuletzt durch die **kapitalistische Rationalisierung.** Darunter versteht man die technische Neuausrüstung und Modernisierung von Produktionsstätten zum Zweck einer verstärkten Ausbeutung der Werktätigen durch das Monopolkapital. In diesem Sinne förderten und nutzten Unternehmer oder der Staat die schöpferische Arbeit der Wissenschaftler, Techniker und Arbeiter. Entdeckungen und Erfindungen veränderten die Produktion. Die Elektrizität wurde zur entscheidenden Energiebasis der Industrie, Elektromotoren lösten die Dampfmaschinen weitgehend ab. Die Chemieindustrie rückte in ihrer Bedeutung neben die Eisen- und Stahlindustrie.

Spitzenleistungen deutscher Gelehrter. Bei der Entwicklung von Produktionsverfahren, die auf bahnbrechenden Entdekkungen beruhten, vollbrachten damals deutsche Gelehrte internationale Spitzenleistungen. 16 der zwischen 1918 und 1933 vergebenen 50 naturwissenschaftlichen Nobelpreise gingen nach Deutschland. Von herausragender Bedeutung war die von **Albert Einstein,** dem Schöpfer der Relativitätstheorie, formulierte Hypothese von der zugleich unbegrenzten und räumlich endlichen Struktur des Weltalls. Internationale Aufmerksamkeit erregten **Werner Heisenberg** und **Max Born** mit der Begründung der Quantentheorie sowie die Arbeiten **Otto Hahns** u. a. zur atomaren Strahlung und Kernumwandlung. Weltweite Beachtung fanden Leistungen deutscher Wissenschaftler und Techniker im Hochsee- und Luftschiffbau, bei der Entwicklung von Ganzmetallflugzeugen, in der Architektur.

Veränderungen des Produktionsablaufs. In monopolisierten Industriezweigen kamen mechanisierte und chemisierte Produktionsverfahren zu Anwendung. Technologien und Organisationsprinzipien aus den USA wurden eingeführt. Es erfolgte eine Standardisierung der Produkte, Verfahren und Produk-

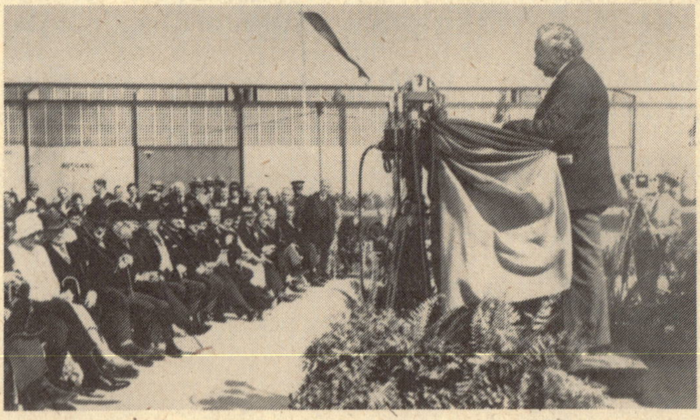

Albert Einstein eröffnet die Berliner Funkausstellung 1930.

Arbeiter montieren Motoren am Fließband in der Hannoverschen Maschinen-Aktien-Gesellschaft.

tionsinstrumente. Die Elektrifizierung von Maschinen und ganzer Maschinensysteme, der Übergang zur Fließbandarbeit, die zunächst in der Automobilindustrie begann, die Serienproduktion und Anfänge der Mechanisierung bewirkten die Beschleunigung der Arbeitsvorgänge.
Nach US-amerikanischem Beispiel wurde das Tempo am Fließband nach der Höchstleistung errechnet. Das Ziel war Mehrleistung bei gleichem Lohn mit weniger Arbeitern. Der proletarische Schriftsteller Willi Bredel beschrieb das damals in seinem Roman „Maschinenfabrik N. und K.", der unter den Werktätigen von Hand zu Hand ging.[1] Durch modernisierte Produktionsanlagen und -methoden sparten die Unternehmer Arbeitskräfte ein. Protestierten Werktätige gegen Lohnsenkungen, drohten sie mit Entlassungen und schufen so eine ständige **„Reservearmee"** Arbeitsloser, die sie als Druckmittel benutzten.

Der Dawesplan. Die imperialistischen Siegerstaaten aus dem ersten Weltkrieg beauftragten eine Sachverständigenkommission unter Leitung des Direktors der Morgan-Bank in Chicago, *Charles G. Dawes,* mit der Ausarbeitung von Vorschlägen zur **Neuregelung der deutschen Reparationszahlungen.** Ein entsprechendes Dokument, den sogenannten Dawesplan, unterzeichneten sie auf einer Konferenz in London (Juli/August 1924), es wurde am 1. September 1924 rechtskräftig.
Ziel des Dawesplanes war eine weitere Ausplünderung der deutschen Werktätigen durch die Siegermächte bei gleichzeitiger Stabilisierung der kapitalistischen Ordnung im Lande. Zudem bezweckte er die festere Einbindung Deutschlands in die antisowjetische Front des Weltimperialismus.
Diesen Absichten entsprachen die einzelnen Festlegungen: Danach hatte Deutschland 1924/25 eine Mrd. Goldmark, in den folgenden Jahren jeweils ansteigende Raten, ab 1928/29 dann 2,5 Mrd. Goldmark aufzubringen. Zur Sicherung der Zahlungen kontrollierten Alliierte teilweise den deutschen Staatshaushalt. Durch die Anhebung der Verbrauchersteuern lasteten die Reparationen hauptsächlich auf den Werktätigen.

Eine Arbeiterzeitung berichtete damals

„Für die Arbeiter ist die Hauptsache das Mitkommen. Das Arbeitsstück fließt ... Verzögerung bringt ... den ganzen Betrieb in Unordnung, lenkt sofort die Aufmerksamkeit aller Kollegen und Vorgesetzten auf den ‚Bummler'. Kommt ein Arbeiter an einer Stelle nicht recht mit, wird er stillschweigend an eine andere versetzt. Versagt er auch dort, fliegt er ohne Förmlichkeit! Das weiß auch jeder und setzt daher die ganze Kraft daran, dem Tempo des nach der höchsten Einzelleistung laufenden Bandes zu folgen."[2]

Bei den Arbeitsämtern gemeldete Arbeitslose von 1925 bis 1928

1925	0,65 Mill.
1926	2,01 Mill.
1927	1,35 Mill.
1928	1,35 Mill.

Erklären Sie die Ursachen für die hohen Arbeitslosenzahlen in dieser Zeit der kapitalistischen Hochkonjunktur!

Mitteleuropa im Jahre 1924
Staatsgrenze
Ländergrenze in Deutschland
0
100
200
km
Nordsee
Ostsee
DÄNEMARK
Kopenhagen
SCHWEDEN
LITAUEN
Kaunas
Memel
Königsberg
Danzig
DANZIG
(unter Schutz des Völkerbundes)
Preußen
Helgoland
Kiel
Lübeck
Hamburg
Rostock
Mecklenburg-
Schwerin
Schwerin
Mecklenburg-
Strelitz
Stettin
Olden-
burg
Bremen
Schaumburg-
Lippe
Hannover
Braunschweig
Lippe
Detmold
Braunschweig
Magdeburg
Anhalt
Berlin
Frankfurt
Poznań
Warschau
POLEN
Łódź
Lublin
Kraków
Breslau
Münster
Dortmund
Düsseldorf
Waldeck
Kassel
Halle
Leipzig
Dresden
Sachsen
Chemnitz
Erfurt
Weimar
Thüringen
Köln
Aachen
Hessen
Frankfurt
Mainz
Darmstadt
Mannheim
Pfalz
Bayern
Nürnberg
Karlsruhe
Stuttgart
Württemberg
Hohenzollern
Baden
Augsburg
München
Amsterdam
Den Haag
NIEDERLANDE
Antwerpen
BELGIEN
Brüssel
Maas
LUXEM-
BURG
Luxemburg
Saargebiet
(Völkerbunds-
mandat)
Reims
Strasbourg
FRANKREICH
Bodensee
SCHWEIZ
LIECHTEN-
STEIN
ÖSTERREICH
Wien
Bratislava
Budapest
UNGARN
Prag
Brno
TSCHECHOSLOWAKEI
Weichsel
Bug
Warthe
Oder
Spree
Elbe
Havel
Weser
Rhein
Mosel
Main
Donau
Inn

Staatsgrenze
Grenze eines Mandatsgebietes des Völkerbundes

1 BELGIEN
2 NIEDERLANDE
3 SCHWEIZ
4 ÖSTERREICH
5 UNGARN
6 SERBISCH-KROATISCH-SLOWENISCHER STAAT
7 ALBANIEN
8 Syrien (frz. Mandat)
9 Libanon (frz. Mandat)
10 Palästina (brit. Mandat)
11 Transjordanien (brit. Mandat)
12 Irak (brit. Mandat)
13 BHUTAN
14 Togo (brit. u. frz. Mandat)
15 Kamerun (brit. u. frz. Mandat)
16 Ruanda-Urundi (belg. Mandat)

Die Welt im Jahre 1924

„Der Dollarregen“, Karikatur von Boris Jefimow, 1924

Welche politische Erscheinung deckt Boris Jefimow mit seiner Karikatur auf?

Die deutsche Wirtschaft wird durch Monopole beherrscht (Stand vom 31. Oktober 1927)

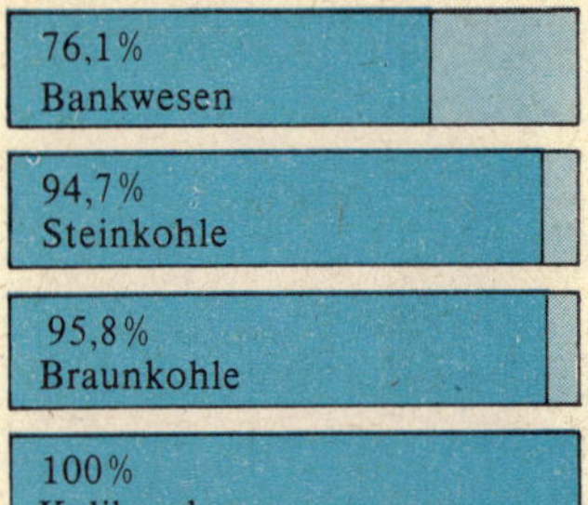

Da aber nur ein wirtschaftlich gestärktes Deutschland auf die Dauer zahlungsfähig sein konnte, gewährten ihm hauptsächlich Banken der USA und Großbritannien beträchtliche Anleihen, die mit Zinsen zu einem späteren Zeitpunkt rückzahlbar waren. Deutschland erhielt bis 1932 etwa 31 Milliarden Mark an Krediten.

Die mit dem Dawesplan verbundene „Finanzspritze“ kam zu einem Fünftel deutschen Staatsbetrieben zugute, vornehmlich in Wirtschaftszweigen, die hohe Investitionen erforderten und nicht sofort rentabel waren, z. B. dem Schiffsbau, dem Verkehrswesen, der Gas-, Wasser- und Energieversorgung. Es wurden auch Vorhaben des Wohnungsbaus finanziert. Ein Großteil der Devisen floß in Unternehmungen und Forschungseinrichtungen des Monopolkapitals.

Entstehung von Mammutkonzernen. Die Monopolherren und Bankiers vereinten ihre Unternehmen in immer größeren Konzernen, Monopolverbänden und Großbanken. Damit vollzog sich eine gewaltige **Konzentration der Produktion und des Kapitals.**

In der chemischen Industrie entstanden 1925 die *IG-Farben-Industrie AG*, in der Montanindustrie Anfang 1926 die *Vereinigten Stahlwerke AG.* Weitere Konzerne neuer Größenordnung entstanden in der Kaliindustrie, dem Schiffs- und Waggonbau, der Fahrzeug- und Zementindustrie. Die beiden Konzerne *AEG* und *Siemens* beherrschten die elektrotechnische Industrie fast vollständig. Auf die sechs Ruhrkonzerne Vereinigte Stahlwerke AG, Friedrich Krupp AG, Hoesch AG, Haniel, Mannesmannröhren-Werke-AG und Klöckner-Werke entfielen weit über die Hälfte der deutschen Roheisenproduktion und der Steinkohlenförderung. Sie begannen auch international eine bedeutende Rolle zu spielen und nahmen erneut den Kampf um die Beherrschung des europäischen Marktes und um die Neuaufteilung des Weltmarktes auf.

Damit konzentrierten immer weniger Monopolherren immer mehr Macht in ihren Händen. Sie waren seit langem in **Unternehmerverbänden** organisiert und regulierten im engsten Zusammenwirken mit den staatlichen Behörden den Zustrom der ausländischen Anleihen, den Export, die Steuer- und Lohnpolitik und anderes mehr. Sie beherrschten nicht nur die Schlüsselpositionen der deutschen Wirtschaft, sondern bestimmten mehr denn je die Regierungspolitik. In Denkschriften unterbreiteten sie ihre außen- und innenpolitischen Forderungen. Sie übten Druck auf die Regierungen aus und plazierten ihre Vertreter im Staatsapparat.

Verbesserung der Lebenslage der Volksmassen. Obwohl die Unternehmer fortwährend die Ausbeutung steigerten, verbesserte sich in den Jahren des wirtschaftlichen Aufschwungs, verglichen mit der Kriegs- und Nachkriegszeit, die Lebenslage der werktätigen Bevölkerung. Allein von 1924 auf 1925 stieg der durchschnittliche Wochenlohn eines Industriearbeiters von 16,50 auf 35,60 M, 1928 lag der Durchschnitt bei 42,70 M. Einigen Facharbeitern, Meistern, Vorarbeitern ging es sogar

besser als dem Durchschnitt, sie erhielten als Spezialisten Vergünstigungen und höhere Löhne.
Die langsame Anhebung der Löhne und Gehälter stand allerdings in keinem Verhältnis zu den wesentlich rascher ansteigenden Profiten der Kapitalisten. Die Arbeiter schafften in den Fabrikhallen bei einem strengen Akkordsystem (Stücklohn) mehr als je zuvor und häuften damit vor allem die Gewinne der Unternehmer auf. Und doch erschien den meisten das Zischen, Fauchen, Sausen und Schlurren der Maschinen wie Musik in den Ohren. Endlich hatten Fabriktore wieder geöffnet. Schornsteine rauchten. Die Zahl der Arbeitslosen war immerhin enorm gesunken. In den Läden und Kaufhäusern wurden zu relativ festen Preisen Waren angeboten.
Optimismus verbreitete sich unter den städtischen Mittelschichten. Kleine Handwerker produzierten wieder, Händler hatten ihr Geschäft, ein Teil der materiellen Verluste aus den Jahren der Inflation war wieder wettgemacht. Langsam besserten sich die Existenzbedingungen der Groß- und Mittelbauern auf dem Lande. Nur mühsam oder gar nicht erholten sich allerdings die kleinen Bauernwirtschaften.

Illusionen über den Weimarer Staat. Es war natürlich, daß die arbeitenden Menschen nach entbehrungsreichen Zeiten jede noch so geringfügige Verbesserung ihrer Lebenslage hoffnungsvoll begrüßten. Große Resonanz fanden Teilerfolge der sozialdemokratischen Reformpolitik insbesondere im Kommunalbereich. Abgeordnete der SPD in den Parlamenten nahmen Einfluß auf eine Verbesserung des Wohnungsbaus für die Arbeiter, für einen Ausbau der Gesundheits- und Jugendfürsorge des Staates. Sie aktivierten den Bau von Volkssportstätten. Sie befürworteten die Vervollkommnung oder Neuerungen im Eisenbahnbereich und die Elektrifizierung des Nahverkehrs. Der Bau von U-Bahn-Linien in den Arbeitervierteln Berlins und Hamburgs begann. SPD- und Gewerkschaftsfunktionäre errangen in den Betrieben Erleichterungen in Tarif- und Lohnfragen für Werktätige.
Vor dem Hintergrund der Wirtschaftskonjunktur fanden SPD-Politiker Glauben, wenn sie erklärten, es käme vor allem darauf an, die sozialdemokratischen Fraktionen in den Parlamenten zu erweitern und die Mitwirkung ihrer Partei in der Regierung auszubauen. Gelänge das, so sei es im Rahmen des bürgerlich-parlamentarischen Systems der Weimarer Republik durchaus möglich, immer erfolgreicher zu sein. Auf diese Weise könne die Gesellschaft friedlich in den Sozialismus hineinwachsen, der dauerhaft menschenwürdige Bedingungen bringe und Frieden garantiere. Aber das war eine Illusion, denn der Aufbau des Sozialismus setzte grundsätzliche Veränderungen der Machtverhältnisse voraus. Dennoch glaubte die Mehrheit der Arbeiterklasse diesen sozialdemokratischen Verheißungen und gab der SPD bei den Parlamentswahlen ihre Stimme.
Die Politik der SPD-Führung paßte aber durchaus in das Konzept herrschender Kreise. Sie hatten aus den Erfahrungen der

Entwicklung der Profite des AEG-Konzerns von 1924 bis 1929

	Profit in Millionen Mark	Dividende in Prozent
1924/25	8,3	6
1925/26	10,7	7
1926/27	12,3	8
1927/28	16,5	8
1928/29	19,2	9

Einröhren-Rundfunkempfänger, 1926

Kleinbildkamera, ab 1924 in Serie

Paul von Hindenburg. Die weitgehenden Machtbefugnisse des Reichspräsidenten in den Händen des Kriegsverbrechers aus dem ersten Weltkrieg bedeuteten eine große Gefahr für das deutsche Volk.

revolutionären Nachkriegsjahre geschlußfolgert, daß die Zurücknahme der Errungenschaften der Novemberrevolution nicht schlagartig möglich war, ohne Erhebungen der Arbeiterklasse zu provozieren. Sie zogen es daher vor, brutale Methoden der Ausbeutung und Unterdrückung durch Zugeständnisse an das Reformkonzept der SPD zu verschleiern und sozialdemokratische Politiker noch fester an den bürgerlich-parlamentarischen Staat zu binden.

Hindenburg wird Reichspräsident. Im Jahre 1925 starb das sozialdemokratische Staatsoberhaupt Friedrich Ebert. Der Reichspräsident mußte neu gewählt werden. Monopolkapitalisten, Junker und Militärs schlugen den ehemaligen kaiserlichen Generalfeldmarschall **Paul von Hindenburg** für dieses höchste Staatsamt vor. Mit Unterstützung dieser Kräfte gelang ihm am 16. April 1925 der Wahlsieg. 15 Millionen Deutsche gaben ihm ihre Stimme. Besonders kleinbürgerliche Kreise hatten sich von dem Propagandarummel bürgerlicher Parteien beeindrucken lassen, die Hindenburg als einen pflichtbewußten und „nationalgesinnten" deutschen Mann glorifizierten.

Der Locarno-Vertrag. Mit dem Wiedererstarken der ökonomischen und politischen Macht der herrschenden Klasse wuchs ihr Drängen, für den Ausgang des ersten Weltkrieges Revanche zu nehmen und den Versailler Vertrag zu revidieren. Vor der Weltöffentlichkeit sprachen deutsche Politiker allerdings von „Versöhnung" und „Frieden".

Dieses zwiespältige Verhalten entsprach auch dem Vertrag, den die europäischen Westmächte und Deutschland im Oktober 1925 im Schweizer Kurort Locarno abschlossen. Der Locarno-Vertrag enthielt eine Garantieerklärung für die deutsch-französische und die deutsch-belgische Grenze. Gleiche bindende Regelungen für die deutschen Ostgrenzen gegenüber Polen und der Tschechoslowakei unterblieben jedoch. Der Locarno-Vertrag sollte das deutsche Expansionsstreben in die östliche Richtung lenken.

- *Woraus erklären Sie sich den Widerspruch, daß die höchsten Machtbefugnisse der Weimarer Republik einem Gegner der Republik übertragen wurden?*
- *Inwiefern enthielt der Locarno-Vertrag den Keim zu einem neuen Krieg?*

1924 Dawesplan
1925 Hindenburg wird Reichspräsident
1925 Locarno-Vertrag

▸ Auch in Deutschland setzte 1924 eine wirtschaftliche und politische Festigung des Imperialismus ein. Sie war mit der kapitalistischen Rationalisierung verbunden, brachte die Modernisierung der Produktion, eine verstärkte Ausbeutung der Werktätigen und ermöglichte die Steigerung der Profite. Produktion und Kapital konzentrierten sich immer mehr in den Händen der Monopolbourgeoisie.

Der Dawesplan regelte seit 1924 die deutschen Reparationsleistungen insbesondere auf Kosten der Werktätigen und brachte Auslandskredite, die den deutschen Imperialismus festigen halfen.

Die Wahl des ehemaligen kaiserlichen Generalfeldmarschalls Paul von Hindenburg zum Reichspräsidenten bewies den Vormarsch der Reaktion. Auch der von Alliierten und Deutschland unterzeichnete Locarno-Vertrag bezeugte die Aggressivität des Weltimperialismus.

2.2. Die Entwicklung der KPD als marxistisch-leninistische Massenpartei

Die Herausbildung der Thälmannschen Parteiführung. Die Führung der KPD stand vor der komplizierten Aufgabe, unter den veränderten Bedingungen des vorerst wiedererstarkenden Imperialismus praktische Schlußfolgerungen für den revolutionären Kampf abzuleiten. In der KPD-Führung gab es dazu unterschiedliche Auffassungen und harte Auseinandersetzungen. Einige ihrer Vertreter waren ungeduldig und verkannten, daß zunächst die proletarische Revolution nicht auf der Tagesordnung stand. Dagegen mahnten besonnenere, erfahrenere Führer, nicht den zweiten Schritt vor dem ersten zu tun, und erinnerten an die Erfahrungen der Bolschewiki in Rußland. Sie erklärten, die **Überwindung der Spaltung der Arbeiterbewegung** und **die Gewinnung der Massen** sei notwendiges Erfordernis zur Lösung der nächstliegenden Aufgaben, vor allem für den Kampf gegen die wachsende Ausbeutung und in der Abwehr der aggressiven Politik des Imperialismus. Leidenschaftlich forderte besonders Ernst Thälmann, die Arbeit der Partei darauf zu konzentrieren, um damit die Massen an künftige revolutionäre Kämpfe heranzuführen.

Unterstützt von der Kommunistischen Internationale, gelang es **Ernst Thälmann, Franz Dahlem, Wilhelm Florin, Fritz Heckert, Wilhelm Pieck, Ernst Schneller, Georg Schumann, Walter Stoecker, Walter Ulbricht, Clara Zetkin** und anderen Genossen, sich mit ihren realistischeren Ansichten durchzusetzen. Am 1. September 1925 wurde **Ernst Thälmann zum Ersten Vorsitzenden der KPD** berufen. Ein im Oktober 1925 neugebildetes Zentralkomitee beherzigte die Lehren Lenins.

Als Funktionär der Partei, der Gewerkschaften und anderer Arbeiterorganisationen hatte Ernst Thälmann Erfahrungen und politisches Wissen erworben. Auf seine Meinung hörten die Arbeiter. Vor allem seine Geradlinigkeit und sein revolutionärer Optimismus hatten ihm dieses Vertrauen eingebracht. Der nunmehr 39jährige ging von der Erkenntnis aus: „Die deutsche Arbeiterklasse kann nur im Bunde mit der Sowjetunion, ihre Partei kann nur auf dem von Lenin und der Partei der Bolschewiki gewiesenen Wege im Kampf gegen den Imperialismus bestehen.“[3]

Die Bildung des neuen Zentralkomitees unter Ernst Thälmanns Führung war von großer Tragweite. Zielstrebig wurde nun die KPD zu einer marxistisch-leninistischen Massenpartei entwickelt.

Die systematische Verbreitung des Marxismus-Leninismus. Immer wieder forderte die Parteiführung von den Genossen, den Massen die Ziele und Aufgaben der KPD verständlich zu erklären. Sie sollten die aktuellen Probleme der Arbeiter und anderer werktätigen Schichten aufspüren, anstehende Fragen und Probleme vom proletarischen Klassenstandpunkt aus überzeugend beantworten. Das aber setzte eine verstärkte ideologische Schulung der KPD-Mitglieder voraus. Deshalb

---

Ernst Thälmann, der bedeutende Führer der deutschen und internationalen Arbeiterbewegung, wurde am 16. April 1886 in Hamburg geboren. 1903 trat er der Sozialdemokratischen Partei und 1904 dem Transportarbeiterverband bei. Während des ersten Weltkrieges betrieb er an der Front antimilitaristische Agitation. Im Jahre 1917 wurde er Mitglied der USPD, ab 1919 war er deren Ortsgruppenvorsitzender in Hamburg. Mit großem Erfolg wirkte er für die Vereinigung der USPD mit der KPD. Der Vereinigungsparteitag im Dezember 1920 wählte ihn in die Parteiführung. Im Mai 1923 wurde er Mitglied der Zentrale der KPD. Unter seiner Leitung stand im Oktober 1923 der Hamburger Aufstand. Seit 1924 wirkte er als Reichstagsabgeordneter und als Mitglied des Exekutivkomitees der Kommunistischen Internationale.

● *Was kennzeichnet eine marxistisch-leninistische Massenpartei? Denken Sie dabei an die Partei der Bolschewiki!*

Ernst Thälmann

Franz Dahlem

Wilhelm Florin

Ernst Schneller

Georg Schumann

Walter Stoecker

organisierte die Parteiführung in allen Bezirken Zirkel. In Elementarkursen wurden Parteimitglieder mit Grundfragen des Leninismus bekannt gemacht.
Es entstand die **Reichsparteischule der KPD** „Rosa Luxemburg" in Schöneiche-Fichtenau bei Berlin. In Berlin-Brandenburg-Lausitz, im Ruhrgebiet und in vielen anderen Bezirken fanden mehrtägige Kurse der Bezirksparteischulen statt.
In weit größerem Umfang als zuvor erschien eine von *Hermann Duncker* betreute Reihe „Elementarbücher des Kommunismus". Auch der Komintern-Verlag für Literatur und Politik (Verlag der Kommunistischen Internationale) erhöhte die Auflagen der „Marxistischen Bibliothek" und der Schriften W. I. Lenins in deutscher Sprache.
1926/27 gründete die KPD zuerst in Berlin, später auch in anderen Städten die **„Marxistische Arbeiterschule"** – kurz MASCH genannt. Sie wurden Bildungseinrichtungen zur Verbreitung des Marxismus-Leninismus. Die MASCH unterstützten die Arbeit der KPD-Zirkel, die inzwischen auch in den Betrieben gebildet worden waren. Leitende Funktionäre der

● *Warum unternahm die KPD diese großen Anstrengungen in der ideologischen Arbeit? Denken Sie dabei auch an die Auffassungen der rechten SPD-Führung!*

Fritz Heckert

Wilhelm Pieck

Walter Ulbricht

Clara Zetkin

Einige führende Mitglieder des im Oktober 1925 gebildeten Thälmannschen Zentralkomitees

verschiedensten Arbeiterorganisationen übernahmen Vorträge in der MASCH. Architekten, Ärzte, Ingenieure und Journalisten berichteten über Probleme ihrer Fachgebiete. Wissenschaftler sprachen über den Stand der naturwissenschaftlichen Forschung.

Die Verstärkung der KPD-Arbeit in den Betrieben. Die KPD-Führung erkannte, daß es nicht ausreichte, die Ziele und Aufgaben der Partei auf Kundgebungsplätzen und in Agitationsschriften zu propagieren. Um die Werktätigen mit der kommunistischen Politik vertraut zu machen und sie zu gewinnen, schuf sich die KPD ein neues organisatorisches Fundament: starke, arbeitsfähige **Betriebszellen**. Sie konnten unmittelbar die Probleme der Arbeiter aufgreifen.

In zahlreichen Reden und Aufsätzen wies Ernst Thälmann nach, daß die Gewinnung der Massen durch eine richtige Gewerkschaftspolitik in den Mittelpunkt der Arbeit der KPD gehörte. Unter seiner Führung konzentrierte das Zentralkomitee die Parteiarbeit auf diese Schwerpunktaufgabe. Kommunisten vertraten in der Folge immer überzeugender und engagierter

Vor einer Küche der Internationalen Arbeiterhilfe im Mansfelder Gebiet, Juni 1930

in den **Gewerkschaften** die Tagesinteressen der Werktätigen. Dabei wuchs das Verständnis für die kommunistische Politik und das Ansehen der KPD bei den Massen.

Die massenpolitische Arbeit der KPD. Ähnlich wie in den Gewerkschaften erhöhten Kommunisten auch in sehr vielen anderen Massenorganisationen, in denen Millionen Arbeiter vereint waren, ihren Einsatz.

Anläßlich des II. Internationalen Jugendtages am 6. September 1925 analysierte Ernst Thälmann in der „Roten Fahne" die Situation in der Arbeiterjugend. Er stellte fest, daß die Mitgliederzahl des **Kommunistischen Jugendverbandes Deutschlands (KJVD)** – 1920 als Kommunistische Jugend Deutschlands gegründet und 1925 in KJVD umbenannt – noch zu niedrig sei. Ernst Thälmann hob hervor: Wir können unsere Aufgaben nur mit der proletarischen Jugend lösen. Der KJVD kämpfte in der Folgezeit besonders gegen die imperialistische Kriegsgefahr, gegen die Ausbeutung und die politische Unterdrückung der Jungarbeiter. Er hatte Zustrom, 1932 zählte er 50 000 Mitglieder.

Proletarische Massenorganisationen, die unter der Leitung oder unter dem Einfluß der KPD standen	
Jung-Spartakus-Bund (JSB)	1919/20 entstanden erste Kindergruppen, im Oktober 1924 wurde der JSB gegründet. Er war eine kommunistische Kinderorganisation. Er setzte sich für eine fortschrittliche Bildung und Erziehung der Kinder in den Schulen ein, bekämpfte das wirtschaftliche Elend und die Kinderausbeutung. Die Mitglieder des JSB beteiligten sich auch an den Aktionen der Arbeiter. Sie demonstrierten z. B. für die Freilassung politischer Gefangener. Im Herbst 1930 wurde der JSB in **„Rote Jungpioniere"** umbenannt.
Internationale Arbeiterhilfe (IAH)	Sie entstand 1921. Die deutsche Sektion wirkte auch im Lande selbst. Sie sammelte für streikende Arbeiter Geld, verteilte Lebensmittel an die Erwerbslosen und kümmerte sich besonders um notleidende Kinder. In dieser Hilfsorganisation wirkten Kommunisten gemeinsam mit sozialdemokratischen und parteilosen Arbeitern, darüber hinaus auch mit fortschrittlichen Wissenschaftlern, Künstlern, Schriftstellern und Politikern.
Rote Hilfe Deutschlands (RHD)	Erste provisorische Komitees der Roten Hilfe entstanden 1921; ihre Gründung erfolgte am 1. Oktober 1924. Sie stand besonders den von der Klassenjustiz verfolgten Revolutionären bei und erwies deren Angehörigen materielle und moralische Hilfe. Ihr Kampf galt der Befreiung politischer Gefangener. Neben kommunistischen, sozialdemokratischen und parteilosen Arbeitern unterstützten auch fortschrittliche Wissenschaftler, Künstler und Schriftsteller wie Albert Einstein, Käthe Kollwitz, Heinrich und Thomas Mann, Kurt Tucholsky, Arnold Zweig die Tätigkeit der RHD, besonders das Kinderhilfswerk dieser Organisation.
Roter Frontkämpferbund (RFB)	Gegründet im Jahre 1924. Seine Mitglieder erhielten eine wehrpolitische Ausbildung. Der RFB schützte das Eigentum der Arbeiter und die Versammlungen vor den Faschisten und anderen politischen Gegnern. Seine Mitglieder bekämpften die imperialistische Kriegsgefahr. Sie setzten sich für die Verteidigung der Sowjetunion ein und wirkten der antibolschewistischen Hetze des deutschen Imperialismus entgegen.

Rote Jungpioniere

Fahne der Ortsgruppe Zwickau des RFB 1926

Im Februar 1925 wählte der **Rote Frontkämpferbund** Ernst Thälmann zu seinem 1. Bundesvorsitzenden. Die Organisation wuchs rasch. Am 1. September 1925 hatte der Bund bereits 1217 Ortsgruppen mit 70150 Mitgliedern, davon waren 45418 parteilos. Immer wirkungsvoller trat der RFB auf. Große Aufmerksamkeit erlangte das 1. Reichstreffen des RFB am 21./22. Mai 1925 in Berlin. Vom Lustgarten zogen die Kolonnen des RFB in einem zweistündigen Marsch in den Arbeiterbezirk Berlin-Lichtenberg. Einwohner bildeten an den Straßen Spalier. Im Lichtenberger Stadion vereinigten sich etwa 50000 Arbeiter mit dem RFB zu einer machtvollen Kundgebung. Feierlich wurde der 14. Abteilung des Berliner RFB als Geschenk der Moskauer Arbeiter eine Fahne überreicht. Zwei sowjetische Flieger hatten sie nach Berlin gebracht. Die Aufmärsche des RFB hatten beachtliche Wirkung auf die Öffentlichkeit und stärkten die Kampfmoral der Arbeiterklasse.

Kämpfer des RFB 1925

Vom 3. Reichstreffen des RFB im Juni 1927 in Berlin. An der Spitze des Demonstrationszuges Ernst Thälmann. Die disziplinierten Kolonnen des RFB strahlen Kampfbereitschaft und Entschlossenheit aus.

Aus der Resolution der 1. Parteikonferenz der KPD vom 1. November 1925

Wir stellen folgende Hauptforderungen als nächste unmittelbare Kampfziele auf:
Kämpft um höhere Löhne!
Kampf für den Achtstundentag!
Kampf gegen die Erwerbslosigkeit, die Kurzarbeit und Zwangsarbeit!
Mieterlassung für die Erwerbslosen!
Kampf zur Erweiterung der Rechte der Betriebsräte auf dem Wege zur Kontrolle der Produktion, insbesondere aber ein unzweideutiges Mitbestimmungsrecht bei Einstellungen und Entlassungen von Arbeitern und Angestellten!
Kampf für die Interessen der werktätigen Massen![4]

● *Erklären Sie die Forderung nach Entschädigung der Fürsten aus der Situation im Klassenkampf 1925/26!*

Plakat der KPD gegen die Fürstenabfindung

▌ Ziele der KPD im täglichen Kampf. Wo immer sich Möglichkeiten eröffneten, die täglichen Interessen der Werktätigen zu vertreten, verstärkten die Kommunisten ihren Einsatz.
Nach einem zeitweiligen Rückgang nahmen Ende 1925/Anfang 1926 die Aktionen der Werktätigen gegen die Angriffe der Unternehmer auf ihre Rechte wieder zu. Sie wurden hauptsächlich von den Gewerkschaften organisiert. Kommunisten standen dabei in vorderster Front und setzten sich am entschiedensten für die Forderungen der Arbeiter ein. Die Kämpfe erreichten 1925/26 einen Höhepunkt mit einer breiten Volksbewegung. Was war der Anlaß?

▌ Kampf gegen die Entschädigung der Fürsten. Besonders nach der Wahl Hindenburgs zum Reichspräsidenten (vgl. S. 56) scharten sich Fürsten von einst mit ihrem adligen Anhang, kaisertreue Militärs und Angehörige der republikfeindlichen DNVP um das fast 80jährige Staatsoberhaupt, um dessen Befugnisse für sich zu nutzen.
Immer dreister wurden die entmachteten Fürsten, Herzöge und Grafen, die Vertreter der ehemals regierenden Fürstenhäuser. Eine Kunde war alsbald in aller Munde: Die Herren von einst ließen sich in aller Stille aus dem Staatssäckel der Republik für die in der Novemberrevolution 1918 beschlagnahmten Ländereien und Besitztümer durch riesige Geldbeträge „entschädigen". Die Frau des jugoslawischen Prinzen von Montenegro hatte nur deshalb, weil sie früher einmal mecklenburgische Kronprinzessin gewesen war, 9 Millionen Mark eingestrichen und verlangte immer noch mehr! Ehemalige Landesfürsten aus Thüringen errafften 15 Millionen Mark und waren keinesfalls zufrieden. Mit 30 Millionen Mark und der Rückgabe einiger feudaler Schlösser war die Familie des ehemaligen Großherzogs von Mecklenburg-Strelitz „abgefunden" worden. Die Liste der durch einzelne Landesregierungen veranlaßten Zahlungen war noch länger. Im Herbst 1925 vereinten sich die Fürstenfamilien und forderten von der Republik insgesamt weitere 2,6 Milliarden Mark.
Ein Sturm der Entrüstung brach unter Arbeitern, in kleinbürgerlichen und in einigen bürgerlichen Kreisen los. Nirgends waren die durch eine Revolution veränderten Besitzverhältnisse auf diese Weise nachträglich wieder korrigiert und den einmal hinweggefegten Herrscherhäusern ihre Reichtümer auf Kosten der arbeitenden Menschen wieder zugeschanzt worden. Währenddessen aber hungerten Kriegsopfer, Invaliden, Witwen und Waisen mit kärglichen Renten. Ein Arbeitsloser fristete mit 2,50 Mark Tagessatz sein Dasein.
Was der einfache Mann in jenen Tagen und Wochen empfand, sprach Ernst Thälmann auf Kundgebungen der KPD aus. Mit seiner kräftigen, weittragenden Stimme rief er den Versammelten zu: „Das Schmarotzertum muß ein Ende haben!" Leidenschaftlich, seine Worte mit lebhaften Armbewegungen unterstreichend, argumentierte er und forderte die Menge zum Widerstand auf. Er fand breite Zustimmung.
Am 25. November 1925 brachte die KPD im Reichstag den

Entwurf eines Gesetzes über die entschädigungslose Enteignung der Fürstenhäuser und die Verwendung des enteigneten Fürstenvermögens für soziale Maßnahmen ein. Die fürstlichen Güter sollten zur Linderung der Landnot der Kleinbauern und Pächter aufgeteilt, die Schlösser als Sanatorien, Kinderheime und Erziehungsanstalten genutzt, die enteigneten Barvermögen für die Erhöhung der Unterstützung der Kriegsbeschädigten und Kriegshinterbliebenen Verwendung finden.

Plakat der SPD gegen die Fürstenabfindung

Weite Bevölkerungskreise fanden das nur gerecht und forderten eine Abstimmung über das Gesetz, wie sie die Weimarer Verfassung ermöglichte: Wenn mindestens 10 Prozent der wahlberechtigten Bürger in einem **Volksbegehren**, also bei einer öffentlichen Einzeichnung in Listen die Entscheidung einer wichtigen Frage durch geheime Abstimmung forderten, mußte sich die Regierung dieser Willensbekundung beugen.
SPD-Führer, die anfangs keine Anstalten machten, etwas gegen den Raubzug der Fürsten zu unternehmen, und Appelle der KPD überhörten, mußten unter dem Druck der sozialdemokratischen Mitglieder ihre Abwartehaltung aufgeben. Im Januar 1926 stimmten sie dem Volksbegehren zu, organisierten aber von den Kommunisten getrennt laufende Aktionen. Doch in den meisten Fällen vereinten sich die sozialdemokratisch organisierten Arbeiter mit den Kommunisten auch ohne Zustimmung des SPD-Vorstandes. Parteilose, Angehörige der Gewerkschaften und Werktätige aus allen Berufsgruppen schlossen sich an. Auch fortschrittliche Angehörige der Intelligenz begrüßten das Vorgehen der Arbeiterparteien gegen die Fürstenabfindung. Unter dem Vorsitz des Wirtschaftswissenschaftlers René Kuczynski bildeten Vertreter pazifistischer und bürgerlich-liberaler Vereinigungen am 6. Januar 1926 einen Ausschuß zur Unterstützung des Volksbegehrens.

Protestkundgebung gegen die geplante „Fürstenentschädigung“

Vom 4. bis 17. März 1926 trugen sich 12,5 Millionen Bürger – 31 Prozent der Wahlberechtigten – in die ausliegenden Listen ein und erzwangen damit die Durchführung des Volksentscheides über die entschädigungslose Enteignung der Fürsten. Die Regierung bestimmte dafür den 20. Juni 1926.

▌ **Herrschende Kreise gegen den Volksentscheid.** Sie finanzierten eine großangelegte Propaganda gegen den Volksentscheid, verdrehten die Tatsachen, entstellten die Absichten der Kommunisten, suchten die Bevölkerung zu verwirren und einzuschüchtern. Besonders auf dem Lande wurden die Bewohner an der Ausübung ihres Rechtes gehindert. Auf dem Gut Bredow bei Nauen, unweit von Berlin, erklärte der Gutsinspektor: „Wer sich in die Listen vom Volksbegehren einzeichnet, wird sofort entlassen!“ Solches geschah auch in zahllosen anderen Dörfern und Gütern.
Einige Vertreter der Kirche bezeichneten die Enteignung der Fürsten als bitteres Unrecht und suchten die Gläubigen zu beeinflussen. Gegner des Volksentscheides, dazu zählten Angehörige der DNVP, der DVP, militaristische und faschistische Organisationen, koordinierten ihre Aktivitäten. Sie bildeten

Hindenburg am 22. Mai 1926 in einem Brief an einen Vertrauten

„Es könnte aus dem jetzt vorliegenden Einzelfall die Methode entstehen ... mit solchen Volksabstimmungen auf dem Wege der Enteignung weiter zu gehen ... Ich sehe hierin eine große Gefahr."

am 15. April 1926 einen Arbeitsausschuß. Schließlich verfiel die Reichsregierung auf einen Trick, um die Volksbewegung um einen Sieg zu bringen. Sie erklärte, die in der Weimarer Verfassung, Artikel 153, Absatz 2 enthaltene Formulierung, die eine „Enteignung zum Wohle der Allgemeinheit" ermöglichte, sei im Falle der Fürsten nicht anwendbar, das Anliegen der Volksbewegung sei verfassungsändernd. Außerdem bestimmte sie, daß nicht das Verhältnis der abgegebenen Ja- und Nein-Stimmen am 20. Juni für die Entscheidungsfindung ausschlaggebend sein könnte, sondern daß auch alle nicht abgegebenen Stimmen Wahlberechtigter als Befürwortung der Fürstenabfindung zu rechnen seien. Das war ein raffiniertes Manöver, denn erfahrungsgemäß blieben bei den Wahlen etwa 24% der Abstimmungsberechtigten daheim, darunter Alte, Kranke und auch politisch Uninteressierte.

Am 20. Juni 1926 stimmten 14,5 Millionen für die entschädigungslose Enteignung, 36,4 Prozent aller Wahlberechtigten. Das war nicht genug, um den Raubzug zu vereiteln.

Erfolge in der Massenbewegung. Während der Aktionen gegen die Entschädigung der Fürsten wurde – ähnlich wie während der Novemberrevolution oder während des Kapp-Putsches – deutlich, welche Anziehungskraft die einig handelnde Arbeiterklasse auf werktätige Mittelschichten ausübte. Das Ansehen der KPD wuchs. Neue KPD-Betriebszellen entstanden, die kommunistische Gewerkschaftsarbeit wurde verstärkt. Am 22. Juni 1926 forderte Ernst Thälmann vor dem Politbüro der KPD, die Wähler, die für eine entschädigungslose Enteignung der Fürsten gestimmt hatten, nunmehr für weitere gemeinsame Kämpfe zu gewinnen, insbesondere für die Abwehr der volksfeindlichen Auswirkungen der kapitalistischen Rationalisierung.

- *Welche Bedeutung hatte die Aktion gegen die Fürstenabfindung für den revolutionären Kampf?*
- *Wie zeigte sich hierbei der Klassencharakter des Staates?*
- *Warum war die Bildung des marxistisch-leninistischen Zentralkomitees der KPD für den revolutionären Kampf der Arbeiterklasse besonders wichtig?*

1925 **Bildung des marxistisch-leninistischen Zentralkomitees der KPD unter der Führung Ernst Thälmanns**
1926 Volksentscheid für die entschädigungslose Enteignung der Fürsten

▸ Die Bildung der marxistisch-leninistischen Parteiführung der KPD unter Leitung Ernst Thälmanns war ein wichtiger Einschnitt in der Entwicklung der Partei. Die Kommunistische Partei verstärkte die systematische Verbreitung des Marxismus-Leninismus, u. a. durch die „Marxistische Arbeiterschule". Die KPD wurde in den Betrieben, in den Gewerkschaften und in zahlreichen Massenorganisationen wirksamer. Die zielstrebige Massenpolitik der Partei war eine entscheidende Voraussetzung für Erfolge im revolutionären Kampf.

Ein Höhepunkt der Klassenauseinandersetzungen war die Volksbewegung gegen die Entschädigung der in der Novemberrevolution gestürzten Fürstenhäuser. KPD, SPD, die Gewerkschaften, zahlreiche proletarische Massenorganisationen und bürgerlich-liberale Kreise setzten im März 1926 in einem Volksbegehren die öffentliche Abstimmung darüber durch. Dieser Erfolg bewies die Stärke der progressiven Kräfte, sofern sie gemeinsam ein Ziel verfolgen. Reaktionäre Kreise nutzten die ihnen zur Verfügung stehenden Machtmittel, um die Fürstenentschädigung dennoch durchzudrücken.

2.3. Das Erstarken militaristischer und faschistischer Kräfte

▮ Militär und Wiederaufrüstung. Herrschende Kreise verfolgten ihre Profitinteressen immer gezielter mit langfristig angelegten Kriegsplänen. Die Reichswehrführung beriet mit Schwerindustriellen geheime Maßnahmen für die Rüstung. Deutsche Rüstungskonzerne bemühten sich um einen Forschungs- und Planungsvorlauf in der Waffentechnik. Vorerst noch geheim, unterstützte der Weimarer Staat die Rüstungsproduktion, er vergab in den Jahren 1924 bis 1928 entsprechende Aufträge im Werte von etwa 198,7 Millionen Mark an deutsche Firmen.
In Geheimlabors entstanden chemische Kampfstoffe. Entwicklungsbüros und Werkstätten entwarfen und bauten weitere Testmodelle von Flugzeugen, Panzern, U-Booten, Waffen aller Art, die von den Reichswehr- und Marinetruppen erprobt wurden. Im Kriegsfalle sollten sie in Serie gehen. Später unterstützte das Waffenamt die private Entwicklung von Raketen, um das Verbot zu umgehen, schwere Artillerie zu besitzen.
Viele Forscher und Entdecker hofften, daß die Menschheit aus der Entwicklung von Wissenschaft und Technik Nutzen gewänne. Doch die Anforderungen der Rüstungsproduktion widersprachen diesem Streben. Albert Einstein gehörte zu jenen politisch weitsichtigen Wissenschaftlern, die diesen Widersinn öffentlich anprangerten. Er erinnerte an das Schicksal Nobels, der mit seinen Entdeckungen positiven Einfluß auf den Produktionsprozeß nehmen wollte und dessen Explosivkörper durch skrupellose Kriegstreiber zu Instrumenten der Zerstörung umfunktioniert wurden. Die fortlaufende Verwendung der Arbeitsergebnisse von Wissenschaftlern und Technikern für die Rüstungsproduktion verkehrte abermals den Sinn jahrelanger Bemühungen und kennzeichnete den menschenfeindlichen Charakter des imperialistischen Systems.

▮ Vorbereitungen für einen Krieg. Die Reichswehrführung bereitete die Streitkräfte auf künftige Aggressionshandlungen vor. Sie bildete die Angehörigen des Hunderttausend-Mann-Heeres zu Offizieren und Unteroffizieren aus, die zum gegebenen Zeitpunkt in einer millionenstarken deutschen Wehrmacht als Führungskräfte eingesetzt werden sollten. Besonderes Augenmerk erfuhr die Ausbildung künftiger Stabsoffiziere. Daneben entstanden Konzeptionen für die Verwendung der vorerst noch verbotenen modernen Waffen. 1927 entwickelte die Reichswehrführung Pläne für die Mobilmachung und Direktiven für einen Angriffskrieg.

▮ Weitere militaristische und faschistische Aktivitäten. Mitte der zwanziger Jahre gab es in Deutschland etwa 110 militaristische Organisationen, mit Waffen ausgerüstet, uniformiert, durch ehemalige oder noch aktive Offiziere gedrillt. Dazu zählten der **„Stahlhelm"** (etwa 300000 bis 400000 Mann), der **„Wehrwolf"** (etwa 300000 Mann), der **„Kyffhäuserbund"** – eine Dachorganisation von 26786 Kriegervereinen mit insge-

---

Der Kanonenkönig Krupp 1944 rückschauend über die geheime Aufrüstung in jenen Jahren
„Es ist ein einmaliges Verdienst der gesamten deutschen Wehrwirtschaft, daß sie in diesen bösen Jahren nicht untätig gewesen ist, mochte ihre Wirksamkeit auch aus erklärlichen Gründen dem Licht der Öffentlichkeit entzogen sein. In jahrelanger stiller Arbeit wurden die wissenschaftlichen und sachlichen Voraussetzungen geschaffen, um zu gegebener Stunde ohne Zeit- und Erfahrungsverlust wieder zur Arbeit für des Reiches Wehrmacht bereitzustehen."[5]

● *Bringen Sie die Rüstungspolitik zum Versailler Vertrag in Beziehung!*

- geheime und private Entwicklung von Waffen
- nach V.V. keine Waffen erlaubt wären
- Ausbildung Offiziere
- Dtl. (Rüstungskonzerne) wollen sich rächen
- V.V. kein Friedensvertrag mehr, sondern stachelt zum Krieg an

samt 2,4 Millionen Mitgliedern. Sie bildeten eine geheime Reserve der Reichswehr. Sie betrieben unter der Bevölkerung antikommunistische, chauvinistische und revanchistische Propaganda und beeinflußten damit besonders die städtischen und ländlichen Mittelschichten. Die Organisationen versuchten mit Terror Angehörige der sozialdemokratischen und kommunistischen Arbeiterorganisationen einzuschüchtern.
Zutiefst reaktionärer Geist herrschte auch in dem **„Verein für das Deutschtum im Ausland“** sowie in zahlreichen anderen Krieger- und Kolonialvereinen. Besonders verhängnisvoll wirkten solche Verbände unter der kleinbürgerlichen und bäuerlichen Jugend. Einweihung von Kriegerdenkmälern, Jahrestage von Schlachten des preußischen Heeres und des ersten Weltkrieges, Ehrungen und Feiern für Generale der kaiserlichen Armee reihten sich zu einer nicht abreißenden Kette chauvinistischer und militaristischer Kundgebungen.
Auch die von Schwerindustriellen finanziell und organisatorisch geförderte faschistische **NSDAP** gewann seit 1927/28 wieder an Einfluß. Ihr Parteiführer Adolf Hitler überreichte dem Ruhrindustriellen Emil Kirdorf im August 1927 eine Denkschrift und entwickelte darin das Programm der Nazis. Es sah die Ausrottung des Marxismus, die Zerschlagung der Arbeiterbewegung, die Verfolgung aller Kriegsgegner und aller Demokraten, die Schaffung einer „wehrfreudigen Volksgemeinschaft“ als Voraussetzung für einen großangelegten Eroberungskrieg vor. Das gefiel den reaktionärsten Großindustriellen.

▮ Panzerkreuzerbau. In der zweiten Hälfte der zwanziger Jahre ging in Deutschland die Flottenrüstung voran. 1928 sollte der Bau mehrerer Panzerkreuzer beginnen. Diesem Vorhaben hatten sogar die Westmächte zugestimmt, denn sie sahen in der Zukunft die deutsche Kriegsflotte – wie eine britische Militärzeitung schrieb – „gegen russische Ränke in der Ostsee“, d. h. gegen das Sowjetland im Einsatz. Am 10. August 1928 beschloß die Reichsregierung, drei sozialdemokratische und sieben bürgerliche Minister, unter der Leitung des sozialdemokratischen Reichskanzlers Hermann Müller, die Flottenrüstung mit dem Panzerkreuzer A zu eröffnen.

▮ Die KPD organisiert eine breite antimilitaristische Kampagne. Die Kommunisten enthüllten unermüdlich die Kriegsvorbereitungen des wiedererstarkenden deutschen Imperialismus. Sie aktivierten ihre Betriebszellen, die Mitglieder der Gewerkschaften, den RFB und andere Massenorganisationen gegen Aufrüstung und Militarisierung. Mit besonderem Nachdruck propagierte die KPD die Idee der Verteidigung der Sowjetunion durch das internationale Proletariat.
Die KPD und ihr in diesem Ringen verbundene Kräfte aus der SPD und aus bürgerlichen pazifistischen Organisationen prangerten insbesondere den Plan für den Bau des Panzerkreuzers A an. Sie protestierten gegen die Vergeudung staatlicher Gelder für Rüstungszwecke, während die Volksmassen noch immer unter unzureichenden materiellen Bedingungen leb-

Die „Rote Fahne“ mit einer Fotomontage John Heartfields gegen den Panzerkreuzerbau ten. Arbeiter waren unterernährt und schlecht gekleidet. Schulärzte beklagten den mangelhaften Gesundheitszustand der Kinder. Aber der Staatshaushalt sah kaum Mittel zur Abhilfe dieser Nöte vor. Die Empörung über diesen Widersinn griff in breiten Bevölkerungskreisen um sich. Besonders große Erregung löste die Entscheidung der Regierung für den Panzerkreuzerbau in sozialdemokratischen Kreisen aus, hatte doch die SPD den letzten Wahlkampf noch unter der Parole „Kinderspeisung statt Panzerkreuzer" geführt und die Erwartung geweckt, als engagiere sie sich für die Anhebung der sozialen Lage der Volksmassen in einer friedlichen Zukunft und bekämpfe ganz entschieden den Kriegskurs des Imperialismus. Nun aber stimmten der sozialdemokratische Reichskanzler und seine Minister plötzlich für den Bau von Kriegsschiffen! Viele SPD-Wähler fühlten sich betrogen.

Am 16. August 1928 beschloß die KPD, ein **Volksbegehren gegen den Panzerkreuzerbau** herbeizuführen. Im Unterschied zur Aktion gegen die Fürstenabfindung sah sie sich jetzt von der SPD allein gelassen. Auch alle anderen bürgerlichen Parteien sprachen sich gegen das Volksbegehren aus. Dennoch zeichneten sich im Oktober 1928 in die ausliegenden Listen 1,2 Millionen Wähler ein. Sie protestierten damit öffentlich gegen die Aufrüstungspolitik der Regierung. Das Volksbegehren war eine antimilitaristische Demonstration und ein offenes Bekenntnis zur Politik der KPD.

Die KPD setzte ihren Kampf um die Erhaltung des Friedens fort. Wieder und wieder entlarvten Sprecher der kommunistischen Fraktion im Reichstag die wahren Hintergründe der Aufrüstungspolitik und erklärten: Waffen in den Händen der Polizei und der Armee eines imperialistischen Deutschland sind eine Bedrohung für die Menschen in aller Welt, auch für das eigene Volk.

„Maifeier 1928", Plakat von Max Schwimmer

● *Wessen Interessen vertrat die KPD mit dieser Politik?*

Der Blutmai 1929. Immer neue Vorkommnisse bewiesen, wie berechtigt diese Warnung der Kommunisten war. Vertreter der herrschenden Klasse drängten verantwortliche Regierungsbeamte aus der SPD zu Gewaltmaßnahmen gegen revolutionäre Arbeiter. Solange der antikommunistische Terror von sozialdemokratischen Staatsfunktionären ausging, war eine einheitliche Abwehr der Arbeiter sehr erschwert, eine stärkere Auseinandersetzung der beiden Arbeiterparteien und die Vertiefung der Kluft in der Arbeiterbewegung desto sicherer.

Vor allem in Berlin, wo die KPD ihre stärksten Positionen besaß, wurde die Situation bewußt zugespitzt. Der 1. Mai 1929 machte das deutlich. Wie in ganz Deutschland wollten auch hier die Arbeiter am proletarischen Weltfeiertag unter der roten Fahne für ihre Forderungen – gegen Ausbeutung, Reaktion und Kriegsgefahr – friedlich demonstrieren. Dieses Recht hatten sie sich bereits im Kaiserreich erkämpft. Doch dieses Mal berief sich der sozialdemokratische Polizeipräsident von Berlin auf das am 13. Dezember 1928 verhängte Demonstrationsverbot und untersagte Straßenumzüge in der Stadt. Kommunisten riefen zum Widerstand auf. An den Häusern klebte

Carl von Ossietzky schrieb über eine Szene am 1. Mai 1929

„Bülowplatz: Polizei wild; beginnen zu laufen; Menschen laufen etwa fünfzig bis achtzig Meter voraus in die Koblankstraße hinein. Beamte laufen über den Platz, ziehen dabei die Revolver und schießen auf zirka 100 Meter Entfernung ... Schußverletzungen ... Schlagverletzungen, die von äußerster Brutalität zeugen.“[6]

Polizei verhaftet am 1. Mai 1929 einen jungen Arbeiter, der sich an einer Demonstration beteiligt.

die Titelseite der „Roten Fahne“. „Heraus zum 1. Mai!“ hieß es.

Fast 200000 Berliner versuchten sich am 1. Mai zu den von der Polizei abgeriegelten Stellplätzen durchzuschlagen. Sie entrollten rote Fahnen und Transparente. Männer, Frauen und Kinder trugen selbstgebastelte Papierfähnchen und rote Mainelken. Bald hier, bald dort formierten sich Demonstrationszüge. Tschakos blitzten auf, Polizei umringte die Arbeiter, Gummiknüppel sausten nieder, da und dort Panik in der Menge.

Die Arbeiter begannen sich gegen den Terror zu wehren. Zwei Tage dauerten die Straßenkämpfe. 31 Werktätige wurden dabei von der Polizei ermordet. Hunderte schwer verletzt, mehr als 1200 Arbeiter in die Gefängnisse geworfen. Es folgten Presse- und Versammlungsverbote für die Kommunisten. Der RFB wurde zuerst in Berlin, später auf Betreiben des sozialdemokratischen Reichsinnenministers Carl Severing in ganz Deutschland verboten. Die proletarische Wehrorganisation setzte ihren Kampf illegal fort.

● *Wie erklären Sie sich das Verhalten des Berliner Polizeipräsidenten?*

1928 Volksbegehren gegen den Bau des Panzerkreuzers A
1. Mai 1929 Blutmai

▶ **Herrschende Kreise hegten langfristig angelegte Kriegspläne und forcierten einen Forschungs- und Planungsvorlauf in der Waffentechnik. Dabei mißbrauchten sie schöpferische Leistungen der Wissenschaftler. 1928 brachte der beginnende Bau des Panzerkreuzers A die Flottenrüstung voran. Gleichzeitig verstärkten militaristische und faschistische Organisationen ihr Wirken. Kommunisten, Sozialdemokraten und bürgerliche Pazifisten kämpften gegen Aufrüstung und Militarisierung. Am 1. Mai 1929 provozierte die Polizei blutige Auseinandersetzungen in Berlin.**

2.4. Literatur und Kunst in der Klassenauseinandersetzung

Die geistige Manipulierung der Bevölkerung. Herrschende Kreise suchten ihre politischen und wirtschaftlichen Ziele und Absichten auch ideologisch zu untermauern. Sie förderten eine entsprechende Literatur und Kunst und sorgten für gezielte Propaganda in Massenmedien. Dabei ging es u. a. um die Festigung bürgerlicher und kleinbürgerlicher Verhaltensweisen und Denkgewohnheiten, das heißt um die feste Bindung der Volksmassen an die bestehende kapitalistische Gesellschaftsordnung. Propagandaschriften und Bücher, vor allem aber die Presse verbreiteten Revanchismus und widerspiegelten das Streben des deutschen Imperialismus nach Revision des Versailler Vertrages. Die Presse und der Rundfunk schürten nationalistische Überheblichkeit, säten Völkerhaß und Zwietracht, verbreiteten chauvinistisches Gedankengut. Den Deutschen wurde zum Beispiel eingeredet, sie könnten nicht in den bestehenden Grenzen von 1918 zu Wohlstand gelangen und brauchten mehr Lebensraum, der im Osten erobert werden müsse. Gleichzeitig wurde behauptet, Deutschland werde einen kommenden Krieg unbedingt gewinnen, da seine Soldaten und Heerführer die besten der Welt seien.

Eine entsprechende Wirkung hatte auch die **Dolchstoßlegende**, die seit 1918 verbreitet wurde. Es hieß, das deutsche Heer sei im ersten Weltkrieg nicht wirklich unterlegen und „im Feld unbesiegt" geblieben. Vielmehr hätten „innere Feinde" – und damit meinte man die Revolutionäre und Kriegsgegner – die deutsche Front „von hinten erdolcht". Mit dieser unwahren Darstellung sollte der revolutionären Arbeiterbewegung die Hauptschuld an der katastrophalen Nachkriegssituation in Deutschland und an den Lasten aus dem Vertrag von Versailles zugeschoben werden. Zugleich förderte die Dolchstoßlegende Revanchegedanken.

Eine antikommunistische Propaganda bereitete die geplante Vernichtung der Arbeiterbewegung im Innern des Landes vor und diente zur Rechtfertigung aggressiver Kriegspläne gegen die Sowjetunion.

Große Verlagskonzerne suchten das geistige Klima in der Weimarer Republik zu bestimmen. Sie steuerten eine Flut verschiedenartig aufgemachter Zeitungen und Zeitschriften und eine gesteigerte Buchproduktion. Der Gesamtumsatz des bürgerlichen Buchhandels im Jahre 1929/30 betrug etwa 600 Millionen Mark (vergleichsweise dazu erzielten proletarische Verlage 6 Millionen Mark Umsatz). Genutzt wurden neue technische Mittel der Massenkommunikation: der Stummfilm, der Tonfilm (ab 1929), der Rundfunk (ab 1923). Sie erreichten die Bevölkerung bis in das kleinste Dorf.

Einen der größten Propagandakonzerne besaß der ehemalige Kruppdirektor und Militarist Alfred Hugenberg. Der Hugenberg-Konzern kontrollierte einen großen Teil der Zeitungen des Landes.

Struktur des Hugenberg-Konzerns

1. „Scherl-Verlag": Bücher, Zeitschriften und Zeitungen verherrlichen unter anderem den imperialistischen Krieg
2. Aktiengesellschaft zur Beeinflussung der Provinzpresse: Billige Belieferung der Zeitungen mit Leitartikeln, Geschichten, Nachrichten; eingepreßt in Pappstreifen, die nicht mehr zu verändern waren, aus denen sofort Druckplatten durch Ausgießen hergestellt werden konnten
3. „Allgemeine Anzeigen AG": Zentrale zur Lenkung der Inserate der Großunternehmen
4. „Telegraphen-Union": Nachrichtendienst, der etwa 1500 bis 1600 Zeitungen belieferte
5. Filmwesen: Alle Wochenschauen und seit 1926 auch die Universum Film AG (UFA). Hugenberg bestimmte damit maßgeblich die Filmproduktion, außerdem gehörte zu diesem Konzern ein ausgedehntes Netz von Filmtheatern

• *Inwiefern entsprach die propagierte Ideologie den Interessen der reaktionären Kreise der Weimarer Republik?*

„Müll tragende Frauen", Aquarell von Heinrich Zille

Der Aufschwung des bürgerlichen Realismus. Linksbürgerliche Schriftsteller und Künstler protestierten gegen die Manipulierung der öffentlichen Meinung, insbesondere gegen das Gift des Revanchismus und Chauvinismus. Sie verteidigten das in der Weimarer Verfassung garantierte Recht auf freie Meinungsäußerung und die Freiheit des künstlerischen Schaffens. Sie kamen in bürgerlich-liberalen und proletarischen Zeitungen zu Wort. In öffentlichen Reden warnten sie vor einer neuen Kriegsgefahr und gelangten zu realistischen Erkenntnissen über den proletarischen Klassenkampf. Ihr persönlicher Entwicklungsweg verlief oft konfliktreich. Ihr humanistisches Grundanliegen fand in vielfältigen Werken des bürgerlichen Realismus der Literatur und der bildenden Kunst seinen Niederschlag. Vertreter waren zum Beispiel *Heinrich und Thomas Mann, Lion Feuchtwanger, Arnold Zweig, Carl von Ossietzky, Kurt Tucholsky, Otto Dix, Käthe Kollwitz* und *Ernst Barlach.* Linksbürgerliche Kulturschaffende entwickelten oft neuartige künstlerische Methoden. Dazu gehörten das epische Theater *Bertolt Brechts*, die Musik *Kurt Weills*, die Filme *Slatan Dudows*, die Zeichnungen *Heinrich Zilles*, der Gesang *Ernst Buschs.* Ihre Werke wurden in der Öffentlichkeit heiß diskutiert, mitunter war ihr Erscheinen eine Sensation. Meinungen prallten aufeinander, als *Alfred Döblin* in seinem Roman „Berlin-Alexanderplatz" die Not und das Elend der Unterdrückten und Gedemütigten wahrheitsgetreu und kritisch darstellte. Widerspruch und Zustimmung erhielt *Hans Fallada* mit seinem Roman „Kleiner Mann – was nun", der die sozialen Verhältnisse der Gesellschaft anprangerte. Aufsehen erregte der Antikriegsroman „Im Westen nichts Neues" von *Erich Maria Remarque.*

Bauhaus in Dessau, 1926 eröffnet

„Die Skatspieler", Gemälde von Otto Dix, 1920

In der Architektur und im Städtebau lösten progressive Tendenzen, besonders der **Bauhausstil**, Aufmerksamkeit aus. Der Architekt *Walter Gropius* gründete 1919 in Weimar die 1925 nach Dessau verlegte Kunstschule „Staatliches Bauhaus". Dort entstanden eine zweckmäßige, materialgerechte Richtung der Architektur und eine neue Formgebung für Gebrauchsgegenstände, die von der industriellen Produktion weiterentwickelt wurde.

▮ Die proletarisch-revolutionäre Kulturbewegung. In den zwanziger Jahren entstanden neue Formen in der proletarischen Kultur. Dazu gehörten die operativen Agitprop-Gruppen, die Reportage, die Glosse. Neue Akzente setzte *Erich Weinert* mit seiner Sprechdichtung, *John Heartfield* gab mit Fotomontagen und *Georg Grosz* mit Zeichnungen fortschrittlichen Zeitungen ein ansprechendes Aussehen. Aus der Arbeiterbewegung gingen Schriftsteller, Dichter, Maler, Musiker hervor, z. B. die Schriftsteller *Willi Bredel* und *Hans Marchwitza*, der Maler *Otto Nagel.* An ihrer Seite wirkten Intellektuelle, die unter dem Einfluß der Oktoberrevolution bzw. der Klassenauseinandersetzungen in Deutschland und durch das Studium des Marxismus-Leninismus bürgerliche Ansichten

„Magdeburger Mal" von Ernst Barlach. So wie der Schöpfer dieses berühmten Mahnmals gegen den Krieg stemmten sich damals viele fortschrittliche Schriftsteller und Künstler in ihren Werken gegen die fortschreitende Militarisierung.

aufgaben und zu revolutionären Positionen gelangten. Dazu gehörten *Johannes R. Becher, Ludwig Renn, Anna Seghers, Lea und Hans Grundig.* Mit ihren Werken leisteten sie einen Beitrag im proletarischen Klassenkampf.

„Jungkommunist", Gemälde von Otto Nagel, 1932

Aus dem programmatischen Essay Friedrich Wolfs „Kunst ist Waffe" (1928)

„Der Dichter, der nicht die tragischen Konflikte des *Heute* und der *Straße* sieht, der von ihnen nicht gepackt und hingerissen wird, er hat kein Blut in den Adern! Er wird die Welt aus seiner Literatenstube oder durch stillverstaubte Kirchenfenster sehen; aber er wird nicht zu dem harten, wilden, krustig unverblümten Leben vordringen, von dem die Kunst *heute* ein Teil ist! *Der* Dichter des Heute, der die Not, die Kämpfe, den Glauben und Untergang der Menschen der Straße, der Hinterhäuser, Fabriken und Bergwerke auf die Bretter stellt, er kann nicht mit süßen Jenseitsverheißungen und mit Samtpfötchen kommen; seine Gedanken, seine Worte werden notwendig Angriffe und *Waffe* sein!"[7]

Die KPD förderte den organisatorischen Zusammenschluß der linksstehenden Kulturschaffenden aus dem Bürgertum und dem Proletariat. 1928 vereinten sie sich in der **„Assoziation revolutionärer bildender Künstler" (ASSO)**, im **„Bund proletarisch-revolutionärer Schriftsteller"**, im **„Volks-Film-Verband"**, in dem **„Freien Arbeiterradio-Bund"** u. a. m. 1929 vereinten sich verschiedene dieser Organisationen in der „Interessengemeinschaft für Arbeiterkultur".

● *Erweitern Sie die Aussagen im Lehrtext durch Ihre Kenntnisse aus den Fächern Deutsch-Literatur, Musik und Kunsterziehung!*

▌ Unterdrückung des fortschrittlichen Kulturschaffens. Antimilitaristische und revolutionär-proletarische Kulturschaffende wurden von der Reaktion heftig angefeindet. Die Regierung erließ ein sogenanntes Schmutz- und Schundgesetz. Es ermöglichte der Justiz Hoch- und Landesverrats- und Gotteslästerungsprozesse gegen den Publizisten und Friedenskämpfer Carl von Ossietzky, der in der Zeitschrift „Die Weltbühne" gesellschaftskritisch wirkte und vor der Kriegsgefahr warnte. Vor Gericht standen Arnold Zweig und Erich Weinert, beide auch tätig für die Zeitungen „Die Rote Fahne" und „Die Linkskurve". Das Urteil legte Haftstrafen und Geldbußen fest. Ihre Werke durften zeitweilig nicht erscheinen. Gerichte verfügten die Vernichtung von Gemälden. Fortschrittliche Zeitungen wurden immer wieder verboten.

● *Weisen Sie an Beispielen nach, daß sich die Klassenauseinandersetzungen der zwanziger Jahre in Literatur und Kunst widerspiegeln!*

▸ Presse und Rundfunk wirkten in ihrer übergroßen Mehrzahl im Sinne der herrschenden Kreise auf die Bevölkerung ein. Sie wurden durch Propagandakonzerne gesteuert. Linksbürgerliche und proletarische Kulturschaffende nutzten die in der Weimarer Verfassung verankerten Rechte auf freie Meinungsäußerung, mußten sich jedoch mit zunehmenden Einschränkungen auseinandersetzen. Im geistigen Widerstreit aller Richtungen der Literatur und Kunst spiegelten sich die Klassenauseinandersetzungen jener Jahre wider.

2.5. Die Weltwirtschaftskrise und ihre Folgen

Empire State Building, 1931

Wirtschaftskrise in kapitalistischen Ländern. Es begann mit einer Katastrophenmeldung aus den USA: „Börsenkrach in New York!" Jener Oktobertag des Jahres 1929, an dem das geschah, ging als „schwarzer Freitag" in die Geschichte ein. Bald darauf folgten weitere Schreckensmeldungen: „Stillegung riesiger Produktionsanlagen!" oder „Betriebe machen pleite!" Und dies geschah in Deutschland, in Frankreich, Großbritannien, Polen, Ungarn, Rumänien, der Tschechoslowakei und in vielen anderen Ländern.

1929 wurde die kapitalistische Welt von der bis dahin schwersten Wirtschaftskrise erfaßt, sie sollte in Deutschland bis 1933 andauern. Von den USA ausgehend, ergriff die Weltwirtschaftskrise in wenigen Monaten mit unterschiedlicher Stärke alle kapitalistischen und die vom imperialistischen Wirtschaftszentrum abhängigen Länder. Sie wirkte sich auf alle Bereiche des gesellschaftlichen Lebens aus: auf die Industrie und Landwirtschaft, auf das Bank- und Kreditwesen, auf den Handel, auf internationale Wirtschaftsbeziehungen, auf die Politik ebenso wie auf die Ideologie und Kultur. Vor allem verschlechterten sich die sozialen und wirtschaftlichen Lebensbedingungen der betreffenden Völker.

In den größten kapitalistischen Ländern fanden während der Krise etwa 19000 *Streiks* mit 8,5 Millionen Beteiligten statt, denn die Menschen wehrten sich dagegen, das hereinbrechende Elend wie ein unabwendbares Schicksal hinzunehmen. Dic Klassenkämpfe beeinträchtigten die politische Stabilität des imperialistischen Systems zusätzlich.

Die erbitterten ökonomischen und politischen Auseinandersetzungen zwischen den imperialistischen Ländern verschärften sich. Jedes Land versuchte auf Kosten des anderen die angespannte Situation leichter zu überstehen. Internationale Verträge und Handelsabkommen galten plötzlich nicht mehr. Der Kampf um Absatzmärkte und Einflußsphären spitzte sich zu.

In einigen besonders schwer betroffenen Ländern versuchten Ausbeuterklassen, die bürgerlich-parlamentarische Herrschaftsform abzubauen und durch ein diktatorisches Regime zu ersetzen. Sie waren bestrebt, auf diese Weise ihre politische Macht zu festigen, und meinten, ein Krieg sei der Ausweg aus jener Verkettung von Widersprüchen. Deutlich war die antisowjetische Stoßrichtung dieser Pläne. Die japanischen Imperialisten beschritten als erste den Weg der Aggression. Ohne Kriegserklärung besetzten sie 1931 die nordöstlichen Provinzen Chinas und schufen dort den Marionettenstaat Mandschukuo. Im Fernen Osten entstand ein gefährlicher Kriegsherd.

Großfarmer aus dem Staate Texas lassen Milch in Gullys gießen, um die Preise hochzuhalten.

Auswirkungen der Weltwirtschaftskrise in Deutschland. Leistungsstarke deutsche Monopolbetriebe hatten seit Jahr und Tag auf dem Weltmarkt gegen starke Konkurrenten gerungen, nun sank die Kaufkraft ausländischer Kunden rapide, der Absatz ging zurück. Im gleichen Moment forderten internatio-

Arbeitslose vor dem Arbeitsamt Berlin-Neukölln um 1930

Industrieproduktion in der kapitalistischen Welt 1929 bis 1933 (Angaben in Prozent)

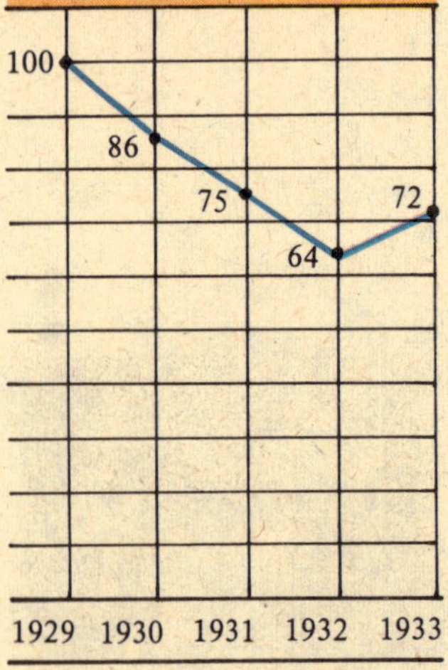

nale Kreditgeber, die in Deutschland, besonders nach der Unterzeichnung des Dawesplanes (vgl. S. 51), investiert hatten, umgehende Rückzahlung. Die enge Verflechtung des deutschen und des USA-Finanzkapitals verstärkte die verheerende Wirkung der Krise in Deutschland. Reparationsverpflichtungen aus dem Versailler Vertrag komplizierten die Lage zusätzlich.

Bald waren viele deutsche *Banken zahlungsunfähig*, Konzerne reduzierten die Produktion oder meldeten *Konkurs von Betrieben* an. Die industrielle Produktion ging in den Krisenjahren fast um die Hälfte zurück, die der Landwirtschaft um 31 Prozent. Der Anteil der deutschen Wirtschaft an der Industrieproduktion der Welt sank von 14,6 Prozent (1928) bis auf 8,9 Prozent (1932). Produktionskapazitäten der Monopole wurden nur noch teilweise genutzt, 60000 mittlere und kleinere Betriebe gingen bankrott. Handwerker, Gewerbetreibende und Händler fanden immer weniger Kunden. Der Warenumsatz des Einzelhandels sank in der Krise um 37,4 Prozent. Viele Bauernwirtschaften wurden zwangsversteigert; betroffen waren vor allem Klein- und Mittelbauern.

Arbeitslosigkeit griff um sich. Die Gefahr, den Arbeitsplatz zu verlieren, vergrößerte sich für jeden von Tag zu Tag. Auch freischaffende Intellektuelle und Künstler blieben ohne Broterwerb. Etwa ein Viertel der Absolventen von Hochschulen und Universitäten fanden keine Stellung. Täglich wuchsen die Schlangen der Arbeitslosen vor den Stempelstellen. Dort erhielten sie für kurze Zeit kärgliche Unterstützungsbeträge. Diese wurden aber auch fortlaufend wie andere Fürsorgeleistungen des Staates, Renten aller Art, aber auch die Löhne und Gehälter in den Betrieben weiter gekürzt. Die Arbeitslosenzahl stieg rapide an (vgl. Tabelle).

Arbeitslose in Deutschland 1930 bis 1932

Ende 1930	4,5 Mill.
Ende 1931	fast 6 Mill.
Ende 1932	nahezu 8 Mill.

Obdachlose auf den Treppen der Berliner Volksbühne

Etwa 4 Millionen durften nur noch verkürzt und bei spärlichem Lohn weiterarbeiten. Von der Not, die nun um sich griff, waren auch die Familienangehörigen betroffen, insgesamt mehr als 25 Millionen Deutsche.

Das Los der Notleidenden läßt sich kaum beschreiben: Hunderttausende Familien hausten in Elendsquartieren – in ungeheizten Lauben, Blechhütten, Zelten. Krankheiten und Seuchen breiteten sich aus, die Sterbefälle häuften sich. Hausierer und obdachlose Landstreicher gehörten zum täglichen Bild. Kriegsinvaliden erbettelten sich als Drehorgelspieler auf Straßen und in Höfen ihren Lebensunterhalt. Ratlosigkeit und Verzweiflung packte viele. Alles, was ihr Leben wert gemacht hatte, schien wie ausgelöscht. Besonders erschütternd war das Leben Jugendlicher. Nur wenige hatten Aussicht auf eine Lehrstelle oder eine Hilfsarbeit. Manche irrten obdachlos und auf Almosen angewiesen umher, sie begannen mitunter zu stehlen, wurden von Polizeistreifen aufgegriffen und landeten für eine Zeit im Gefängnis. Jüngere Kinder trugen vor oder nach der Schule Zeitungen aus und halfen den Müttern bis in die späte Nacht bei der Heimarbeit. Der geringe Lohn reichte nicht für das Allernötigste. Schlecht gekleidet, unterernährt, entkräftet brachen Kinder in der Schule zusammen. Hunger quälte die Erwachsenen und Kinder gleichermaßen.

Die Empörung der Notleidenden war um so größer, da zur gleichen Zeit in den Speichern der Kapitalisten Millionen Tonnen Kartoffeln, Getreide, Fleisch und Molkereiprodukte lagerten. Ein Großteil verdarb oder wurde vernichtet.

Die Gefahr des Faschismus wächst. Die Absichten der Monopolherren verdeutlichte eine Denkschrift, die der „Reichsverband der deutschen Industrie“ schon am 2. Dezember 1929 veröffentlichte. Sie trug den Titel „Aufstieg oder Niedergang“.

„Zeitungsjunge mit der AIZ“, Gemälde von Conrad Felixmüller, 1928

Darin wurden staatliche Maßnahmen zur Sicherung der Monopolprofite, Senkung der Steuern für Unternehmer bei gleichzeitiger Anhebung der Massenverbrauchersteuern, Abbau von Sozialleistungen u. a. m. gefordert. Maßgebende Kreise des Monopolkapitals drängten darauf, unter den Bedingungen der nun einsetzenden Krise soziale und politische Rechte der Volksmassen abzubauen, nach Möglichkeit die bürgerlich-parlamentarische Ordnung zu beseitigen und durch ein faschistisches Regime zu ersetzen.
In diesem Sinne unterstützten sie verschiedene faschistische und militaristische Organisationen, die immer zahlreicher und brutaler die Menschen mit Terror in Angst und Schrecken versetzten. In Luxusvillen und Klubs trafen sich monopolkapitalistische Kreise immer häufiger mit Führern der Nazipartei. Hitler überzeugte die Geldgeber, daß deren Ziele auch die seinen waren. Darum flossen Spenden Schwerindustrieller in die Parteikasse der NSDAP, zur Finanzierung ihrer Terrororganisationen, der **„Sturmabteilung“ (SA)** und der **„Schutzstaffel“ (SS)**, aber auch zur Absicherung einer faschistischen Propaganda. 50 Tageszeitungen der Nazis erschienen, dazu Illustrierte, Werbeschriften, Flugblätter, Broschüren in hohen Auflagen. Vor den Massen beklagten darin die Nazis scheinheilig die Krisennot. Sie bezichtigten republikanische Regierungsbeamte der Mißwirtschaft. Ja, sie machten das ganze bürgerlich-parlamentarische System für die Krise verantwortlich und beschimpften die Revolutionäre von 1918 und die Mitbegründer des Weimarer Staates als „Novemberverbrecher“. Die Nazis versprachen zugleich, in einem Staat mit Adolf Hitler an der Spitze werde es Brot für alle geben, für die Erwerbslosen Arbeit, eine sichere Existenz für jedermann, kurz: bessere Lebensbedingungen für alle. Schon der Name ihrer Partei „Nationalsozialistische Arbeiterpartei Deutschlands“ sollte glauben machen, es handele sich um eine fortschrittliche Organisation.
Besonders städtische und ländliche Kleinbürger klammerten sich gerade in dieser schweren Krisenzeit hoffnungsvoll an diese Zusicherungen. Die NSDAP fand immer mehr Anhänger.

Welche Widersprüche des Kapitalismus wurden während der Weltwirtschaftskrise in Deutschland besonders offenkundig?

1929 Ausbruch der Wirtschaftskrise der kapitalistischen Welt

▶ 1929 bis 1933 wurde die kapitalistische Welt von der bisher schwersten Wirtschaftskrise erschüttert. Alle Widersprüche des imperialistischen Systems verschärften sich dabei. In Deutschland wirkte sich die Wirtschaftskrise besonders verheerend aus. Sie brachte durch Produktionseinschränkungen und Arbeitslosigkeit den Volksmassen Not und Elend. Gleichzeitig wuchs die Aggressivität des Imperialismus. Zielgerichtet wirkten reaktionärste Kreise durch den Abbau der verfassungsmäßig garantierten Rechte der Bürger, aber auch durch Förderung militaristischer und faschistischer Organisationen – insbesondere der NSDAP – auf eine diktatorische Herrschaftsform hin.

2.6. Erfolge der Sowjetunion beim sozialistischen Aufbau

Nur ein Land wurde von der Wirtschaftskrise verschont: die sozialistische Sowjetunion. Wie kam das?

Der erste Fünfjahrplan. In der Sowjetunion war es bis Mitte der zwanziger Jahre gelungen, zerstörte Fabriken wieder aufzubauen, Bergwerke und Erdölfelder für die Produktion zu erschließen, das Eisenbahnnetz wieder funktionsfähig zu machen, die Aussaatflächen zu erweitern. Die Versorgungslage der Bevölkerung hatte sich verbessert.

Im Jahre 1925 beschloß die KPdSU (B) ein gigantisches Programm der sozialistischen Industrialisierung. Lenin selbst hatte noch vor seinem Tode einen sehr konkreten Plan dazu entworfen (vgl. S. 26f.).

Die Industrialisierung des weiten Sowjetlandes setzte eine kluge Planung der Volkswirtschaft, vor allem aber die Einsatzbereitschaft aller Werktätigen des Landes voraus.

1928 war der Vorkriegsstand der Industrieproduktion überschritten. Die Sowjetunion konnte nun an die Verwirklichung ihres **ersten Fünfjahrplanes (1928 bis 1932)** gehen. Er war im Dezember 1927 vom XV. Parteitag der KPdSU (B) beschlossen worden. Der Aufbau einer modernen Industrie und Landwirtschaft sollte fortgesetzt und damit das Fundament der sozialistischen Gesellschaft gesichert werden.

Was war mehr zu bewundern, die Kühnheit der Planer oder die Kühnheit der Werktätigen, die diesen Plan verwirklichen wollten?

Der Aufbau einer modernen Industrie. Vorrang hatte die Entwicklung der Schwerindustrie. Die Volkswirtschaft benötigte dringend Maschinen und Anlagen. Zugleich ging es um die Industrialisierung rückständiger Gebiete und die Erschließung neuer Ressourcen. Viele neue Betriebe bestimmten für Jahrzehnte das Leistungsvermögen der Sowjetunion. Ein großes Traktorenwerk entstand in Stalingrad (heute Wolgograd). In Moskau und Gorki wurden Kraftfahrzeugwerke errichtet. Besondere volkswirtschaftliche Bedeutung hatte das schwerindustrielle *Ural-Kusnezk-Kombinat* im südwestlichen Sibirien. Neben dem Donezbecken entstand damit eine zweite Basis der sowjetischen Kohle- und Hüttenindustrie.

Es war ein weiter, komplizierter Weg vom Beschluß zum Bau eines Metallurgischen Kombinates an den Abhängen des Ural bis zu jenem Tage, an dem der Hochofen Nr. 1 die erste Tonne Roheisen lieferte. Es gab weder Spezialisten, die imstande waren, die Eisen- und Stahlproduktion zu entwickeln und zu leiten, noch die technische Ausrüstung: Hochöfen, Martinöfen, Erzaufbereitungsanlagen, Walzenstraßen.

Auf einem Abstellgleis ein Güterwaggon. Das war der Anfang, der erste Bahnhof der neuerbauten Eisenbahnlinie, die die Baustelle in der Steppe mit den Industriezentren des Ural verband. Tausende Arbeiter – junge und alte – drängten in die Einöde.

Er rührte an den Schlaf der
Welt
Mit Worten, die wurden
Maschinen.
Wurden Traktoren, Häuser,
Bohrtürme und Minen –
Wurden Elektrizität.
Hämmern in den Betrieben.
Stehen, unauslöschbare Schrift
In allen Herzen geschrieben.
(Johannes R. Becher)

Der erste Traktor auf dem Dorf

Energieerzeugung in Sowjetrußland/UdSSR 1921 bis 1937 (Angaben in Milliarden kWh)

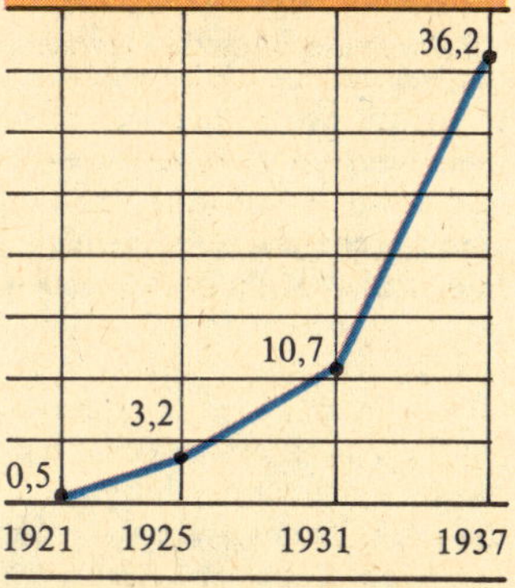

● *Warum wurde besonders die Entwicklung der Schwerindustrie gefördert?*

Kohleförderung und Stahlproduktion 1913 bis 1937 (in Millionen Tonnen)

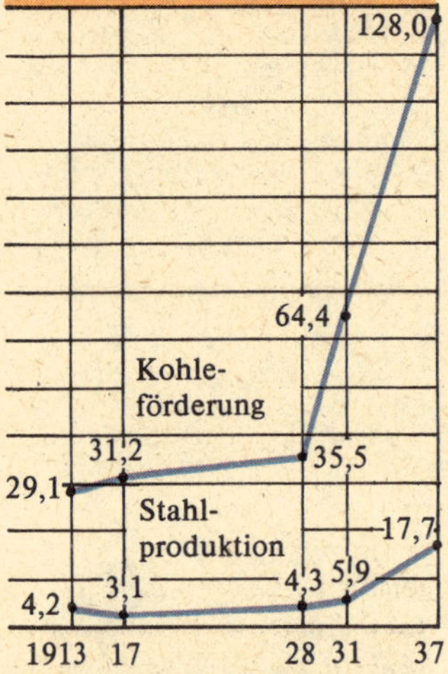

Der Betriebsleiter von Magnitogorsk über die jungen Arbeiter

„Magnitogorsk ist ein sozialistischer Betrieb, er erzeugt nicht nur Güter, er formt auch Menschen. Unter den Jungarbeitern, die siebzig Prozent unserer Belegschaft ausmachen, haben wir schon heute elftausend Komsomolzen. Diese Elftausend sind unsere besten Arbeiter: Sie organisieren den sozialistischen Wettbewerb, sie ‚bugsieren‘ die säumigen Teile der Belegschaft, sie sorgen für Disziplin, sie machen sich mit einer unglaublichen Energie und Schnelligkeit die komplizierte Technik unserer neuen Bau- und Produktionsmethoden zu eigen; sie haben beispielsweise den ganzen zweiten Hochofen montiert, ohne Holzgerüste und in einem Bruchteil der Zeit, die wir zur Montage des ersten Ofens brauchten, sie haben die Hauptarbeit am Staudamm geleistet, sie haben die beste Koksbatterie gebaut ...“[9]

„Es hat schon viele solcher ‚Völkerwanderungen‘ gegeben“, schreiben die Journalisten Annelie und Andrew Thorndike über „Das russische Wunder“. „Vom Goldrausch Besessene zogen nach Kalifornien oder Alaska, der Diamantenrausch trieb Menschen aus allen Erdteilen nach Südafrika.
Die Arbeiter, die in der Sowjetunion ihre alten Arbeitsplätze und oftmals auch ihre Familien verließen, taten es, obwohl sie wußten, daß hier im Ural, an der Grenze zwischen Europa und Asien, kein Gold und keine Reichtümer, sondern nur Entbehrungen und Arbeit auf sie warteten. Sie kamen, weil sie beteiligt sein wollten an diesem Werk, und weil sie begriffen hatten oder ahnten, daß sie hier über das Wachstum ihres gesellschaftlichen Reichtums, über den Fortgang der Geschichte ihres Landes und über ihre eigene Zukunft entschieden.“[8]

▮ Die Überlegenheit der sozialistischen Ordnung. Während das Chaos der Wirtschaftskrise in der „ganzen westlichen Welt“ weiter um sich griff, blieb das Sowjetland frei davon. Häfen von New York und Hamburg, von Liverpool und Le Havre glichen Schiffsfriedhöfen, dort verrottete für damalige Verhältnisse modernste Technik. Zur gleichen Zeit entstand in der Ukraine, im Ural, in Mittelasien im Eiltempo ein neues Verkehrsnetz. Der Name der turkestanisch-sibirischen Eisenbahnmagistrale „Turksib“ wurde zum Symbol großen Schöpfertums der Sowjetmenschen.
In einem Moment, da in den Mutterländern der Großindustrie, in Großbritannien, den USA und in Deutschland, Fabrikschlote aufhörten zu rauchen, erschlossen sowjetische Werktätige Teile des weiten Sibiriens der industriellen Nutzung. Sie bändigten ungenutzte Energien der riesigen Flüsse und verwandelten sie in Elektrizität. In den Weiten des Sowjetlandes wurden Hochöfen gebaut, entstanden Städte.
Während sich in kapitalistischen Ländern Arbeitslosigkeit, Massenhunger und soziales Elend ausbreiteten, weihten Arbeiter in der UdSSR mit Musik und Tanz die unter großen Entbehrungen neuerbauten Großbetriebe ein. Allein dieser Kontrast bewies, daß der sozialistischen Ordnung die Zukunft gehört. Diese Entwicklung erhöhte die Anziehungskraft des ersten sozialistischen Staates auf die internationale Arbeiterbewegung und auf viele demokratische Kräfte in der Welt. Tausende deutsche Arbeiter eilten als Spezialisten in die Sowjetunion, um zu helfen oder auch, um der Arbeitslosigkeit im eigenen Lande zu entgehen.
Unter den Handelspartnern der UdSSR stand bis Anfang der dreißiger Jahre Deutschland vor den USA und Großbritannien an erster Stelle. Für die deutsche Industrie war die Sowjetunion ein begehrter Absatzmarkt. In den Jahren der Weltwirtschaftskrise hielten sich einige deutsche Betriebe nur dank der „Russenaufträge“ über Wasser und konnten Arbeiter weiter beschäftigen.

▮ Neue sozialistische Arbeitsmethoden. Das Ural-Kusnezk-Kombinat lag neben der neugegründeten Stadt Magnitogorsk. Dort arbeiteten besonders viele Komsomolzen.

Immer wieder machten sich junge Arbeiter Gedanken über die mögliche Steigerung der Arbeitsleistung. Als im Juli 1929 beim Bau des großen Dnepr-Kraftwerkes Schwierigkeiten beim Gießen der 180000 Kubikmeter Beton auftraten und die Erfüllung des Arbeitsplanes bis zum berechenbaren Beginn der Frostperiode in Gefahr geriet, traten 10000 Bauarbeiter in einen **sozialistischen Wettbewerb.** Komsomolzen bildeten Stoßbrigaden, die das bisherige Tempo beim Betonieren durch bessere Organisation der Arbeit auf das Dreifache steigerten. Die gewaltigen Staumauern wurden rechtzeitig fertig. Das größte Wasserkraftwerk Europas entstand planmäßig.

▌ Die Umgestaltung der Landwirtschaft. Die Entwicklung auf dem Lande verzögerte sich. Es gab noch Großbauern (Kulaken), die Landarbeiter ausbeuteten. Der größte Teil der landwirtschaftlichen Nutzfläche war in mittlere und kleinere Bauerngehöfte zerrissen. Traktoren und Erntemaschinen konnten dort nicht rationell arbeiten. Die Lebensmittelproduktion reichte nicht zur Versorgung der Bevölkerung.

Die KPDSU (B) und die sowjetische Staatsführung förderten deshalb verstärkt die Entstehung der **Kolchosen.** Genossenschaftliche Kreditinstitute gewährten ihnen materielle Starthilfe. Arbeiter aus den Städten wurden beauftragt, staatliche **Maschinen-Traktoren-Stationen (MTS)** auf dem Lande zu gründen. Kolchosen konnten dort kostenlos die teuren Maschinen nutzen. Allein im Frühjahr 1929 entsandte die Kommunistische Partei 28000 Arbeiter auf die Dörfer; sie machten die Bauern mit der Technik vertraut. Viele Arbeiter wirkten in gewählten Leitungen der Kolchosen mit. Dadurch festigte sich das Bündnis der Arbeiter und Bauern.

Der Übergang zur sozialistischen Kollektivierung der Landwirtschaft des ganzen Landes vollzog sich nicht konfliktlos. Die Kulaken wehrten sich. Im zentralen Schwarzerdegebiet verübten sie vom Juli bis November 1929 allein 749 Terrorakte, darunter 44 Morde. In der Russischen Föderativen Sowjetrepublik verursachten sie 1929 etwa 30000 Brandstiftungen. Vielfach schlachteten sie ihr eigenes Vieh, so daß sich 1929/30 allein der Bestand an Schweinen um ein Drittel verminderte. In den folgenden beiden Jahren fehlte es deshalb an Fleischwaren.

1929/30 erreichten die Klassenauseinandersetzungen auf dem Lande ihren Höhepunkt. Seit 1930 waren örtliche Sowjets durch Gesetze bevollmächtigt, die Kulaken zu enteignen. Ihr Besitz ging in die Kollektivwirtschaften über. Nun kam es darauf an, die Masse der Klein- und Mittelbauern für den Eintritt in die Genossenschaften zu gewinnen. Vielerorts traten jedoch an die Stelle von notwendiger Überzeugungsarbeit gegenüber diesen Bündnispartnern der Arbeiterklasse Methoden des Administrierens. Seit 1929 traten nicht nur einzelne Gruppen von Klein- und Mittelbauern, sondern Bewohner ganzer Dörfer in Kolchosen ein. Die sozialistische Umgestaltung der Landwirtschaft schritt voran. Die Kolchosen festigten sich und steigerten allmählich ihre Produktion.

Der erste Arbeiter des Magnitogorsker Hüttenwerkes, 1930

Anzahl der Bauernwirtschaften 1928

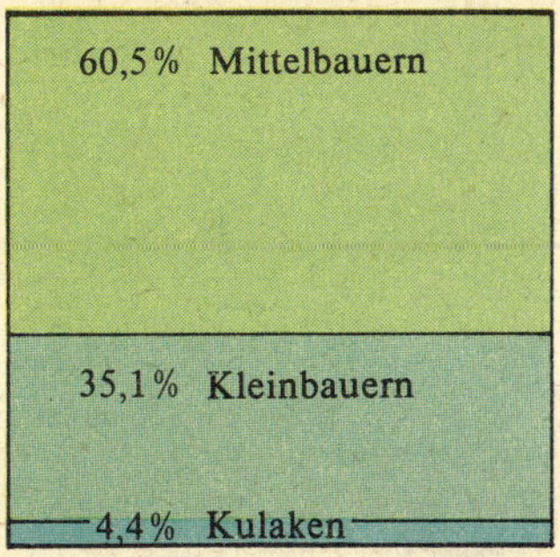

Anteil der Kollektivwirtschaften an der landwirtschaftlichen Gesamtfläche 1928 bis 1937

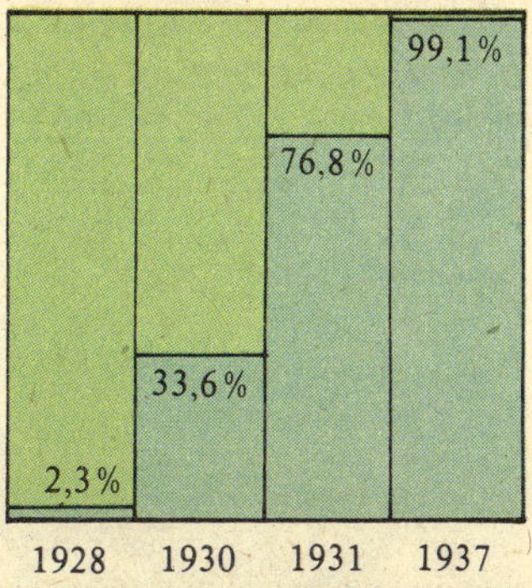

Von 1000 Erwachsenen waren lese- und schreibkundig	
1920	327
1939	812

Anzahl der Hochschulen und Studenten (1914/15 bis 1933/34)

	Hochschulen	Studenten
1914/15	105	127423
1927/28	148	168554
1933/34	714	458309

Die sozialistische Kulturrevolution. Noch immer lastete das Erbe der zaristischen Zeit auf den Menschen, insbesondere im Bildungswesen. Es gab viel zu wenig Schulen, Fachlehrer und Lehrbücher. Dabei erforderte gerade eine sozialistische Gesellschaft von den Menschen Kenntnisse des Marxismus-Leninismus, ein hohes Bildungsniveau. Das aber setzte die endgültige **Überwindung des Analphabetentums** voraus. Dabei gab es bereits große Erfolge. Nach der Oktoberrevolution konnten etwa zwei Drittel der Bevölkerung weder lesen noch schreiben. Ende der dreißiger Jahre war das Bild wesentlich günstiger.
Der Komsomol spielte dabei eine große Rolle. Viele seiner Mitglieder traten der Gesellschaft „Nieder mit dem Analphabetentum" bei. Sie übermittelten das Wissen, was sie selbst eben in der Schule erwarben, den Erwachsenen. Besondere Schwierigkeiten gab es in den zurückgebliebenen Gegenden Mittelasiens. Dort besaßen verschiedene Völker zwar alte mündlich überlieferte Traditionen und eine eigenständige Kultur, aber keine eigene Schriftsprache.
Im Verlauf von nur zwei Jahrzehnten lernten annähernd 100 Millionen Menschen Lesen und Schreiben. Sie konnten sich nun Bildung aneignen, das Zeitgeschehen besser verfolgen und wesentlich aktiver am Aufbau teilnehmen.
Es entstanden besondere Lehranstalten, die **Arbeiterfakultäten.** Dort bereiteten sich Werktätige auf ein Hochschulstudium vor. Eine schrittweise Erweiterung des Netzes der Hochschulen sicherte die erforderliche Heranbildung von Spezialisten für alle Zweige der Volkswirtschaft und der Kultur.
Dem wachsenden Bildungshunger der Menschen trugen auch Verlage Rechnung. Sie steigerten die Auflagen der Bücher. In immer zahlreicheren Bibliotheken standen Werke der Weltliteratur, der Nationalliteratur des Landes und neue sozialistische Bücher zur Auswahl. Lenins Wort beflügelte die Studierenden: „Kommunist kann einer nur dann werden, wenn er sein Gedächtnis um alle die Schätze bereichert, die von der Menschheit gehoben worden sind."[10]
Viele progressive Kräfte in der Welt schauten begeistert auf das Land des Sozialismus. „Es grenzt ans ‚Wunderbare'", schrieb der französische Schriftsteller Henri Barbusse. Internationale Arbeiterdelegationen fuhren ins Sowjetland. Deutsche Kommunisten berichteten in ihren Zeitungen und in Flugschriften stolz über die Erfolge des Sozialismus.

- *Warum war die sozialistische Industrialisierung für das Sowjetland lebensnotwendig?*
- *Was waren entscheidende Ergebnisse der Umgestaltung der Landwirtschaft?*
- *Welcher Zusammenhang besteht zwischen der sozialistischen Kulturrevolution und der gesamten sozialistischen Umgestaltung des Sowjetlandes?*

1928 bis 1932 Erster Fünfjahrplan in der UdSSR

▶ Seit 1925 verwirklichte die Sowjetunion ein gigantisches Industrialisierungsprogramm. 1928 bis 1932 wurde der erste Fünfjahrplan erfüllt, während die kapitalistische Welt von der schwersten Wirtschaftskrise erfaßt war. Schrittweise gingen die sozialistische Industrialisierung, die Kollektivierung der Landwirtschaft und die sozialistische Kulturrevolution voran. In jenen Jahren wurde die geschichtliche Überlegenheit der sozialistischen gegenüber der kapitalistischen Ordnung immer deutlicher erkennbar.

2.7. Der Kampf der KPD für die Interessen der Werktätigen

Im Klassenkampf reiften 1930/31 in Deutschland Entscheidungen heran: Würde es reaktionärsten Vertretern der herrschenden Klasse gelingen, Schritte auf dem Wege zur faschistischen Diktatur durchzusetzen, oder würde den Antifaschisten eine wirksame Verteidigung der bürgerlich-demokratischen Ordnung und ihre Ausweitung im Interesse der werktätigen Bevölkerung gelingen?

Der Abbau der parlamentarischen Ordnung. Seit März 1930 amtierte eine neue Regierung – ein **Präsidialkabinett.** Es war, wie die später folgenden Regierungen der Weimarer Republik, immer weniger dem Parlament, sondern vor allem dem Reichspräsidenten Hindenburg verantwortlich, der diese Kabinette eigenmächtig einsetzte. Die Entmündigung des Parlaments und die Beschneidung der politischen Rechte der Bevölkerung wurden der Öffentlichkeit mit der angespannten Krisensituation „begründet".

Der Zentrumspolitiker **Heinrich Brüning** amtierte als neuer Reichskanzler. Ihn hatten vor allem rheinisch-westfälische Industrielle, Großunternehmer Oberschlesiens, der Chemie und Elektroindustrie, Vertreter der Banken, der Reichswehr und der katholischen Kirche auf diesen Platz lanciert. Seine Regierung begann verfassungsmäßig verbriefte soziale und politische Rechte des Volkes abzubauen. Verweigerte der Reichstag entsprechenden Vorlagen die Zustimmung, erklärte sie der Reichspräsident als **Notverordnung** und setzte sie mit Hilfe des Artikels 48 der Weimarer Verfassung dennoch in Kraft. 1930 wurden auf diese Weise fünf Notverordnungen erlassen, 1931 bereits 41, 1932 waren es 66. Als Reichstagsabgeordnete im Juli 1930 heftig gegen die Brüning-Regierung debattierten, löste der Reichspräsident dieses Parlament einfach vorzeitig auf. Diese Sondervollmacht besaß er mit dem Artikel 48 der Verfassung der Weimarer Republik.

Am 14. September **1930** fanden deshalb **Reichstagswahlen** statt. Die Wahlvorbereitungen bestimmten für Wochen und Monate das politische Klima. Aus den Fenstern der Wohnungen hingen Spruchbänder und Parteifahnen. In den hochherrschaftlichen Villenvororten und den vornehmen Stadtvierteln wehte hier und da das Schwarz-Weiß-Rot des Kaisers von ehedem. In den Gewerkschaftssiedlungen flatterten massenweise die Farben Schwarz-Rot-Gold der Republik. Dort, wo die Menschen am dichtesten zusammengepfercht lebten, in den Arbeiterbezirken der Großstädte, glichen die Fassaden häufig einem roten Fahnenmeer. Auf Anschlagtafeln prangten schreiende Plakate, Fotomontagen, Versprechungen und Appelle der um die Gunst der Wähler werbenden Parteien. Aus vorbeifahrenden Lastautos wurden die Passanten mit Flugzetteln überschüttet. An den Kreuzungen deklamierten Jugendliche in Sprechchören gereimte Wahllosungen. Nachts schlichen Kommunisten, deren Partei keine Reklameflächen mieten

„Der Reichstag wird eingesargt", Fotomontage von John Heartfield, 1932

● *Was sagt die Fotomontage über das bürgerlich-parlamentarische System aus?*

konnte, mit Farbtopf und Pinsel durch die Städte und schrieben mit großen Buchstaben auf Zäune und Mauern: „Wählt die KPD!“

Nicht anders war die Stimmung auch bei vorangegangenen Reichstagswahlen gewesen. Neu allerdings war das Hervortreten der NSDAP. Mit den Spenden ihrer monopolkapitalistischen Gönner finanzierten sie eine besonders aufwendige Propaganda. Den Nazis gelang es besser als anderen bürgerlichen Parteien, Massen anzulocken. Immer mehr Menschen klammerten sich unter den Bedingungen der Wirtschaftskrise an deren demagogische Versprechungen auf eine gesicherte Zukunft für das ganze Volk.

Das Wahlergebnis sprach für sich: Abgesehen vom Zentrum (es gewann 0,4 Millionen Stimmen) und von der mit ihm verbundenen Bayrischen Volkspartei (BVP) (0,2 Millionen Zuwachs), verzeichneten alle traditionellen bürgerlichen Parteien einen Rückschlag, ebenso die SPD. Im Vergleich zur Wahl 1928 war dagegen der Stimmenanteil der Nazis auf das Achtfache, auf über 6 Millionen, gestiegen. Etwa 0,9 Millionen Wähler hatten sich von anderen bürgerlichen Parteien gelöst. Weitere 2 Millionen waren Jugendliche, und etwa 3 Millionen kamen aus Bevölkerungskreisen, die sich bisher den Wahlurnen ferngehalten hatten. Die Nazis stellten nun die zweitstärkste Reichstagsfraktion. Die Wahl signalisierte das Anwachsen der faschistischen Kräfte.

Ergebnisse der Reichstagswahl vom 14. September 1930

Partei	Stimmen	Mandate für den Reichstag
KPD	4590160	77
SPD	8575244	143
Deutsche Staatspartei (früher DDP)	1322034	20
Z/BVP	5185637	87
DVP	1577365	30
DNVP	2457686	41
Wirtschaftspartei	1361762	23
NSDAP	6379672	107

Die KPD im Wahleinsatz. Die Kommunisten hatten im Vergleich zur Reichstagswahl von 1928 etwa 1,3 Millionen Wähler dazugewonnen. Das war ein ganz besonderer Erfolg, denn die KPD hatte während des Wahlkampfes den gesammelten Haß und die Schikanen ihrer politischen Gegner zu spüren bekommen. Polizei, Justiz und der Terror faschistischer und militaristischer Organisationen behinderten ihre Wahlvorbereitungen: Kundgebungen wurden polizeilich aufgelöst oder durch Terroristen gestört, Polizisten nahmen KPD-Agitatoren in Arrest und beschlagnahmten die KPD-Presse. Während die Propaganda der Faschisten und der bürgerlichen Parteien durch monopolkapitalistische Kreise finanziert

Von einem Wahleinsatz der KPD

August 1930 in Berlin. Drei Männer hatten das Betriebsgelände des Eisenbahnausbesserungswerkes betreten und das „Halt! Stehenbleiben!“ der Wache einfach überhört. Polizeistreifen durchschnüffelten jeden Winkel – nichts. Sie patrouillierten bis zum Morgen. Gerade wollten sie abziehen, da zeigte einer der Polizisten mit resignierender Armbewegung nach oben. Auf dem hohen Schornstein, der den ganzen Stadtteil überragte, stand in riesigen Buchstaben: „Wählt KPD!“

wurde, waren Arbeiterorganisationen auf Spendengroschen der noch im Lohn stehenden Werktätigen angewiesen, um ihren Wahlaufruf zu verbreiten, der alle Werktätigen zum Kampf gegen die nationale Hauptgefahr, gegen die faschistische Reaktion, aktivieren sollte.

Die KPD entwickelte eine „Programmerklärung zur nationalen und sozialen Befreiung des deutschen Volkes“. Die KPD legte in diesem Programm, das sie während des Reichstagswahlkampfes am **24. August 1930** veröffentlichte, zusammenhängend die Stellung der revolutionären deutschen Arbeiterbewegung zur Nation dar und begründete die Notwendigkeit, im Interesse des deutschen Volkes dem Streben des Imperialismus nach Faschismus und weiterer Militarisierung Einhalt zu gebieten. Die KPD wies nach, daß der antifaschistische Kampf vor allem gegen die reaktionärsten Kreise des Finanzkapitals und gegen die Hitlerpartei gerichtet werden müsse. Damit betonte sie die übereinstimmenden Interessen aller fortschrittlichen Menschen. Sie bereitete den Boden für die Aktionseinheit der Arbeiterklasse, vor allem mit den Mitgliedern der SPD, und für ein Bündnis der Arbeiterklasse mit werktätigen Bauern, städtischen Mittelschichten, mit Angestellten und Angehörigen der Intelligenz im Kampf gegen den Faschismus. Die KPD charakterisierte die NSDAP als eine Partei der äußersten Reaktion und entlarvte ihre monopolkapitalistischen Hintermänner.

Die KPD entwickelte ein antiimperialistisches, demokratisches Programm des Friedens, der Freiheit und des sozialen Fortschritts für das deutsche Volk. Sie forderte die Entmachtung des Monopolkapitals und die Enteignung der Großgrundbesitzer als der Schuldigen an Krise, Not und Elend.

Die Programmerklärung zeigte, daß nur der Sozialismus – die Macht der Arbeiterklasse und ihrer Verbündeten – die sozialen und nationalen Lebensfragen des deutschen Volkes dauerhaft zu lösen vermochte. Sie griff damit Fragen auf, die den notleidenden Massen im Krisenjahr 1930 auf den Nägeln brannten, denn mit dem aufgezeigten Weg waren die Überwindung der Arbeitslosigkeit und eine stete Verbesserung der Lebenslage des werktätigen Volkes verbunden. Die KPD verwies in diesem Zusammenhang auf das Beispiel der sozialistischen Sowjetunion, deren erfolgreiche ökonomische und soziale Entwicklung das lebendige Gegenstück zum krisengeschüttelten Imperialismus darstellte.

Aktionen gegen Auswirkungen der Krise und gegen den Faschismus. Die KPD mobilisierte die Werktätigen gegen die Notverordnungspolitik und die faschistische Gefahr, für die Verteidigung der Löhne und Arbeitsplätze sowie ihrer demokratischen und sozialen Rechte.

Bereits im Herbst 1929 hatten Berliner Rohrleger und Textilarbeiter in Sachsen Teilerfolge im *Streik* gegen Lohnsenkungen der Unternehmer erzielt. Im Februar 1930 waren Tausende Arbeiter der Opel-Werke in Rüsselsheim im Streik, Anfang März fanden in Berlin, Dresden, Essen, Halle, Ham-

Heute alles um 3 Uhr im Neuköllner Stadion!
Die Rote Fahne
Programmerklärung
zur nationalen und sozialen Befreiung des deutschen Volkes

„Die Rote Fahne“ vom 24. August 1930

Streikagitation der Kommunisten

Eine kleine Gruppe Arbeiter überquerte im Dunkeln fast lautlos die Rheinbrücke von Duisburg nach Rheinhausen. Sie schleppten schwere Eimer mit Farbe mit. In weißen Buchstaben stand dann auf Straßen, Mauern, Zäunen und Treppen: „Gegen Lohnraub!“, Streik!“, „Wählt Streikleitungen!“, „Durch Kampf zum Sieg!“. Das Denkmal Krupps trug ein Schild um den Hals: „Heute Streik!“

burg, Kassel, Königsberg, Leipzig, Stuttgart und anderen Städten große Demonstrationen der Erwerbslosen gegen die Verminderung der Arbeitslosenunterstützung statt. Im Sommer 1930 streikten Bergarbeiter des Mansfelder Reviers und Metall- und Hüttenarbeiter in Rheinland-Westfalen gegen Lohnabbau und Unternehmeroffensive.

Im Oktober 1930 standen 130000 Berliner Metallarbeiter im Lohnkampf, im November 1930 Lüneburger Eisenwerker. In den Bielefelder Anker-Werken, in einigen Berliner Lederfabriken und in der Schuhindustrie von Pirmasens streikten die Arbeiter, im Dezember 1930 die Straßenbahner in Chemnitz. Im folgenden Monat traten in weiteren Fabriken die Arbeiter in den Ausstand, so z. B. die Belegschaft der Papierfabrik in Ammendorf und in Halle, Textilarbeiter in Wuppertal, Holzarbeiter in Düsseldorf. Am 2. Januar 1931 wurde im Ruhrbergbau ein einwöchiger Streik ausgelöst, an dem sich 75000 bis 80000 Bergleute beteiligten. In verschiedenen Orten des Ruhrgebietes legten auch Metallarbeiter die Arbeit nieder.

Demonstration des Landproletariats unter Führung der KPD gegen den Faschismus im Jahre 1931

SPD-Politiker und Führer des Allgemeinen Deutschen Gewerkschaftsbundes sagten immer wieder „Nein" zu Streikaktionen gegen die verstärkte Ausplünderung durch Unternehmer und die Brüning-Politik, die im wahrsten Sinn des Wortes „Not verordnete". Sie erklärten: In Krisenzeiten müsse sich der Arbeiter opferwillig erweisen, um die Wirtschaft vor dem völligen Ruin zu bewahren. Außerdem sei das Brüning-Kabinett gegen ein sonst drohendes Hitler-Regime das „kleinere Übel", man müsse es in dieser angespannten politischen Lage trotz seiner arbeiterfeindlichen Politik tolerieren.

„Ist es nicht widersinnig, die Wegbereiter des Faschismus gewähren zu lassen – sie zu tolerieren –, um eine faschistische Diktatur zu verhindern?" Wieder und wieder fragten so kommunistische Redner in Arbeiterversammlungen. Immer mehr SPD-Mitglieder opponierten gegen die Politik des „kleineren Übels" und zeigten sich – wie parteilose Arbeiter, Gewerkschafter, auch kleinbürgerliche und bürgerliche Kreise – zum antifaschistischen Kampf bereit.

Das Bauernhilfsprogramm. Am **16. Mai 1931** sprach Ernst Thälmann in der Oldenburger Tonhalle vor den Bauern. Mit nackten Zahlen kennzeichnete er ihre Not und die schreiende Ungerechtigkeit der Agrarpolitik der Regierung. Bei dieser Gelegenheit verkündete er das **Bauernhilfsprogramm der KPD,** das auch in der „Roten Fahne" publiziert wurde. Es schlug konkrete Maßnahmen zur Besserung der Lage werktätiger Bauern vor: Schulden der kleinen und mittleren Bauern, Winzer, Gemüsegärtner und Kleinfischer sollten ganz oder teilweise niedergeschlagen werden, die Pachten gestrichen, die Getreide- und Futtermittelzölle aufgehoben und Steuern gesenkt werden. Das Programm sah die entschädigungslose Enteignung der Großgrundbesitzer und die Bereitstellung des Bodens für landarme Bauern vor. Das Dokument gab der marxistisch-leninistischen Bündnispolitik der KPD und der politischen Arbeit auf dem Lande neue Impulse.

Ernst Thälmann appellierte

„Das werktätige Landvolk muß sich unter Führung der Kommunistischen Partei für diese Bauernforderungen einsetzen und im festen Bündnis mit dem Industrieproletariat für die Durchführung dieser Forderungen überall kämpfen."[11]

Erwerbslosendemonstration am 23. März 1930 im Berliner Lustgarten

Das Arbeitsbeschaffungsprogramm. Am 29. Mai 1931 veröffentlichte die „Rote Fahne“ ein **Arbeitsbeschaffungsprogramm der KPD.** Es wies für Millionen Erwerbslose gesellschaftlich nützliche Arbeit nach, vor allem im Wohnungs- und Straßenbau, bei der Anlage von Autobahnen, bei Eindeichungen und Flußregulierungen, beim Bau von Talsperren, der Melioration von Sumpfgebieten. Viele Arbeitsplätze hätten durch den Bau von Krankenhäusern und Kinderheimen, von Sportplätzen und Schwimmhallen, durch Elektrifizierung der Bahnstrecken in wichtigen industriellen Ballungsgebieten geschaffen werden können. Die KPD wandte sich auch gegen Betriebsstillegungen oder Produktionseinschränkungen.

Der Arbeitsbeschaffungsplan enthielt auch Vorschläge zur Finanzierung des aufgezeigten Weges, vor allem durch Kürzung der Rüstungsausgaben und Steuererhebungen für Besitzende. Damit orientierte die KPD vor allem die Aktionen der Erwerbslosen.

● *Warum war die Aktionseinheit der Arbeiterklasse dringend notwendig? Beachten Sie dabei auch die Erfahrungen, die die deutsche Arbeiterklasse während des Kapp-Putsches gewonnen hatte!*

▶ Seit März 1930 regierte ein Präsidialkabinett. Es verfolgte mit einer Notverordnungspolitik die schrittweise Faschisierung in Deutschland. Gleichzeitig erlangte die NSDAP – gestützt und gefördert durch Monopolkapitalisten – zunehmenden Masseneinfluß.

Die KPD entwickelte in ihrer „Programmerklärung zur nationalen und sozialen Befreiung des deutschen Volkes“ die Generallinie des Kampfes gegen die drohende faschistische Gefahr. In einem „Bauernhilfsprogramm“ schlug sie Maßnahmen zur Linderung der Notlage werktätiger Bauern vor. In einem „Arbeitsbeschaffungsprogramm“ wies sie für Millionen Erwerbslose gesellschaftlich nützliche Arbeit nach. Die KPD stellte sich mit ihrer Massenpolitik auf die konkreten Bedingungen in Deutschland ein.

1930 Programmerklärung der KPD zur nationalen und sozialen Befreiung des deutschen Volkes
1931 Bauernhilfsprogramm der KPD
1931 Arbeitsbeschaffungsprogramm der KPD

2.8. Verstärkte Abwehr der anwachsenden faschistischen Gefahr

Die Widersprüche in Deutschland spitzten sich 1931/32 zu. Die Wirtschaftsnot wurde größer, die politische Krise tiefgreifender. Die Kräfte des Faschismus befanden sich weiter im Vormarsch. Würden die Antifaschisten stark genug sein, um diese Bedrohung abzuwenden?

▮ **Die Harzburger Front.** Am **11./12. Oktober 1931** versammelten sich die politisch rechts vom Präsidialkabinett Brüning stehenden Kräfte – d. h. Vertreter der NSDAP, der SA und SS, der DNVP, des Stahlhelms, des Reichslandbundes, des Allgemeinen deutschen Verbandes, sogen. Vaterländischer Verbände, Exponenten der Hochfinanz, der Industrie, des Militärs, des Hochadels und der Großgrundbesitzer – in Bad Harzburg. Sie vereinigten sich dort zur **Harzburger Front.** Die Versammelten berieten über die beabsichtigte Zerschlagung der Arbeiterbewegung, die Beseitigung der bürgerlich-parlamentarischen Ordnung, über die Sicherung höchstmöglicher Monopolprofite, vor allem über das Tempo, die Methoden und personelle Fragen einer künftigen Diktatur. Sie akzeptierten die Führungsansprüche der Nazis.

Aufmarsch der SA unter Polizeischutz in Braunschweig 1931

Einige Tage später, am 18. Oktober 1931, erhob Hitler vor 10000 aufmarschierenden SA-Angehörigen in Braunschweig uneingeschränkte Machtansprüche im künftigen Deutschland. An diesem Tage provozierten SA-Truppen in Arbeitervierteln blutige Zusammenstöße, es gab Tote.

▮ **Die Reichspräsidentschaftswahl 1932.** Als im März/April 1932 nach Ablauf der siebenjährigen Amtszeit die fällige Neuwahl des Staatsoberhauptes stattfand, konnte sich die Harzburger Front nicht auf einen gemeinsamen Kandidaten einigen. Drei Kandidaten stellten die Exponenten des Kurses zum Faschismus zur Auswahl: Den Nazi-Führer Adolf Hitler, den Vorsitzenden des „Stahlhelm" Theodor Duesterberg und den 85jährigen bisherigen Reichspräsidenten Paul von Hindenburg. Zur Wiederwahl des ehemaligen kaiserlichen Generalfeldmarschalls Hindenburg rief neben dem Zentrum und an-

Wahlzettel der KPD zu den Reichspräsidentschaftswahlen 1932

deren hinter Brüning stehenden Kräften auch die SPD auf. Rechte Sozialdemokraten versicherten den in Zweifel geratenen Mitgliedern ihrer Partei, Hindenburg werde ganz gewiß niemals Verfassungsbruch begehen und einem Blutregiment Adolf Hitler zustimmen. In den SPD-Zeitungen hieß es: „Du mußt es jedem Wähler sagen, für Hindenburg, heißt Hitler schlagen!"
Wieder einmal standen sich im Wahlkampf die Arbeiterparteien in unterschiedlichen Klassenlagern gegenüber. Die KPD stellte den Wählern drei Fragen:
– Wie stehen die drei Kandidaten der Bourgeoisie zum kapitalistischen System?
– Wie stehen sie zum Faschismus?
– Wie stehen sie alle drei miteinander zum imperialistischen Krieg?
Und die KPD antwortete: „Sie wollen den Kapitalismus erhalten", sie nützen „der faschistischen Reaktion", und „sie bejahen den imperialistischen Krieg". Daraus folgte ihre Wahllosung: „Wer Hindenburg wählt, wählt Hitler, wer Hitler wählt, wählt den Krieg!" Die KPD nominierte ihren Vorsitzenden Ernst Thälmann als Reichspräsidentschaftskandidaten.
Für Ernst Thälmann stritten auf Wahlversammlungen nicht nur Arbeiter, sondern all jene Kräfte, die erkannten, daß er als einziger Präsidentschaftskandidat eine Position des Antifaschismus und des Friedens vertrat. Der bürgerliche Demokrat Carl von Ossietzky schrieb dazu: „Linkspolitik heißt die Kraft dort einsetzen, wo ein Mann der Linken im Kampf steht. Thälmann ist der einzige, alles andre ist mehr oder weniger nuancierte Reaktion. Das erleichtert die Wahl."[12] Immer wieder wurden der KPD jedoch die Wahlvorbereitungen durch die Behörden erschwert, Versammlungen aufgelöst, Kundgebungen untersagt, Flugschriften und die Presse beschlagnahmt.
Bei der Reichspräsidentschaftswahl am 10. April 1932 wurde Hindenburg mit 53 Prozent aller Stimmen abermals Reichspräsident.

Kampf um die antifaschistische Aktionseinheit. Das ZK der KPD bemühte sich verstärkt um die Aktionseinheit der Arbeiter und aller übrigen Antifaschisten. Entsprechende Erfahrungen hatten Kommunisten bereits mit dem **„Kampfbund gegen den Faschismus"** (gegründet 1930) und im **Massenselbstschutz"** (Arbeiterorganisationen, die unter maßgeblicher Beteiligung der Kommunisten dem faschistischen Terror Widerstand boten) gesammelt. Auch der illegale RFB wirkte erfolgreich und wies Naziprovokationen zurück.
Einen Tag nach jenem Auftritt Ernst Thälmanns vor dem Zentralkomitee griff die KPD konzeptionelle Gedanken ihres Vorsitzenden für eine große Massenbewegung gegen die Faschisierungspolitik und den Naziterror, zur gemeinsamen Abwehr einer faschistischen Diktatur auf. Sie proklamierte am 25. **Mai 1932** die **Antifaschistische Aktion.**
In der „Roten Fahne" und in anderen KPD-Zeitungen erschien dieser Appell an alle werktätigen Schichten und poten-

Wahlplakat der KPD zur Reichspräsidentschaftswahl 1932

Überall an den Litfaßsäulen, an den Zeitungskiosken, an Häuserwänden und Bretterzäunen klebten Wahlplakate.

Ernst Thälmann vor dem ZK der KPD im Mai 1932

„Die Herstellung der proletarischen Einheitsfront zum revolutionären Massenkampf gegen den Faschismus ist zu einer zwingenden Notwendigkeit geworden … Welche Formen und Möglichkeiten soll sie enthalten? Alle Genossen des ZK sollen darüber nachdenken und … Vorschläge unterbreiten."[13]

Symbol der Antifaschistischen Aktion

Aufruf der KPD zur Antifaschistischen Aktion

tiell antifaschistischen Kräfte. Alle sollten sich im Kampf vereinen, ganz gleich, in welches politische Lager sie sonst gehörten und in welcher Partei sie organisiert waren. Kommunisten erklärten in der Öffentlichkeit, auch sie wollten vorerst in der Stunde faschistischer Bedrohung alle anderen Ziele und Aufgaben der KPD zurückstellen und dem gemeinsamen Anliegen aller Antifaschisten unterordnen. Damit leitete die KPD eine neue Etappe im antifaschistischen Kampf ein.

Obwohl sich sozialdemokratische und bürgerliche Parteiführungen abwertend und ablehnend zu dem Angebot der KPD verhielten, bekannten sich Mitglieder dieser Parteien zur Antifaschistischen Aktion bereit. Bald tagten im ganzen Lande Kongresse. Dabei berieten Kommunisten, Sozialdemokraten, Gewerkschafter und linksbürgerliche Antifaschisten über die gemeinsame Abwehr. Komitees der Antifaschistischen Aktion entstanden. Im Juli 1932 trafen sich auf einem Einheitskongreß der Antifaschistischen Aktion in Berlin 1465 Delegierte aus unterschiedlichen Organisationen, darunter 132 Sozialdemokraten und 954 Parteilose.

Am 8. Juli 1932 berieten Ernst Thälmann, Wilhelm Pieck und John Schehr im Berliner Karl-Liebknecht-Haus, dem Sitz des Zentralkomitees der KPD, mehr als fünf Stunden mit zwanzig Funktionären der SPD, der Gewerkschaften und des *Reichsbanners* (einer sozialdemokratisch geführten Wehrorganisation), wie der faschistische Gegner gemeinsam abgewehrt und die Spaltung der Arbeiterbewegung überwunden werden könnte. Die Sozialdemokraten kamen im Auftrage ihrer örtlichen Organisationen aus Baden, Berlin, Hamburg, vom Niederrhein, aus dem Ruhrgebiet und aus Sachsen. Vor allem wollten sie wissen, ob das Einheitsfrontangebot der KPD wirklich aufrichtig sei.

Ernst Thälmann unterstrich das Angebot zur antifaschistischen Aktionseinheit: „... in den Gefängnissen schmachten Tausende unserer Genossen, die den wehrhaften Kampf gegen das faschistische Verbrechertum führten. Das Hitlerische Offiziers- und Prinzenpack hat erklärt, daß es die kommunistische Bewegung, das sind viele Millionen revolutionärer Männer und Frauen, ausrotten, hängen, köpfen und rädern will. Und angesichts dieser Tatsache, angesichts der drohenden Gefahr, daß aus Deutschland ein Land des Galgens und des Scheiterhaufens wird, sollten wir Kommunisten die antifaschistische, proletarische Einheitsfront nicht ehrlich meinen?“[14]

Die Beratungsteilnehmer waren sich darin einig, daß keine Aufgabe im Augenblick dringlicher sei, als die faschistische Diktatur in Deutschland zu verhindern.

Ernst Thälmann beantwortete an diesem Tage insgesamt 21 von den sozialdemokratischen Delegierten vorbereitete Fragen und erklärte wiederholt: Das unterschiedliche Mitgliedsbuch darf Kommunisten und Sozialdemokraten nicht trennen! In einer Resolution bezeichneten die Teilnehmer der Beratung Ernst Thälmanns Antworten als Grundlage für die Herstellung der Einheitsfront der Arbeiter aller Richtungen.

- *Warum bemühte sich die KPD so stark um die Antifaschistische Aktion?*

Von dieser Beratung gingen starke Impulse für die Antifaschistische Aktion aus. Das zeigte sich unter anderem auch in den Betrieben. Dort kam es insbesondere auf die Aktivität der sozialdemokratischen Arbeiter an, denn die Kommunisten hatten in den Krisenjahren zuallererst ihre Arbeitsstelle verloren, so daß die KPD-Betriebszellen personell geschwächt waren.

Der Staatsstreich in Preußen. Trotz aller Erfolge der Antifaschistischen Aktion war nicht zu übersehen, daß die Mehrheit der sozialdemokratischen Arbeiter noch immer auf die Entscheidung ihrer Führer vertraute und ihren Weisungen folgte. Die Zentrale der SPD stellte sich gegen die Einheitsfront mit den Kommunisten.

Das zeigte sich auch am **20. Juli 1932**: 12.30 Uhr meldete der Rundfunk im Lande Preußen die Ernennung einer vorläufigen Obrigkeit aus Rechtspolitikern und die Übernahme des Kommandos der preußischen Polizei durch die Reichswehr. Das alles geschah mit Einwilligung des Reichspräsidenten Hindenburg und unter der Regie des Reichskanzlers **Franz von Papen**. Dieser stand seit dem 1. Juni 1932 in der Nachfolge der Brüning-Regierung einem neuen Reichskabinett aus Adelskreisen und Offizieren – im Volksmund „Kabinett der Barone" – vor. Papens volksfeindliche Politik übertraf die Notverordnungspraxis seines Vorgängers noch an Härte. Er bahnte der faschistischen Diktatur den Weg: Der Republik getreue Beamte verdrängte er aus ihren Ämtern. Er suchte sich auch die Länderregierungen gefügig zu halten, denn in der bundesstaatlich organisierten Weimarer Republik konnte sich die Reichsregierung – so verlangte es das Gesetz – nicht einfach über deren Entscheidungen hinwegsetzen.

Die sozialdemokratisch geführte Preußenregierung war dem „Kabinett der Barone" ein besonderer Dorn im Auge. Immerhin bekleideten in diesem größten Land, auf dessen Boden sich die Reichshauptstadt und wichtigste Industriezentren befanden, Sozialdemokraten maßgebliche Ämter und erklärten sich als Gegner des Faschismus und eines Krieges. Hinter ihnen stand eine Streitmacht von 90000 Polizisten, zahlenmäßig fast so stark wie die Reichswehr. Im preußischen Parlament kämpfte zudem die KPD-Fraktion immer wirkungsvoller gegen die Reaktion.

Papens Anschlag auf die Preußenregierung kam also nicht von ungefähr und war ein massiver Schritt zur Ausmerzung der bürgerlich-parlamentarischen Ordnung.

Und doch verlief die Szene am Vormittag verblüffend lautlos: Führende Vertreter der Preußenregierung waren gegen 10 Uhr einer Einladung in die Reichskanzlei gefolgt. Dort hatten sie ihre „Amtsenthebung" zur Kenntnis genommen und waren alsdann wieder in ihre Bürostuben zurückgekehrt. Dort verfaßten sie ein Protestschreiben. Später zogen sie sich in ihre Wohnungen zurück.

Draußen auf den Straßen warteten die Arbeiter gespannt. Sozialdemokraten waren sich sicher, der schriftliche Protest der SPD-Beamten würde gewiß nur ein Auftakt zu weiteren, wirk-

Plakat der Antifaschistischen Aktion, Juli 1932

Elektrolokomotive, 1930

Berliner Omnibus, 1931

In den Jahren nach dem ersten Weltkrieg nahm die Massenwirksamkeit des Kinos sprunghaft zu. Zuerst waren es Stummfilme. Einer der bedeutendsten sowjetischen Stummfilme, „Panzerkreuzer Potemkin“, trat damals seinen Siegeszug um die Welt an.

sameren Schritten sein. Wie oft hatten ihre Parteiführer entschlossene Abwehrbereitschaft gegen faschistische Anschläge in tönenden Reden kundgetan. Doch die Kampflosung des Tages – die Aufforderung zum Generalstreik – kam von der KPD. Das Extrablatt der „Roten Fahne“ ging in den frühen Nachmittagsstunden von Hand zu Hand. In Schaukästen hing der „Appell der Kommunistischen Partei an alle Arbeiter Deutschlands!“

Im Hintergrund rätselten die „Staatsstreichler“: Würde die Öffentlichkeit den Schlag gegen die Preußenregierung widerstandslos hinnehmen? Gelang es den Kommunisten, eine geschlossene Abwehr zu mobilisieren? Wie würden maßgebliche Sozialdemokraten auf diese Kraftprobe reagieren? Nachmittags wußte man mehr. Die SPD-Führer gemahnten ihre Anhänger, „Ruhe und Ordnung“ zu bewahren und abzuwarten. Im sozialdemokratischen „Vorwärts“ lasen die Arbeiter: „Hört auf uns! Laßt Euch die Stunde des Handelns nicht von den Kommunisten vorschreiben!“

SPD-Mitglieder waren in ihrer Mehrheit entsetzt, enttäuscht, voller Zweifel, folgten nur widerstrebend den Anordnungen ihrer Partei. Währenddessen ergriffen die Staatsorgane Maßnahmen gegen die Kommunisten, die nun auf sich gestellt Protestaktionen entfesselten. Gegen die Entscheidung der SPD und der Gewerkschaften gelang es der KPD nicht, den Generalstreik auszulösen.

Am 21. Juli 1932 besetzten Polizisten das Karl-Liebknecht-Haus. Ein fünftägiges Verbot der „Roten Fahne“ und anderer kommunistischer Zeitungen folgte. Schnellgerichte verurteilten KPD-Genossen zu Haftstrafen.

▮ **Reichstagswahlen im Juli 1932.** Die SPD-Politiker hatten ihre Anhänger auf die nächsten Reichstagswahlen am 31. Juli 1932 vertröstet. Sie erlitten aber erhebliche Stimmenverluste. Die Hitlerpartei erreichte mit 13,8 Millionen die höchste Stimmenzahl bei den Reichstagswahlen in den Jahren der Weimarer Republik; doch schien damit das mögliche Wählerpotential ausgeschöpft. Ihr bisher bestes Ergebnis erzielte die KPD. 5,3 Millionen Wähler vertrauten ihr.

Am 30. August 1932 trat der neugewählte Reichstag erstmals zusammen. Nach altem Recht durfte das älteste Mitglied des Abgeordnetenhauses die Eröffnungsrede halten. Diese Aufgabe übernahm die Reichstagsabgeordnete **Clara Zetkin**, weltweit bekannt als Mitglied des Präsidiums des Exekutivkomitees der Kommunistischen Internationale. Die damals betagte Kommunistin stand am Präsidiumstisch. Hinter ihr die wuchtig aufragende geschnitzte Lehne des Präsidentensessels, neben ihr einige ihrer Genossen, die sie zum Präsidium hinaufgeleiteten und sich dort zu ihrem Schutz postiert hatten. Sie war klein, konnte sich nur gebeugt aufrecht halten, ihrer Stimme fehlte Kraft. Ihr Name aber strahlte Größe aus, die Partei, für die sie sprach, verkörperte die Energie einer ganzen Klasse, ihre Worte fanden ein tausendfaches Echo außerhalb des Saales.

Die parteiverbundene Revolutionärin sah die gewaltige Gefahr, die den demokratischen Errungenschaften im bürgerlich-parlamentarischen Staatswesen, den Organisationen der Arbeiterklasse, sogar jedem einzelnen Werktätigen drohte, und sie mahnte: In letzter Minute gelte es, die Errichtung einer offenen terroristischen Gewaltherrschaft zu verhindern. Die Rednerin mußte ab und zu größere Pausen einlegen. Sie war schwerkrank, fast völlig erblindet und äußerlich gebrechlich. Seit einiger Zeit lebte sie ständig in einem Sanatorium in der Nähe von Moskau. Nur um diese Rede zu halten, hatte sie vor wenigen Tagen die beschwerliche Reise nach Berlin angetreten. Die Fahrt hatte sie sehr angestrengt – und dies um so mehr, als sie unterwegs von Genossen benachrichtigt worden war, daß ihr faschistische Schlägerkolonnen am Schlesischen Bahnhof auflauerten. Ihre Begleiter hatten darauf bestanden, den Zug in Frankfurt (Oder) zu verlassen und die Weiterreise in einem unbequemen, alten Auto zu machen.
Jetzt triumphierte der Wille Clara Zetkins über die Krankheit und Erschöpfung. Die Sätze, die sie mit der ihr eigenen Sprachgewalt formte, beeindruckten auch die bürgerlichen und sozialdemokratischen Abgeordneten. Im Reichstag, der so oft Schauplatz wilder Tumulte war, herrschte Totenstille, als die Rednerin leidenschaftlich appellierte:
„Das Gebot der Stunde ist die Einheitsfront aller Werktätigen, um den Faschismus zurückzuwerfen, um damit den Versklavten und Ausgebeuteten die Kraft und die Macht ihrer Organisationen zu erhalten, ja sogar ihr physisches Leben. Vor dieser zwingenden geschichtlichen Notwendigkeit müssen alle fesselnden und trennenden politischen, gewerkschaftlichen, religiösen und weltanschaulichen Einstellungen zurücktreten. Alle Bedrohten, alle Leidenden, alle Befreiungssehnsüchtigen gehören in die Einheitsfront gegen den Faschismus und seine Beauftragten in der Regierung! Die Selbstbehauptung der Werktätigen gegen den Faschismus ist die nächste unerläßliche Voraussetzung für die Einheitsfront im Kampf gegen Krise, imperialistische Kriege und ihre Ursache, die kapitalistische Produktionsweise."[15]

Mit dem Übergang zum Tonfilm entstanden viele Werke der leichten Unterhaltung. Der Tonfilm „Kuhle Wampe" von Brecht/Dudow versuchte mit Erfolg, revolutionären Inhalt mit der neuen Formsprache des Films zu verbinden.

- *Worin wird deutlich, daß die KPD konsequente Interessenvertreterin des deutschen Volkes war?*
- *Warum verteidigte die KPD die sozialdemokratisch geführte Preußenregierung, obwohl diese doch oft genug eine antikommunistische Haltung bewiesen hatte?*

► **Bei der Reichspräsidentschaftswahl im März/April 1932 wurde das politische Kräfteverhältnis deutlich. Die Klassenauseinandersetzungen spitzten sich zu.**
Im Mai 1932 proklamierte die KPD die Antifaschistische Aktion, eine breite Massenbewegung. SPD- und Gewerkschaftsführer stemmten sich gegen die antifaschistische Aktionseinheit. Die Mehrheit der sozialdemokratischen Arbeiter vertraute den SPD-Führern. Das bewies auch der 20. Juli 1932. An diesem Tage setzte die Reaktion die sozialdemokratisch geführte Preußenregierung mit einem Staatsstreich ab. Der Appell der Kommunisten zum Widerstand verhallte unter den sozialdemokratischen Anhängern. Die Gefahr des Faschismus nahm zu.

1932 Die KPD proklamiert die Antifaschistische Aktion
20. Juli 1932 Staatsstreich gegen sozialdemokratisch geführte Preußenregierung

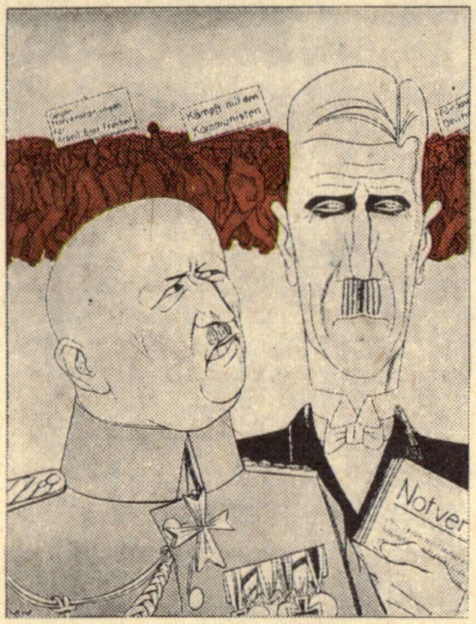

Karikatur von Alfred Beier-Red, Oktober 1932: Wahlprognose Schleicher: „Sie sehen schwarz, Herr Kollege?“ Papen: „Nein, leider … rot!“

- *Erläutern Sie im Zusammenhang mit den Wahlergebnissen die damals aktuelle Aussage der Karikatur!*
- *Wiederholen Sie die Zielstellung der im Frühjahr 1932 geschaffenen Antifaschistischen Aktion!*

Wahlergebnisse der KPD, der SPD und der NSDAP bei den Reichstagswahlen 1930 bis 1932 (in Millionen Stimmen)

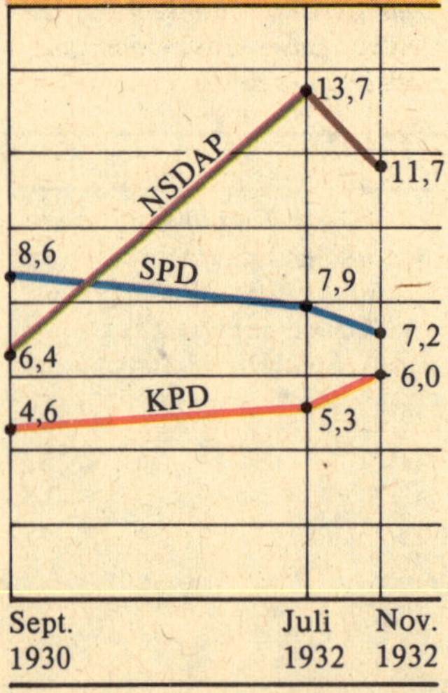

2.9. Der Untergang der Weimarer Republik

Streikbewegung im Herbst 1932. Immer mehr Arbeiter bekämpften Notverordnungen des Papen-Kabinetts, die Sozialleistungen drastisch senkten, faktisch das Tarifrecht zerschlugen und das in der Verfassung verankerte Streikrecht abschafften. In Berlin, Bochum, Chemnitz, Dresden, Görlitz, Gotha, Hamburg, Mannheim und vielen weiteren Städten verhinderten Werktätige in über 1000 Streiks in Mittel- und Kleinbetrieben radikale Lohnkürzungen und den weiteren Abbau ihrer ohnehin erbärmlichen wirtschaftlichen und sozialen Lage. Oft wurden diese Aktionen unter maßgeblicher Mitwirkung der Kommunisten gegen den Willen rechter SPD-Führer zu einem Erfolg. Vom 3. bis 7. November 1932 streikten die Arbeiter der Berliner Verkehrsgesellschaft (BVG). Ihre Aktion wurde zu einem Höhepunkt der Streikwelle. Angesichts der deutlich anwachsenden Kampfbereitschaft der Werktätigen wagten rechte sozialdemokratische Vertreter der Gewerkschaftsleitungen immer seltener ihre Politik des Abwiegelns und des Abbruchs von Kämpfen und duldeten immer häufiger Streiks.

Entscheidung nach den Novemberwahlen 1932. Im September 1932 löste der Reichspräsident den Reichstag erneut auf und ordnete Neuwahlen für den 6. November 1932 an. Sie brachten ein Ergebnis, das die Monopolherren schockierte. Die KPD wurde mit fast sechs Millionen Stimmen und 100 Abgeordneten nicht nur wieder drittstärkste Partei, sie hatte vor allem gegenüber den Wahlen im Juli 1932 etwa 700 000 Wähler und elf Parlamentssitze hinzugewonnen. Obwohl die SPD beträchtliche Verluste hinnehmen mußte, verfügten KPD und SPD gemeinsam weiter über bedeutende Kräfte im Reichstag. Was aber die reaktionärsten Kreise des Monopolkapitals besonders erregte, war die Tatsache, daß der Nazipartei im gleichen Zeitraum zwei Millionen Wähler davongelaufen waren! 196 Nazis standen im Reichstag den 221 Abgeordneten von KPD und SPD gegenüber. Der Traum der Faschisten und ihrer Hintermänner vom Aufstieg der NSDAP zur absoluten Mehrheit im Reichstag war verflogen. Es bestand die Gefahr, daß die NSDAP zerfallen würde. Die Siegesstimmung der Faschisten vom Sommer 1932 war vorüber.

Die Antifaschistische Aktion konnte ihre Kräfte weiter verstärken. Viele sozialdemokratische Arbeiter erkannten die tödliche Gefahr, die der Arbeiterbewegung drohte. Immer zahlreicher vereinten sie sich in den antifaschistischen Kundgebungen und Widerstandsaktionen mit Kommunisten und schlugen faschistische Provokationen zurück. Die antifaschistische Einheitsfront wuchs und mit ihr der Einfluß der KPD auf die Arbeiterklasse und andere Schichten der Bevölkerung.

Beschleunigter Kurs auf die faschistische Diktatur. Die reaktionärsten und aggressivsten Gruppen des deutschen Monopolkapitals sahen in dieser Situation ihre Hauptziele, die Beseitigung der revolutionären Errungenschaften der November-

revolution und Revanche für den verlorenen ersten Weltkrieg, gefährdet.
Einer dieser Vertreter des Monopolkapitals, der Bankier Kurt Freiherr von Schröder, schilderte später die Lage mit folgenden Worten: „Die allgemeinen Bestrebungen der Männer der Wirtschaft gingen dahin, einen starken Führer in Deutschland an die Macht kommen zu sehen, der eine Regierung bilden würde, die lange Zeit an der Macht bleiben würde. Als die NSDAP am 6. November 1932 ihren Höhepunkt überschritten hatte, wurde eine Unterstützung durch die deutsche Wirtschaft besonders dringend."[16]
Deshalb drängten sie auf die *endgültige Beseitigung der bürgerlich-parlamentarischen Ordnung* und die schnelle Errichtung einer diktatorischen Herrschaft.
Maßgebliche Monopolherren sahen zu dieser Zeit in Hitler einen zuverlässigen und zur Durchsetzung ihrer reaktionären Pläne den am besten geeigneten Mann. Das kam auch in einer Denkschrift zum Ausdruck, in der diese Finanzkapitalisten im November 1932 vom Reichspräsidenten Hindenburg die „Übertragung der verantwortlichen Leitung eines mit den besten sachlichen und persönlichen Kräften ausgestatteten Präsidialkabinetts an den Führer der größten nationalen Gruppe", also an Hitler, forderten.[17]
Großindustrielle und Junker, reaktionäre Staatsmänner und Politiker, allen voran von Hindenburg, von Papen und von Schleicher, verhandelten mit Hitler über die Einbeziehung der Nazis in die Regierung. Doch sie konnten sich noch nicht entschließen, die erstrebte faschistische Diktatur sofort und ausschließlich Hitler und der NSDAP zu übertragen. So wurde zunächst Anfang Dezember 1932 der reaktionäre General **Kurt von Schleicher** zum Reichskanzler ernannt. Diese Regierung unter Schleicher kennzeichnete Ernst Thälmann treffend als „ein Übergangskabinett, als ein Platzhalterkabinett zur Vorbereitung einer ... Hitlerregierung".
▮ Letzte Absprachen vor der faschistischen Regierungsbildung. Die Geldgeber der Nazis berieten zur Jahreswende 1932/33 über den geeigneten Zeitpunkt zur Errichtung der fa-

„Hinter mir stehen Millionen", Fotomontage von John Heartfield

Der Reichsbankpräsident a. D. Hjalmar Schacht schreibt am 12. November 1932 an Hitler

„Es unterliegt für mich keinem Zweifel, daß die Entwicklung der Dinge nur das eine Ende haben kann, und das ist Ihre Kanzlerschaft."

- *Warum sind solche Schreiben führender deutscher Imperialisten von großer Bedeutung für die Charakterisierung des Faschismus?*
- *Warum verstärkten die reaktionärsten Kreise des Monopolkapitals ab November 1932 ihre Bemühungen, eine Hitlerregierung bilden zu lassen?*

Viel später, im Kriegsverbrecherprozeß 1947, gab Schröder jene Erwartungen zu Protokoll, die damals, 1933, die deutschen Imperialisten an die faschistische Diktatur knüpften

„Ein gemeinsames Interesse der Wirtschaft bestand in der Angst vor dem Bolschewismus und in der Hoffnung, daß die Nationalsozialisten – einmal an der Macht – eine beständige politische und wirtschaftliche Grundlage in Deutschland herstellen würden. Ein weiteres gemeinsames Interesse war der Wunsch, Hitlers wirtschaftliches Programm in die Tat umzusetzen, wobei ein wesentlicher Punkt darin lag, daß die Wirtschaft sich selbst lenken sollte zur Lösung der von der politischen Führung gestellten Probleme ... Weiterhin erwartete man, daß eine wirtschaftliche Konjunktur durch das Vergeben von größeren Staatsaufträgen werden würde. In diesem Zusammenhang sind zu erwähnen: eine von Hitler projektierte Erhöhung der deutschen Wehrmacht ... Es war allgemein bekannt, daß einer der wichtigsten Programmpunkte Hitlers die Abschaffung des Vertrages von Versailles darstellte und die Wiederherstellung eines sowohl in militärischer als auch in wirtschaftlicher Hinsicht starken Deutschlands."[18]

- *Warum wurden die entscheidenden Absprachen zwischen Hitler und den Monopolvertretern äußerst geheim geführt?*
- *Lesen Sie die Quelle! Welche Maßnahmen versprachen sich die Monopolherren von einer Hitlerregierung?*

schistischen Diktatur. Sie drängten darauf, diesen Tag nicht mehr lange hinauszuzögern. Die letzten Vorbereitungen dafür wurden aber unter strenger Geheimhaltung betrieben, um die Pläne der Monopolherren, die Hitler an die Macht bringen wollten, nicht zu gefährden. Eine entscheidende Geheimsitzung fand am **4. Januar 1933** statt. Beinahe fünf Stunden dauerte dieses **Treffen in der Villa des Bankiers Schröder** zwischen Hitler und von Papen, dem Wortführer der reaktionärsten Vertreter des Monopolkapitals. Diese Aussprache entschied über die künftige Berufung Hitlers zum Reichskanzler.

▌ Arbeiter gegen die faschistische Gefahr. Während die reaktionärsten Kreise der Monopolherren hinter verschlossenen Türen mit den Naziführern die faschistische Diktatur vorbereiteten, blieben die Volksmassen nicht untätig. Besonders deutlich wurde die Kampfbereitschaft der revolutionären Arbeiter im Januar 1933 bei der traditionellen Demonstration zu den Gräbern Karl Liebknechts und Rosa Luxemburgs in Berlin. Achtzehn Marschkolonnen bewegten sich aus den verschiedenen Stadtteilen hinaus zur Gedenkstätte, in den Zügen auch zahlreiche sozialdemokratische Arbeiter, Mitglieder der Sozialistischen Arbeiterjugend und Gewerkschafter. Provozierende Nazibanden wurden unterwegs in die Flucht geschlagen.

Eine Woche darauf versuchten die Nazis in Berlin, den Monopolherren demonstrativ zu beweisen, daß sie – wie von ihnen erwartet – fähig seien, die deutsche Arbeiterbewegung zu terrorisieren und niederzuwerfen. Sie organisierten am 22. Januar 1933 unter Polizeischutz einen Aufmarsch ihrer uniformierten Schlägerkolonnen vor dem Sitz des Zentralkomitees der KPD.

Die Berliner Arbeiter erteilten dieser Provokation eine gebührende Antwort: 130000 Kommunisten, Sozialdemokraten und

Tribüne vor dem Karl-Liebknecht-Haus mit den Führern der KPD am 25. Januar 1933

Parteilose bekundeten am **25. Januar 1933** ihre **Bereitschaft zur Abwehr des Faschismus.** Trotz eisigen Windes und einer Temperatur von 18 Grad Kälte zogen die Kolonnen der schlecht gekleideten und ungenügend ernährten Arbeiter zum Karl-Liebknecht-Haus und defilierten an den Führern der KPD, Ernst Thälmann, Franz Dahlem, Wilhelm Florin, John Schehr, Walter Ulbricht und anderen vorbei, die mit zum Gruß geballter Faust auf einer Tribüne standen. Arbeiterfrauen reichten den Frierenden Getränke. Kampflieder und Sprechchöre erklangen, den lauernden Polizisten zum Trotz.

So wie in Berlin, fanden machtvolle Kundgebungen auch in Augsburg, Dresden, Erfurt und anderen Orten statt. Sie alle unterstrichen die Stärke der Aktionseinheit und die reale Möglichkeit, den Faschismus zurückzuschlagen. Doch einflußreiche sozialdemokratische Führer, verblendet vom Antikommunismus, verhinderten die geschlossene Aktionseinheit. Die Kommunisten und jene Sozialdemokraten, die zum gemeinsamen Kampf antraten, konnten zwar den Faschisierungsprozeß zeitweilig verlangsamen, doch ihre Kraft reichte nicht aus, um die Vorbereitungen zur faschistischen Diktatur zu vereiteln.

▮ **Die Einsetzung der Hitlerregierung.** In weiteren fieberhaften Einzelbesprechungen wurden im Laufe des Januar 1933 zwischen den reaktionärsten Monopolherren und der Naziführung die letzten Schwierigkeiten der Regierungsbildung beseitigt, die endgültige Zusammensetzung der geplanten Hitlerregierung ausgehandelt. Schleicher erklärte am 28. Januar 1933 seinen Rücktritt als Reichskanzler. Am nächsten Abend legte Papen dem Reichspräsidenten die Liste der neuen Regierung vor. Damit waren die Vorbereitungen für die Errichtung der faschistischen Diktatur abgeschlossen.

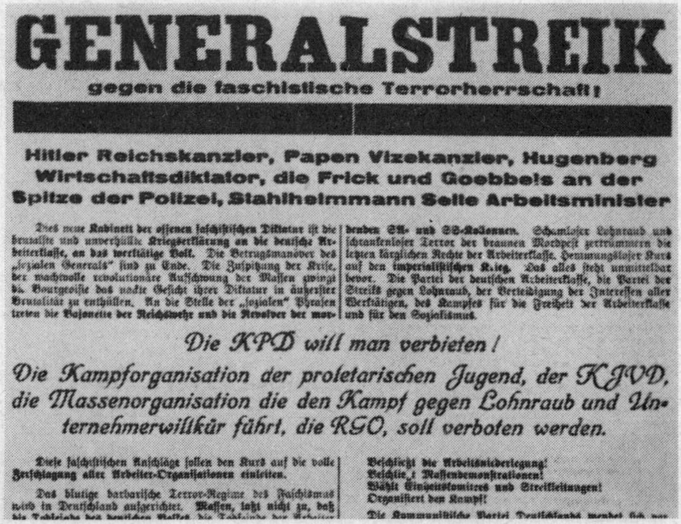

GENERALSTREIK

gegen die faschistische Terrorherrschaft!

Hitler Reichskanzler, Papen Vizekanzler, Hugenberg Wirtschaftsdiktator, die Frick und Goebbels an der Spitze der Polizei, Stahlhelmmann Seldte Arbeitsminister

Das neue Kabinett der offenen faschistischen Diktatur ist die brutalste und unverhüllte Kriegserklärung an die deutsche Arbeiterklasse, an das werktätige Volk. Die Betrugsmanöver des „sozialen Generals" sind zu Ende. Die Zuspitzung der Krise, der machtvolle revolutionäre Aufschwung der Massen zwingt die Bourgeoisie das nackte Gesicht ihrer Diktatur in äußerster Brutalität zu enthüllen. An die Stelle der „sozialen" Phrasen treten die Bajonette der Reichswehr und die Revolver der mordenden SA- und SS-Kolonnen. Schamloser Lohnraub und schrankenloser Terror der braunen Mordpest zertrümmern die letzten kärglichen Rechte der Arbeiterklasse. Hemmungsloser Kurs auf den imperialistischen Krieg. Das alles steht unmittelbar bevor. Die Partei der deutschen Arbeiterklasse, die Partei der Streiks gegen Lohnraub, der Verteidigung der Interessen aller Werktätigen, des Kampfes für die Freiheit der Arbeiterklasse und für den Sozialismus.

Die KPD will man verbieten!

Die Kampforganisation der proletarischen Jugend, der KJVD, die Massenorganisation die den Kampf gegen Lohnraub und Unternehmerwillkür führt, die RGO, soll verboten werden.

Diese faschistischen Anschläge sollen den Kurs auf die volle Zerschlagung aller Arbeiter-Organisationen einleiten.

Das blutige barbarische Terror-Regime des Faschismus wird in Deutschland aufgerichtet. Massen, laßt nicht zu, daß

Beschließt die Arbeitsniederlegung!
Beschließt Massendemonstrationen!
Wählt Einheitskomitees und Streikleitungen!
Organisiert den Kampf!

„Generalstreik gegen die faschistische Terrorherrschaft!" Aus dem Aufruf der KPD zum Generalstreik am 30. Januar 1933

Aus dem Aufruf der SPD vom 30. Januar 1933

„Wir führen unseren Kampf auf dem Boden der Verfassung ... Undiszipliniertes Vorgehen einzelner Organisationen oder Gruppen auf eigene Faust würde der gesamten Arbeiterklasse zum schwersten Schaden gereichen."[19]

Aus dem Aufruf der Gewerkschaften vom 30. Januar 1933

„Um Angriffe gegen Verfassung und Volksrechte im Ernstfalle wirksam abzuwehren, ist kühles Blut und Besonnenheit erstes Gebot. Laßt euch nicht zu voreiligen und darum schädlichen Einzelaktionen verleiten."[20]

- *Kennzeichnen Sie anhand der Quellen die unterschiedliche Haltung der KPD, der SPD-Führung und der Gewerkschaften zur Errichtung der faschistischen Diktatur!*
- *Was waren die Mittel und Methoden, mit denen reaktionäre herrschende Kreise systematisch das bürgerlich-parlamentarische System der Weimarer Republik unterhöhlten und am Ende beseitigten?*
- *Warum gelang es nicht, die Errichtung der faschistischen Diktatur in Deutschland zu verhindern?*

Am 30. Januar 1933 berief der Reichspräsident von Hindenburg im Interesse der reaktionärsten und aggressivsten Kreise des deutschen Monopolkapitals Hitler zum Reichskanzler.

Stellung der deutschen Arbeiterbewegung zur faschistischen Regierungsbildung. Es zeigte sich, wie berechtigt die KPD im Frühjahr 1932 gewarnt hatte: „Wer Hindenburg wählt, wählt Hitler ..." Die KPD rief zum **Generalstreik** auf: „Legt die Arbeit nieder und erzwingt den Rücktritt Hitlers! Gemeinsam sind wir stark genug!" Noch am gleichen Tag übermittelte Walter Ulbricht im Auftrag des Zentralkomitees der KPD dem Parteivorstand der SPD diesen eindringlichen Appell.

Die Masse der Arbeiter war kampfbereit. Wie würde die SPD-Führung dieses Mal auf das Angebot der Kommunisten reagieren?

Diese Frage legten sich auch die Faschisten vor. In der ersten Beratung des Hitler-Kabinetts am Nachmittag jenes 30. Januar 1933 wurde sie laut. Jeder der Anwesenden begriff, daß ein Zusammenschluß der Arbeiterklasse die neue Regierung wieder hinwegfegen könnte. Nach dem Protokoll der Kabinettssitzung suchte der neue Reichsminister Hermann Göring zu beruhigen: „Keine Sorge, meine Herren. Die entscheidenden Männer der SPD werden sowieso einen gemeinsamen Streik mit den Kommunisten verhindern. Sie verpflichten ihre Anhänger zum Abwarten."

So war es wirklich. Maßgebliche SPD-Führer vertrösteten auf eine spätere Aussprache im Reichstag.

Spät am Abend feierten die Faschisten ihren Sieg. Mit brennenden Fackeln zogen Marschkolonnen durch das Berliner Regierungsviertel und durch andere Straßen der Hauptstadt. Bis in den frühen Morgen dröhnten dumpf die SA-Trommeln, grölten Nazis. Sie zogen provozierend durch die Arbeiterviertel. Die Totengräber der Weimarer Republik waren am Ziel.

Fackelzug der Faschisten am 30. Januar 1933 in Berlin

▸ Die Weimarer Republik bestand 14 Jahre. Sie war ein imperialistischer Klassenstaat, brachte jedoch mit einer bürgerlich-parlamentarischen Staatsordnung dem werktätigen Volk politische und soziale Rechte, die für damalige Verhältnisse im Vergleich zu anderen imperialistischen Ländern fortschrittlich waren. Damit bot sie im Vergleich zum monarchistischen Staat der Arbeiterklasse und ihren Verbündeten günstigere Kampfbedingungen. Da aber die Kapitalistenklasse und ihr maßgeblicher Kern, die Monopolbourgeoisie, von Anfang an die baldige Zurücknahme aller progressiven Bestimmungen erstrebte, mußten selbst die in der Weimarer Verfassung verankerten politischen und sozialen Rechte von den Volksmassen täglich neu verteidigt werden.

Als herrschende Kreise in der bürgerlich-parlamentarischen Staatsordnung keine ausreichende Gewähr für die Niederhaltung revolutionärer Kräfte, für die Durchsetzung ihres Strebens nach Maximalprofit und der Machtausdehnung und Expansion mehr sahen, errichteten sie eine faschistische Diktatur. Langfristig hatten besonders reaktionäre, aggressive und revanchistische Vertreter der herrschenden Klasse darauf hingearbeitet. Sie förderten insbesondere die NSDAP. Diese Partei setzte sich mit terroristischen Methoden und einer faschistischen Demagogie durch und erreichte eine Massenbasis, insbesondere aus kleinbürgerlichen Kreisen.

Die SPD-Führung hatte die Weimarer Republik als einen „Volksstaat“ bezeichnet und mit ihrem Reformprogramm im Rahmen der bürgerlich-parlamentarischen Ordnung den schrittweisen „friedlichen“ Übergang zum Sozialismus für möglich erklärt. Es gelang ihr jedoch nur, zeitweilige soziale Verbesserungen durchzudrücken. In entscheidenden Momenten schadete ihre politische Konzeption den Interessen der Arbeiterklasse und war nicht einmal geeignet, die verfassungsmäßig garantierten Rechte des Volkes wirksam zu verteidigen. Sie verhinderte gemeinsame Kämpfe der Antifaschisten und vertiefte die Spaltung der Arbeiterbewegung.

Die KPD entwickelte sich als eine marxistisch-leninistische Massenpartei. Sie bewährte sich als revolutionäre Vorhut des Proletariats und als konsequenteste Interessenvertreterin des deutschen Volkes. Ihre Politik verfolgte das Ziel, den Faschismus mit vereinten Kräften aller Arbeiter und anderen Antifaschisten abzuwehren. Erfolge in diesem Ringen förderten die Abwehrbereitschaft der Nazigegner.

Ein Großteil bürgerlicher und sozialdemokratisch orientierter Antifaschisten zögerte jedoch, sich mit der KPD in einer Einheitsfront zu verbinden. Die Kräfte des Antifaschismus blieben zersplittert, ihre Wirksamkeit beeinträchtigt. Das erleichterte es der Reaktion, am 30. Januar 1933 die faschistische Diktatur zu errichten.

In antifaschistischen Aktionen sammelten Arbeiter und ihnen verbündete Bevölkerungskreise Erfahrungen, die dem illegalen Widerstand unter den Bedingungen der faschistischen Diktatur nützlich waren.

1919 bis 1933 Weimarer Republik
30. Januar 1933 Errichtung der faschistischen Diktatur in Deutschland

3. KAPITEL Die faschistische Diktatur in Deutschland und der antifaschistische Widerstandskampf 1933 bis 1939

1933 begann in Deutschland die Zeit der faschistischen Diktatur. Damit errichtete die deutsche Großbourgeoisie das brutalste Terrorregime, mit dem sie je ihre Macht ausübte. Wir müssen die Frage beantworten, wie es geschehen konnte, die Massen des deutschen Volkes an das faschistische Regime zu binden und entgegen seinen eigenen Lebensinteressen zu mißbrauchen. Welche Methoden wandten die Faschisten dabei an, und was erreichten sie?

Der faschistische deutsche Imperialismus betrieb eine aggressive Politik, annektierte andere Staaten und bereitete einen neuen Krieg vor. Die Warnung der KPD von 1932 bewahrheitete sich: „Hitler – das ist der Krieg!“ Eine Frage war und ist es, warum es nicht gelang, die damals schon vorhandenen Möglichkeiten, einen Krieg zu verhindern, zur Wirklichkeit zu machen.

Wir werden die Menschen und Organisationen kennenlernen, die der Unterdrückung und Kriegsvorbereitung mutig entgegentraten. Der antifaschistische Widerstandskampf, an dessen Spitze die KPD stand, riß in all diesen dunklen Jahren der faschistischen Diktatur niemals ab. Die besten Deutschen kämpften aufopferungsvoll für den Sturz der Hitlerdiktatur und für die Erhaltung des Friedens. Wir werden erkennen, was sie erreichten und welche Kräfte sie um sich scharen konnten. Was waren die Ursachen, daß die faschistische Diktatur dennoch nicht aus eigener Kraft gestürzt werden konnte? Warum gelang es nicht, den Ausbruch des zweiten Weltkrieges zu verhindern?

3.1. Die Errichtung der faschistischen Diktatur

Die Übergabe der Macht an die Hitlerregierung. Der 30. Januar 1933 brachte für das Leben der Menschen in Deutschland einschneidende Veränderungen. Schon die ersten Regierungsmaßnahmen zeigten das. Die Hitlerregierung war zunächst ein **Koalitionskabinett**. Ihr gehörten Faschisten und andere reaktionäre Politiker an: Franz von Papen war Vizekanzler und Reichskommissar für Preußen, Außenminister Constantin Freiherr von Neurath, Finanzminister Lutz Graf Schwerin von Krosigk, der Verkehrs- und Justizminister hatten ihre Ämter schon in den Regierungen von Papen und Schleicher ausgeübt. Alfred Hugenberg, Vorsitzender der DNVP, übernahm das Wirtschafts- und das Ernährungsministerium. Franz Seldte, Fabrikbesitzer und Führer des militaristischen Frontsoldatenbundes „Stahlhelm", leitete das Arbeitsministerium. Neuer Reichswehrminister wurde Generalleutnant Werner von Blomberg. Die Naziführer Wilhelm Frick als Reichsinnenminister und Hermann Göring als preußischer Innenminister vereinten die polizeilichen Machtmittel in ihren Händen. Das war entscheidend für die Machtausübung. Ihrem Befehl unterstanden weit über 100000 Polizisten, 650000 SA- und 50000 SS-Schläger.

Die unmittelbaren und die weitgesteckten Ziele der neuen Machthaber. Diese Ziele erläuterte Hitler am 3. Februar 1933 den Kommandeuren der Reichswehr und der Marine. Sie trafen sich zu einem Essen beim Chef der Heeresleitung. Dort sprach der Faschistenführer zu ihnen und fand volle Zustimmung. Es waren auch ihre Ziele, wenn er versicherte, alle Kriegsgegner zum Schweigen zu bringen, die Arbeiterbewegung zu vernichten und das deutsche Volk wieder „kriegswillig" zu erziehen. Nach dem Beifall war Hitler sicher, daß er sich auf die Reichswehr und ihre Generale stützen konnte.

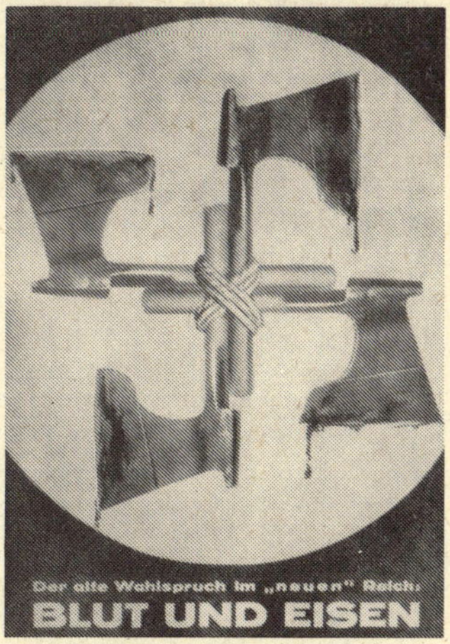

„Der alte Wahlspruch im ‚neuen' Reich: Blut und Eisen", Fotomontage von John Heartfield, 1934

Wie kennzeichnet diese Fotomontage den deutschen Imperialismus und Militarismus und sein faschistisches Regime?

SA-Sturmabteilung
SS-Schutzstaffel

Regierungsmaßnahmen vom 1. bis 4. Februar 1933	Ziele der Faschisten, von Hitler am 3. Februar 1933 verkündet	Forderungen des Großkapitals an die Hitlerregierung
1. 2. Auflösung des Reichstages, Verbot aller KPD-Demonstrationen in Preußen *2. 2.* Ausdehnung dieses Verbotes auf ganz Deutschland, Durchsuchung des Gebäudes des ZK der KPD durch Polizei *3. 2.* Rede Hitlers vor den Generalen der Reichswehr *4. 2.* Erlaß der Notverordnung zum „Schutze des deutschen Volkes"; KPD wird damit praktisch für illegal erklärt	– Straffste autoritäre Staatsführung – „Ausrottung des Marxismus mit Stumpf und Stiel" – Stärkung des Wehrwillens mit allen Mitteln – Kampf gegen den Versailler Vertrag – Ausbau der Wehrmacht – „Eroberung neuen Lebensraumes im Osten und dessen rücksichtslose Germanisierung"[1]	*Zerschlagung der KPD* und aller Arbeiterorganisationen sowie Unterdrückung der anderen demokratischen Kräfte *Ideologische Vorbereitung* des Volkes auf den Krieg *Verstärkte Aufrüstung* und allseitige Vorbereitung eines Raubkrieges zur Errichtung der Vorherrschaft des deutschen Imperialismus in Europa und in der Welt *Vernichtung der Sowjetunion*, der Bastion des Friedens und des Sozialismus

Aus dem Aufruf der KPD vom 30. Januar 1933

„Dies neue Kabinett der offenen, faschistischen Diktatur ist die brutalste, unverhüllteste Kriegserklärung an die Werktätigen, die deutsche Arbeiterklasse! ... Schamloser Raub der Löhne, schrankenloser Terror der braunen Mordpest, Zertrampelung der letzten spärlichen Überreste der Rechte der Arbeiterklasse, hemmungsloser Kurs auf den imperialistischen Krieg – das alles steht unmittelbar bevor ... Diese faschistischen Anschläge sollen den Kurs auf die volle Zerschlagung aller Arbeiterorganisationen Deutschlands einleiten."[2]

- *Woran erkennen wir, daß die Ziele der Hitlerregierung den Forderungen der reaktionärsten Monopolisten, Junker und Militärs entsprachen?*
- *Erklären Sie, warum die antifaschistischen Aktionen nicht die Wirksamkeit der Arbeiterkämpfe gegen Kapp und Cuno erreichten!*

Sporthaus Ziegenhals bei Niederlehme. Hier findet die letzte Tagung des ZK der KPD unter Leitung von Ernst Thälmann statt.

Noch niemals habe sich ein Reichskanzler so warm für die Interessen des Militärs ausgesprochen, frohlockte ein Teilnehmer.

In der Öffentlichkeit jedoch sprachen Hitler und andere Vertreter des Regimes von der „Ankurbelung der Wirtschaft", der Hilfe für die wirtschaftlich Schwachen und der „Überwindung der Arbeitslosigkeit", von einem angeblich aufrichtigen Friedenswillen der Regierung. Das blieb nicht wirkungslos auf die große Masse des Volkes, auf der immer noch die Not der Krise lastete. Viele glaubten den faschistischen Versprechungen.

Die Einsetzung der Hitlerregierung war kein solcher Regierungswechsel, wie er in den 14 Jahren der bürgerlich-parlamentarischen Weimarer Republik 19mal vorgenommen worden war. Jetzt hatten die reaktionärsten Kräfte des Monopolkapitals, der Junker und hohen Militärs erreicht, was sie seit der Novemberrevolution anstrebten: die unverhüllte Diktatur zur Verwirklichung ihrer Ziele.

Erste Aktionen der Antifaschisten. Die KPD hatte zum Generalstreik zum Sturz der Hitlerregierung aufgerufen. Doch die rechten SPD- und Gewerkschaftsführer unterstützten diesen Kampf nicht. Die Kommunisten versuchten weiter, wirkungsvolle antifaschistische Aktionen in Gang zu setzen. Sie entlarvten die Lügen der Hitlerregierung. Die Mitglieder und Funktionäre der KPD erklärten den Massen immer wieder die wirklichen Ziele der neuen Machthaber, die Kräfte, die hinter ihnen standen, und die zu erwartenden brutalen Unterdrückungsmethoden. Sie organisierten den gemeinsamen Kampf.

Kommunisten und andere Antifaschisten traten den Faschisten vielerorts entschlossen entgegen. In zahlreichen Städten organisierte die KPD trotz der Verbote antifaschistische Aufmärsche, Kundgebungen und Abwehraktionen gegen Angriffe faschistischer Schlägerbanden. An ihnen nahmen auch Sozialdemokraten, Reichsbannerleute, Gewerkschafter und andere Werktätige teil – oft entgegen den Entscheidungen und Bekanntmachungen der rechten SPD- und Gewerkschaftsführer. Auch demokratisch gesinnte Bürger standen in den Reihen der Antifaschisten. In mehreren Betrieben streikten Arbeiter. Jedoch ihre Kraft war zu schwach, um das Erstarken der faschistischen Diktatur zu verhindern.

Illegale Tagung des Zentralkomitees der KPD. Am 7. Februar 1933 beriet die Führung der KPD die neue Lage und die Aufgaben der Antifaschisten unter der Hitlerdiktatur. Unter Beachtung umfangreicher Sicherheitsmaßnahmen trafen etwa 40 Mitglieder des Zentralkomitees und Funktionäre aus den Bezirken zusammen. Von verschiedenen Treffpunkten in Berlin wurden sie zur Treptower Sternwarte geleitet. Von dort aus fuhren sie, als Sportverein getarnt, mit Omnibussen zum Tagungsort südöstlich von Berlin. Der Wirt des Sporthauses Ziegenhals war ein aktives Mitglied der KPD. Drei Gruppen zuverlässiger Genossen sicherten die Beratung ab. Boote standen bereit, um bei Gefahr die Teilnehmer über den See in Sicher-

heit bringen zu können. Als Gefahr der Entdeckung bestand, wurde die Tagung vorzeitig abgebrochen, und die Genossen verließen auf verschiedenen Wegen den Tagungsort.
Ernst Thälmann sprach in Ziegenhals zum letzten Mal vor Funktionären der Partei. Er charakterisierte die **Hitlerregierung als die offene faschistische Diktatur**, als die **Regierung der Monopole und Junker**, als **Regierung des Terrors und des imperialistischen Krieges**. Gegen sie müsse der Kampf täglich weitergeführt und verbreitert werden. „Der Kampf, der vor uns liegt, ist der schwerste, den die Partei zu bestehen hat“[3], erklärte Thälmann den Genossen mit aufrüttelnder Stimme.
Der Vorsitzende der KPD orientierte darauf, alle Arbeiter und Hitlergegner zum Massenkampf zu mobilisieren und dafür konkrete Tagesforderungen zur Sicherung der Löhne, der Arbeitszeit und der Arbeitsplätze, zur Verteidigung der demokratischen Rechte und Freiheiten aufzustellen. Der Sturz der Hitlerregierung müsse das nächste Kampfziel für alle bleiben und sie zusammenschweißen. Massenaktionen gegen die faschistische Diktatur dürften in ganz Deutschland nicht abreißen.

- *Auf welche Ziele und Kampfmethoden orientierte das Zentralkomitee der KPD die Kommunisten und alle Antifaschisten am 7. Februar 1933?*

Ernst Thälmann entlarvt die Absichten der Hitlerregierung

„Es ist der Bourgeoisie Ernst damit, die Partei und die gesamte Avantgarde der Arbeiterklasse zu zerschmettern. Sie wird deshalb kein Mittel unversucht lassen, um dieses Ziel zu erreichen. Also nicht nur Vernichtung der letzten spärlichen Rechte der Arbeiter, nicht nur Parteiverbot, nicht nur faschistische Klassenjustiz, sondern alle Formen des faschistischen Terrors; darüber hinaus: Masseninternierung von Kommunisten in Konzentrationslagern, Lynchjustiz und Meuchelmorde an unseren tapferen antifaschistischen Kämpfern, insbesondere an kommunistischen Führern – das alles gehört zu den Waffen, deren sich die offene faschistische Diktatur uns gegenüber bedienen wird.“[4]

Aus der Rede Ernst Thälmanns am 7. Februar 1933

„Wir müssen in der ganzen Arbeiterklasse darüber Klarheit schaffen, daß es wahrscheinlich keine andere Art der Ablösung dieser Regierung geben kann als ihren revolutionären Sturz.
Das bedeutet nicht, daß der Sturz der Hitlerregierung und der Sieg der proletarischen Revolution unbedingt ein und dasselbe sein muß. Wir stellen die Frage des Kampfes für den Sturz der Hitlerregierung ... als unmittelbare Aufgabe ...
Wir müssen erreichen, daß die Kette der Massenaktionen und Massenkämpfe gegen die faschistische Diktatur in ganz Deutschland nicht mehr abreißt.“[5]

Antifaschistische Einheitsfront als Grundlage. Am Abend des gleichen 7. Februar 1933 verurteilte auch der Vorsitzende der SPD, Otto Wels, im Berliner Lustgarten vor fast 200000 antifaschistischen Demonstranten die faschistische Regierung; doch rief er nicht zum aktiven Kampf auf. Einem Vertreter des KPD-Parteivorstandes wurde verwehrt, auf dieser Kundgebung die Einheitsfrontziele der Kommunisten zu erklären und einen Aufruf der Berliner Bezirksleitung zu verlesen. So gingen die kampfbereiten Arbeiter, immer noch hoffend, aber enttäuscht und verunsichert nach Hause.
Die KPD setzte ihre Bemühungen im täglichen Kampf fort. Vor Tausenden Werktätigen rief Wilhelm Pieck am 23. Februar auf der letzten Massenkundgebung der KPD im Berliner Sportpalast die Arbeiter erneut zu gemeinsamen antifaschistischen Aktionen auf. Die Polizei löste daraufhin die Versammlung auf.

Sächsische Arbeiter-Zeitung

Alarm für Liste 3

Tageszeitung der Kommunistischen Partei Deutschlands (Bezirk Sachsen) Verbreitungsgebiet Westsachsen

Leipzig

Montag, den 27. Februar 1933

Einzelpreis 10 Pf.

13. Jahrgang / Nr. 48

Ernst Thälmann

ruft zur antifaschistischen Einheitsfront

Offener Brief an die sozialdemokratischen und christlichen Arbeiter Deutschlands

An die Kollegen der freien Gewerkschaften und die Reichsbannerkameraden

Klassengenossen! Genossinnen!

Immer wieder hat die Kommunistische Partei ihre feste, unerschütterliche Bereitschaft ausgesprochen, gemeinsam mit allen Arbeitern und jeder Organisation den Kampf gegen den Faschismus zu führen, die ihrerseits zum Kampf bereit sind

reiche ich euch, den Mitgliedern und Funktionären der SPD, der freien Gewerkschaften und darüber hinaus den Millionenmassen parteiloser Arbeiter, die Bruderhand zum gemeinsamen Kampfbündnis gegen den Faschismus.

Aus der Titelseite der „Sächsischen Arbeiterzeitung", Leipzig, vom 27. Februar 1933

Am 27. Februar beschwor Ernst Thälmann in einem offenen Brief nochmals alle Werktätigen, die antifaschistische Einheitsfront herzustellen. Mit aufrüttelnden Worten forderte er die sozialdemokratischen Klassengenossen, alle Gewerkschafter und christlichen Arbeiter auf, über alles Trennende hinweg die Bruderhand zum gemeinsamen Kampfbündnis gegen den Faschismus zu ergreifen. Keine Partei oder Gruppierung allein vermochte Entscheidendes gegen die vereinte Macht von Nazipartei und ihren Terrororganisationen, Monopolkapital und Militär auszurichten. Nur einheitliches Handeln konnte das deutsche Volk vor den heraufziehenden Gefahren retten.

● *Wer vertrat die wahren Interessen des deutschen Volkes, und mit welchen Mitteln wurde um sie gekämpft?*

---

30. Januar 1933 Errichtung der faschistischen Diktatur
7. Februar 1933 Tagung des ZK der KPD in Ziegenhals bei Berlin

▸ Mit der Einsetzung der Hitlerregierung begann in Deutschland die Errichtung der faschistischen Diktatur. Ihre Hauptziele entsprachen den Interessen der aggressivsten Monopolkapitalisten, Junker und hohen Militärs.
Die Kommunisten und andere Antifaschisten traten den neuen Machthabern vom ersten Tag an entschieden entgegen. Das Zentralkomitee der KPD beriet am 7. Februar 1933 auf einer illegalen Tagung die neuen Aufgaben der Antifaschisten unter der faschistischen Herrschaft. Das Hauptziel war die Schaffung der antifaschistischen Einheitsfront zum Sturz der Hitlerregierung.

3.2. Der Faschismus an der Macht

Das Terrorregime. Schon am 3. Februar 1933 befahl die oberste SA-Führung ihren Terrorkolonnen, die Unterdrückung von Kommunisten und anderen Antifaschisten in engster Verbindung mit der Polizei durchzuführen und auszudehnen. Überfälle auf Antifaschisten und Arbeiterlokale, auf ganze Arbeiterviertel rissen nicht mehr ab. Mindestens 51 Tote und Hunderte Verletzte waren die blutigen Opfer der ersten Wochen. Göring erklärte jeden Polizisten für schuldlos, der auf Antifaschisten schoß. In Preußen verpflichtete er 50000 SA- und SS-Männer sowie Stahlhelm-Leute als Hilfspolizisten. Sie konnten nun ungestraft prügeln, terrorisieren und morden. Bald erließen die anderen Länderregierungen ähnliche Anordnungen.

Am 23. Februar besetzte und durchwühlte Polizei erneut in Berlin das Karl-Liebknecht-Haus, den Sitz des Zentralkomitees der KPD, und das Gebäude ihres Zentralorgans „Die Rote Fahne“ am Bülow-Platz.

Für den 5. März 1933 waren neue Reichstagswahlen angesetzt. Mit ihnen wollten die Hitlerfaschisten eine absolute Mehrheit erobern und dann das Parlament endgültig ausschalten. KPD und SPD wurden in den Wahlvorbereitungen brutal behindert. Polizeipräsidenten verboten ihre Versammlungen, Zeitungen, Plakate und Flugblätter. Täglich schlugen Faschisten Funktionäre und Mitglieder der KPD und der SPD zusammen oder inhaftierten sie. Die Volksmassen sollten so eingeschüchtert werden, daß sie blind die Nazis wählten.

Zur Unterstützung der Nazipartei bildeten Monopolkapitalisten nach einer Beratung mit Hitler am 20. Februar 1933 einen Wahlfonds von drei Millionen Reichsmark. Göring hatte ihnen versprochen, daß dies für lange Zeit die letzte Wahl sei. Hjalmar Schacht, der Mitte März 1933 wieder Reichsbankpräsident und 1935 Reichswirtschaftsminister wurde, kassierte die Gelder. Für die Regierungsparteien konnten alle Propagandamittel uneingeschränkt eingesetzt werden: Die großen Zeitungen und Zeitschriften, Rundfunk und Film. Von den Litfaßsäulen drohten ihre blutrünstigen Plakate: „Zerschmettert den Kommunismus! Zerstampft die Sozialdemokratie!“

Joseph Goebbels schreibt in sein Tagebuch

„Die Rotationsmaschinen donnern und speien unser millionenfaches Wahlmaterial aus ihren eisernen Mündern.“[7]

Dieses Wahlplakat der KPD beschlagnahmt die Polizei am 25. Februar 1933.

Fritz Springorum, Vorstandsvorsitzender der Eisen- und Stahlwerke Hoesch, schreibt an Generaldirektor Paul Reusch über die Zusammenkunft am 20. Februar im Hause Görings

„In dieser Besprechung hat Herr Hitler eine Darstellung der politischen Entwicklung ... gegeben und seine grundsätzliche Einstellung zu den politischen Geschehnissen sowie zur Wirtschaft ... in einer Weise dargelegt, daß er wohl die restlose Zustimmung aller 27 Herren, die zugegen waren, erhalten hat ... Herr (Krupp) von Bohlen fühlte sich nach Beendigung der Ansprache verpflichtet, spontan den Dank der Versammlung für die Ausführungen des Kanzlers auszusprechen.“[6]

27. Februar 1933: Der Reichstag brennt! Das Wahrzeichen der bürgerlich-parlamentarischen Ordnung lassen die Faschisten in Flammen aufgehen.

● *Welche Absichten verfolgten die Faschisten mit der Reichstagsbrandstiftung?*

„Die Verhaftung Ernst Thälmanns", Zeichnung von Sándor Ék, 1935

Folgen: 1500 Soz., Kom. in Berlin verhaftet
ganz Dtl. 10.000

Die Reichstagsbrandprovokation. Am **27. Februar 1933** stand gegen 21 Uhr das Reichstagsgebäude in Berlin in hellen Flammen. Die Naziführer Goebbels, Göring und Hitler trafen unmittelbar danach am Brandort ein und behaupteten sofort, das Feuer sei von den Kommunisten gelegt worden. Es sollte angeblich das Signal für einen kommunistischen Aufstand sein. Diese Meldung ließen sie auch über Presse und Rundfunk verbreiten. Die Brandstifter waren jedoch die Faschisten selbst, wie später nachgewiesen wurde (vgl. S. 112). Sie schufen damit einen Vorwand, um ihre antikommunistische Hetze zu verstärken und eine grausame Blutorgie gegen Kommunisten und andere fortschrittlich denkende Deutsche zu entfesseln.

Noch in der Brandnacht wurden nach vorbereiteten Listen in Berlin 1500 Kommunisten, Sozialdemokraten und aufrechte Demokraten verhaftet. In ganz Deutschland verschleppten Polizei, SA und SS mehr als 10000 Antifaschisten in Gefängnisse und faschistische Folterkeller. Sie mißhandelten die Verhafteten grausam; zahlreiche fanden dabei den Tod. Zu den Verhafteten gehörten die Mitglieder des ZK der KPD Hermann Duncker, Ernst Schneller und Walter Stoecker, die Schriftsteller Egon Erwin Kisch (vgl. Quelle, S. 105), Carl von Ossietzky und Ludwig Renn.

In einer Notverordnung, die demagogisch „Verordnung zum Schutze von Volk und Staat" genannt wurde, legalisierte der Reichspräsident den verstärkten Terror. Sie setzte faktisch die Weimarer Verfassung außer Kraft und erklärte den politischen Ausnahmezustand. Gegen die führenden Funktionäre und gewählten Abgeordneten der KPD ergingen **Haftbefehle**. Auch kampfbereite Mitglieder und Funktionäre der SPD waren vom Terror bedroht, wurden verfolgt und verhaftet.

Am 3. März 1933 fiel **Ernst Thälmann** in die Hände der faschistischen Schergen. Ein Spitzel hatte seine illegale Wohnung ausgekundschaftet und verraten. Die Verhaftung ihres Vorsitzenden war für die KPD und die ganze deutsche Arbeiterklasse ein schwerer Schlag. Vielen stockte der Atem, alte Kommunisten erinnerten sich an Karl Liebknechts letzten Ausspruch „Trotz alledem!"; alle schlossen sich fester im antifaschistischen Kampf zusammen. Für die Freilassung Thälmanns entstand eine weltweite Protestbewegung.

Reichstagswahlen und Ermächtigungsgesetz. Unter solchen Bedingungen liefen die Reichstagswahlen am 5. März 1933 ab. Dennoch gaben 4,85 Millionen Deutsche ihre Stimme der KPD; für die SPD stimmten 7,18 Millionen. So standen hinter beiden Arbeiterparteien über 12 Millionen Werktätige. Die Nazis konnten auch mit der massiven Unterstützung durch die staatlichen Organe und das Geld der Monopole ihr Hauptziel nicht erreichen. Sie errangen zwar 17 Millionen Stimmen (44 Prozent), doch keine absolute Mehrheit. Die Masse der Werktätigen hatten sie noch nicht auf ihre Seite ziehen können.

Die Hitlerregierung erklärte daraufhin kurzerhand die 81

Reichstagsmandate der KPD für ungültig, um eine verfassungsändernde Mehrheit zusammenzubringen. Mehrere Abgeordnete der SPD ließ sie verhaften, andere so mißhandeln, daß sie wochenlang im Krankenhaus liegen mußten.
Die so geschaffene Mehrheit beschloß am 23. März 1933 ein **Ermächtigungsgesetz,** nach dem die Regierung unter Ausschaltung des Reichstages Gesetze erlassen und Verträge abschließen konnte. Damit war die bürgerlich-parlamentarische Republik auch formal beseitigt. Neben den Nazis hatten auch die Abgeordneten aller bürgerlichen Parteien dafür gestimmt. Die anwesenden 94 sozialdemokratischen Abgeordneten stimmten dagegen und bewiesen angesichts der aufmarschierten SS-Schläger persönlichen Mut.
Otto Buchwitz, Reichstagsabgeordneter und SPD-Bezirksleiter in Görlitz, berichtet: „Als ich nach Schluß der Sitzung den Plenarsaal verließ, bekam ich von hinten einen Schlag ins Genick, der mich in die Reihen der bürgerlichen Abgeordneten taumeln ließ, welche durch eine andere Tür den Saal verließen.“[8]
Zwei Tage vorher war in der Garnisonkirche in Potsdam der Reichstag eröffnet worden. Dabei vereinten sich alle Reaktionäre unter dem faschistischen schwarz-weiß-roten Banner mit dem Hakenkreuz. Faschisten, Stahlhelm und Reichswehr paradierten anschließend vor Hindenburg, Hitler, kaiserlichen Prinzen und Generalen.

Judenverfolgung und Bücherverbrennung. Mitte März 1933 übernahm der Propagandachef der NSDAP, Joseph Goebbels, das neugeschaffene Reichsministerium für Volksaufklärung und Propaganda, welches das gesamte geistig-kulturelle Leben reglementierte. Er lenkte damit Presse, Rundfunk, Film, Theater und andere kulturelle Einrichtungen und befahl Schriftstellern, Künstlern und Wissenschaftlern, wie sie den Nazigeist zu verbreiten hatten. Das waren die Irrlehren vom „Volk ohne Raum“, die Rassenlehre vom „deutschen Übermenschen“ und vom „slawischen und jüdischen Untermenschen“, der Antisemitismus und die antikommunistischen Lügen. Jede eigene Meinungsäußerung wurde unterbunden.
Unter der Losung „Die Juden sind an allem schuld!“ entfachten Nazipartei und SA Überfälle auf jüdische Bürger und Warenhäuser. Am **1. April 1933** organisierten sie einen landesweiten Boykott gegen Geschäfte jüdischer Bürger. Ihnen wurde verboten, Beamtenstellen zu bekleiden, als Ärzte, Rechtsanwälte und Künstler tätig zu sein. Schrittweise wurde die Ausschaltung der Juden aus dem Wirtschaftsleben betrieben. Aufgeputschte Studenten boykottierten die Vorlesungen jüdischer Hochschullehrer. In den folgenden Jahren wurden die **antisemitischen Aktionen** weiter ausgedehnt.
Diskriminierende Bestimmungen legte die Hitlerregierung auch gegen die **sorbischen Bevölkerungsteile** in der Lausitz fest. Sie durften ihre Sprache und ihre kulturellen Eigenständigkeiten nicht mehr pflegen. 1937 wurde die **Domowina**, der Bund der Lausitzer Sorben, verboten.

Egon Erwin Kisch schreibt über die Verhaftung

„Man stößt uns in eine unterirdische Gemeinschaftszelle, siebenundvierzig müssen darin Platz finden ... Man erzählt einander, wie sich die Verhaftungen abgespielt. Manche Wohnungen hatten regelrechte Belagerungen durch die Nazis zu bestehen, Schüsse wurden durch die Tür abgefeuert, dann Möbel zerhackt und Bücher zerrissen; die Überfallenen angesichts ihrer Frauen und Kinder schändlich mißhandelt.“[9]

Am 21. März 1933 wird in Potsdam das Bündnis der Reaktionäre besiegelt.

Terrorplakat der Nazis gegen die Juden

Wichtigste Grundsätze der faschistischen Ideologie und Propaganda

Antikommunismus:	Äußerte sich in haßerfüllten Ausfällen und in der Verfälschung der Ziele der revolutionären deutschen und internationalen Arbeiterbewegung und vor allem der Sowjetunion. Wurde auch als „Antibolschewismus" bezeichnet nach der Bezeichnung der KPdSU als Partei der Bolschewiki.
Theorie vom „Volk ohne Raum":	Mit Behauptungen, daß das deutsche Volk mehr „Lebensraum" benötigt, der im Osten und in afrikanischen Kolonien erobert werden müsse, wurde das Volk für einen Eroberungskrieg erzogen. Die Forderungen vom „Volk ohne Raum" waren von deutschen Imperialisten und ihren Ideologen schon vor und im ersten Weltkrieg sowie während der Jahre der Weimarer Republik vertreten worden.
Rassentheorie:	Damit wurde behauptet, die Deutschen seien „Herrenmenschen" und müßten deshalb über die „Untermenschen", wie die Angehörigen anderer Völker, besonders die der slawischen und farbigen Völker, beschimpft wurden, herrschen und bestimmen. Auch damit wurden die Eroberungsabsichten begründet und wurde zum Völkerhaß erzogen.
Antisemitismus:	In ihm zeigte sich die faschistische Rassentheorie in ihrer ganzen Brutalität. Er verunglimpfte die jüdischen Bevölkerungsteile Deutschlands und anderer Länder als angeblich Verantwortliche für alle Nöte und Schwierigkeiten im Zusammenleben der Völker. Die Faschisten knüpften an den Antisemitismus in vergangenen Jahrhunderten an und entwickelten ihn zur Grundlage ihrer grausamen und bestialischen Judenverfolgungen und Judenvernichtung.

Von einer antisemitischen Aktion am 1. April 1933

Vor der Berliner Universität verbrennen am 10. Mai 1933 Werke von Marx, Engels, Lenin, Heine, Barbusse, Becher, Brecht, Mann, Zweig und vielen anderen.

Mit diskriminierenden Maßnahmen gingen die Faschisten auch gegen die in Deutschland lebenden **Zigeuner** vor. Später wurde die Mehrheit von ihnen in Konzentrationslager verschleppt und die meisten umgebracht.
Am 10. Mai 1933 errichteten die Faschisten in den deutschen Universitätsstädten große Scheiterhaufen. Auf ihnen wurden Bücher verbrannt, um alles fortschrittliche und humanistische Gedankengut zu vernichten. Fanatisierte Studenten warfen tonnenweise Bücher ins Feuer. Mit diesem Akt der Barbarei verbannten die Nazis über 400 Werke der deutschen und Weltliteratur, der Klassiker des Marxismus-Leninismus und der Arbeiterbewegung aus den Bibliotheken.
Gleichzeitig wurden zahlreiche humanistische Geistesschaffende verfolgt, eingekerkert oder außer Landes getrieben; bald waren es mehrere Tausende. Zu ihnen gehörten Albert Einstein, Heinrich und Thomas Mann. In den folgenden Jahren folterten die Faschisten Carl von Ossietzky und Erich Mühsam zu Tode. Die faschistische „Gleichschaltung" des geistigen Lebens sollte alles fortschrittliche, humanistische Gedankengut ausmerzen und das Volk, besonders die Jugend, auf einen neuen Krieg vorbereiten.

Ausschaltung aller nichtfaschistischen Organisationen. Den 1. Mai, den Kampftag der internationalen Arbeiterklasse, erklärten die Faschisten zum „Tag der nationalen Arbeit" und feierten ihn mit nationalistischen Aufmärschen und Festen, um den arbeiterfeindlichen Charakter der Naziherrschaft zu verschleiern. Doch bereits am folgenden Tag, am **2. Mai 1933**, zerschlugen sie die **freien Gewerkschaften** und besetzten die Gewerkschaftshäuser und -banken. Das Vermögen der Gewerkschaften rissen die Faschisten an sich. In der folgenden Zeit schufen sie in den Betrieben die **„Deutsche Arbeitsfront" (DAF).** Diese Zwangsvereinigung, der alle Arbeiter, Angestellten und Betriebsleiter beitreten mußten, sollte den Klassenkampf lähmen und unmöglich machen. In den Betrieben bestimmten die Kapitalisten als „Betriebsführer" diktatorisch über die Arbeiter, wie sie es seit langem angestrebt hatten.

Heinrich Heine prophezeite schon vor 100 Jahren in einem Gedicht gegen die Ketzerverfolgung

„Das war ein Vorspiel nur, dort, wo man Bücher verbrennt, verbrennt man am Ende Menschen."

Erich Kästner

„Die Flammen dieser politischen Brandstiftung würden sich nicht löschen lassen. Sie würden weiterzüngeln, um sich fressen, auflodern und Deutschland, wenn nicht ganz Europa in verbrannte Erde verwandeln."[10]

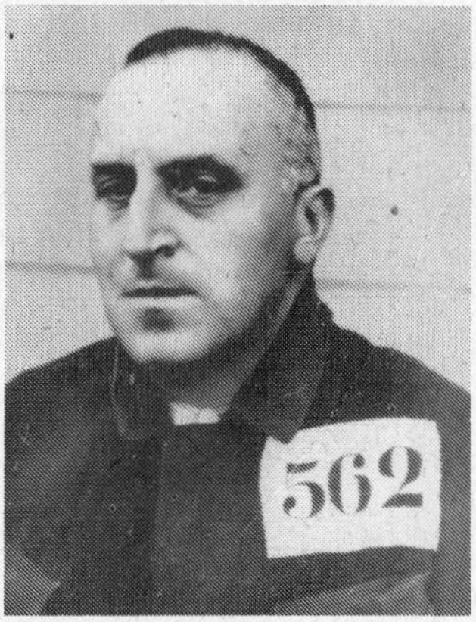

Carl von Ossietzky, Herausgeber der „Weltbühne", erhält während der KZ-Haft 1936 den Friedensnobelpreis, stirbt 1938 an den Folgen der Haft.

● *Warum konnten die Nazis alle demokratischen Einrichtungen relativ schnell zerschlagen?*

Erich Mühsam, sozialistischer Schriftsteller, wird 1934 im KZ Oranienburg zu Tode gefoltert.

Im August 1933 werden die SPD-Funktionäre Kurt Magnus, Hans Flesch, Hermann Giesecke, Alfred Braun, Friedrich Ebert (Sohn des ersten deutschen Reichspräsidenten) und Ernst Heilmann (von rechts) in das KZ Oranienburg verschleppt.

Am 22. **Juni 1933** verbot die Hitlerregierung auch die **Sozialdemokratische Partei Deutschlands**. Sie verhaftete etwa 3000 ihrer Funktionäre. Die rechten SPD-Führer erhielten nun die Quittung für ihre „Stillhaltepolitik", die die Kampfkraft der Arbeiter geschwächt hatte. Den neuen Gewaltakt begleitete ein Massaker an Berliner Arbeitern: SA brachte während der **„Köpenicker Blutwoche"** mindestens 21 Kommunisten, Sozialdemokraten und parteilose Antifaschisten um.
Dem SPD-Verbot folgte die **Selbstauflösung aller bürgerlichen Parteien**. Ein Gesetz vom 14. Juli 1933 bestimmte die NSDAP zur einzigen in Deutschland zugelassenen Partei.

Gleichschaltung und Festigung des Machtapparates. Zur Unterordnung der Länder unter die zentrale Reichsgewalt setzte die Hitlerregierung Anfang April 1933 „Reichsstatthalter" ein, meist die Gauleiter der NSDAP. Das waren die obersten Faschistenführer in den Ländern oder in den Provinzen von Preußen und Bayern. Sie konnten diktatorisch in die Tätigkeit der Regierungen eingreifen und schalteten die Länderparlamente aus. Die Beamten, die dem Weimarer Staat treu gedient hatten, bildeten in der Masse auch eine feste Stütze des faschistischen Machtapparates.
Das Netz der faschistischen Partei wurde enger über das ganze Land gesponnen. Die braunen und schwarzen Uniformen beherrschten bald das Bild der Öffentlichkeit. Alte Nazis übernahmen Posten als Regierungs- und Polizeipräsidenten, Kreisleiter, Landräte, Oberbürgermeister, Ortsgruppenleiter und Bürgermeister. Unter ihnen wirkten viele Zellenleiter und Blockwarte als Aufpasser und Befehlsübermittler. Ihre Schnüffeleien reichten bis in jedes Haus, fast in jede Familie. Am brutalsten ging die **„Geheime Staatspolizei" (Gestapo)** vor. 1934 wurde der sogenannte **Volksgerichtshof** geschaffen, der als oberstes Sondergericht mit Todes- und Zuchthausurteilen gegen alle wütete, die dem Regime nicht bedingungslos folgten oder sich ihm entgegenstellten. Nach dem Tode Hin-

- *Durch welche staatlichen Machtorgane übten die Nazis die gesamte Staatsgewalt aus?*
- *Welche Funktionen hatten die Organisationen der Nazipartei in der faschistischen Diktatur?*

denburgs im August 1934 übernahm Hitler auch den Posten des Reichspräsidenten und nannte sich fortan „Führer und Reichskanzler".

▌SA, SS und Hitlerjugend erfassen Millionen junger Deutscher. Die Erziehung zur Kriegsbereitschaft war der Hauptinhalt der Tätigkeit der Naziorganisationen. Die **SA** übte als Knüppelgarde des Regimes den Terror gegen alle Andersdenkenden brutal aus. Nach 1934 gab sie ihre Polizeifunktionen weitgehend an die SS ab, blieb aber eine wichtige militaristische Organisation für die Männer im wehrfähigen Alter, etwa vier Millionen Mann stark. Wöchentlich zogen ihre Kolonnen im Braunhemd aus, demonstrierten in Aufmärschen, Sport- und Geländeübungen Disziplin und Willfährigkeit für das Regime.

Die **SS** war die brutalste Unterdrückungsorganisation der Nazis. Sie galt als Eliteformation und trug den Totenkopf als Symbol. Seit 1934 stellte sie die Wachmannschaften für die Konzentrationslager. Dazu wurden spezielle „Totenkopfstandarten" aufgestellt, aus denen später die Waffen-SS hervorging.

In der **Hitlerjugend (HJ)** wurde die junge Generation nazistisch erzogen. Besonders nationalistische Überheblichkeit

Reichsparteitag der NSDAP in Nürnberg 1936

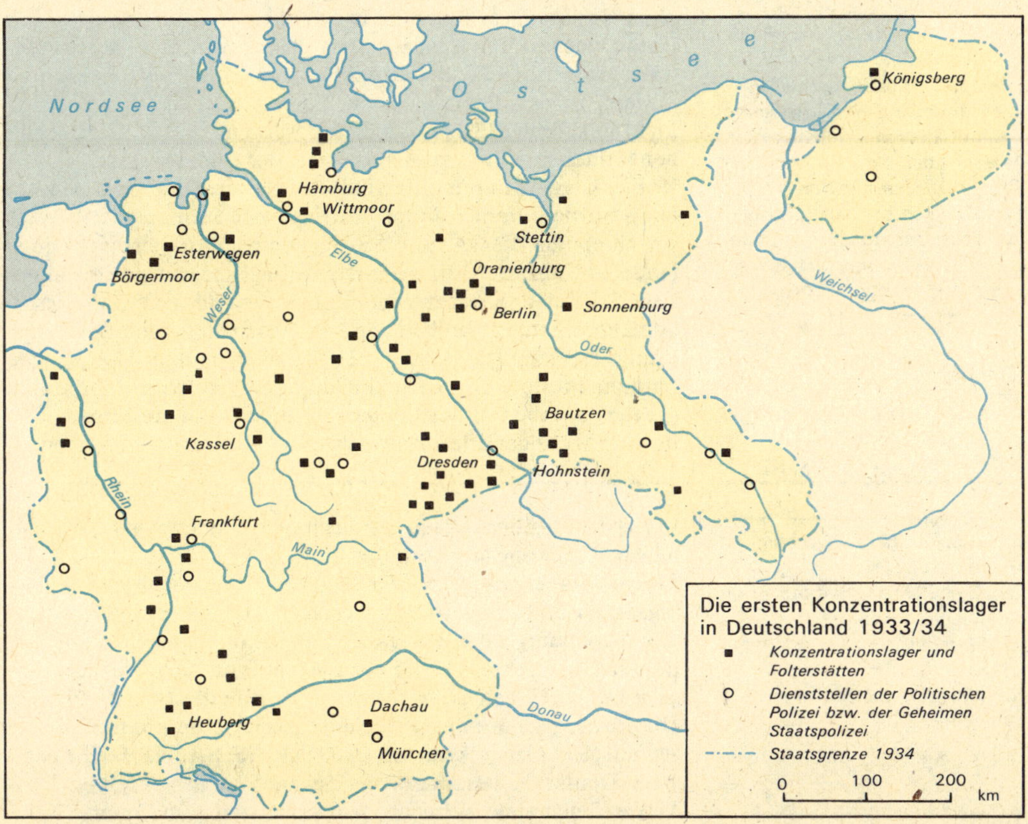

Hans Beimler, kommunistischer Reichstagsabgeordneter aus Bayern, gelingt die Flucht aus dem KZ. Er kämpft und fällt als Kommissar der XI. Interbrigade 1936 in Spanien.

Ein erster ins Ausland geschmuggelter Kassiber berichtet

„Der Kommunist Beimler erhielt die ersten vier Tage seines Aufenthaltes in Dachau weder Wasser noch Brot, sondern nur Prügel auf den nackten Körper vom Nacken bis zur Fußsohle. Als Prügelinstrumente wurden meterlange knotige Ochsenschwänze benutzt.“[13]

● *Kennzeichnen Sie das Gewaltsystem des Faschismus!*

und Völkerhaß wurden ihr beigebracht. Die 10- bis 14jährigen Jungen bildeten das Deutsche Jungvolk, dann übernahm sie bis 18 Jahre die HJ. Die 10- bis 14jährigen Mädchen waren im Jungmädelbund, die 14- bis 18jährigen im Bund Deutscher Mädchen (BDM) organisiert. 1936 wurde Zwangsmitgliedschaft angeordnet. Die faschistische Ideologie durchdrang auch den gesamten Schulunterricht. HJ und Schule trugen entscheidend dazu bei, daß die Masse der deutschen Jugend später willig in den Krieg zog.

Mit großen Aufmärschen beeindruckten die Naziorganisationen die Bevölkerung und demonstrierten ihre Macht. Höhepunkte waren die Reichsparteitage in Nürnberg: Auf Straßen und Schienen bewegten sich Zehntausende uniformierte Anhänger der NSDAP in die alte Kaiserstadt.

Errichtung der Konzentrationslager. Am 21. März 1933 meldete der „Völkische Beobachter“, das Zentralorgan der Nazipartei: „Mittwoch (22. 3.) wird in der Nähe von Dachau das erste Konzentrationslager mit einem Fassungsvermögen für 5000 Menschen errichtet werden. Hier werden die gesamten kommunistischen und, soweit dies notwendig ist, Reichsbanner- und sozialdemokratischen Funktionäre, die die Sicherheit des Staates gefährden, zusammengezogen ... Im Interesse der Sicherheit des Staates müssen wir diese Maßnahme treffen ohne Rücksicht auf kleinliche Bedenken.“[11]

Damit begann der Ausbau eines Netzes von großen **Konzentrationslagern (KZ)** in Deutschland. Sie sollten die Forderung Hitlers vor den Generalen am 3. Februar erfüllen: „Wer sich nicht bekehren läßt, muß gebeugt werden.“[12] Das KZ Dachau bei München wurde zum Prototyp aller späteren KZ.

In die Lager Oranienburg (bei Berlin) und Heuberg (Schwaben) wurden immer mehr Antifaschisten eingeliefert. Viele verschleppten die SA- und SS-Horden nach Börgermoor (Emsland) und auf die Burg Hohnstein (Sachsen) sowie in weitere Lager. In den Konzentrationslagern wurden Kommunisten, Sozialdemokraten und andere Antifaschisten ohne Gerichtsurteile festgehalten. Ende 1933 waren es bereits 150000. Sie mußten unter unmenschlichen Bedingungen körperlich schwerste Arbeiten vollbringen. Brutale Mißhandlungen, Folter und Mord gehörten zum Alltag der Konzentrationslager.

---

27. Februar 1933 Reichstagsbrandstiftung
3. März 1933 Verhaftung Ernst Thälmanns
23. März 1933 Ermächtigungsgesetz
10. Mai 1933 Bücherverbrennungen

▶ **Die Machtübertragung an die Hitlerregierung war kein einfacher Regierungswechsel; mit ihr begann und festigte sich die Schreckensherrschaft des Faschismus in Deutschland. Reichstagsbrand und Terrorwellen, Ermächtigungsgesetz, Verbot und Unterdrückung aller Parteien und demokratischen Organisationen sowie der Ausbau eines Systems von Konzentrationslagern kennzeichnen die wichtigsten Schritte dieser Entwicklung. Die ideologische und staatliche Gleichschaltung durch die faschistischen Organisationen (NSDAP, SS, SA, HJ, DAF) band viele Deutsche, besonders die Jugend, an das Regime. Dem Terror fielen viele aufrechte Antifaschisten zum Opfer.**

3.3. Antifaschistischer Widerstandskampf

Die KPD kämpft in der Illegalität. Die gesamte Arbeit der Partei mußte jetzt versteckt vor den Behörden und der Polizei erfolgen. Büros, Druckereien und führende Funktionäre bezogen geheime Quartiere, die teilweise schon vorher vorbereitet worden waren. Viele einfache Menschen stellten sie unter eigener Gefahr zur Verfügung und versorgten die Versteckten. In den Wohngebieten und Betrieben wurden Parteizellen von drei bis fünf Genossen gebildet, deren Tätigkeit weniger schnell erkannt werden konnte. Illegale Leitungen stellten die Verbindungen innerhalb dieses weitverzweigten Netzes von Parteigruppen her und hielten sie unter Wahrung strengster Konspiration aufrecht. Sie versorgten die Zellen mit Informationen und Materialien. Damit vollbrachten die 300000 Mitglieder und Funktionäre der KPD, die durch ihre bisherige politische Aktivität bekannt waren, eine schwere Aufgabe.
Der Kampf unter den äußerst erschwerten Bedingungen wurde zu einer Bewährungsprobe für alle Parteimitglieder. Initiative, Mut, Opferbereitschaft und eine feste Disziplin wurden von jedem illegalen Kämpfer gefordert. Die meisten von ihnen lebten legal und gingen ihrem Beruf nach, in dem sie schon unter den Arbeitskollegen antifaschistische Arbeit leisteten. Ihre Familien waren in vielfältigen Formen einbezogen; oft dienten ihre Wohnungen für geheime Treffs oder als Ausweichquartiere für verfolgte Genossen. Unerschrocken erfüllte jeder bereitwillig auch Aufgaben von scheinbar geringer Bedeutung. Es war das Ziel der Kommunisten, durch ihr Vorbild und ihre unermüdliche Einsatzbereitschaft alle Gegner des Regimes um sich zu scharen und mit ihnen ein festes Kampfbündnis einzugehen.

Leitungen des antifaschistischen Widerstandes im In- und Ausland. Nach der Verhaftung Ernst Thälmanns übernahm **John Schehr** die Leitung der Parteiorganisation der KPD. Auf Beschluß des Sekretariats verließen Franz Dahlem, Wilhelm Florin und Wilhelm Pieck im Mai 1933 Deutschland und bildeten in Paris eine Auslandsleitung. Da die Gefahren für die weiter im Lande wirkenden Mitglieder der Parteiführung ungeheuer anwuchsen, wurden auch sie im Oktober 1933 auf Parteibeschluß ins Ausland geschickt. John Schehr blieb als einziger in Berlin. Er sollte aus weniger bekannten Funktionären eine Landesleitung aufbauen und dann folgen. Doch Mitte November 1933 konnte ihn die Gestapo verhaften. Von nun an arbeitete die **Parteiführung der KPD im Exil,** in Paris, Prag und später in Moskau. Enge Verbindungen zu den im Lande kämpfenden Genossen wurden ständig aufrechterhalten.
Die **Landesleitung**, deren Bildung John Schehr noch eingeleitet hatte, wirkte als **Vertretung der Parteiführung im Lande.** Grenzstützpunkte und Kurierdienste entstanden, die Nachrichten übermittelten und im Ausland gedruckte Zeitungen und Flugblätter einschleusten sowie gefährdete Genossen über die Grenze brachten. Einen gefährlichen, aber erfolgreichen

Am 26./27. Februar 1933 erscheint die letzte legale Ausgabe des Zentralorgans „Die Rote Fahne".

„Trotz alledem!", Grafik von Hanns Kralik, 1934

Wie gelang es der KPD, den Übergang in die Illegalität zu vollziehen?
Wie organisierte und leitete die KPD den antifaschistischen Kampf?

John Schehr, er wird am 1. Februar 1934 von den Faschisten ermordet.

Georgi Dimitroff (1882 bis 1949) bereitet sich in der Gefängniszelle auf den Reichstagsbrandprozeß vor.
Wichtige Lebensdaten bis 1933:
1902 Eintritt in die Bulgarische Sozialistische Arbeiterpartei
1909 Wahl ins ZK der BSDAP (Engsozialisten)
1913 Abgeordneter der Volksversammlung
1919 Mitglied des ZK der BKP
1923 Ein Führer des bewaffneten Aufstandes in Bulgarien, danach Emigration, Arbeit im EKKI
1929 Leiter des Westeuropäischen Büros der KI
1933 9. 3. Verhaftung in Berlin

Weg bauten die Bergsteiger im Elbsandsteingebirge auf. Die Kommunisten schufen immer wieder neue Gruppen, Parteiorganisationen und Leitungen, wenn andere dem faschistischen Terror zum Opfer fielen. Im Kampf bewährte Genossen übernahmen Leitungsaufgaben und wuchsen in die Verantwortung hinein. Die KPD stellte trotz großer Opfer den Kampf gegen die faschistische Diktatur keinen Tag ein.

▮ **Der Reichstagsbrandprozeß.** Vor dem Reichsgericht in Leipzig wurden Georgi Dimitroff, Leiter des Westeuropäischen Büros der KI, zwei weitere bulgarische Kommunisten, Ernst Torgler, Vorsitzender der KPD-Reichstagsfraktion, und der Holländer Marinus van der Lubbe, ein Anarchist und Landstreicher, angeklagt, das Reichstagsgebäude in Brand gesteckt zu haben. In einem Schauprozeß wollten die Faschisten die Kommunisten als kriminelle Verschwörer und Putschisten verunglimpfen und damit die brutalen Zwangsmaßnahmen gegen die Arbeiterklasse und ihre revolutionären Organisationen rechtfertigen. Deshalb übertrugen sie die Verhandlungstage im Rundfunk und ließen auch ausländische Korrespondenten zu. Dimitroff machte diese Absicht der Faschisten zunichte. Er verteidigte mutig die kommunistische Sache und hatte dafür mit eiserner Energie, monatelang in Fesseln, in der Untersuchungshaft seine Deutschkenntnisse wesentlich verbessert. Der **Reichstagsbrandprozeß (September bis Dezember 1933)** wurde zum Höhepunkt des antifaschistischen Kampfes im ersten Jahr der Naziherrschaft.

▮ **Internationale antifaschistische Protestaktionen.** Vor und während des Reichstagsbrandprozesses entwickelte sich eine stürmische internationale Protestbewegung. Zehntausende verlangten die Freilassung der Eingekerkerten und unschuldig Angeklagten. In aller Welt forderten Demonstranten Freiheit für Georgi Dimitroff und Ernst Thälmann. In Paris arbeiteten namhafte Journalisten und Schriftsteller, unter ihnen Alexander Abusch und Albert Norden, im Auftrag des Politbüros der KPD das „Braunbuch über Reichstagsbrand und Naziditkatur" aus. Es widerlegte die faschistischen Lügen und prangerte den Terror an. In 21 Sprachen in 26 Ländern herausgegeben und auch in Deutschland illegal weit verbreitet, übte es eine große antifaschistische Wirkung aus. Noch vor dem Prozeß in Leipzig führte in London ein Untersuchungsausschuß international anerkannter Juristen einen Gegenprozeß, in dem die Reichstagsbrandstiftung durch die Nazis nachgewiesen wurde.

▮ **Der Angeklagte wird zum Ankläger.** Als Angeklagter wurde Dimitroff der Ankläger des faschistischen Regimes. Vor dem Reichsgericht verteidigte er die Ehre der kommunistischen Bewegung. Er wies nach, daß sie nichts mit individuellem Terror und Brandstiftung gemein hat. Zeugen der Anklage entlarvte er als Nazispitzel und Provokateure. Selbst Göring und Goebbels trieb er in die Enge. Dimitroff führte den Nachweis, daß allein die Faschisten ein Interesse am Reichstagsbrand haben konnten. Deshalb verhinderten sie die wirkliche Aufklärung des Verbrechens.

„Der Richter – der Gerichtete", Fotomontage von John Heartfield. Dimitroff ruft, als er aus dem Gerichtssaal gezerrt wird, Göring zu: „Herr Ministerpräsident! Sie haben wohl Angst vor meinen Fragen?"

Reichsgerichtssaal im heutigen Georgi-Dimitroff-Museum in Leipzig

Von der Anklagebank aus entlarvte Dimitroff den Klassencharakter des Faschismus. Er bewies, daß er ein Instrument des Monopolkapitals war und mit Terror und Gewalt regierte. Zugleich nannte er die Grundsätze der kommunistischen Politik und gab so den illegalen Kämpfern Anleitung zum Handeln: **„Massenarbeit, Massenkampf, Einheitsfront, keine Abenteuer!"** In der Sowjetunion habe die Arbeiterklasse bewiesen, daß sie die Macht ergreifen und Träger des menschlichen Fortschritts werden kann. Diesem Beispiel gelte es zu folgen. Die deutschen Arbeiter rief er mit den Worten Goethes zum Handeln auf: „Wer nicht Amboß sein will, der muß Hammer sein!"
Dimitroff und die mitangeklagten Kommunisten mußten freigesprochen werden. Das war für die Faschisten eine empfindliche Niederlage und verhinderte zugleich ihre Absicht, anschließend einen Terrorprozeß gegen Ernst Thälmann und die KPD zu führen.

▮ Wachsender Wille zur antifaschistischen Einheitsfront. Das mutige Auftreten der Kommunisten im Reichstagsbrandprozeß belebte den Widerstandskampf in Deutschland. Beim Herstellen und Verteilen von Druckschriften, bei solidarischen Sammlungen für Angehörige inhaftierter und ermordeter Antifaschisten, bei kleinen Streiks und vielen anderen Aktionen

- *Erklären Sie anhand der Fotomontage von John Heartfield das Auftreten Dimitroffs!*
- *Erklären Sie, warum der Reichstagsbrandprozeß zu einem Erfolg des internationalen Kampfes gegen den Faschismus wurde!*

gingen in verschiedenen Orten und Betrieben Arbeiter gemeinsam vor und konnten einzelne Lohnsenkungen und Arbeitszeitverlängerungen abwehren. Bei Vertrauensrätewahlen erhielten ehemalige Gewerkschafter beachtlich viele Stimmen und vertraten mutig die Arbeiterinteressen. Kommunisten, Sozialdemokraten, parteilose Werktätige, aufrechte Demokraten und Christen rückten enger zusammen.

F. C. Weiskopf in „Der rote Fetzen“

„Als am siebenten November des Jahres 1933, am Tag der großen russischen Revolution, vom Schlot der stillgelegten P...schen Margarinefabrik bei R... eine rote Fahne mit Hammer und Sichel wehte, wurden die männlichen Bewohner der nahe gelegenen Laubenkolonie, die als kommunistisches Nest verschrien war, von der SS festgenommen und – da sie nichts gestehen wollten oder konnten – so lange geprügelt, bis sie blutig und bewußtlos auf der Erde lagen ... Von den Gefangenen starben zwei im Krankenhaus. Zwei wurden ‚auf der Flucht erschossen‘.“[14]

Der Bereitschaft vieler sozialdemokratischer Arbeiter zur antifaschistischen Einheitsfront mußte der Parteivorstand der SPD, der sich im Ausland gebildet hatte, mit seinem **„Prager Manifest“** von 1934 Rechnung tragen. Es bekannte sich zum einheitlichen Kampf gegen den Faschismus und distanzierte sich von der „Politik des Abwartens und Stillhaltens“. Tausende Sozialdemokraten griffen in den Jahren des illegalen Kampfes die Gedanken des Manifestes auf und kämpften mit Kommunisten und anderen Antifaschisten aktiv gegen die faschistische Diktatur. Einige örtliche SPD-Leitungen, die im Lande entstanden, schlossen Vereinbarungen mit KPD-Organisationen zum gemeinsamen Handeln.
Ende 1934 mußte die SA-Führung eingestehen, die illegale Tätigkeit der Kommunisten und anderer Widerstandskämpfer habe nicht im geringsten nachgelassen. „Nach wie vor werden im gesamten Reichsgebiet Flugblätter, Zeitungen und andere Hetzschriften verbreitet.“ Das Hauptziel sei „die Herstellung der marxistischen Einheitsfront“. Der antifaschistische Widerstandskampf riß auch in den folgenden Jahren niemals ab.

Erich Honecker über den antifaschistischen Widerstandskampf

„Die Geschichte beweist: Als einzige deutsche Partei trat die Partei Ernst Thälmanns der Hitlerregierung sofort und kompromißlos entgegen ... Der antifaschistische Widerstand war nicht zu brechen, weil die Kommunisten, Seele und Rückgrat dieses Widerstandes, nie aufgaben, sondern ihrer Sache trotz Terror und Tod treu blieben.“[15]

September bis Dezember 1933
Reichstagsbrandprozeß

▶ **Die KPD führte den antifaschistischen Widerstandskampf aktiv in der Illegalität. Ihre Führung leitete ab Herbst 1933 die Parteiorganisationen aus dem Exil; die Landesleitung wirkte als ihre Vertretung im Lande. Fielen Organisationen und Leitungen dem faschistischen Terror zum Opfer, übernahmen neue Genossen deren Aufgaben und ließen den organisierten Kampf nie abreißen. Es war das Ziel der Kommunisten, in einer Einheitsfront alle antifaschistischen Kräfte um sich zu scharen und gemeinsam alles zu tun, um den Faschismus zu stürzen. Der Reichstagsbrandprozeß wurde ein Höhepunkt des antifaschistischen Kampfes im Jahre 1933.**

3.4. Gefährdung des Friedens durch die Aufrüstungspolitik Hitlerdeutschlands

Außenpolitik der Expansion. Die Absichten der Faschisten erläuterte Außenminister von Neurath im April 1933 im Kabinett: Die Hauptziele, die „territoriale Revision" der deutschen Ostgrenzen und der „Anschluß Österreichs", könnten offen erst angestrebt werden, wenn Deutschland „militärisch, finanziell und wirtschaftlich genügend gefestigt" sei. Man werde zunächst „Abrüstung fordern" und „gleichberechtigte Aufrüstung" anstreben.[16] Offiziell beteuerte das Hitlerregime, seine Vorhaben dienten nur der Erhaltung des Friedens und der Verbesserung des Lebens der Bevölkerung.

Die Wahrheit war aber anders. Im Oktober 1933 stellte die Hitlerregierung ihre Mitarbeit in der Genfer Abrüstungskonferenz ein und trat aus dem Völkerbund aus. Scheinheilig beteuerte sie dabei, sie sei bereit, „jeder tatsächlichen Abrüstung der Welt freudig zuzustimmen", wenn die anderen Staaten ebenfalls ihre Waffen zerstören würden.[17] In der Tat aber rüstete das faschistische Deutschland verstärkt auf und brach damit fortgesetzt die Bestimmungen des Versailler Vertrages. Die Monopolherren begrüßten diesen Kurs.

Schnelle Aufrüstung in Deutschland. Schon am 8. Februar 1933 stellte die Hitlerregierung die Rüstungspläne an die Spitze aller Staatsausgaben. Im April erging ein Befehl, den Bestand des Heeres in fünf Jahren zu verdreifachen. Das Waffenamt erteilte an Krupp, Flick, Rheinmetall, Daimler-Benz und andere Konzerne Aufträge für die Produktion von Munition, Geschützen, Kampfwagen und anderen Kriegsgeräten, die schon lange im geheimen entwickelt wurden.

Gleichzeitig begann der **geheime Aufbau einer Luftwaffe.** Die Werke von Junkers, Dornier und Heinkel erweiterten ihre Fabriken und bauten Flugzeuge, die als Zivil- und Militärmaschinen verwendbar waren. Flugzeugführer wurden in getarnten Lagern ausgebildet. Monopole der Stahlindustrie begannen mit der Herstellung von Bomben.

Im Mai 1933 wurde ein Bauprogramm in Gang gesetzt, das 6000 km Autobahn für den motorisierten Krieg schaffen

Gustav Krupp telegrafiert nach dem Austritt Deutschlands aus dem Völkerbund an Hitler

„Auf dem vorgezeichneten Weg folgt Ihnen in unbeugsamer Entschlossenheit inmitten der einigen Nation die deutsche Industrie."[18]

Als „landwirtschaftliche Schlepper" werden gebaut:

Panzer I (6 t, 2 MG), 1934

Panzer II (10 t, 1 MG, 1 Kanone 2 cm), 1937

„Die Nazi-Friedenstaube!", zeitgenössische schweizerische Karikatur

Junkers Ju 87 B, Sturzkampfbomber, 1938

Die Flugzeugproduktion in Deutschland[21]		
Jahr	Kriegsflugzeuge	Zivilflugzeuge
1931	–	13
1932	–	36
1933	–	368
1934	840	1128
1935	1823	1360
1936	2530	2582
1937	2651	2955
1938	3350	1885
1939	4733	3562

Rüstungsausgaben Deutschlands in Prozent zum Volkseinkommen[22]			
1932	2	1936	21
1933	7	1937	22
1934	10	1938	32
1935	16		

Hitler mit führenden Vertretern des deutschen Monopolkapitals im Ruhrgebiet (von links: Vögler, Hitler, Thyssen, Borbet)

Gustav Krupp berichtet später über die geheime Aufrüstung

„1933 waren die wichtigsten Geschütze, die 1939/41 zum Einsatz kamen, schon fertig entwickelt, der Mörser stand vor seiner Vollendung, und auch die l.F.K.18 [leichte Feldkanone – d. Red.] war schon einführungsreif. Heereswaffenamt und Industrie standen bereit, auf Befehl des Führers in die Massenfertigung der in der Stille erprobten Geräte einzutreten.“[19]

sollte. Mehrere hunderttausend Erwerbslose, die dadurch wieder Arbeit erhielten, stellten bis 1939 3300 km fertig.

▌ Garantierter Profit. Am 14. Dezember 1933 schloß der IG-Farben-Konzern mit der Hitlerregierung ein Abkommen, das ihm ab 1936 den Absatz von jährlich mindestens 300000 Tonnen synthetischen Treibstoffes für Kraftfahrzeuge, Panzer und Flugzeuge garantierte. Vorstandsvorsitzender Carl Bosch konnte zufrieden sein: „Noch war kein Jahr vergangen, aber alles war in Bewegung gekommen. In der ganzen IG kribbelte es wie in einem Ameisenhaufen ... Mit Reichswehr und Ministerien waren erste Abmachungen über Buna und Magnesium, über Diglykol, Salpetersäure und andere Vorprodukte für Pulver und Sprengstoffe getroffen. Und seit heute nun begann das größte Vorhaben: der Ausbau des Leuna-Werkes, Boschs eigener Schöpfung aus Kriegs- und Nachkriegszeit.“[20]
Hier wie in anderen technischen Bereichen wurden wiederum neue wissenschaftliche Erkenntnisse und Entdeckungen für die Kriegsvorbereitung mißbraucht.

Fortschritte in Wissenschaft und Technik
Maschinenbau: Modernisierung der Großbetriebe, vereinzelt Fließbandbetrieb
Chemieindustrie: Großproduktion neuer synthetischer Stoffe (Treibstoffe, Gummi, Zellwolle, Plaste)
Verkehrswesen: Dieseltriebwagen, Ganzmetallflugzeuge, Schiffshebewerk Niederfinow in Betrieb
Elektroindustrie: vielfältige Elektromotoren aller Größen, Nachrichten- und Ortungsmittel
Fahrzeugbau: neue Kraftfahrzeuge, Rennwagen, schwere Panzer
Forschung: Flüssigkeitsrakete entwickelt; 1938 entdecken Otto Hahn und Fritz Straßmann die Kernspaltung. Damit beginnt das Atomzeitalter.

Die umfassende Aufrüstung brachte den Monopolen höchste Profite. Die Millionen, mit denen sie die Nazis an die Macht gebracht hatten, zahlten sich aus. Im Laufe weniger Jahre errichtete die Industrie 300 Rüstungsbetriebe neu und baute andere aus. Darunter waren 50 Flugzeugwerke, 45 Fabriken für Kraftfahrzeuge und Panzer, 70 chemische Werke und 15 Schiffswerften. Die Aufrüstung kostete das deutsche Volk bis 1939 fast 90 Milliarden Reichsmark.

Die Aufrüstung war mit dem Ausbau einer staatsmonopolistischen Wirtschaftslenkung verbunden, in der führende Konzernherren leitende Posten in Staat und Wirtschaft einnahmen.
Im Juli 1933 erfolgte die Bildung des *Generalrates der Wirtschaft,* dem u. a. die Monopolisten Bosch, von Schröder, von Siemens, Thyssen und Vögler angehörten.
Nach dem Gesetz zum *„Neuaufbau der gesamten Wirtschaft“* im Februar 1934 wurden unter Führung von Konzernherren die Reichsgruppe Industrie und sechs weitere Gruppen gebildet, die alle Betriebe lenkten. Territorial reglementierte die Reichswirtschaftskammer mit ihren Industrie- und Handelskammern.
Das nicht veröffentlichte *„Reichsverteidigungsgesetz“* vom Mai 1935 ernannte einen *„Generalbevollmächtigten für die Kriegswirtschaft“* (Wirtschaftsminister und Reichsbankpräsident Hjalmar

Dieseltriebwagen, 1933
Schiffshebewerk Niederfinow, 1933

Fernsehempfänger, Anfang der dreißiger Jahre
„Volksempfänger“, 1936

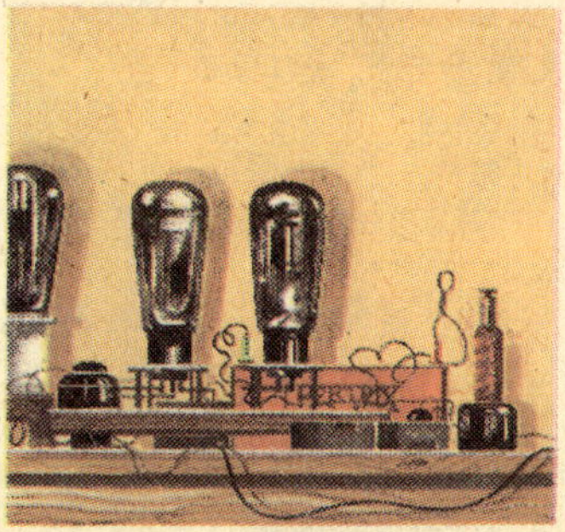

Radarversuchsgerät mit Sende- und Empfangsantenne, 1935
Arbeitstisch, an dem Otto Hahn und Fritz Straßmann die erste Kernspaltung experimentell durchführen

Rüstungsprofite der IG Farben (in Millionen Mark)

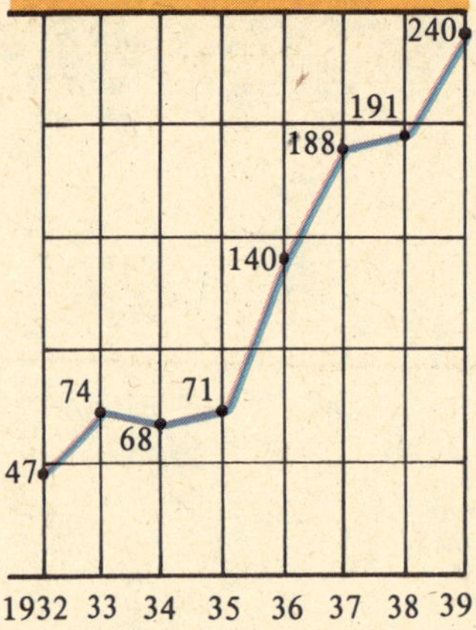

Den „Volkswagen" – als „Käfer" (unser Bild) und als Wehrmachtswagen – konstruiert der Panzerfachmann Ferdinand Porsche.

● *Was enthielten die Bestimmungen des Versailler Vertrages über das Saargebiet?*

Schacht), der schon im Frieden die wirtschaftlichen Vorbereitungen für den Kriegsfall leitete.

▌**Aufrüstung auf Kosten der Werktätigen.** Nur wenige begriffen, daß die Werktätigen die Kosten der Aufrüstung bezahlen mußten. Die Mehrheit war zufrieden, daß sich die Lebenslage merklich verbesserte. Bauvorhaben und Aufrüstung brachten wieder Arbeit und steigende Löhne. Das wieder erhöhte die Nachfrage nach Lebensmitteln und Industriewaren und belebte die Wirtschaft. Doch ging die Arbeitslosigkeit viel langsamer zurück, als die Nazis behaupteten. Ende 1933 gab es noch vier, 1935 immer noch 2,5 Millionen Erwerbslose. Mit dem wirtschaftlichen Aufschwung stiegen aber auch die Preise, Ausbeutung und Arbeitshetze nahmen sprunghaft zu.

Zu den vielfältigen Mitteln, den Massen das Leben unter dem Faschismus schmackhaft zu machen und sein wahres Wesen zu verschleiern, gehörten verschiedene sozialpolitische Verbesserungen, vor allem in den Betrieben. Sport- und Unterhaltungsabende, Theater-, Film- und Konzertveranstaltungen sowie Urlaubsreisen führte die von der DAF gegründete Organisation **„Kraft durch Freude" (KdF)** durch. Für die vielfältigen Veranstaltungen zahlten die Werktätigen viele hundert Millionen Mark. Die dafür auch gebauten „KdF-Urlauberschiffe" fuhren später als Truppentransporter und Lazarettschiffe.

Einen **„Volkswagen"** sollten die Arbeiter für wöchentliche Sparraten von fünf Mark angeblich schon nach wenigen Jahren bekommen. Sie erhielten keinen, aber viele zehntausend fuhren später als Wehrmachtsfahrzeuge über die Schlachtfelder Europas und Afrikas.

▌**Das Saargebiet wird an Deutschland angegliedert.** Der Versailler Vertrag hatte das wirtschaftlich bedeutende Saargebiet für 15 Jahre der Verwaltung des Völkerbundes unterstellt. Anfang 1935 stimmte die Mehrheit der Saarländer unter dem Einfluß faschistischer Propaganda, die ihre nationalen Gefühle mißbrauchte, für den Anschluß an Hitlerdeutschland. Damit begann auch hier die Unterdrückung der Antifaschisten, die bisher den Widerstandskampf in Deutschland aktiv unterstützen konnten. Die reichen Kohlengruben und großen Hüttenwerke des Saargebietes verstärkten das faschistische Rüstungspotential beträchtlich.

Panzerschiff „Admiral Graf Spee", 1936

Fotomontage zum Flottenabkommen zwischen Großbritannien und Deutschland, erschienen am 18. Juni 1935 in der „Arbeiter-Illustrierten-Zeitung", Prag
(Zum Text der Fotomontage: In Deutschland erzeugt – In England erfunden; Englisch-deutsches Flottengespräch: Baldwin: „Also, wie abgemacht, Kanzler: Ihre neuen Kreuzer können nur nach Osten fahren ...", Hitler: „Und nur auf rote Ziele schießen, Exzellenz!")

Der Aufbau einer Aggressionsarmee. Das „Gesetz zum Aufbau der Wehrmacht" vom 16. März 1935 führte die **allgemeine Wehrpflicht** in Deutschland wieder ein. Wenige Tage vorher hatte Göring den Aufbau der Luftwaffe bekanntgegeben. Eine Armee von vorerst 550000 Mann – später ein Mehrfaches – wurde aufgestellt, mit modernsten Waffen ausgerüstet und für einen „Blitzkrieg" ausgebildet. Die Kriegsmarine stellte am 1. April das Panzerschiff „Deutschland" (Panzerkreuzer A, vgl. S. 66) in Dienst und legte erste U-Boote auf Kiel, die bisher auf ausländischen Werften entwickelt worden waren. Das **„Flottenabkommen"**, das die Regierung von Großbritannien am 18. Juni 1935 mit Deutschland abschloß, erlaubte die Verdreifachung der faschistischen Kriegsflotte, eine Erhöhung von 78000 auf 200000 Tonnen. Die deutsche U-Bootflotte durfte der britischen gleich stark sein.
Der Einführung der Wehrpflicht folgte die Bildung des **„Reichsarbeitsdienstes" (RAD)**. Alle Männer von 18 bis

• *Wiederholen Sie, was Sie vom Kampf der Arbeiter gegen den Panzerkreuzerbau wissen!*

Besetzung des entmilitarisierten Rheinlandes: Militärmaschinen überfliegen den Rhein.

Aus Hitlers geheimer Denkschrift zum Vierjahresplan (1936)
„Das Ausmaß und das Tempo der militärischen Auswertung unserer Kräfte können nicht groß und nicht schnell genug gewählt werden! ... Die endgültige Lösung liegt in einer Erweiterung des Lebensraumes bzw. der Rohstoff- und Ernährungsbasis unseres Volkes ... Ich stelle damit folgende Aufgabe:
I. Die deutsche Armee muß in 4 Jahren einsatzfähig sein.
II. Die deutsche Wirtschaft muß in 4 Jahren kriegsfähig sein."[23]

● *Zeigen Sie, wie die Faschisten den Versailler Vertrag immer wieder brachen!*

25 Jahren mußten vor dem Armeedienst eine halbjährige Arbeitsdienstpflicht ableisten. Damit standen bereits Ende 1935 etwa 300000 billige kasernierte Arbeitskräfte für die Landwirtschaft sowie für den Bau von Straßen und militärischen Objekten zur Verfügung.
Am 7. März 1936 zerriß die Hitlerregierung eine weitere Bestimmung des Versailler Vertrages. Sie ließ die Wehrmacht in die **entmilitarisierten Gebiete des Rheinlandes** einmarschieren. Der Bau einer Befestigungslinie, des **„Westwalls"**, entlang der Grenze zu Frankreich begann; Arbeitsdienst und Tausende weitere Dienstverpflichtete schufteten für die Kriegsvorbereitung.

Der Vierjahresplan. Im September 1936 verkündete Hitler den sogenannten Vierjahresplan. Er war unter maßgeblicher Mitwirkung von Vertretern des IG-Farben-Konzerns vorbereitet worden und sollte für einen kommenden Krieg die Unabhängigkeit der deutschen Wirtschaft von ausländischen Einfuhren erreichen. Dazu wurden die Gewinnung einheimischer Rohstoffe und die Erzeugung synthetischer Werkstoffe vordringlich ausgebaut. Die Beschränkung des Verbrauchs der Bevölkerung erfolgte unter der faschistischen Losung „Kanonen statt Butter!"

1. März 1935 Angliederung des Saargebietes
16. März 1935 Einführung der allgemeinen Wehrpflicht
7. März 1936 Einmarsch in die entmilitarisierten Gebiete des Rheinlandes
September 1936 Verkündung des Vierjahresplans zur beschleunigten Aufrüstung

▶ Die Hitlerregierung begann mit einer verstärkten Aufrüstung. Alle wirtschaftlichen, militärischen und außenpolitischen Maßnahmen waren auf die Aushöhlung und schließliche Beseitigung des Versailler Vertrages gerichtet. Im Oktober 1933 trat Hitlerdeutschland aus dem Völkerbund aus, 1935 führte es die allgemeine Wehrpflicht ein. Es wurden ein starkes Heer, eine moderne Luftwaffe und Kriegsflotte sowie eine leistungsfähige Rüstungsindustrie aufgebaut, wichtige Ergebnisse von Wissenschaft und Technik für die Kriegsvorbereitungen mißbraucht. Obwohl die Werktätigen die Hauptlast tragen mußten, folgten sie in ihrer Mehrheit diesem Kurs. 1936 forderte Hitler, Armee und Wirtschaft in vier Jahren kriegsbereit zu machen.

3.5. Der Kampf der Sowjetunion für die Erhaltung des Friedens

Die UdSSR tritt dem Faschismus entgegen. Die wirtschaftlichen Beziehungen Deutschlands zur Sowjetunion, die sich seit dem Berliner Vertrag von 1926 stetig entwickelt und in der Krise Hunderttausende Arbeitsplätze gesichert hatten, drückte die Hitlerregierung auf einen Tiefpunkt herab. Ihre Angriffsabsichten gegen das Land des Sozialismus und die kommunistische Bewegung sprach sie immer wieder aus. Dieser aggressiven Politik und der wachsenden Kriegsgefahr trat die UdSSR entschieden entgegen. Damit führte sie ihren Auftrag konsequent fort, den sie mit dem Dekret über den Frieden übernommen hatte.

Zur Sicherung der Länder vor einem Angriffskrieg unterbreitete der Vertreter der UdSSR auf der Genfer Abrüstungskonferenz den **Entwurf einer „Deklaration über die Definition des Aggressors“**, deren Annahme den Frieden sicherer gemacht hätte. Doch die imperialistischen Mächte unterstützten einen solchen Friedensschritt nicht.

ANT-25. Zur Festigung der Freundschaft zwischen dem sowjetischen und dem US-amerikanischen Volk trägt der beispiellose Nonstopflug sowjetischer Flieger von Moskau über den Nordpol in die USA im Jahre 1937 bei.

Hauptinhalt des Deklarationsentwurfes der UdSSR vom 6. Februar 1933

Als Aggressor gilt, wer einem anderen Staat den Krieg erklärt oder mit seinen Streitkräften auch ohne Kriegserklärung in das Territorium eines anderen Staates einfällt, wer das Gebiet eines anderen Staates bombardiert, dessen Schiffe angreift oder aber die Küste und die Häfen blokkiert. Als Rechtfertigung für einen Angriff könnten niemals das Berufen auf besondere Interessen oder Kapitalanlagen in einem anderen Land dienen, nicht die Absicht, seine Naturreichtümer auszubeuten oder andere Privilegien zu erlangen.[24]

• *Was waren die wichtigsten Forderungen des Dekrets über den Frieden?*

Auf der Weltwirtschaftskonferenz im Sommer 1933 kündigte die UdSSR an, sie könnte in nächster Zeit für eine Milliarde Dollar Aufträge ins Ausland vergeben, um den friedlichen Außenhandel zu fördern. Damit unterstrich sie ihren Friedenswillen ein weiteres Mal. Am 16. November 1933 nahmen die Sowjetunion und die USA auf Initiative von Präsident Franklin D. Roosevelt diplomatische Beziehungen auf und normalisierten das Zusammenleben beider Staaten. Die USA konnten nicht mehr an der gewachsenen Stärke der Sowjetunion vorbeigehen. Nach dem provokatorischen Austritt Deutschlands und Japans aus dem Völkerbund trat die UdSSR auf Einladung der Mitgliedstaaten diesem Völkergremium bei und stärkte damit das Gewicht der friedliebenden Völker.

Bemühungen der Sowjetunion um kollektive Sicherheit. Ende 1933 faßte das ZK der KPdSU(B) den historischen Beschluß, mit allen Mitteln die Schaffung eines effektiven Systems der kollektiven Sicherheit zu betreiben. Unabhängig von ihrer Gesellschaftsordnung sollten sich darin alle europäischen Staaten dem Expansionsstreben Hitlerdeutschlands ge-

Der sowjetische Volkskommissar für Auswärtige Angelegenheiten, M. M. Litwinow, fordert 1936 im Völkerbund kollektive Sicherheitsmaßnahmen.

Die erste in der Sowjetunion entwickelte Flüssigkeitsrakete „GIRD-09“ wird 1933 erfolgreich gestartet.

meinsam entgegenstellen. Das entsprach der Politik der friedlichen Koexistenz zwischen Staaten mit unterschiedlicher Gesellschaftsordnung, die die Sowjetunion seit ihrem Bestehen verfolgt. Die sowjetische Regierung wollte damit verstärkt für die Erhaltung des Friedens wirken.
Das Verhalten der verantwortlichen Politiker der imperialistischen Großmächte und anderer kapitalistischer Staaten verhinderte Mitte der dreißiger Jahre eine kollektive Friedenssicherung. Der französische Außenminister Jean-Louis Barthou, der für kollektive Sicherheit eintrat, wurde 1934 ermordet. Die Sowjetunion konnte aber im Mai 1935 mit Frankreich einen zweiseitigen Vertrag über gegenseitige Hilfe und Beistand für den Fall einer Aggression abschließen. Danach unterzeichnete auch die Regierung der Tschechoslowakei einen solchen Vertrag mit der UdSSR, der aber nur beim Eingreifen Frankreichs wirksam werden sollte. So waren wenigstens erste kleine Schritte zur Friedenssicherung getan.
Die Kommunistische Partei und die Sowjetregierung führten ihren beharrlichen Kampf für den Frieden und die Durchsetzung der Politik der friedlichen Koexistenz zwischen dem sozialistischen Staat und den kapitalistischen Staaten energisch fort. Sie stützte sich dabei auf ihre gewachsene wirtschaftliche, politische und militärische Stärke.
Nach der vorfristigen Erfüllung des 2. Fünfjahrplans hatten sich Mitte der dreißiger Jahre die sozialistischen Produktionsverhältnisse in der Industrie und in der Landwirtschaft der Sowjetunion durchgesetzt. Die 1936 angenommene Verfassung bestätigte das und schrieb es fest.

- *Wiederholen Sie die grundlegenden Aufgaben und Ergebnisse beim Aufbau des Sozialismus in der Sowjetunion in den dreißiger Jahren!*
- *Inwiefern entsprach die Friedenspolitik der Regierung der UdSSR den grundsätzlichen Zielen des gesellschaftlichen Systems des Sozialismus?*

Palmiro Togliatti auf dem VII. Weltkongreß der Kommunistischen Internationale

„Nur die Arbeiterklasse, die an der Macht steht, vermag … eine so kühne Friedenspolitik zu betreiben.
Die Sowjetunion hat durch ihre Friedenspolitik den Beweis erbracht, daß nur der Sozialismus den Frieden bedeutet. Darum mobilisierte und mobilisiert diese Politik die Proletarier aller Länder zum Kampf für den Sozialismus, sammelt um die Arbeiterklasse Millionen von Werktätigen, Bauern und Intellektuellen, die den Krieg hassen und um die Erhaltung des Friedens bemüht sind.“[25]

6. Februar 1933 Sowjetischer Entwurf einer „Deklaration über die Definition des Aggressors“

► **Die Sowjetunion, die den Sozialismus erfolgreich aufbaute, war der einzige Staat, der der faschistischen Kriegspolitik entschieden entgegentrat. 1933 legte sie auf der Genfer Abrüstungskonferenz den Entwurf einer „Deklaration über die Definition des Aggressors“ vor. 1934 trat sie in den Völkerbund ein und strebte nach einem System der kollektiven Sicherheit zur Verhinderung einer Aggression. Das entsprach der Politik der friedlichen Koexistenz. Damals konnte sich die Sowjetunion mit diesem Ziel jedoch nicht durchsetzen.**

3.6. Der Kampf für Einheits- und Volksfront gegen Faschismus und Krieg

Der VII. Weltkongreß der Kommunistischen Internationale. Am Abend des 25. Juli 1935 begrüßten Tausende Moskauer am Gewerkschaftshaus die Abgesandten des Weltproletariats. Bis zum 20. August tagte hier der VII. Kongreß der Komintern. 513 Delegierte von 65 meist illegal kämpfenden Parteien vertraten 3 140 000 Kommunisten aus allen Erdteilen. Der Delegation der KPD gehörten 30 Kommunisten an, von denen jeder zweite aus dem illegalen Kampf in Deutschland kam.
Viele der im Klassenkampf erfahrenen und gestählten Kommunisten hatten über Kontinente und Meere hinweg Tausende Kilometer auf oft abenteuerlichen Wegen zurückgelegt. Sie wurden von faschistischen Henkern und bürgerlicher Klassenjustiz gejagt, mußten Aussehen, Namen und Pässe wechseln und oft mit Mut, List und Unterstützung vieler Kampfgefährten wahre Heldentaten vollbringen, um ihren Parteiauftrag als Delegierte erfüllen zu können. Manche fielen auf diesem beschwerlichen Weg nach Moskau in die Hände imperialistischer Häscher oder schafften es nicht, sich durchzuschlagen. Aber alle hatten die Gefahren und Entbehrungen selbstverständlich auf sich genommen, um kollektiv im Geist des proletarischen Internationalismus die kommunistische Strategie und Taktik für die kommenden Kämpfe beraten und beschließen zu können. Der Kongreß ging dabei von einer gründlichen Bewertung des neuen Kräfteverhältnisses in der Welt aus.
In der Sowjetunion hatte der Sozialismus endgültig und unumstößlich gesiegt. Die UdSSR war zu einer sozialistischen Großmacht geworden. *D. S. Manuilski* betonte in seinem Referat „das gestiegene Gewicht der Sowjetunion in der Weltwirtschaft und Weltpolitik" und kennzeichnete die UdSSR als Basis und Vorbild des revolutionären Weltprozesses. Die Praxis hatte die Leninsche Lehre von der Möglichkeit des Sieges des Sozialismus in einem Lande bestätigt. Jede Arbeiterklasse eines anderen Landes, die mit ihren Verbündeten in der Folgezeit die Macht erobern und den Sozialismus aufbauen würde, konnte die historischen Erfahrungen des sozialistischen Aufbaus in der Sowjetunion nützen.

Internationale Hauptgefahr ist der Faschismus. Der VII. Weltkongreß der KI stellte fest, daß der internationale Faschismus zur größten Gefahr der Menschheit geworden war. Die Errichtung der faschistischen Diktatur in Deutschland, die Aufrüstung und das Expansionsstreben Hitlerdeutschlands sowie seine Zusammenarbeit mit dem faschistischen Italien und Japan erhöhten die Kriegsgefahr außerordentlich. Auch in einigen anderen Staaten waren faschistische oder ihm ähnliche Diktaturen errichtet worden. *Georgi Dimitroff* charakterisierte diese Gefahren und die bisherigen Erfahrungen aus den Klassenkämpfen gegen den Faschismus in zahlreichen kapitalistischen Staaten sowie in unterdrückten und kolonial ausgebeuteten Ländern. Der VII. Weltkongreß bekräftigte die vom

Aus der Eröffnungsansprache von Wilhelm Pieck (KPD)

„Die Entwicklung in der ganzen Welt steht unmittelbar im Zeichen des durch die sozialistische Oktoberrevolution hervorgerufenen grundlegenden Umschwungs in der Geschichte der Menschheit, im Zeichen des Kampfes zweier Systeme, des alten, des kapitalistischen Systems, und des neuen, des sozialistischen Systems ... Sie steht im Zeichen zunehmender Einwirkung des Aufbaus des Sozialismus in der Sowjetunion auf die Geschicke des Weltkapitalismus und auf die Entwicklung der Befreiungsbewegung des Weltproletariats und der Völker der Kolonien und abhängigen Länder."[26]

Dnepr-Wasserkraftwerk, 1932

Einige Mitglieder des Exekutivkomitees der Kommunistischen Internationale (stehend von links nach rechts: Kuusinen, Gottwald, Pieck, Manuilski; sitzend v. l. n. r.: Marty, Dimitroff, Togliatti, Florin, Wang Ming)

XIII. EKKI-Plenum im Dezember 1933 gegebene Einschätzung des Faschismus als „offene terroristische Diktatur der am meisten reaktionären, chauvinistischen und imperialistischen Elemente des Finanzkapitals"[27].

Über die gefährlichste und brutalste Form des internationalen Faschismus, die faschistische Diktatur in Deutschland, sprach *Wilhelm Pieck*. Die Resolution des Kongresses faßte seine Einschätzung in die Worte: „Die reaktionärste Abart des Faschismus – das ist der Faschismus deutschen Schlages, der sich dreist als Nationalsozialismus bezeichnet, der aber weder mit dem Sozialismus noch mit der Verteidigung der wirklichen nationalen Interessen des deutschen Volkes irgend etwas gemein hat, sondern lediglich die Rolle eines Lakaien der Großbourgeoisie spielt, und der kein bloßer bürgerlicher Nationalismus, sondern bestialischer Chauvinismus ist."[28]

Der Weltkongreß kennzeichnete das faschistische Deutschland als einen der strategisch wichtigsten Punkte des internationalen Klassenkampfes. Der deutsche Faschismus sei der Stoßtrupp der internationalen Konterrevolution, der Hauptanstifter eines neuen imperialistischen Krieges und Initiator des Kreuzzuges gegen die Sowjetunion.

Kommunisten kämpfen gegen die Kriegsgefahr. *Palmiro Togliatti* von der Italienischen Kommunistischen Partei legte deshalb in seinem Referat dar, welche grundlegende Bedeutung die Kommunistische Internationale dem Kampf gegen die wachsende Kriegsgefahr beimaß. Warnend rief er aus, daß für niemand ein Zweifel daran bestehen könnte, „daß der kommende Krieg, selbst wenn er als Krieg zwischen zwei imperialistischen Großmächten oder als ein Krieg irgendeiner Großmacht gegen ein kleines Land beginnt, zwangsläufig die Tendenz haben wird, sich zu verbreitern, und unbedingt auf einen Krieg gegen die Sowjetunion hinauslaufen wird"[29]. Der Kampf um den Frieden und damit zugleich für die Verteidigung der UdSSR als der Hauptstütze aller Friedenskräfte wurde zur zentralen Aufgabe der Kommunistischen Internationale und aller kommunistischen Parteien erklärt. In diesem Sinne verstärkten sie in der kommenden Zeit ihre Anstrengungen beträchtlich.

Kommunisten kämpfen für Einheits- und Volksfront. Aus den historischen Erkenntnissen, der Klassenanalyse des Faschismus und den gewonnenen Erfahrungen des Kampfes gegen die Diktaturen leitete der VII. Weltkongreß der KI die neuen Aufgaben der Kommunisten und aller anderen antifaschistischen Kräfte ab. Es wurde die Strategie und Taktik für den kommenden Kampf gegen Faschismus und Krieg erarbeitet. Das Ziel der KI war es, die unmittelbaren Arbeiterinteressen und die demokratischen Errungenschaften jedes Landes zu verteidigen, die Demokratie zu schützen, den Faschismus zu stürzen beziehungsweise ihm den Weg zur Macht zu verlegen und den Frieden zu sichern. Auf diese Weise würde die Arbeiterklasse immer größere Massen im Klassenkampf um sich scharen können.

Wichtigste Voraussetzung für eine solche Politik mußte die Verwirklichung der **Einheitsfrontpolitik der Arbeiterklasse**, insbesondere die **Aktionseinheit von Kommunisten und Sozialdemokraten** sein. Sie war die Grundlage dafür, ein breites Kampfbündnis der Arbeiter und Bauern, der Hauptmasse der städtischen Kleinbürger bis hin zu demokratischen, fortschrittlichen und friedliebenden Teilen der Bourgeoisie zu bilden, eine **antifaschistische Volksfront**. Die führende Kraft in einem solchen umfassenden antifaschistischen Volksbündnis mußte die einheitlich handelnde Arbeiterklasse sein.

Die Brüsseler Konferenz der KPD. Die Beschlüsse des VII. Kongresses der Kommunistischen Internationale wertete die KPD vom **3. bis 15. Oktober 1935** in Konzewo bei Moskau aus. Daran nahmen die deutschen Delegierten zum VII. Weltkongreß und acht weitere illegale Kämpfer aus Deutschland teil. Um die Gestapo irrezuführen und die Rückkehr der Kom-

Titelblatt einer Tarnschrift der KPD mit Materialien des VII. Weltkongresses der KI

- *Welche historischen Aufgaben erfüllte der VII. Weltkongreß der KI?*
- *Wie kommt in der Einheits- und Volksfrontpolitik die Bündnispolitik der Kommunisten zum Ausdruck?*

Die Stammformen der Eccoemokakteen sind an humusreichen Boden gewöhnt und man tut gut, die Erde möglichst nahrhaft zu gestalten und durch geeignete Pflanzennahrung Etisso-Kakteendünger, den Humus-

Der neue Weg zum gemeinsamen Kampfe aller Werktätigen für den Sturz der Hitler-Diktatur.

(Resolution der Brüsseler Parteikonferenz der KPD in Oktober 1935.)

Die Parteikonferenz begrüsst die vom VII. Weltkongress der Kommunistischen Internationale beschlossene neue taktische Orientierung der kommunistischen Parteien auf die Sammlung der werktätigen Massen für den Klassenkampf. Die Konferenz stimmt allen Beschlüssen des Weltkongresses zu und begrüsst insbesondere die Wahl des Genossen Dimitroff zum Generalsekretär der Kommunistischen Internationale.

Titelblatt und Auszug aus der ersten Seite einer Tarnschrift mit der Resolution der Brüsseler Konferenz der KPD

Aus dem Manifest „An das werktätige deutsche Volk"

„Wir Kommunisten unterbreiten euch unser Kampfprogramm gegen die faschistische Diktatur, für die Freiheit, den Frieden und die Sicherung der Existenz aller Werktätigen. Wir stellen an die Spitze des Programms den Kampf für die Freiheit des werktätigen Volkes, für die Wiederherstellung demokratischer Freiheiten und Rechte, für volle Organisations-, Versammlungs- und Pressefreiheit, für Glaubens- und Gewissensfreiheit, für Gleichheit aller Staatsangehörigen, ohne Unterschied ihrer Religion und Rasse, für die Befreiung Thälmanns, Mierendorffs, Ossietzkys und aller anderen eingekerkerten Antifaschisten." Wir Kommunisten rufen das deutsche Volk auf zur „Verständigung mit dem großen Sowjetlande", zum „Kampfe für die Erhaltung des Friedens, gegen die Kriegspolitik der Hitlerregierung!"[30]

munisten auf ihre illegalen Kampfposten zu sichern, wurde verbreitet, die Beratung habe in Brüssel stattgefunden. Die Täuschung gelang, denn die Gestapo meldete im Januar 1936, die KPD habe in der belgischen Hauptstadt „vor etwa 3 Monaten eine Parteikonferenz" durchgeführt.

Vor der Beratung unternahm ein Teil der Delegierten Reisen durch das Land des Sozialismus. Für eine Anzahl war es das erste Mal, daß sie sich an Ort und Stelle von der Größe des sozialistischen Aufbauwerkes, vom Enthusiasmus seiner Erbauer überzeugen konnten. Stark beeindruckt, mit neuer Kraft und Siegeszuversicht erfüllt, kehrten sie in die Metropole des sozialistischen Staates zurück.

Am 3. Oktober eröffnete Wilhelm Pieck die Parteikonferenz, die als **Brüsseler Konferenz** der KPD in die Geschichte einging. Zur Lage in Deutschland und zum antifaschistischen Kampf sprachen *Wilhelm Pieck* und *Wilhelm Florin.* Sie stützten sich auf ausführliche Beratungen mit Leitern von Widerstandsorganisationen und Berichte aus dem illegalen Kampf gegen die faschistische Diktatur. Daraus entwickelten sie die Strategie und Taktik der KPD für den Kampf zum Sturz des Hitlerregimes weiter. *Walter Ulbricht* referierte über den Aufbau freier Gewerkschaften in Betrieben und die versteckte Arbeit in faschistischen Organisationen. *Anton Ackermann* behandelte den antifaschistischen Kampf der werktätigen Jugend, und *Franz Dahlem* gab Hinweise zum Parteiaufbau und für die Formierung illegaler Parteiorganisationen. Alle Delegierten berichteten eindrucksvoll und ausführlich über den illegalen Widerstand in Deutschland, seine Erfolge und Schwierigkeiten.

Die Ergebnisse der Beratungen faßte die Konferenz in zwei Grundsatzdokumenten zusammen, in der **Resolution „Der neue Weg zum gemeinsamen Kampf aller Werktätigen. Für den Sturz der Hitlerdiktatur!"** und das **Manifest „An das werktätige deutsche Volk!"** In ihnen wendete sich die KPD an alle Werktätigen und erläuterte ihre Vorschläge für weitere verstärkte Aktionen gegen den Faschismus, für die Verhinderung eines Krieges und die Perspektiven des antifaschistischen Kampfes. Da das Hitlerregime die Diktatur des reaktionärsten und aggressivsten Teils der Großbourgeoisie war, standen objektiv die Interessen der Mehrheit aller Klassen und Schichten zu ihm im Gegensatz. Der Kampf gegen die Hitlerdiktatur mußte deshalb eine antifaschistische, demokratische Ordnung zum Ziel haben, an der alle demokratischen und friedliebenden Kräfte interessiert waren. Ihr Programm für dieses breite Kampfbündnis legte die KPD jetzt vor.

Einheitsfront als Voraussetzung einer breiten Volksfront. Die Lösung der historischen Aufgaben, die die Brüsseler Konferenz beriet, erforderte eine viel wirksamere Massenpolitik im illegalen Kampf als bisher. Große Anstrengungen waren notwendig, um alle Teile der Arbeiterbewegung dafür zu gewinnen und mehr aktive Zusammenarbeit von Kommunisten und Sozialdemokraten, von KPD- und SPD-Organisationen zu erreichen. Jetzt mußte schnell alles Trennende zwischen ihnen überwunden werden. Sie waren Kampfgenossen gegen die Hitlertyrannei. Je stärker die proletarische Einheitsfront aus Kommunisten und Sozialdemokraten sich entwickelte, um so schneller würden sich weitere Antifaschisten und Hitlergegner um sie scharen. Die Einheitsfrontpolitik war die Grundlage für die Schaffung der antifaschistischen Volksfront. Im Tageskampf sollten die Arbeiter ihre Anstrengungen erhöhen, Parteizellen in Betrieben und illegale freie Gewerkschaftsorganisationen zu bilden sowie getarnt in den faschistischen Massenorganisationen zu arbeiten, die Taktik des „Trojanischen Pferdes“, wie Dimitroff diese Kampfmethode bezeichnet hatte, anwenden, um immer mehr Werktätige für den Kampf gegen den Faschismus zu gewinnen.

Die Parteikonferenz bekundete ihre tiefe Verbundenheit mit allen Opfern des Hitlerregimes. Sie betonte die Bereitschaft, im Kampf um ihre Befreiung niemals nachzulassen. Sie berief **Ernst Thälmann** erneut an die Spitze der KPD und für die Zeit seiner Kerkerhaft **Wilhelm Pieck** zum Vorsitzenden der Partei. An seiner Seite standen als weitere Mitglieder des Politbüros **Franz Dahlem, Wilhelm Florin, Fritz Heckert, Paul Merker** und **Walter Ulbricht.**

▮ Aufschwung des antifaschistischen Kampfes in Deutschland. In vielfältigen Formen förderten die Beschlüsse der Parteikonferenz und die ins Land zurückgekehrten Delegierten den weiteren antifaschistischen Kampf. Eine große Hilfe waren dabei die zahlreichen illegalen Schriften, mit denen die Aufgabenstellung und die Kampfmethoden in Deutschland weite Verbreitung fanden. Die Gestapo registrierte für 1936 über 1,5 Millionen und für 1937 etwa 600000 von der KPD verbreitete Flugblätter und Broschüren. Herstellung, Transport und Verteilung waren ein bedeutsamer Teil des unermüdlichen, gefahrvollen Tageskampfes der Antifaschisten.

Nach der Brüsseler Parteikonferenz bildete die Parteiführung der KPD in Nachbarländern sechs Abschnittsleitungen. Diese leiteten den antifaschistischen Kampf in den angrenzenden

- *Erklären Sie die Bedeutung der Einheitsfront und der Volksfront für den Kampf gegen die faschistische Diktatur!*
- *Was hieß hier „Taktik des Trojanischen Pferdes“?*

Erich Honecker nach seiner Verhaftung durch die Gestapo. Geboren am 25. August 1912 in Neunkirchen (Saarland), Sohn eines Bergmanns, erlernt den Beruf eines Dachdeckers, 1926 Mitglied des KJVD, 1929 Mitglied der KPD, 1930/31 Besuch der Schule der Kommunistischen Jugendinternationale in Moskau, 1931 bis 1933 Sekretär des KJVD Saargebiet. Er führt als illegaler Kämpfer den Widerstandskampf vom Saargebiet aus, besonders in West- und Südwestdeutschland. Seit 1934 Mitglied des ZK des KJVD, organisiert er den antifaschistischen Widerstandskampf im Ruhrgebiet und hält Verbindungen nach Paris, Brüssel, Amsterdam und Prag, leitet 1935 die illegale Bezirksleitung des KJVD in Berlin. Er wird im Dezember 1935 gemeinsam mit Bruno Baum von der Gestapo verhaftet und 1937 vom Volksgerichtshof zu 10 Jahren Zuchthaus verurteilt.

Gebieten Deutschlands und unterstützten ihn aktiv durch Zeitungen, Flugblätter und andere illegale Materialien.
Anfang 1936 schufen Kommunisten in mehreren Berliner Großbetrieben, auf Schachtanlagen des Ruhrgebietes, im Zwickauer Industrierevier, in Betrieben Mitteldeutschlands und anderer Landesteile neue Parteizellen. Das gleiche erfolgte in faschistischen Massenorganisationen. Besonders in der DAF bemühten sich Kommunisten und andere Antifaschisten, wirksamer auf ihre Arbeitskollegen einwirken zu können. Sie forderten Verbesserungen der Arbeitsbedingungen und warnten vor den Gefahren der Aufrüstung und der Kriegsvorbereitungen, sie erklärten die Wahrheit über die Machtausweitung des deutschen Imperialismus durch die „Rückgliederung" des Saargebietes sowie den chauvinistischen Rummel anläßlich der Olympischen Spiele 1936 in Berlin. Sie sammelten weiter für notleidende Antifaschisten und ihre Angehörigen und vieles mehr. Dabei mußten sie viel Mut und Geschick aufwenden, um den Häschern, die überall lauerten, nicht in die Hände zu fallen. Doch gerade nach 1937 gelang es der Gestapo, zahlreiche antifaschistische Widerstandsgruppen zu zerschlagen. Die Kommunisten bauten aber immer wieder neue illegale Organisationen auf. Viele opferten dabei ihr Leben oder mußten langjährige Kerkerstrafen ertragen.

Begründen Sie, daß die Kommunisten mit der Einheitsfront- und Volksfrontpolitik die nationalen Interessen des deutschen Volkes vertraten!

Erste Volksfrontaktionen. Die deutschen Kommunisten unternahmen große Anstrengungen, die Einheitsfront zu verwirklichen und zugleich den Kreis der aktiven Kämpfer gegen Faschismus und Krieg über die Arbeiterklasse hinaus zu erweitern. Erstmals wandten sich führende Kommunisten und Sozialdemokraten in einer gemeinsamen Erklärung gegen das faschistische Regime, als der Kommunist Rudolf Claus wegen seiner aktiven Tätigkeit für die Rote Hilfe umgebracht wurde. In Paris entstand 1936 unter dem Vorsitz von Heinrich Mann ein Volksfrontausschuß, dem Kommunisten, Sozialdemokraten und bürgerliche Hitlergegner angehörten. Seinen **Aufruf zur Bildung einer deutschen Volksfront** unterzeichneten unter vielen anderen Wilhelm Pieck und Walter Ulbricht (KPD), Rudolf Breitscheid und Alfred Meusel (SPD), Willy Brandt (Sozialistische Arbeiterpartei), Johannes R. Becher und Lion Feuchtwanger.
In Deutschland gelang es illegalen KPD-Organisationen, ihre Zusammenarbeit mit anderen Hitlergegnern auf der Volksfrontgrundlage zu verbreitern. In Emigrationsländern bildeten Antifaschisten einzelne Volksfrontorganisationen.

Titelblatt der Erstausgabe von Anna Seghers „Das siebte Kreuz" (1942)

Literatur und Kunst im antifaschistischen Kampf. Zahlreiche deutsche Schriftsteller, Künstler und Wissenschaftler, die von den Faschisten eingekerkert oder aus dem Lande vertrieben, deren Werke verbannt oder verbrannt wurden, unterstützten mit ihrer Kunst und ihrem politischen Auftreten den antifaschistischen Kampf und die ideologische Auseinandersetzung mit dem Faschismus. Einige wurden mit Berufsverbot belegt, andere arbeiteten illegal in Deutschland weiter. Beson-

Anna Seghers, Lion Feuchtwanger und Bodo Uhse (von rechts nach links) im Pariser Exil 1935

ders im Exil schufen revolutionäre und bürgerlich-humanistische Schriftsteller und Künstler bedeutende antifaschistische Arbeiten. Zu ihnen gehörten Johannes R. Becher, Bertolt Brecht, Lion Feuchtwanger, Egon Erwin Kisch, Heinrich und Thomas Mann, Anna Seghers, Ernst Toller, Bodo Uhse. Bechers Gedichte kündeten vom revolutionären Patriotismus. Willi Bredels „Prüfung", Wolfgang Langhoffs „Moorsoldaten", Friedrich Wolfs „Professor Mamlock" und Anna Seghers' „Das siebte Kreuz" entlarvten die Terrormethoden der faschistischen Diktatur. Heinrich Mann bekannte sich mit seinem Roman über Frankreichs König Heinrich IV. zum kämpferischen Humanismus. Besonders eindrucksvolle und anklagende Werke der bildenden Kunst schufen John Heartfield mit seinen Fotomontagen, Hanns Kralik, Hans und Lea Grundig, Bert Heller, Käthe Kollwitz und andere. Am Kampf für die antifaschistische Einheits- und Volksfront hatten die besten Vertreter des deutschen Geisteslebens hervorragenden und bleibenden Anteil.

▸ **Der VII. Weltkongreß der Kommunistischen Internationale und die Brüsseler Parteikonferenz der KPD berieten 1935 die neuen internationalen Kampfbedingungen und Aufgaben der Kommunisten für den Kampf gegen Faschismus und Krieg, für Frieden und Sozialismus. Mit ihren Beschlüssen zur Einheitsfront und zur antifaschistischen Volksfront entwickelten die Kommunisten die marxistisch-leninistische Bündnispolitik weiter.**
Nach der Brüsseler Parteikonferenz verstärkten die Kommunisten und andere antifaschistische Widerstandskämpfer ihre Anstrengungen im Kampf gegen das Naziregime.

25. Juli bis 20. August 1935 **VII. Weltkongreß der Kommunistischen Internationale**
3. bis 15. Oktober 1935 **Brüsseler Konferenz der KPD**

Fahne der spanischen Republik

3.7. Der Kampf gegen den Faschismus in Spanien

Volksfrontsieg in Spanien. 1934 führten die spanischen Arbeiter mächtige antifaschistische Aktionen; in Asturien ging dabei der Generalstreik in bewaffnete Kämpfe über. Im Januar 1936 schlossen die Linksparteien (Kommunisten, Sozialdemokraten, Linksrepublikaner und andere Gruppen) ein Volksfrontabkommen und siegten in den Parlamentswahlen im **Februar 1936.** Danach bildeten die Volksfrontparteien eine Regierung, die demokratische Reformen einleitete.

Faschistischer Militärputsch. „Über ganz Spanien wolkenloser Himmel!" – das war das vereinbarte Signal der faschistisch gesinnten Generale, die am **18. Juli 1936** gegen die rechtmäßige Volksfrontregierung der spanischen Republik putschten. Sie wollten die demokratische Entwicklung verhindern und die Regierung stürzen, die aus dem Wahlsieg der Volksfront hervorgegangen war. An der Spitze der Putschisten stand General **Francisco Franco**, der schon länger mit den deutschen Faschisten Verbindungen hatte.

In allen Teilen des Landes erhob sich die Bevölkerung gegen die Faschisten. Geführt von der Kommunistischen Partei und anderen Parteien der Volksfront, schlug sie unter der Losung „No Pasaran!" („Sie kommen nicht durch!") die ersten Angriffe der Faschisten zurück. Teile der Fliegertruppe schlossen sich ihnen an. Die Matrosen verhafteten ihre reaktionären Offiziere und sicherten so einen Teil der Flotte für die republikanische Regierung. Nach kurzer Zeit standen die Franco-Faschisten vor der Niederlage.

Militärische Intervention der faschistischen Staaten. Nur die militärische und wirtschaftliche Hilfe der deutschen und italienischen Faschisten bewahrte die Putschisten vor der Niederlage. Die deutschen Monopole beabsichtigten außerdem, die Rohstoffe des Landes für sich auszubeuten sowie Spanien zum strategischen Stützpunkt für einen künftigen Krieg zu machen.

Im Juli flogen 20 deutsche Junkersflugzeuge nach Südspanien. Heimlich angereiste Luftwaffenoffiziere transportierten damit spanische Fremdenlegionäre und Kolonialtruppen von Spanisch-Marokko nach Sevilla. Innerhalb von drei Wochen verstärkten die Ju 52 die Putschisten um 15000 Soldaten, viele Geschütze, Maschinengewehre und über 200 Tonnen Munition. Mit ihnen trat Franco zum Vormarsch auf Madrid an. Überall traten den Faschisten bewaffnete Milizen der Volksfront entgegen. Aus diesen ersten Einheiten entstand eine Volksarmee, die im **national-revolutionären Krieg des spanischen Volkes gegen den Faschismus** eine starke und einsatzbereite Truppe wurde, deren Soldaten tapfer kämpften.

Hitlerdeutschland brachte weitere Transport-, Bomben- und Jagdflugzeuge sowie Panzer, Flakartillerie, Soldaten und Offiziere zum Einsatz, die getarnt nach Spanien verfrachtet wurden. Sie nannten ihre Streitmacht „Legion Condor". Die italienische Regierung schickte motorisierte Infanterie. Von

Junkers Ju 52 (oben), wurde zum Transport spanischer Putschistentruppen eingesetzt. Dornier D 17 E-1 (unten), als Bomber der „Legion Condor" berüchtigt geworden.

Zeichen der Internationalen Brigaden

Im November wehren Soldaten der Volksarmee die Franco-Truppen vor Madrid erfolgreich ab.

1936 bis 1939 kämpften insgesamt etwa 50000 deutsche und 150000 italienische Soldaten und Offiziere an der Seite der spanischen Faschisten gegen das Volk. Die angeblichen Freiwilligen waren mit modernsten Waffen ausgerüstet, die sie für den kommenden großen Krieg erprobten. Sie verübten grausame Verbrechen an der Bevölkerung. Deutsche Flugzeuge zerstörten die baskische Stadt *Guernica*, das Panzerschiff „Admiral Scheer“ die Hafenstadt Almería. Die Zerstörung von Guernica war der erste Bombenangriff auf eine friedliche Stadt in der Welt. Faschistische deutsche Bomber töteten dabei am 26. April 1937 1600 Menschen.

▌ „Nichteinmischungspolitik“ der imperialistischen Westmächte. Die reaktionären Regierungen Großbritanniens und Frankreichs wollten auch keinen Sieg der Volksfront in Spanien. Sie konnten aber unter dem Druck ihrer Völker die Franco-Putschisten nicht offen unterstützen. Sie betrieben deshalb die sogenannte Nichteinmischungspolitik. Ein „Nichteinmischungskomitee“ aus Vertretern von 27 Staaten sollte die Beendigung des Bürgerkrieges erreichen. Deshalb beteiligte sich auch die UdSSR zunächst daran. Doch die imperialistischen Westmächte nutzten das für ein Manöver und nahmen mit den faschistischen Staaten an der Blockade der spanischen Küste teil. Dies verhinderte die Lieferung von Waffen, Lebensmitteln und anderen wichtigen Gütern an das republikanische Spanien und behinderte damit den nationalrevolutionären Kampf des spanischen Volkes. Der Nachschub für die Franco-Faschisten, der zum Teil über Portugal oder mit Lufttransporten erfolgte, wurde dagegen nicht eingeschränkt.

▌ Internationale solidarische Hilfe für das republikanische Spanien. Die UdSSR unterstützte von Beginn an das spanische Volk. Am 25. Oktober 1936 entlarvte ihr Vertreter im Nichteinmischungskomitee die faschistische Intervention und erklärte, daß die Sowjetunion sofort dem republikanischen

Richard Staimer, Heinrich Rau und Leo Heiss im Gespräch mit einer spanischen Bäuerin

- *Vergegenwärtigen Sie sich anhand der Karte auf S. 132, wie die imperialistischen Staaten ihre „Nichteinmischung“ verstanden!*
- *Wie ist das gegensätzliche Verhalten der Westmächte und der UdSSR zu erklären?*

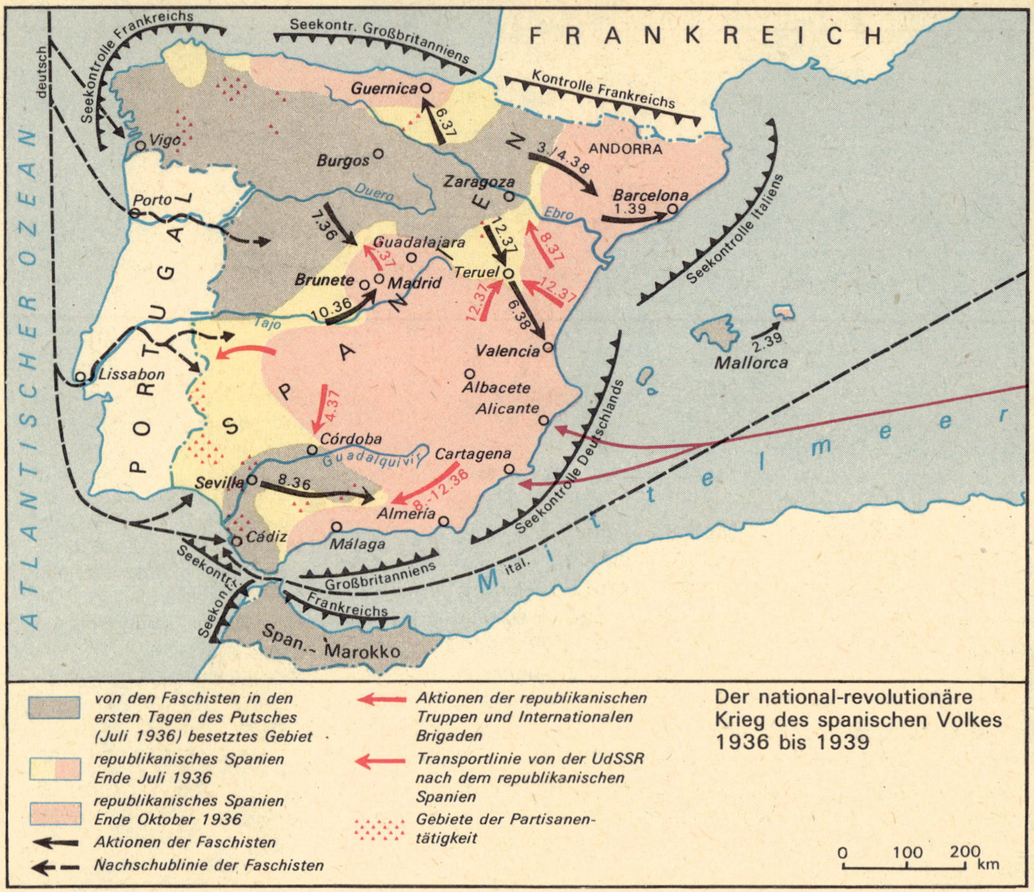

Der national-revolutionäre Krieg des spanischen Volkes 1936 bis 1939

Fahne der XI. Internationalen Brigade. Als Interbrigadisten kämpften u. a. Anton Ackermann, Willi Bredel, Franz Dahlem, Kurt Hager, Heinz Hoffmann, Hans Kahle, Erwin Kramer, Hans Marchwitza, Erich Mielke, Ludwig Renn, Albert Schreiner, Bodo Uhse, Paul Verner, Erich Weinert.

Spanien helfen werde, wenn Deutschland und Italien ihre Unterstützung der spanischen Faschisten fortsetzten. In kurzer Zeit sammelten die Völker der Sowjetunion 59 Millionen Rubel; die Regierung der UdSSR gewährte fast 100 Millionen als Kredite und lieferte wichtige Versorgungsgüter und Waffen. Sowjetische Kommunisten meldeten sich als Freiwillige. Etwa 3000 Bürger der UdSSR eilten dem spanischen Volk als Militärberater, Spezialisten, Flieger und Panzerfahrer zu Hilfe.
Die internationale solidarische Hilfe für die spanische Republik entwickelte sich überall in der Welt und reichte von der Beschaffung von Geld, Waffen, Nahrungsmitteln und Kleidung bis zur Bildung von Freiwilligeneinheiten. Dazu hatten die kommunistischen Parteien Europas und der USA und andere fortschrittliche Organisationen aufgerufen. Etwa 42000 Antifaschisten aus 53 Ländern, ihnen voran Kommunisten, kamen auf oft schwierigen Wegen in die spanische Republik.
Aus den Reihen dieser Kämpfer formierten sich die **Internationalen Brigaden.** Sie kämpften an der Seite der spanischen Volksarmee heldenhaft an allen Brennpunkten des Krieges.

Sie wurden unterstützt von bekannten Demokraten und fortschrittlichen Schriftstellern und Künstlern wie Ludwig Renn, Egon Erwin Kisch und Ernst Busch. Die antifaschistischen Freiwilligen gaben ein leuchtendes Beispiel für den proletarischen Internationalismus.

Der Anteil deutscher Antifaschisten. In der breiten internationalen Front nahmen deutsche Antifaschisten einen ehrenvollen Platz ein. Das Zentralkomitee der KPD rief am 7. August 1936 alle militärisch ausgebildeten deutschen Antifaschisten in den Exilländern auf, sich dem spanischen Volk als freiwillige Kämpfer zur Verfügung zu stellen. Noch im August bildeten die ersten 150 die „Centurio Thälmann" und nahmen sofort an der Abwehr der Putschisten teil. Die deutschen Antifaschisten, die aus den verschiedensten Ländern nach Spanien gingen, schlossen sich in den Bataillonen „Edgar André", „Hans Beimler", „Ernst Thälmann" und anderen zusammen. Die **XI. Internationale Brigade** bestand im wesentlichen aus ihnen. Bei der Verteidigung von Madrid und in anderen Schlachten kämpften sie tapfer und unerschrocken.
Der Kampf als Interbrigadisten schmiedete deutsche Kommunisten, Sozialdemokraten und andere Antifaschisten zusammen. Dies stärkte auch die Einheits- und Volksfrontbewegung in Deutschland selbst. Dort verbreiteten Antifaschisten die Wahrheit über die faschistische Intervention in Spanien und sammelten Solidaritätsspenden. Hafenarbeiter und Matrosen brachten sie nach Spanien. Andere behinderten Transporte von Kriegsmaterial für die Faschisten. Von 1936 bis 1939 kämpften etwa 5000 deutsche Antifaschisten an der Seite des spanischen Volkes. 3000 von ihnen gaben dafür ihr Leben.

Das Ende der spanischen Volksfrontrepublik. Trotz der heldenhaften und opferreichen Kämpfe unterlag das republikanische Spanien der faschistischen Übermacht. Im Januar 1939 fiel Barcelona, am 27. Februar erkannten Großbritannien und Frankreich die Franco-Regierung als rechtmäßig an. Nach ihrem Einmarsch in die Hauptstadt Madrid Ende März 1939 beherrschten die Franco-Faschisten ganz Spanien. Sie unterdrückten jede demokratische Regung unter den Volksmassen; bis 1942 erschoß das Francoregime mehr als 200000 Republikaner.

Ernest Hemingway sprach damals im Rundfunk für sie die ehrenden Worte

„Da sah ich Deutsche, die saßen in Heinkel- und Junkersflugzeugen, sie kamen in Überzahl, flogen über friedliche Dörfer, warfen ihre Bomben ab, pulverisierten die Häuser der Bauern, verbrannten die Ernte … Unten aber, über die Ufer des Ebro, zog auf alle Gefahr hin das Bataillon ‚Thälmann' und andere deutsche Bataillone. Sie wagten alles, wußten, daß ihnen in der Gefangenschaft der Tod drohte, aber sie führten ihren Auftrag aus, griffen an, siegten. Sie pflegten später die Flüchtlinge aus den zerstörten Dörfern, sie nahmen sich der Kinder an, sie machten gut, was die Junkers schlecht gemacht hatten. Sie waren wahre, achtenswerte Deutsche. Deutsche, wie wir sie lieben!"[31]

● *Welche Bedeutung hatte der Kampf der Internationalen Brigaden in Spanien?*

▶ **Im Juli 1936 putschten reaktionäre Generale in Spanien gegen die Volksfrontregierung. Hitlerdeutschland und Italien unterstützten die Franco-Faschisten in ihrem Kampf gegen die spanische Republik. Die imperialistischen Westmächte förderten mit ihrer „Nichteinmischungspolitik" die faschistischen Bestrebungen. Die UdSSR unterstützte selbstlos die spanische Republik mit allen Mitteln. Der Kampf des spanischen Volkes und Zehntausender Antifaschisten der Internationalen Brigaden im national-revolutionären Krieg ist ein Ruhmesblatt des antifaschistischen Kampfes und des proletarischen Internationalismus.**

1936 bis 1939 National-revolutionärer Krieg des spanischen Volkes

Die Annexion Äthiopiens durch das faschistische Italien 1935/36

0 1000 2000 km

3.8. Die faschistischen Annexionen vor dem zweiten Weltkrieg

Kriegsherde brechen auf. Spanien war nicht das einzige Land, in dem faschistische Soldaten gegen ein anderes, friedliebendes Volk kämpften. Im Oktober 1935 fielen Truppen Italiens in *Äthiopien* ein. In einem blutigen Krieg machten sie diesen unabhängigen afrikanischen Staat mit reicher Viehzucht und vielen Bodenschätzen zu einer italienischen Kolonie. Die Äthiopier wehrten sich tapfer, waren jedoch den Panzern und Flugzeugen nicht gewachsen. Im Landesinneren führten sie den Partisanenkampf weiter, auch nachdem im Mai 1936 das Land unterworfen war. Die Westmächte sprachen sich wiederum nur in Worten gegen die Aggression aus, ließen Italien aber gewähren. So sperrte Großbritannien niemals den Suez-Kanal für italienische Militär- und Waffentransporte. Ihre Handlungsweise bezeichneten die britische und französische Regierung auch hier als „Nichteinmischung". In Wirklichkeit duldeten sie die Annexion. Hitlerdeutschland unterstützte offen die Unterwerfung Äthiopiens durch Italien.

Im Ergebnis dieser Politik entwickelte sich eine enge Zusammenarbeit zwischen Deutschland und Italien, die als **„Achse Berlin–Rom"** bezeichnet wurde. Italien trat 1937 dem **„Antikominternpakt"** bei, den Deutschland und Japan 1936 abgeschlossen hatten. Dieser Vertrag richtete sich formell gegen die Kommunistische Internationale, in Wirklichkeit war er ein Bündnis zur Vorbereitung eines Angriffs gegen die Sowjetunion und andere friedliebende Staaten.

1937 nahmen japanische Truppen ihre Angriffe in *China* wieder auf. 1934 waren sie in seine Nordprovinzen eingedrungen. Jetzt besetzten sie Peking, Shanghai, Nanking und weitere wirtschaftlich bedeutende Gebiete. Der Block der aggressiven Staaten aus Deutschland, Italien und dem kaiserlichen Japan formierte sich.

Hitlerdeutschland steuert Kriegskurs. Am 5. November 1937 beriet Hitler mit den Oberbefehlshabern der Wehrmacht und dem Außenminister die weiteren Schritte zur Expansion. Die „Lösung der Raumnot" müsse bald erfolgen, die entsprechenden Gebiete seien „im unmittelbaren Anschluß an das Reich in Europa und nicht in Übersee zu suchen". Dazu könne es nur den „Weg der Gewalt" geben. In einem kommenden Krieg würden neben der Sowjetunion die Hauptgegner Frankreich und Großbritannien sein. Als erste Ziele nannte Hitler die Einverleibung Österreichs und der Tschechoslowakei. Das alles hielt Oberst Friedrich Hoßbach im Protokoll fest.[32] Anfang 1938 begann eine neue Etappe in den Kriegsvorbereitungen des faschistischen Regimes. Die Wehrmacht war in fünf Jahren zu einer starken, modern ausgerüsteten und ausgebildeten Streitmacht ausgebaut worden. Im Februar 1938 übernahm Hitler persönlich das oberste Kommando und bildete das ihm direkt unterstellte Oberkommando der Wehrmacht. Chef des OKW wurde General Wilhelm Keitel. Hitler entließ zögernde Generale, darunter Generalstabschef Ludwig Beck, und ernannte seinen langjährigen außenpolitischen Berater Joachim von Ribbentrop zum Außenminister. Die personellen Veränderungen an der Spitze der Wehrmacht und auf Ministerposten beförderten auf alle entscheidenden Stellen des Machtapparates Hitler bedingungslos ergebene, abenteuerliche und zu jedem Verbrechen bereite Politiker und Militärs. Die ersten offenen Aggressionsakte standen unmittelbar bevor.

Die Republik Österreich wird dem Deutschen Reich einverleibt. Dieses Ziel verfolgte die Hitlerregierung seit ihrer Einsetzung. Damit setzte sie die Bestrebungen der deutschen Imperialisten seit dem Ende des ersten Weltkrieges konsequent fort. Österreichs Bodenschätze und seine großen Goldreserven lockten sie schon seit langem. Jahrelang wurden in Österreich eine faschistische Partei und andere Untergrundorganisationen aufgebaut. Unter der Losung „Heim ins Reich!“ betrieben diese ihre Wühltätigkeit gegen die Republik und bereiteten der Annexion den Weg.

Ende 1937 war Österreich außenpolitisch isoliert. Weder Italien noch die Westmächte waren bereit, ihm Hilfe gegen die deutschen Aggressionsdrohungen zu leisten. So forderte Hitler Anfang 1938 freie Betätigung für alle österreichischen Nazis und die Ernennung seines Parteigängers Arthur Seiß-Inquart zum Innen- und Sicherheitsminister. Die Regierung Schuschnigg beugte sich, kündigte aber eine Volksabstimmung über die Unabhängigkeit des Landes an.

Jetzt schlugen die Faschisten zu. Seiß-Inquart zwang den österreichischen Bundeskanzler am 11. März zum Rücktritt und übernahm seine Nachfolge. Er „erbat“ sofort den vorbereiteten und bereits angelaufenen Einmarsch deutscher Trup-

Truppen der Hitlerwehrmacht rücken in Österreich ein.

pen. Am nächsten Tag, dem 12. März 1937, rückte die faschistische Wehrmacht in das Land ein. Das österreichische Heer leistete keinen Widerstand und wurde in die Wehrmacht eingegliedert. Am 13. März 1938 verkündete Hitler den **Anschluß Österreichs an das „Großdeutsche Reich"**, wie Deutschland von nun an genannt wurde. Damit war der erste selbständige Staat in Europa durch Hitlerdeutschland annektiert.
Den Truppen der Wehrmacht folgten der Gestapoterror und die Beauftragten der Monopole auf dem Fuß. Die Deutsche Bank, der IG-Farben-Konzern, die Elektrokonzerne AEG und Siemens u. a. begannen die Wirtschaft zu beherrschen und die Bodenschätze für die Rüstungsindustrie auszubeuten. Die imperialistischen Westmächte reagierten wiederum nur mit diplomatischen Protesten. Bereits am 2. April 1938 erkannte die britische Regierung die Annexion Österreichs an.

● *Warum stieß dieser erste Annexionsakt auf keine entschiedene Abwehr des deutschen Volkes und der imperialistischen Staaten?*

Das Münchener Abkommen. Die Zerschlagung und Annexion der Tschechoslowakei war das nächste Ziel Hitlerdeutschlands. Auch hier ging es den deutschen Imperialisten um die hochentwickelte Industrie, um landwirtschaftliche Rohstoffe und Nahrungsmittel sowie um günstige militärstrategische Positionen gegenüber Polen, Südosteuropa und der Sowjetunion. Als Vorwand diente der Hitlerregierung die vorwiegend in den Grenzgebieten (Sudetengebiet) lebende deutschsprachige Minderheit. Ein bedeutender Teil dieser drei Millionen Menschen forderte unter dem Einfluß der faschistischen „Sudetendeutschen Partei" den Anschluß an Deutschland. 1938 löste sie Zusammenstöße mit Tschechen aus und schürte überall Unruhe. Ein sogenanntes „Sudetendeutsches Freikorps" betrieb Diversionsakte von deutschen Grenzgebieten aus.
Die Regierung der ČSR wandte sich um Vermittlung an die Regierungen Großbritanniens und Frankreichs. Doch diese ließen das kleine Land im Stich. Sie setzten ihre Politik zur Beschwichtigung des Aggressors durch Erfüllung seiner Forderungen fort und schlossen dafür mit Hitlerdeutschland und

Die Rote Fahne
Zentralorgan der Kommunistischen Partei Deutschlands (Sektion der Kommunistischen Internationale

Genosse! Gib die »Rote Fahne« nur an zuverlässige Freunde weiter — Keine unkontrollierte Verbreitung. Sorge für mündliche Weitergabe des Inhalts.

Reichs-Ausgabe
Begründet von Karl Liebknecht und Rosa Luxemburg.

Genossen! Alles für die Partei Wichtige, alle Erfahrungen, Deine Vorschläge und Kritiken teile der »Rote Fahne« mit: auf dem Wege über Dir bekannte Funktionäre oder über Auslandsverbindungen

Jahrgang 1938 — Nr. 4

Hände weg von der Tschechoslowakei!

Gemeinsamer Aufruf der Kommunistischen Parteien Deutschlands und Oesterreichs

Kann Hitler alles ohne Krieg? Nein!

„Die Rote Fahne" vom Frühjahr 1938, illegal verbreitete Zeitung der KPD, warnt vor der nächsten Aggression.

Bei der Unterzeichnung des Münchener Abkommens (v. l. n. r.: Chamberlain, Premierminister Großbritanniens, Mussolini, Hitler, Daladier, Ministerpräsident Frankreichs)

Zeitgenössisches sowjetisches Plakat zum Münchener Abkommen

● *Wie kennzeichnete diese Karikatur den Verrat der Westmächte an der ČSR?*

Italien am **29. September 1938** das **Münchener Abkommen.** Darin wurde die Regierung der Tschechoslowakischen Republik gezwungen, das Sudetengebiet an Deutschland abzutreten. Am 1. Oktober marschierte die Wehrmacht ein. Der faschistische deutsche Imperialismus erlangte eine weitere beträchtliche Machtausweitung.

▮ **Die Zerschlagung des tschechoslowakischen Staates.** Hitlerdeutschland hatte seine Expansionsziele bisher ohne Anwendung direkter militärischer Gewalt erreicht. Die Drohung mit ihrer Anwendung genügte noch. Während am 15. März 1939 Vertreter deutscher und britischer Monopolverbände über einen Interessenausgleich verhandelten, befahl die Hitlerregierung der Wehrmacht, Prag zu besetzen. Der tschechoslowakische Staatspräsident Emil Hácha war nach Berlin bestellt worden und mußte unter Druck der Zerschlagung der ČSR zustimmen. Auf ihrem Territorium schufen die Faschisten das sogenannte **Reichsprotektorat Böhmen und Mähren** und ei-

Einmarsch deutscher Armeeverbände in Prag am 15. März 1939

nen **slowakischen Marionettenstaat.** Die Südteile der Slowakei und die Karpato-Ukraine erhielt das faschistische Ungarn.

Die Beschwichtigungspolitik der imperialistischen Westmächte. Die Regierungschefs von Großbritannien und Frankreich, Chamberlain und Daladier, behaupteten, mit ihrem Verrat an der Tschechoslowakei den Frieden in Europa gesichert zu haben. Das war reine Heuchelei. Die imperialistischen Regierungen hatten den Forderungen Hitlerdeutschlands wiederum nachgegeben, weil sie weiterhin bestrebt waren, mit den faschistischen Staaten auf antisowjetischer Grundlage Einigungen zu erreichen. Deshalb hatten sie auch den wiederholten Bruch des Versailler Vertrages und die schnelle Aufrüstung geduldet und Österreich und die ČSR preisgegeben.

Die Wahrheit über die imperialistische Beschwichtigungspolitik prangerten die kommunistischen Parteien Deutschlands, Frankreichs, Großbritanniens und der Tschechoslowakei in einem Aufruf nach dem Münchener Abkommen an. Dieses sei die Fortsetzung der gleichen Kapitulationspolitik, die Frankreich und Großbritannien schon mit ihrer „Nichteinmischungspolitik" gegenüber der spanischen Republik angewendet hätten. Der wirkliche Friede könnte nur von den Arbeitern und Bauern im Bündnis mit den demokratischen Kräften aller Völker gerettet werden. Das Münchener Abkommen markierte dagegen den Höhepunkt der Beschwichtigungspolitik und stellte die Weichen in den Krieg.

In diesen Jahren waren aber auch Möglichkeiten herangereift, einen Krieg zu verhindern. Die Existenz und die Friedenspolitik der sozialistischen Sowjetunion und das Wachsen der revolutionären, demokratischen und für den Frieden eintretenden Kräfte waren entscheidende Bedingungen dafür. Nicht zuletzt bildeten sich auch in den imperialistischen Westmächten Gruppen realdenkender Politiker heraus, die in einer Zusammenarbeit mit der UdSSR Möglichkeiten für die Sicherung des Friedens und ihrer Interessen sahen. Doch auch solche Po-

---

Im März 1939 erklärt ein Mitarbeiter des deutschen Außenministers

„Im Verlaufe der weiteren Verwirklichung der deutschen Pläne bleibt der Krieg gegen die Sowjetunion die letzte und entscheidende Aufgabe der deutschen Politik."[33]

- *Stellen Sie anhand der Karte nochmals alle Aggressionshandlungen Hitlerdeutschlands zusammen!*
- *Wie wirkten sich die Annexionen auf die militärische Lage Deutschlands aus?*

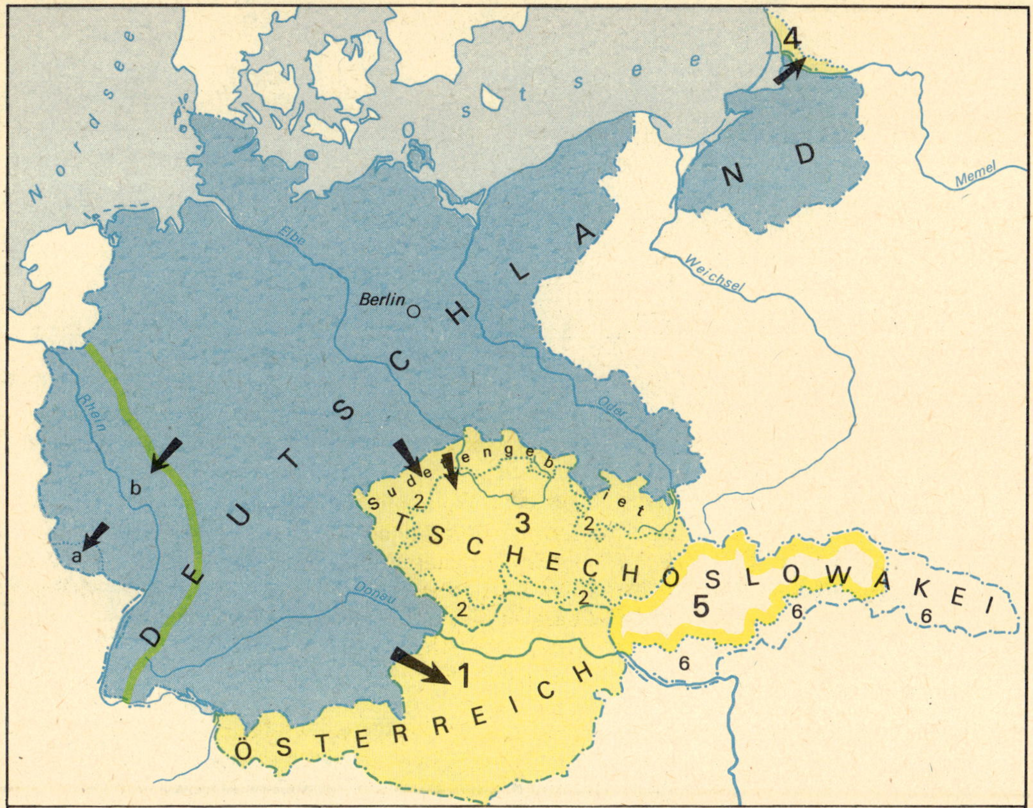

a	Angliederung des Saargebietes an Deutschland (1935)	2	Okkupation von Grenzgebieten der ČSR (ab 1.10.1938)
b	Besetzung der entmilitarisierten Gebiete des Rheinlandes (7.3.1936)	3	faschistisches Protektorat Böhmen und Mähren (15.3.1939)
(gelb)	vom faschistischen Deutschland annektierte Gebiete	4	Angliederung des Memelgebietes (23.3.1939)
1	Annexion Österreichs (12.3.1938)	5	von Hitlerdeutschland gegründeter Satellitenstaat Slowakei (14.3.1939)
		6	an Ungarn angegliedert

Die Aggressionen des deutschen Faschismus 1935 bis 1939

0 100 200 km

litiker traten damals noch inkonsequent und vielfach antisowjetisch auf. So blieb das Hilfsangebot der Regierung der UdSSR an die ČSR unwirksam. Hitlerdeutschland konnte einen weiteren Staat annektieren.

▶ In Europa und im Fernen Osten waren Kriegsherde entstanden. Die Kriegsgefahr erhöhte sich, als Hitlerdeutschland 1938 Angriffe auf seine Nachbarstaaten vorbereitete. Mit der Annexion Österreichs und des Sudetengebietes sowie der Zerschlagung des tschechoslowakischen Staates führte Hitlerdeutschland schon vor dem zweiten Weltkrieg offene Aggressionen durch. Die imperialistischen Westmächte duldeten die Expansion in der Hoffnung, die militärische Aggression gegen die Sowjetunion lenken zu können.

12. März 1938 **Annexion Österreichs durch Hitlerdeutschland**
29. September 1938 **Münchener Abkommen und Annexion der Sudetengebiete**
15. März 1939 **Zerschlagung der Tschechoslowakei**

3.9. Die letzten Monate vor dem Krieg

Die Berner Konferenz der KPD. Anfang 1939 standen Europa und die Welt am Vorabend eines neuen Weltbrandes. Unter diesen Bedingungen setzte die KPD alle Kraft ein, um den antifaschistischen Kampf zu verbreitern und neue Kräfte zu mobilisieren. Dafür bereitete die Parteiführung eine erneute Delegiertenberatung vor. Zur **Berner Konferenz,** wie diese erweiterte ZK-Tagung später zur Tarnung bezeichnet wurde, trafen **Ende Januar 1939** 22 führende deutsche Kommunisten bei Paris zusammen.

Als die Berner Konferenz zusammentrat, stand die KPD genau sechs Jahre im Kampf gegen das faschistische Regime. In diesem Zeitraum hatten die Nazis etwa 500000 bis 600000 Antifaschisten, unter ihnen etwa 90000 Kommunisten, in Konzentrationslagern, Zuchthäusern und Gefängnissen eingekerkert. Die Delegierten berichteten im einzelnen, wie in Betrieben, Verwaltungen und Wohngebieten, in den KZ und Zuchthäusern Parteiorganisationen der KPD kämpften. Zentren der illegalen Partei waren vor allem Berlin, das Rhein-Ruhr-Gebiet, das Niederrhein-Gebiet, das mitteldeutsche Industriezentrum und der Raum Hamburg.

Wilhelm Pieck hielt das Hauptreferat „Die gegenwärtige Lage und die Aufgaben der Partei". Die Delegierten tauschten Erfahrungen des illegalen Kampfes aus und berieten, wie sie ihn noch wirkungsvoller machen könnten. Einheitsfront und Volksfront, Gewinnung und Zusammenschluß aller Gegner des faschistischen Regimes, aller mit seiner Kriegspolitik unzufriedenen oder von ihr betroffenen Menschen der verschiedenen Klassen und Schichten blieben die entscheidenden Kampfziele und Kampfmethoden. Diese Einschätzungen und die weiteren Aufgaben fanden in der **Resolution „Der Weg zum Sturze Hitlers und der Kampf um die neue, demokratische Republik"** ihren Niederschlag. Orientiert wurde auf die Überwindung der Spaltung der Arbeiterklasse durch eine revolutionäre Einheitspartei im Ergebnis des gemeinsamen Kampfes. Klarheit schuf die Parteikonferenz über das nächste Ziel des breiten antifaschistischen Volksbündnisses, die **deutsche antifaschistisch-demokratische Republik**. Sie würde alle volksfeindlichen Gesetze der Nazis aufheben, das Monopolkapital enteignen und im Gegensatz zur Weimarer Republik „eine gründliche Demokratisierung des Staatsapparates durchführen und solche Maßnahmen zur Verteidigung der neu errungenen Freiheit treffen, die eine Wiederkehr der faschistischen Tyrannei ein für allemal unmöglich" machen werde.[34]

Angesichts der zugespitzten internationalen Situation stellte die Konferenz den Kampf um die Erhaltung des Friedens in den Mittelpunkt der Politik der Partei. Die KPD prangerte besonders die Kriegsvorbereitungen und die aggressive Haltung der Faschisten gegenüber der Sowjetunion an und forderte, alles für deren Schutz und die Erhaltung des Friedens zu tun. Sollte der Krieg trotzdem ausbrechen, so müßten alle Kräfte

---

Alexander Abusch berichtet über das Zusammentreffen in Droveil

„Ein entlegenes Haus zwischen Wäldern; wir tagten, aßen und schliefen in diesem Gebäude ... Französische Genossen versorgten uns mit Essen und sicherten unauffällig die Tagung. Der Bürgermeister der Gemeinde besuchte uns als Genosse, Freund, Bruder ... Auf der Tagung vom 30. Januar bis 1. Februar 1939 waren wir froh über jeden Genossen von der Brüsseler Konferenz, den wir wiedersahen. Die Mehrheit der Mitglieder und Kandidaten des auf dieser Konferenz 1935 gewählten Zentralkomitees ... war anwesend ... Alle Abschnittsleiter der Grenzländer, neben anderen Genossen aus der illegalen Arbeit, hatten sich eingefunden."[35]

Aus der Erklärung der Berner Konferenz der KPD vom Februar 1939

„Die Sowjetunion hat seit ihrer Existenz bewiesen, daß von ihrer Seite Deutschland niemals eine Gefahr droht ... Das deutsche Volk darf sich niemals dazu hergeben, gegen die sozialistische Sowjetunion zu kämpfen. Im Kriegsfalle muß und wird es alle Mittel anwenden, um durch seine selbständige Aktion, im Bündnis mit der Roten Armee den Faschismus zu stürzen, den Frieden und die Freiheit Deutschlands zu erkämpfen."[36]

Welche historische Bedeutung haben die Beschlüsse der Berner Konferenz der KPD?

Trotz Terror lebt die KPD. Solche Losungen sind Zeichen des illegalen antifaschistischen Kampfes.

angespannt werden, um durch den Sturz des Hitlerregimes den Frieden schnell wiederherzustellen.

Antifaschistische Widerstandsaktionen im Frühjahr 1939. Zu dieser Zeit gelang es, eine Anzahl wirkungsvoller Kampfaktionen, kleinere Streiks und Proteste gegen schlechte Arbeitsbedingungen, Arbeitshetze und Verlängerungen der Arbeitszeit auszulösen. Lohnforderungen wurden erhoben. Die Gestapo berichtete, die „kommunistische Arbeit im Reich“ läge vor allem in den Lagern der Bauarbeiter für die Autobahnen und Befestigungsanlagen an der Westgrenze sowie in verschiedenen Bergbaubetrieben. Der Ansatzpunkt für die steigende kommunistische Tätigkeit seien soziale Probleme; das hätten Untersuchungen bestätigt. In steigender Zahl registrierte die Polizei antifaschistische Propagandatätigkeit, Aufrufe zu „Sabotageakten“ und die Verbreitung weiterer kommunistischer Parolen. Die KPD lebte und kämpfte. Mit den Kommunisten traten Sozialdemokraten und parteilose Arbeiter, antifaschistisch gesinnte Bürger, Christen aller Konfessionen dem faschistischen Regime mutig entgegen. Kaplan Joseph Rossaint und Pfarrer Paul Schneider, den die SS im Juli 1939 im KZ Buchenwald ermordete, waren Vorbilder für die breite Front der kämpfenden Antifaschisten.

Trotz aller Aktivitäten konnten die deutschen Antifaschisten mit ihrem mutigen und opferreichen Kampf, der dem faschistischen Regime zunehmende Schwierigkeiten bereitete, keine entscheidenden Aktionen der Massen zur Erhaltung des Friedens herbeiführen. Die Mehrheit des deutschen Volkes folgte weiter dem verhängnisvollen Weg Hitlers. Propaganda und soziale Demagogie hatten große Wirkung. Die Lebenslage hatte sich für viele verbessert, obwohl die Preise gestiegen waren und einige Lebensmittel und Industriewaren schon knapper wurden.

Propagandawelle für den Krieg. Die faschistische Propaganda schürte planmäßig die Hysterie für einen kommenden Krieg. Es wurde verstärkt die Meinung suggeriert, die erreichte Verbesserung der Lebenslage der Volksmehrheit könnte nur gehalten und erweitert werden, wenn dafür andere Länder ausgebeutet werden könnten. Ansprüche auf polnische Gebiete wurden offen erhoben. Die Ukraine bezeichnete man weiter als die erstrebenswerte Kornkammer, Ländereien Osteuropas als Siedlungsland für landlose Bauernsöhne. Europäische und überseeische Absatzmärkte und Rohstoffquellen müßten un-

---

Hitler vor deutschen Presseleuten in einer Geheimrede im November 1938

„Nur unter der fortgesetzten Betonung des deutschen Friedenswillens und der Friedensabsichten war es mir möglich, dem deutschen Volk Stück für Stück die Freiheit zu erringen und ihm die Rüstung zu geben, die immer wieder für den nächsten Schritt als Voraussetzung notwendig war ... Der Zwang war die Ursache, warum ich jahrelang nur vom Frieden redete. Es war nunmehr notwendig, das deutsche Volk psychologisch allmählich umzustellen und ihm langsam klarzumachen, daß es Dinge gibt, die, wenn sie nicht mit friedlichen Mitteln durchgesetzt werden können, mit Mitteln der Gewalt durchgesetzt werden müssen. Dazu war es aber notwendig ... dem deutschen Volk bestimmte außenpolitische Vorgänge so zu beleuchten, daß die innere Stimme des Volkes selbst langsam nach der Gewalt zu schreien begann. ... Diese Arbeit hat Monate erfordert, sie wurde planmäßig begonnen, planmäßig fortgeführt, verstärkt.“[37]

Weisen Sie anhand dieser Hitlerrede nach, mit welchen Mitteln die Propaganda betrieben und die Ziele durchgesetzt wurden!

Massendeportationen jüdischer Bürger nach dem 10. November 1938

● *Welche Ziele verfolgten die Faschisten mit der verstärkten Judenverfolgung?*

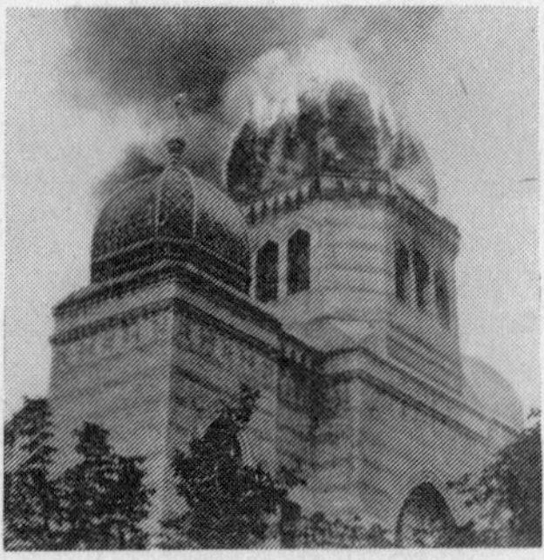

Auch die Synagoge in Berlin-Grunewald geht in der Nacht vom 9. zum 10. November 1938 in Flammen auf.

ter deutschen Einfluß gebracht werden. So nutzte die Propaganda in gesteigerter Form die Lügen vom „Volk ohne Raum" und vom „deutschen Herrenmenschen" zur Hetze für einen kommenden Krieg aus. Der Krieg wurde in jeder Form verherrlicht und gepriesen.

Judenverfolgung wird vervielfacht. Hetze und Terror gegen die Deutschen jüdischer Abstammung nahmen von Jahr zu Jahr zu. 1935 sprachen die „Nürnberger Gesetze" ihnen alle Bürgerrechte ab. Eheschließungen und geschlechtliche Beziehungen mit Bürgern „deutschen Blutes", sogenannten Ariern, waren als „Rassenschande" unter höchste Zuchthausstrafen gestellt.

In der Nacht vom 9. zum 10. November 1938 organisierte die Nazipartei antijüdische Pogrome. Während dieser Nacht zogen SA-Horden in Zivil plündernd durch die Straßen und demolierten jüdische Geschäfte und Wohnungen, steckten 281 Synagogen und über 200 andere Gebäude in Brand. 91 Juden brachten die Schläger dabei um, über 20000 schleppten sie in die Konzentrationslager, wo die meisten den Tod fanden.

Die jüdischen Bürger mußten 1,5 Mrd. RM als „Buße" an den Staat zahlen. Juden durften sich nicht mehr an bestimmten Orten aufhalten, keine Theater und Kinos besuchen, keine Haustiere halten. Viele Tausende zwang man zur Auswanderung; ihren Besitz mußten sie vorher verschleudern, oder sie wurden enteignet. Bei der „Arisierung" der Betriebe griffen die Konzerne und Großbanken kräftig zu und erwarben billig Millionenbesitze. Flick z. B. übernahm die Petscheck-Konzerne, die reiche Braunkohlevorkommen in Mitteldeutschland und im annektierten Sudetengebiet besaßen. Viele Nazifunktionäre beteiligten sich ebenfalls am Raubzug gegen die jüdischen Bürger und eigneten sich Haus- und Grundbesitz, Geschäfte und kleine Betriebe an.

Hitlerdeutschland bereitet den Überfall auf Polen vor. Hitlers demagogische Friedensbeteuerung, nach der Lösung des „sudetendeutschen Problems“ habe er keine territorialen Forderungen mehr in Europa, sollte die wahren Kriegspläne ein weiteres Mal verschleiern. Von Polen forderten die deutschen Imperialisten zunächst die Rückgliederung des Freistaates Danzig sowie eine exterritoriale Verkehrsverbindung nach Ostpreußen. Die Weisung des OKW für den „Fall Weiß“ legte Anfang April den 1. September 1939 als spätesten Termin für einen Überfall auf Polen fest. Am 28. April kündigte Hitler das deutsch-britische Flottenabkommen und die deutsch-polnische Nichtangriffsdeklaration, die 1934 abgeschlossen worden war, auf. Ein als „Stahlpakt“ bezeichnetes Kriegsbündnis schlossen Deutschland und Italien am 22. Mai. Am folgenden Tag erläuterte Hitler den militärischen Befehlshabern die Kriegsziele: „Ohne Einbruch in fremde Staaten oder Angreifen fremden Eigentums“ sei keine weitere Machtausdehnung möglich. Im Juli begann der getarnte Aufmarsch der deutschen Truppen. Tausende Soldaten wurden nach Ostpreußen verschifft, um angeblich an den Feierlichkeiten zum 25. Jahrestag der Schlacht bei Tannenberg teilzunehmen.

UdSSR für kollektive Abwehr einer Aggression. Die Regierung der Sowjetunion schätzte die gewachsene Kriegsgefahr richtig ein. In einer Note vom 18. März 1939 an die deutsche Regierung bezeichnete sie die Ausweitung der Aggressionspolitik als Gefahr für den Weltfrieden. Den Regierungen Großbritanniens und Frankreichs schlug sie gleichzeitig erneut vor, für den Fall eines Angriffs einen Vertrag über gegenseitige Hilfeleistung abzuschließen. Er sollte mit Garantieerklärungen der drei Mächte für die von Deutschland bedrohten kleineren Länder verbunden sein. Die Zerschlagung der Tschechoslowakei und die Angriffsvorbereitungen gegen Polen verletzten auch die Interessen Frankreichs und Großbritanniens, weil sich der faschistische deutsche Imperialismus da-

---

Ausführungen Hitlers vor den Befehlshabern am 23. Mai 1939

„Weitere Erfolge können ohne Blutvergießen nicht mehr errungen werden ... Danzig ist nicht das Objekt, um das es geht. Es handelt sich für uns um die Erweiterung des Lebensraumes im Osten und Sicherstellung der Ernährung sowie der Lösung des Baltikum-Problems ... Es entfällt also die Frage, Polen zu schonen, uns bleibt der Entschluß, bei erster passender Gelegenheit Polen anzugreifen.“[38]

● *Verfolgen Sie die einzelnen Schritte der Angriffsvorbereitung und vergleichen Sie sie mit den öffentlichen Erklärungen!*

Zeitgenössische Karikatur einer französischen Zeitung über die „Eile“, mit der die Westmächte die Verhandlungen mit der UdSSR aufnehmen

● *Wie charakterisiert die Karikatur die Verhandlungstaktik der Westmächte? Was waren ihre Folgen?*

mit zur vorherrschenden Macht in Europa aufschwang. Die Möglichkeiten für ein Zusammengehen der sozialistischen Sowjetunion und der imperialistischen Westmächte zur Abwehr des Aggressors waren damit größer geworden.
Unter dem Druck ihrer Völker nahmen die Regierungen der Westmächte den sowjetischen Vorschlag zu Verhandlungen an. Sie betrieben jedoch eine doppelzüngige Politik und zogen die Verhandlungen mit immer neuen Vorwänden in die Länge. Inzwischen hofften sie, sich insgeheim mit Hitlerdeutschland einigen zu können, und waren dafür bereit, die Faschisten im Osten Europas gewähren zu lassen.

Die Zweifrontenbedrohung der Sowjetunion. Die Regierung der UdSSR ließ gegenüber der imperialistischen Taktik nichts unversucht, um den Frieden doch noch zu erhalten. Als Hitlerdeutschlands Kriegsvorbereitungen auf Hochtouren liefen, schlug sie Anfang August 1939 den Regierungen von Großbritannien und Frankreich konkrete militärische Abmachungen zur Verhinderung des unmittelbar drohenden faschistischen Angriffs vor. Doch die verantwortlichen Regierungsmitglieder dieser Länder waren weiterhin nicht zu einem bindenden Vertrag bereit. Sie wollten bei einer deutschen Aggression gegen Polen keine größeren militärischen Kontingente auf dem Festland einsetzen und beriefen sich darauf, daß die polnische Regierung bei einem Überfall die Truppen der Sowjetunion nicht durch ihr Land marschieren lassen wollte. Damit war jede militärische Hilfe seitens der Sowjetunion von vornherein ausgeschlossen. Die verantwortlichen Politiker in London und Paris hofften, daß sich ein deutsch-polnischer Konflikt zu einem Krieg zwischen dem faschistischen Deutschland und der UdSSR ausweiten würde. Diese Spekulation drückte ihrer Verhandlungsführung den Stempel auf und führte die Verhandlungen in die Sackgasse. Die UdSSR mußte nun vordringlich an ihre eigene Sicherheit denken.

• *Erklären Sie anhand der Karte die Bedrohung der UdSSR im Fernen Osten!*

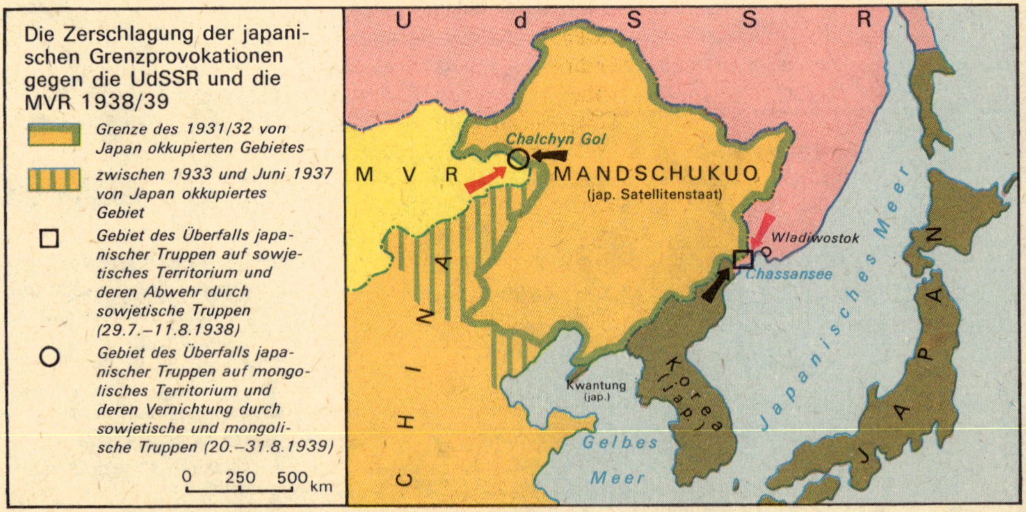

Das war um so dringlicher, als auch im *Fernen Osten* für die Sowjetunion die Gefahr eines Krieges heraufzog. Japans Truppen führten in China neue Angriffe. Die japanischen Militaristen verstärkten ihre Streitkräfte an der Grenze zur UdSSR und unternahmen im **Juli/August 1938** einen Überfall auf sowjetisches Territorium am **Chassan-See** bei Wladiwostok, der zurückgeschlagen wurde. Im Mai 1939 drangen sie am Fluß **Chalchyn Gol** in das Gebiet der Mongolischen Volksrepublik ein. Verbunden durch einen Freundschaftsvertrag, schlugen sowjetische und mongolische Truppen **Ende August 1939** die japanischen Aggressoren zurück, die große Verluste erlitten. Die Kriegsdrohung gegen die Sowjetunion blieb jedoch bestehen.

Im Februar 1945 gestand der britische Außenminister Anthony Eden vor dem Unterhaus

„Wer wollte jetzt bezweifeln, daß, wenn die zwischen Rußland, Britannien und den Vereinigten Staaten in Jalta hergestellte Übereinstimmung im Jahre 1939 erreicht worden wäre, dieser Krieg niemals hätte ausbrechen können."[39]

Der Nichtangriffsvertrag zwischen der UdSSR und Deutschland. In dieser internationalen Lage mußte die Regierung der UdSSR unbedingt verhindern, daß der erste sozialistische Staat auf sich allein gestellt einem Zweifrontenkrieg ausgesetzt wurde. Die Lebensinteressen des Sowjetvolkes und aller Völker erforderten, diese Gefahr zu bannen. Deshalb entschloß sich die sowjetische Regierung, dem Angebot Hitlerdeutschlands zu folgen, mit ihm einen Nichtangriffsvertrag abzuschließen. Dieser wurde am **23. August 1939** in Moskau unterzeichnet. Er sollte zehn Jahre gültig sein und Angriffshandlungen gegen die UdSSR und die baltischen Staaten ausschließen.

Diese Entscheidung der Sowjetunion veränderte die internationale Lage. Die Pläne, die inneren Widersprüche des imperialistischen Systems auf Kosten der Sowjetunion zu lösen, waren gescheitert. Die UdSSR durchkreuzte die Absicht, eine mächtige antisowjetische Einheitsfront zu bilden, und setzte der deutschen Aggression in Osteuropa Grenzen. Der Vertrag sicherte der Sowjetunion für fast zwei Jahre den Frieden, die sie nutzen konnte, um ihre Verteidigungskraft zu erhöhen. Die sowjetische Regierung war weiterhin bereit, mit den imperialistischen Westmächten zusammenzuarbeiten, wenn diese gewillt waren, gemeinsam mit der UdSSR den bedrohten Frieden zu bewahren oder wiederherzustellen. Ein gegen Hitlerdeutschland gerichtetes Staatenbündnis hätte den zweiten Weltkrieg verhindern können.

- *Welche Bedeutung hatte der deutsch-sowjetische Nichtangriffspakt?*
- *Warum wird er noch heute von imperialistischen Ideologen verunglimpft?*

Die letzten Tage vor dem Krieg. Die sommerlich warmen Augusttage des Jahres 1939 waren politisch mit Spannung geladen. Gerüchte über einen bevorstehenden Kriegsausbruch kursierten. Die Mehrzahl der Deutschen glaubte aber noch nicht, daß es Krieg geben werde. Bisher waren doch alle „Erfolge" des Hitlerregimes nach massiven militärischen Drohungen ohne einen Schuß erreicht worden.

Am 22. August rief Hitler seine Generale ein letztes Mal im Frieden auf den Obersalzberg bei Berchtesgaden. Hier gab er den Angriffsbefehl gegen Polen aus und erklärte: „Ich werde propagandistischen Anlaß zur Auslösung des Krieges geben, gleichgültig ob glaubhaft. Der Sieger wird später nicht danach gefragt, ob er die Wahrheit gesagt hat oder nicht."[40]

- *Was ermöglichte den Faschisten die langfristige und systematische Vorbereitung des Krieges?*
- *Wer stellte sich ihnen entgegen?*

Am 28. August mußten die Frauen schon mit Lebensmittelkarten einkaufen, die ihnen die Blockwarte am Sonntag ins Haus getragen hatten. Die Rationierung der wichtigsten Nahrungsmittel kündigte den Krieg an. Die Älteren dachten mit Schrecken an den Kohlrübenwinter 1917. Die Jungen sangen lauter als sonst: „Wir werden weitermarschieren, bis alles in Scherben fällt! Denn heute gehört uns Deutschland und morgen die ganze Welt!" SS-Führer Heinrich Himmler war überzeugt, den „Kriegsschauplatz Innerdeutschland" mit SS, Polizei und Nazipartei fest im Griff zu haben.
Über anderthalb Millionen Soldaten waren in ihre Ausgangsstellungen entlang der polnischen Grenze eingerückt, von Ostpreußen bis zu den Beskiden. Panzer und Flugzeuge waren aufgetankt, Munition bereitgestellt, Bomben eingeklinkt. Am 31. August mittags erging mit der „Weisung Nr. 1 für die Kriegführung" des OKW der endgültige Angriffsbefehl. Die Generale blickten nochmals auf ihre Generalstabskarten mit den Vormarschpfeilen – der Eroberungskrieg war nach ihrer Meinung gründlich vorbereitet.

Juli/August 1938 Abwehr eines japanischen Überfalls auf sowjetisches Territorium am Chassansee
9./10. November 1938 Antijüdischer Pogrom der Faschisten
30. Januar bis 1. Februar 1939 **Berner Konferenz der KPD**
23. August 1939 Deutsch-sowjetischer Nichtangriffspakt
August 1939 Abwehr eines japanischen Überfalls auf mongolisches Territorium am Chalchyn Gol
31. August 1939 „Weisung Nr. 1 für die Kriegführung" des OKW

▸ In Europa und im Fernen Osten gab es gefährliche Kriegsherde. Zwei imperialistische Mächtegruppierungen bestanden. Ihre Gegensätze verschärften sich ständig. Dem aggressiven Block mit Deutschland, Italien und Japan standen die anderen imperialistischen Großmächte, Frankreich, Großbritannien und die USA, gegenüber. Gemeinsam war ihnen ihre feindselige Haltung gegenüber der UdSSR.
Die faschistischen Staaten hatten in den zurückliegenden Jahren ihre Machtbereiche nach innen gefestigt und nach außen bedeutend ausgedehnt und das gesamte Leben militarisiert. Am Vorabend der bewaffneten Auseinandersetzung verfügten sie über eine entwickelte Kriegswirtschaft und starke, modern ausgerüstete Streitkräfte. Sie wollten andere Völker unterjochen und ausplündern und die Weltherrschaft erobern.
Die herrschenden imperialistischen Kreise der Westmächte waren bestrebt, ihre bürgerlich-parlamentarische Regierungsform zu festigen, ihre außenpolitischen und wirtschaftlichen Positionen und Einflußsphären zu sichern und auszudehnen. Sie hofften, daß sich der künftige Krieg gegen die Sowjetunion richten würde. Deshalb förderten sie die faschistischen Aggressionsbestrebungen in vielfältiger Weise bzw. traten ihnen nicht aktiv entgegen. Dem diente die Politik der Nichteinmischung und der Beschwichtigung des Aggressors. Allein die Sowjetunion führte einen entschiedenen Kampf für die Erhaltung des Friedens. Um ihr Programm für Frieden, Sicherheit, Demokratie und sozialen Fortschritt scharten sich die fortgeschrittensten und friedliebenden Kräfte der ganzen Welt. An ihrer Spitze standen die kommunistischen Parteien aller Länder. Sie unternahmen große Anstrengungen, um die Arbeiterklasse und alle anderen werktätigen und demokratischen Kräfte zum Kampf für die Erhaltung des Friedens zusammenzuschließen.

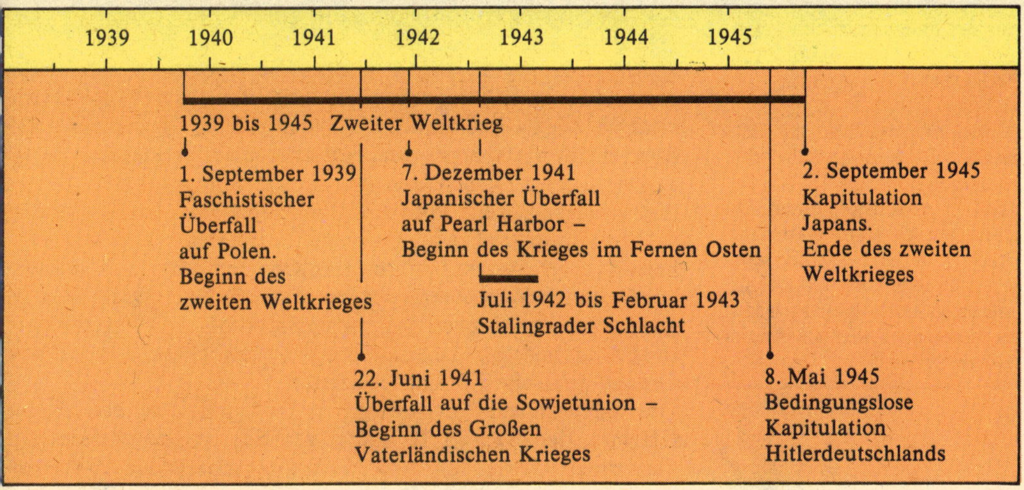

Der zweite Weltkrieg. Der Große Vaterländische Krieg der Sowjetvölker

4. KAPITEL

Die deutschen Faschisten entfesselten den zweiten Weltkrieg, überfielen zehn europäische Staaten und eroberten einen großen Teil des Kontinents. Am Ende des Krieges ging das imperialistische Deutsche Reich unter. Wie konnte das geschehen? Wie gelang es den Völkern, in einem zähen und opferreichen Kampf die faschistischen Aggressoren vernichtend zu schlagen?

Ein bis dahin in der Weltgeschichte nicht dagewesenes Bündnis der Völker und Regierungen, die Antihitlerkoalition, entstand, um die Welt von der Terrorherrschaft des deutschen Faschismus und seiner Verbündeten in Europa und Asien zu befreien. Millionen Antifaschisten und Hitlergegner in aller Welt, auch hunderttausende Deutsche, nahmen am Widerstandskampf teil. Die Völker der Sowjetunion erhoben sich zum Großen Vaterländischen Krieg und trugen an der Front und im Hinterland die Hauptlast des mehrjährigen Kampfes. Unermeßliche Opfer und Zerstörungen waren in vielen Staaten zu beklagen. Dieses Geschehen von wahrhaft welthistorischer Bedeutung wollen wir in diesem Kapitel verfolgen.

Sowjetsoldaten bei der Verteidigung Stalingrads

Aus der eidesstattlichen Erklärung des SS-Sturmbannführers Naujocks

„Ungefähr am 10. August 1939 befahl mir Heydrich [Chef des Sicherheitsdienstes der SS – d. Red.] ... persönlich, einen Anschlag auf die Radiostation bei Gleiwitz in der Nähe der polnischen Grenze vorzutäuschen und es so erscheinen zu lassen, als wären die Polen die Angreifer gewesen ...“[1]

4.1. Der Kriegsverlauf bis zum Juni 1941

Die Provokation von Gleiwitz. Die deutschen Faschisten entfesselten den Krieg mit einer Reihe teuflischer Provokationen. In der Nacht vom 31. August zum 1. September 1939 überschritten als Berg- und Hüttenarbeiter verkleidete Gruppen deutscher Diversanten die Grenze und schlichen sich in die Fabrikanlagen Polnisch-Oberschlesiens. Sie besetzten wichtige Industriebetriebe, um sie für die deutschen Konzernherren unversehrt zu bewahren. In Oberschlesien und in anderen Gebieten Westpolens wurden in dieser Nacht viele Sabotageakte verübt, Brücken gesprengt, Bahnhöfe und Postgebäude in Brand gesetzt, Telefonleitungen vernichtet und an der Grenze deutsche Zollhäuser zerstört.

Die bedeutendste Provokation war der **Überfall auf den Sender Gleiwitz**, der etwa 25 Kilometer von der Grenze entfernt auf deutschem Gebiet lag. Am 31. August erhielt der SS-Sturmbannführer Alfred Naujocks von der Führung in Berlin das verabredete Stichwort: „Großmutter gestorben!“ Das bedeutete, um 20 Uhr das Gebäude der Rundfunkstation zu überfallen. Zuvor überließ man Naujocks einen ermordeten Gefangenen aus einem Konzentrationslager, dem eine polnische Uniform angezogen worden war. Auftragsgemäß drang der Trupp SS-Leute in das Haus ein, feuerte aus den Pistolen sinnlos herum, verlas dann einen Aufruf in deutscher und polnischer Sprache und ließ den Toten zurück. Die Provokation gab Hitler den angekündigten propagandistischen Anlaß zur Auslösung des Krieges.

So wurde der Krieg entfacht. Hitler behauptete am 1. September 1939: „Nachdem schon neulich in einer einzigen Nacht

Faschistische deutsche Truppen dringen über die polnische Grenze vor und beseitigen den Schlagbaum.

21 Grenzzwischenfälle zu verzeichnen waren, sind es heute Nacht 14 gewesen, darunter drei ganz schwere ... Polen hat nun heute Nacht zum erstenmal auf unserem eigenen Territorium auch durch reguläre Soldaten geschossen ... Ich habe mich daher nun entschlossen, mit Polen in der gleichen Sprache zu reden ... Seit 5.45 Uhr wird jetzt zurückgeschossen!" Den Provokationen folgte wenige Stunden später der militärische Überfall der deutschen Faschisten.

Der Überfall auf Polen. Die faschistischen Truppen fielen im Morgengrauen des **1. September 1939** mit 1,6 Millionen Soldaten, mit mehr als 6000 Geschützen, 2800 Panzern und etwa 2000 Flugzeugen in das Nachbarland ein. Die Aggressionsarmee ergoß sich von Norden, Westen und Südwesten über die 1600 Kilometer lange Grenze. Die deutsche Luftwaffe griff mit großer Wucht polnische Aufmarschgebiete und Städte im Hinterland an. Das alles geschah ohne Kriegserklärung.

Die polnische Armee leistete den Angreifern tapfer Widerstand. Der blitzartige Überfall überraschte sie: Auch war sie nicht voll mobilisiert und waffentechnisch nicht so modern ausgerüstet wie die deutsche. Sie allein konnte ohne die Unterstützung der Bundesgenossen Frankreich und Großbritannien nicht lange standhalten. Diese hatten vor dem Kriege Polen vertraglich zugesichert, schnellstens einen Entlastungsangriff gegen Deutschland zu führen.

Großbritannien und Frankreich erklärten am 3. September 1939 Hitlerdeutschland den Krieg. Sie unternahmen jedoch nur völlig unbedeutende Vorstöße gegen die deutsche Westgrenze. Die Westmächte ließen Polen im Stich, obwohl sie über ausreichende militärische Kräfte verfügten, die den deutschen Kriegsplan hätten zum Scheitern bringen können, wie selbst faschistische Generale bezeugten.

Seit dem 25. August hat das Linienschiff „Schleswig-Holstein" nach einem angeblichen Freundschaftsbesuch in der Freien Stadt Danzig vor dem polnischen Ostseeflottenstützpunkt Westerplatte Position bezogen. Am frühen Morgen des 1. September feuert es seine todbringenden Salven auf die polnischen Festungsanlagen.

Aus der Aussage des deutschen Generals Alfred Jodl über die Haltung der Westmächte im Jahre 1939 am 4. Juli 1946 im Nürnberger Prozeß

„Wir waren bis zum Jahre 1939 zwar in der Lage, Polen allein zu zerschlagen, aber wir waren niemals – weder 1938 noch 1939 – eigentlich in der Lage, einem konzentrischen Angriff dieser Staaten [Großbritannien, Frankreich und Polen – d. Red.] gemeinsam standzuhalten. Und wenn wir nicht schon im Jahre 1939 zusammenbrachen, so kommt das nur daher, daß die rund 110 französischen und englischen Divisionen im Westen sich während des Polenfeldzugs gegenüber den 23 deutschen Divisionen völlig untätig verhielten."[2]

Truppen der Sowjetarmee überschritten am 17. September 1939 die Grenze nach Polen, um Leben und Freiheit der Menschen in den Westgebieten der Ukraine und Belorußlands vor den Faschisten zu schützen. Diese Territorien waren nach der militärischen Intervention polnischer Truppen gegen die junge Sowjetmacht sowie durch die Entscheidungen der Versailler

Der Überfall auf Polen im September 1939

Militärisches Kräfteverhältnis			
	Polen		Deutschland
Infanterie	1	:	1,5
Artillerie	1	:	2,8
Panzerabwehrgeschütze	1	:	5,2
Panzer	1	:	5,3
Flugzeuge	1	:	4,1

- *Was schlußfolgern Sie aus dem militärischen Kräfteverhältnis und der strategischen Lage? Werten Sie die Karte auf S. 149 und die Tabelle aus!*
- *Was waren die Ursachen dafür, daß die Westmächte Polen im Stich ließen?*

Konferenz und des Rigaer Vertrages 1920 zu Polen gekommen. Die Völker dieser Landesteile entschieden sich im Oktober 1939 für den Eintritt in die UdSSR.
Die führenden Kräfte der polnischen Regierung und der Armee flohen am 17. und 18. September 1939 nach Rumänien. Einige noch kampfkräftige Truppenteile und Arbeiterbataillone wehrten sich noch drei Wochen lang, mußten dann jedoch die Waffen strecken.
Die Hitlerwehrmacht führte den Krieg gegen Polen von Anfang an massiv und grausam. Am 25. September erfolgte gegen Warschau der erste große Terrorangriff aus der Luft während des zweiten Weltkrieges. Dabei wurden fast 500 t Spreng- und über 70 t Brandbomben abgeworfen. 60000 Warschauer kamen um oder wurden verwundet. Am 28. September kapitulierte die polnische Hauptstadt. Die letzten Kämpfe fanden bis zum 6. Oktober statt.

Faschistische Besatzungspolitik in Polen. Hitlerdeutschland errichtete in Polen sofort ein brutales Regime, das durch Terror, Massenmord und Ausplünderung des Landes gekennzeichnet war. Im September 1939 kamen bei Massenerschießungen mehr als 18000 Polen um. Nach dem Ende der Kampfhandlungen wurden große Teile Polens, ein Gebiet von über 90000 Quadratkilometern mit 10,5 Millionen Einwohnern, an Deutschland angeschlossen. Den Rest des Landes erklärten die Faschisten zu einem von ihnen besetzten, wie eine Kolonie verwalteten Gebiet, das sie **Generalgouvernement** nannten.
Die polnische Landwirtschaft und Industrie mußten für den Krieg der Faschisten arbeiten. Die deutschen Monopole begannen sofort, Polens Wirtschaft auszubeuten. Die IG Farben bauten in Oberschlesien ein Chemiewerk, für welches das im Mai 1940 errichtete Massenvernichtungslager Auschwitz Hunderttausende Arbeitskräfte lieferte.
Die Universitäten und Hochschulen im Generalgouvernement wurden geschlossen. Kein Pole sollte mehr Zugang zur Bildung haben. Der höchste SS-Führer Heinrich Himmler erklärte zynisch, es sei ausreichend, wenn den Polen in einer „vierklassigen Volksschule“ folgendes beigebracht werde: „Einfaches Rechnen bis höchstens 500, Schreiben des Namens, eine Lehre, daß es ein göttliches Gebot ist, dem Deutschen gehorsam zu sein und ehrlich, fleißig und brav zu sein.“[3]
Ende 1939 begann eine Massenvertreibung von Polen und polnischen Juden aus den an Deutschland angegliederten Gebieten in das Generalgouvernement oder in Lager. Im September 1939 entstand in Stutthof bei Danzig ein neues Konzentrationslager. Weitere Millionen Polen wurden als Zwangsarbeiter nach Deutschland verschickt. Häufig pferchte man die gewaltsam ausgesiedelten Juden in Ghettos zusammen, abgeschlossenen Stadtteilen, die sie nicht verlassen durften. Außerdem waren die Juden gezwungen, auf der Kleidung einen gelben Stern zu tragen.

Erste Widerstandsaktionen. Patriotische Kräfte aus allen Bevölkerungsschichten begannen sofort den Widerstandskampf. Vom Herbst 1939 bis zum Sommer 1940 wehrten sich etwa 150 illegale Organisationen und Partisanengruppen gegen den Besatzerterror. Sie überfielen faschistische Besatzungseinheiten, versteckten Waffen, verübten Sabotageakte in Fabriken und im Eisenbahnverkehr, versteckten Menschen vor der Zwangsverschickung, schrieben antifaschistische Losungen an Wände und stärkten durch mündliche Agitation den Widerstandswillen breiter Kreise des Volkes.

80000 Polen, darunter 38000 Soldaten, die sich aus Polen nach Frankreich durchgeschlagen hatten, sowie in Frankreich lebende Polen schlossen sich dort einer polnischen Armee an. Sie wurde von einer polnischen Exilregierung aufgestellt, die zuerst in Frankreich und ab Sommer 1940 in London wirkte.

Auch in den besetzten tschechischen Gebieten kam es nach Kriegsbeginn zu verstärkten antifaschistischen Aktionen. Besonders bedeutsam waren Demonstrationen am 28. Oktober 1939 in verschiedenen Orten des Landes. In Prag nahmen daran mehr als 100000 Menschen teil. Die faschistischen Besatzer gingen mit Waffengewalt vor und töteten den Medizinstudenten Jan Opletal. Bei dessen Beisetzung fand am 15. November eine neue Demonstration statt. 1300 Prager Studenten wurden verhaftet, 1200 von ihnen in das KZ Sachsenhausen verschleppt und neun am 17. November hingerichtet. Zum Gedenken an diese Mordtat der Faschisten wurde dieser Tag nach dem Krieg zum Weltstudententag erklärt.

Die deutschen Kommunisten und der Krieg. Der Krieg stellte alle Antifaschisten und Hitlergegner vor eine neue große Bewährungsprobe. Die deutschen Kommunisten bekämpften den Krieg, so wie sie das immer getan hatten. Sie richteten ihre Anstrengungen darauf, seine Ausweitung verhindern zu helfen und zu seiner raschen Beendigung beizutragen. Die Kampfbedingungen wurden aber nach Kriegsbeginn noch schwieriger als bis dahin. Die Gestapo verhaftete in den ersten Kriegswochen etwa 2000 Kommunisten. Viele Antifaschisten wurden zur Wehrmacht eingezogen oder in Rüstungsbetriebe zwangsverpflichtet, wo sie ständig überwacht wurden. Infolgedessen mußte die illegale Parteiarbeit umorganisiert werden. Andere, zumeist jüngere Genossen übernahmen Leitungsfunktionen. Trotz der komplizierter gewordenen Lage nahm der antifaschistische Widerstandskampf zu.

Eine Widerstandsorganisation in Berlin-Neukölln, in der der Jungkommunist **Heinz Kapelle** führend tätig war, gab am 9. September 1939 das Flugblatt „Ich rufe die Jugend der Welt" heraus, das von ihren Mitgliedern verteilt wurde.

Ausgehend von den Einschätzungen der Kommunistischen Internationale, erklärten die Kommunisten den Völkern, daß zwischen Hitlerdeutschland und den Westmächten ein **imperialistischer Krieg** um die Neuverteilung der Welt begonnen hatte. Somit trug der zweite Weltkrieg bei seinem Beginn ei-

---

Aus dem Flugblatt „Ich rufe die Jugend der Welt"

„Jetzt hat der Führer das deutsche Volk und die deutsche Jugend auf den Weg gebracht, der zur Katastrophe führt. Hitler will das Blut der deutschen Nation opfern wegen der Machtgier der wenigen großdeutschen Großkapitalisten ... Deutsche Jugend, an Deinem Blut wollen sie wieder verdienen! Das soll und darf nicht sein. Berliner Jugend, wehre Dich und empör Dich ... Weigert Euch, Munition herzustellen. Je schneller Ihr handelt, desto kürzer ist der Krieg."[4]

Bekanntmachung.

Der am 20. Februar 1941 vom Volksgerichtshof wegen landesverräterischer Feindbegünstigung und Vorbereitung zum Hochverrat zum Tode und zum dauernden Verlust der bürgerlichen Ehrenrechte verurteilte 27 Jahre alte

Heinz Kapelle

aus Berlin

ist heute hingerichtet worden.

Berlin, den 1. Juli 1941.

Der Oberreichsanwalt beim Volksgerichtshof.

Unter der Leitung der illegalen Berliner Parteiorganisation der KPD baut Heinz Kapelle, aktiver Fichtesportler, der 1934 in der Illegalität Mitglied der KPD geworden war, eine Widerstandsgruppe von über 60 Mädchen und Jungen aus Jungkommunisten, Jungsozialisten und jungen Katholiken auf. Heinz Kapelle stirbt am 1. Juli 1941 im Alter von erst 27 Jahren unter dem faschistischen Henkerbeil mit dem Ruf: „Es lebe die Kommunistische Partei!"

Bekanntmachung über die Hinrichtung Heinz Kapelles (oben rechts)

nen imperialistischen Charakter. Es gilt aber, einen Unterschied zu machen zwischen diesem Krieg und dem Kampf der Völker in den besetzten Staaten Tschechoslowakei und Polen. Sie wehrten sich gegen die barbarische faschistische Mord- und Unterdrückungspolitik, die auf die Vernichtung der Existenz dieser Völker gerichtet war. Der Kampf dieser Völker trug daher von Anfang an den Charakter eines gerechten antifaschistischen Krieges gegen die faschistischen Eroberer und Besatzer. Diesen antifaschistischen Befreiungscharakter konnte der Kampf aller Staaten und Völker gegen den Faschismus im weiteren Verlauf des Krieges annehmen, wenn sie sich entschieden für die Durchsetzung antifaschistischer Kriegsziele zusammenschlossen und dafür kämpften.

▮ **„Seltsamer Krieg".** Nach dem Ende der Kampfhandlungen in Polen versuchten die Regierungen Frankreichs und Großbritanniens, den Krieg gegen Deutschland durch ein antisowjetisches Komplott zu beenden. Sie unterstützten die Politik reaktionärer Kreise Finnlands, die von Ende November 1939 bis März 1940 zu einem militärischen Konflikt zwischen Finnland und der UdSSR führte. In Paris und London hoffte man, die deutschen Imperialisten würden sich ebenfalls gegen die Sowjetunion wenden. Die Westmächte begannen deshalb keine aktiven Kampfhandlungen gegen Deutschland. Sie führten vielmehr Geheimverhandlungen mit der Naziführung über Möglichkeiten, dem Kriege eine antisowjetische Richtung zu geben. Diese Kriegsphase wird deshalb **„seltsamer"** oder **„komischer" Krieg** in Westeuropa genannt.

Die Naziführung wollte zwar auch die Sowjetunion überfallen, fühlte sich aber im Winter 1939/40 dazu nicht stark genug. Hitler erklärte im November 1939: „Wir können Rußland nur entgegentreten, wenn wir im Westen frei sind." Er befahl, die Pläne zum Überfall auf Westeuropa fertigzustellen, die Deutschland die Wirtschaftskraft dieser Länder verschaffen sollte.

Deutschland war militärisch und wirtschaftlich nicht in der Lage, mehreren europäischen Staaten auf einmal entgegenzutreten. Um dieses Unvermögen wettzumachen, wollten die deutschen Militärs in jeweils kurzen Feldzügen mit einer momentan überlegenen Schlagkraft ihre Opfer einzeln, nacheinander, überraschend – geradezu blitzartig – überfallen und schlagen. Dieses Kriegskonzept, das den Feldzugsplänen der Jahre 1939 bis 1941 zugrunde lag, heißt **Blitzkriegsstrategie.**

- *Vergleichen Sie die faschistische Blitzkriegsstrategie mit den abenteuerlichen Plänen des kaiserlichen Deutschlands im ersten Weltkrieg!*

Der Kriegsverlauf von April 1940 bis Juni 1941. Die Naziwehrmacht eroberte und besetzte in diesem Zeitraum acht unabhängige europäische Staaten. Die deutsche Kriegswirtschaft beutete nicht nur diese Länder, sondern auch die mit Hitlerdeutschland verbündeten Staaten Rumänien, Ungarn und die Slowakei aus. Nach diesen Eroberungen verfügten die deutschen Monopole über die Fabriken, Rohstoffe und Arbeitskräfte eines großen Teils von Europa, um den Krieg gegen die Sowjetunion vorbereiten zu können.
Der Krieg zwischen April 1940 und Juni 1941 verlief folgendermaßen:
9. April bis 8. Juni 1940: Überfall auf Dänemark und Norwegen. Dänemark fügte sich unter Protest den Aggressoren, die norwegische Armee leistete Widerstand. Britische, französische und polnische Truppen landeten zu ihrer Unterstützung an Küstenorten Norwegens, wurden aber nach wechselhaften Kämpfen zusammen mit norwegischen Einheiten nach Großbritannien evakuiert. Die Widerstandsbewegung im Lande und die Regierung im Exil setzten den Krieg fort.
10. Mai bis 25. Juni 1940: Aggression gegen Frankreich und die neutralen Staaten Belgien, Niederlande und Luxemburg. Aus Angst vor einem breiten Volkskampf unter der Führung der Arbeiterklasse zur Beendigung des Krieges und für die Ausschaltung der Beschwichtigungspolitiker in der französischen Regierung verbot diese im September 1939 die Kommunistische Partei und die Gewerkschaften. Regierung und Generalstab führten den Kampf gegen den Aggressor nicht energisch. Am 15. Mai kapitulierten die niederländischen Streitkräfte. Regierung und Königin setzten vom britischen Exil aus den Kampf fort. Die belgische Armee und der König kapitulierten am 28. Mai. Die Regierung kämpfte vom Exil aus weiter.
Deutsche Truppen schlossen bis zum 20. Mai rund 400000 britische, französische und belgische Soldaten bei Dünkirchen ein. Vom 27. Mai bis zum 4. Juni wurden rund 340000 Mann über See nach Großbritannien evakuiert. Dort war seit dem 10. Mai ein Kriegskabinett unter Winston S. Churchill mit Anthony Eden und Labourführer Clement R. Attlee an der Macht. Dieses ließ sich von der Niederlage in Frankreich nicht entmutigen, sondern erklärte seine Entschlossenheit, den Krieg bis zum Sieg über Hitlerdeutschland weiterzuführen. Die französische Führung gab jedoch Paris am 14. Juni auf und begann am 16. Juni mit dem deutschen Oberkommando Verhandlungen über die Kapitulation. Ein Waffenstillstand, der am 25. Juni in Kraft trat, führte zur Besetzung des

Staaten des faschistischen Blocks	*Gebiete, die vom faschistischen Block bis zum Juni 1941 erobert wurden*
vor dem 1.9.1939 von den Staaten des faschistischen Blocks annektierte Gebiete	*Staatsgrenze der UdSSR 1941*
Hauptoperationen der faschistischen Streitkräfte vom 1.9.1939 bis zum April 1941	1 DANZIG 2 LUXEMBURG 3 SLOWAKEI

0 500 1000 km

Der zweite Weltkrieg in Europa von September 1939 bis Juni 1941

größeren Teils von Frankreich (vgl. Karte, S. 154), zur Entwaffnung des Landes und verpflichtete es zu großen Zahlungen und Lieferungen an Deutschland. Im unbesetzten Südosten des Landes entstand unter Marschall Pétain in der Stadt Vichy ein profaschistisches Vasallenregime.
In Frankreich und in den anderen Staaten begannen Patrioten den antifaschistischen Widerstandskampf gegen die Okkupanten.
10. Juni 1940: Eintritt Italiens in den Krieg auf der Seite Deutschlands. Italienische Truppen begannen im Juli in Ostafrika und im September in Nordafrika Kampfhandlungen gegen britische Einheiten.
21. Juni 1940: Hitler erteilt den *Befehl zur militärischen Vorbereitung des Überfalls auf die UdSSR.*
August 1940 bis Mai 1941: Bomberoffensive gegen Großbritannien. Die faschistische Luftwaffe warf über 58000 Tonnen Bomben auf britische Städte und tötete dabei 40000 Zivilisten. Militärische oder politische Ergebnisse erreichten die Nazis dadurch nicht. Die Luftwaffe aber verlor über 3000 Flugzeuge und ausgebildete Piloten. Ein geplantes Landungsunternehmen auf den britischen Inseln wurde im September 1940 abgesetzt.
Sommer/Herbst 1940: Pläne zur „Neuordnung" Europas unter der Vorherrschaft des deutschen Imperialismus. Im *Dreimächtepakt* vom September 1940 *zwischen Deutschland, Italien und Japan* wurden die Einflußgebiete in Asien und Europa untereinander aufgeteilt.
18. Dezember 1940: Weisung zum Überfall auf die Sowjetunion. Das Oberkommando der Wehrmacht legt die militärischen und politischen Ziele für den *Überfall auf die UdSSR* fest. Der Kriegsplan erhielt den Decknamen Fall „Barbarossa".
Ab Februar 1941: Einsatz eines deutschen Afrikakorps zur Unterstützung der italienischen Truppen in Nordafrika.
6. bis 23. April 1941: Überfall auf Jugoslawien und Griechenland. Truppen Deutschlands, Italiens und Ungarns eroberten und besetzten beide Staaten. Am 10. April wurde der profaschistische Satellitenstaat Kroatien gegründet. Die jugoslawische Armee kapitulierte am 17. April, Regierung und König setzten den Krieg vom Exil aus fort. Bulgarische Truppen okkupierten ab 19. April Mazedonien. Die griechische Armee kapitulierte vollständig am 23. April. Ein britisches Expeditionskorps wurde aus Griechenland nach Kreta und Nordafrika evakuiert. Im Mai eroberten die Faschisten die ägäischen Inseln und Kreta. In Jugoslawien und Griechenland begannen patriotische Kräfte den Widerstand gegen die Besatzer.

● *Verdeutlichen Sie sich den Kriegsverlauf bis zum Juni 1941 anhand der Karte, S. 154!*

Faschistische Besatzungspolitik in den okkupierten Gebieten. Bis zum Sommer 1941 befanden sich in Europa 190 Millionen Menschen unter der Herrschaft der deutschen Aggressoren. Diese unterdrückten die überfallenen Völker und plünderten sie systematisch aus. Das verstanden die deutschen Imperialisten unter der „Neuordnung" Europas in Wirklichkeit. Bis zum Mai 1941 waren bereits über drei Millionen Zwangsarbeiter und Kriegsgefangene in der deutschen Industrie und Landwirtschaft eingesetzt. Von Kriegsbeginn bis zum Sommer 1941 hatten die deutschen Besatzungsorgane in allen okkupierten Ländern Waren im Werte von vielen hundert Millionen Mark geraubt. Dabei gelangten im Wirtschaftsjahr 1940/41 aus den okkupierten Gebieten 1272000 Tonnen Getreide, 259000 Tonnen Fleisch und 137000 Tonnen Fett nach Deutschland. Durch die Ausbeutung der besetzten Gebiete stieg die Kapazität der Stahlproduktion von 23 Millionen Tonnen im Jahre 1939 auf 39 Millionen Tonnen im gesamten deutschen Herrschaftsbereich im Jahre 1940. Dadurch verfügten die Faschisten im Juni 1941 über 5639 Panzer, das waren 76 Prozent mehr als bei Kriegsbeginn.

Die deutschen Monopole eigneten sich Betriebe und Rohstoffvorkommen in den besetzten Ländern an. Die IG Farben erhielten zum Beispiel 51 Prozent der Aktien der französischen Chemieindustrie, der Flick-Konzern bekam Erzbergwerke und Kohlegruben in Lothringen.

In Nord-, West- und Südosteuropa versuchten die deutschen Faschisten, Teile der einheimischen Bourgeoisie zur Zusammenarbeit mit ihnen zu bewegen. Das gelang auch teilweise. Der Name des Norwegers Quisling wurde zum Inbegriff für solchen nationalen Verrat. Dieses auch als **Kollaboration** (frz. = Mitarbeit) bezeichnete Zusammengehen mit den deutschen Besatzern verhinderte oder verminderte keineswegs die wirtschaftliche Ausplünderung und die Unterdrückung. Es war Verrat an den nationalen Interessen, und die Völker setzten sich gegen die „eigenen" Kollaborateure zur Wehr.

● *Welchen Zielen dienten die barbarische Ausplünderung und Unterwerfung europäischer Staaten durch die deutschen Faschisten?*

---

1. September 1939 **Überfall Hitlerdeutschlands auf Polen**
3. September 1939 Kriegserklärungen Großbritanniens und Frankreichs an Hitlerdeutschland
10. Mai bis 25. Juni 1940 Kampfhandlungen in Westeuropa
18. Dezember 1940 Weisung zum Überfall auf die Sowjetunion
6. bis 23. April 1941 Überfall auf Jugoslawien und Griechenland

▶ Die deutschen Faschisten entfesselten mit dem Überfall auf Polen den zweiten Weltkrieg. Durch die Kriegserklärungen Großbritanniens und Frankreichs nahm der Krieg weltweite Ausmaße an. Die kapitalistischen Großmächte führten zunächst einen beiderseits imperialistischen Krieg. Dagegen war der Widerstand des tschechischen und des polnischen Volkes von Anfang an ein gerechter Befreiungskampf.

Die deutschen Imperialisten verfolgten skrupellos und brutal ihre aggressiven Weltherrschaftsziele. Zwischen April 1940 und Juni 1941 überfielen Hitlerdeutschland und seine Verbündeten weitere acht europäische Staaten, die sie eroberten, besetzten und ausbeuteten. Damit schufen sie sich strategische und wirtschaftliche Ausgangspositionen für den Überfall auf die UdSSR, der seit dem Frühsommer 1940 vorbereitet wurde. Vom Beginn des Krieges an verstärkten die kommunistischen Parteien den Widerstand gegen Krieg und Faschismus und setzten sich für die Herbeiführung eines demokratischen Friedens ein. Die KPD war die einzige politische Kraft in Deutschland, die die faschistische Aggression als imperialistischen Eroberungskrieg entlarvte und den Kampf gegen den Faschismus verstärkte. In den okkupierten Staaten Europas begannen sich nationale Widerstandsbewegungen zu entwickeln, in denen die Kommunisten die aktivste Kraft waren.

4.2. Der faschistische Überfall auf die UdSSR. Der Beginn des Großen Vaterländischen Krieges der Sowjetvölker und die Entstehung der Antihitlerkoalition

▮ Die Aggression gegen die UdSSR. Hitlerdeutschland und seine Verbündeten Finnland, Italien, Rumänien, die Slowakei und Ungarn überfielen am **22. Juni 1941** die Sowjetunion. Fast fünf Millionen Mann – 190 Divisionen mit 47000 Geschützen, 4300 Panzern und etwa 5000 Kampfflugzeugen – drangen an vielen Stellen über die sowjetische Grenze vor. Die Luftwaffe bombardierte die Stellungen, Flughäfen und Aufmarschräume der Sowjetarmee.
Beim Überfall konnte die faschistische Seite erhebliche Vorteile nutzen, die vor allem in den ersten Kriegsmonaten wirkten. Die Aggression war langfristig vorbereitet. Der deutschen Kriegswirtschaft standen die Rohstoffe, Industrieanlagen und Arbeitskräfte nahezu ganz Europas zur Verfügung. In den Feldzügen gegen Polen und in Nord-, West- sowie Südosteuropa hatte die Wehrmacht bedeutende Erfahrungen in der modernen Kriegführung gesammelt und die neue Kriegstechnik erprobt, mit der sie gut ausgerüstet war.
Die Faschisten brachen den deutsch-sowjetischen Nichtangriffsvertrag vom August 1939 und gaben erst die Kriegserklärung ab, als ihre Truppen bereits in das Sowjetland eingefallen waren. Schließlich konnten sie das Überraschungsmoment nutzen, da die oberste politische und militärische Führung und J. W. Stalin persönlich den faschistischen Angriff erst zu einem späteren Zeitpunkt, in den Jahren 1942/43, erwartet hatten. Deshalb blieben auch Warnungen über die deutschen Angriffsvorbereitungen, die von britischer Seite, aber auch von deutschen Kommunisten, von der Widerstandsgruppe „Rote Kapelle“ und dem Kundschafter Richard Sorge eingegangen waren, ungenügend berücksichtigt. Diese Fehlbeurtei-

Der faschistische Kriegsplan gegen die Sowjetunion (Fall „Barbarossa“)

Gruppierungen der deutschen Truppen und ihrer Verbündeten
geplante Hauptstoßrichtungen
Linie, die die Faschisten vor Beginn des Winters 1941 erreichen wollten
Frontverlauf Ende 1941
0 500 1000 km

● *Welche Kriegsziele der Faschisten ersehen Sie aus der Karte?*

Moskau am 22. Juni 1941

Faschistische Truppen überfallen die Sowjetunion.

lung der akuten Kriegsgefahr wirkte sich erschwerend für die Verteidigungsvorbereitungen der UdSSR aus. Infolgedessen hatten die sowjetischen Truppen nur zum Teil an der Grenze Verteidigungspositionen bezogen. Der Volkskommissar für die Verteidigung, S. K. Timoschenko, und Generalstabschef G. K. Shukow befahlen erst am Abend des 21. Juni 1941, die Truppenteile in Gefechtsbereitschaft zu versetzen und sich auf einen deutschen Angriff einzustellen. Viele Divisionen erhielten diesen Befehl aber erst, als die deutsche Luftwaffe sie bereits bombardierte und die Artillerie sie beschoß.

Angesichts des Krieges in Europa hatte die UdSSR seit 1939 energische Maßnahmen ergriffen, um ihre Verteidigungskraft zu stärken. So war die Armee von 2160000 Mann im August 1939 auf 5400000 Mann im Juni 1941 verstärkt worden. Von Januar 1939 bis Juni 1941 wurden 18000 Kampfflugzeuge und über 7000 Panzer produziert sowie 265 neue Kriegsschiffe in Dienst gestellt. Jedoch war eine Umrüstung auf modernste Typen erst in den Anfängen. Nur 2700 Flugzeuge und 1800 Panzer, die die Truppen im letzten Jahr erhalten hatten, waren von neuester Bauart. Ein Geschoßwerfer war konstruiert, seine Serienproduktion wurde aber erst am 21. Juni 1941 beschlossen. Die Truppen waren auch noch unvollkommen mit der Bedienung der neuen Technik vertraut.

▌ Der Beginn des Großen Vaterländischen Krieges. Trotz hoher Verluste und schwerer Niederlagen setzten die sowjetischen Truppen vom ersten Kriegstage an der anfänglich überlegenen Naziwehrmacht große Standhaftigkeit, Tapferkeit und hartnäckigen Widerstand entgegen. Die Kämpfe übertrafen an Ausmaß und Härte bei weitem die vorangegangenen Feldzüge des zweiten Weltkrieges. Sowjetische Soldaten und Offiziere bekundeten durch Heldentum und Opfermut ihren Willen, den Aggressor zum Stehen zu bringen.

Ein unvergeßliches Beispiel von heldenhaftem Opfermut lieferten die Verteidiger der Grenzstadt Brest. Schon am ersten Kriegstag wurden sie eingeschlossen. Nach einem deutschen Generalangriff am 29. und 30. Juni war der größte Teil der Befestigungsanlagen in der Hand der Faschisten. Einzelne Gruppen der Verteidiger setzten verwundet und hungernd den ungleichen Kampf Gebäude um Gebäude, Raum um Raum fort. In eine Wand hat ein verblutender Sowjetsoldat die Worte eingeritzt: „Ich sterbe, aber ich ergebe mich nicht. Lebe wohl, Heimat! 20. 7. 41." Erst am 32. Kriegstag wurde der letzte Kämpfer, P. M. Gawrilo, bereits bewußtlos gefangengenommen. Für solches Heldentum gibt es Zehntausende Beispiele. So wurde dieser der Sowjetunion aufgezwungene Kampf zum **Großen Vaterländischen Krieg der Sowjetvölker.**

„An diesem Bissen hat er noch zu kauen!" Karikatur aus den USA vom August 1941

Zur einheitlichen Leitung des Kampfes gegen die faschistischen Aggressoren an der Front und im Hinterland setzten das ZK der KPdSU(B), das Präsidium des Obersten Sowjets und der Rat der Volkskommissare zentrale Führungsorgane ein. Am 30. Juni 1941 wurde das Staatliche Verteidigungskomitee unter Vorsitz von **J. W. Stalin** gebildet. Danach übernahm er

auch das Volkskommissariat für Verteidigung und wurde Oberster Befehlshaber aller Streitkräfte. Partei und Regierung riefen das Volk zum Widerstand auf.
Dem Aufruf folgten sofort Zehntausende Kommunisten und Parteilose, die sich freiwillig zur Roten Armee meldeten. Überall standen die Kommunisten in der ersten Reihe. Die Führung der KPdSU (B) und die sowjetische Regierung erklärten dem Volk die gerechten Kriegsziele des sozialistischen Staates.

- *Analysieren Sie die Erklärung der Sowjetregierung vom 3. Juli 1941, und bewerten Sie die Kriegsziele der UdSSR!*

Aus der Rede des Generalsekretärs der KPdSU(B) und Vorsitzenden des Staatlichen Verteidigungskomitees der Sowjetunion, J. W. Stalin, vom 3. Juli 1941

„Dieser Vaterländische Volkskrieg gegen die faschistischen Unterdrücker hat nicht nur das Ziel, die über unser Land heraufgezogene Gefahr zu beseitigen, sondern auch allen Völkern Europas zu helfen, die unter dem Joch des deutschen Faschismus stöhnen. In diesem Befreiungskrieg werden wir … treue Verbündete an den Völkern Europas und Amerikas haben, darunter auch am deutschen Volk, das von den faschistischen Machthabern versklavt ist. Unser Krieg für die Freiheit unseres Vaterlandes wird verschmelzen mit dem Kampf der Völker Europas und Amerikas für ihre Unabhängigkeit, für die demokratischen Freiheiten. Das wird die Einheitsfront der Völker sein, die für die Freiheit, gegen die Versklavung und die drohende Unterjochung durch die faschistischen Armeen Hitlers eintreten.“[5]

Aus dem Aufruf der KPD vom 24. Juni 1941

„Unser Feind steht im eigenen Land: Die faschistischen Landsknechte der Großkapitalisten, der Kriegsgewinnler sind unser Feind! Der gemeinsame Sieg der Roten Armee und der um ihre nationale Freiheit kämpfenden unterdrückten Völker wird auch der Sieg unseres deutschen Volkes sein … Das werktätige deutsche Volk kämpft an der Seite der Roten Armee und der um ihre nationale Freiheit kämpfenden Völker der besetzten Länder gegen den Feind der kultivierten Menschheit, den Faschismus.“[6]

Durch Hetze und Terror hatte das Hitlerregime erreicht, daß die Mehrheit des deutschen Volkes damals nicht erkannte, wie sehr sich der Überfall auf die Sowjetunion gegen seine eigenen Interessen richtete. Die einzige politische Kraft, die das aussprach, war die KPD.
Der hartnäckige Widerstand der sowjetischen Menschen verlangte den faschistischen Angreifern weitaus größere Opfer ab und verwickelte sie in langwierigere Kämpfe, als die deutsche Führung erwartet hatte. Infolgedessen verlangsamte sich der deutsche Vormarsch, was auch Nazigeneräle zugeben mußten. Der faschistische Blitzkriegsplan geriet ins Wanken.

Aus dem Kriegstagebuch des Generalstabschefs des faschistischen Heeres, Franz Halder, vom 11. August 1941

„In der gesamten Lage hebt sich immer deutlicher ab, daß der Koloß Rußland … von uns unterschätzt worden ist. Diese Feststellung bezieht sich ebenso auf die organisatorischen wie auf die wirtschaftlichen Kräfte, auf das Verkehrswesen, vor allem aber auf rein militärische Leistungsfähigkeit.“[7]

Berliner Ausgabe   Berliner Ausgabe
VÖLKISCHER BEOBACHTER
Die große Stunde hat geschlagen:
Der Feldzug im Osten entschieden!

In maßloser Fehleinschätzung der Lage wähnen die Faschisten Anfang Oktober 1941, den Krieg gewonnen zu haben.

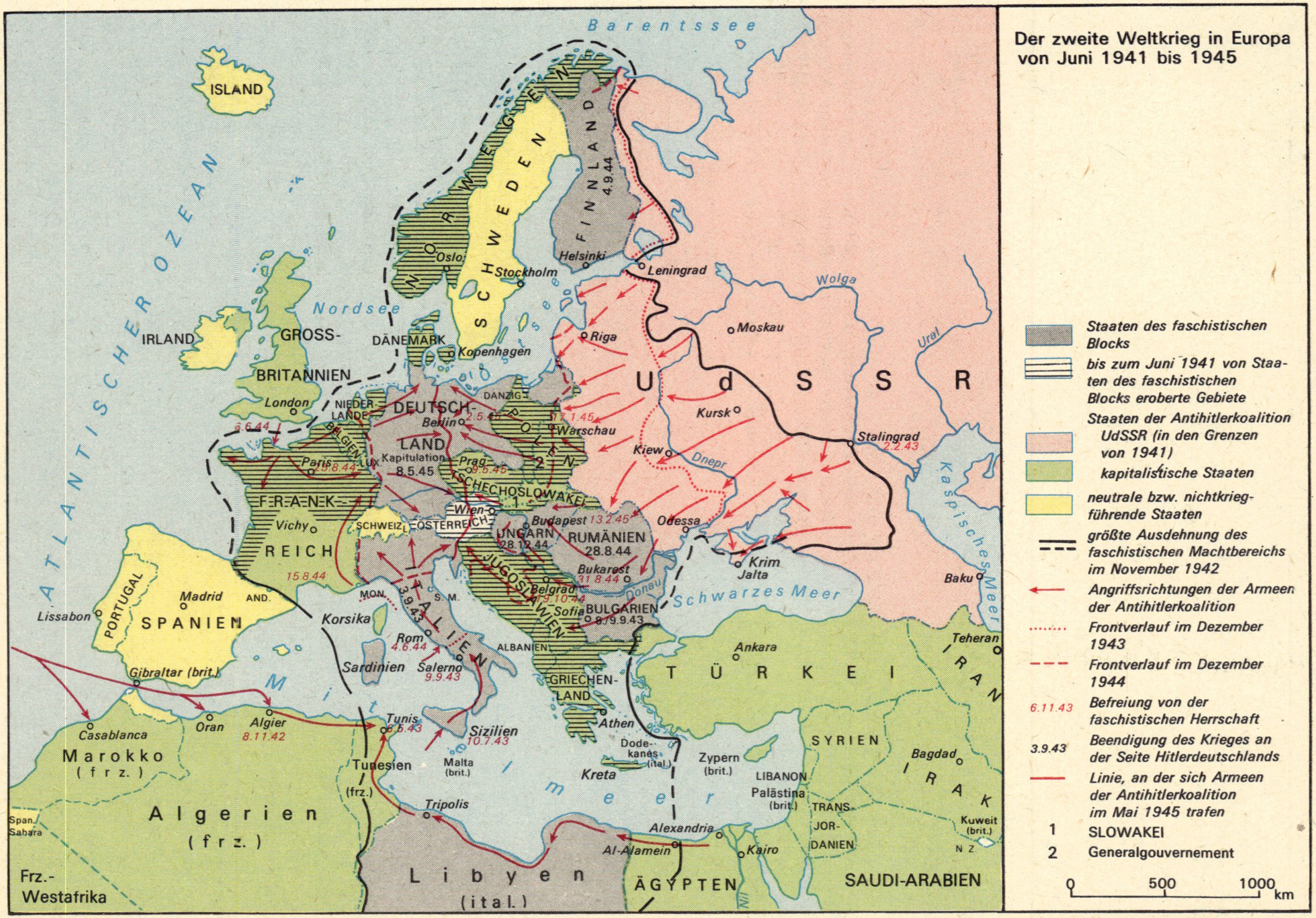

Der zweite Weltkrieg in Europa von Juni 1941 bis 1945

Trotz der opferreichen und heldenhaften Gegenwehr der Sowjetarmee erzielten die Faschisten bedeutende Anfangserfolge. Ihre Armeen eroberten Belorußland, stießen auf Leningrad vor, nahmen einen großen Teil der Ukraine ein und drangen auf die Krim vor. In den Kämpfen um Smolensk wurde ihr Vordringen auf Moskau vorübergehend gestoppt.

Als sich die Aggressoren Leningrad und Moskau näherten, ergriffen die Verteidiger außerordentliche Maßnahmen, um diese Städte zu halten. Dem Aufruf, weiträumig Verteidigungsanlagen zu bauen, folgten 600000 Moskauer und 500000 Leningrader. Im Sommer und Herbst 1941 schanzten in den frontnahen Gebieten über zehn Millionen Werktätige, hauptsächlich Frauen, unermüdlich am Bau von Panzergräben, Unterständen und anderen Verteidigungsstellungen.

Die Verteidigung Leningrads. Vier Wochen nach Kriegsbeginn stellten die Leningrader eine Volkswehr von über 100000 Mann auf. Wenn der Arbeiter Granaten, Minen und Panzer produzierte, dann stand sein Gewehr neben ihm an der Werkbank. Feierlich gelobten die Leningrader: „Kein Hitlersoldat wird die Stadt Lenins betreten, es sei denn als Kriegsgefangener!“ Sie haben ihr Versprechen gehalten.

Obwohl sich die sowjetischen Truppen standhaft wehrten, gelang es den Angreifern, zum Ladogasee durchzubrechen. Seit dem 8. September 1941 war Leningrad vom Lande her eingeschlossen. Es begann die fast 900tägige Blockade der Stadt. Für die Versorgung der Truppen und der Bevölkerung sowie die Evakuierung von Kindern, Kranken und Verwundeten blieb nur der Schiffsweg über den Ladogasee, der jedoch von deutschen Kampffliegern angegriffen wurde, und der ebenso bedrohte Luftweg.

Im blockierten Leningrader Gebiet befanden sich im September 1941 über zweieinhalb Millionen Menschen. Die Vorräte der Stadt reichten bei Mehl für 14, bei Fleisch für 19 und bei Fett für 21 Tage. Bald waren die Reserven und Zufuhren aufgebraucht. Vom 20. November 1941 an erhielten Arbeiter täglich 250 Gramm eines mit Beimischungen aus Malz, Ölkuchen, Zellulose und Baumrinde gestreckten Brotes, Angestellte, Kinder und alle übrigen Einwohner nur 125 Gramm davon. Andere Lebensmittel gab es nicht. Hinzu kam, daß Trinkwasser knapp wurde und es an Heizmaterial fehlte. Nur in kriegswichtigen Gebäuden durfte elektrischer Strom verbraucht werden. Die grausamen Lebensbedingungen forderten von den Leningradern große Opfer. So starben infolge der Hungerblockade über 630000 Menschen.

Unter diesen unvorstellbar schweren Bedingungen hielten die Rote Armee und die Bevölkerung stand, produzierten die Leningrader Werke Waffen und Munition. Die Faschisten terrorisierten mit der Blockade, mit Artilleriebeschuß und Luftangriffen die Bevölkerung. Erneut offensiv gegen die Stadt anzurennen, vermochten sie jedoch nicht, da ihnen die Kräfte fehlten. So begann ein Stellungskrieg vor den Toren Leningrads, der bis zum Jahre 1944 andauerte.

- *Weshalb konnten die faschistischen Truppen in der Anfangsphase des Krieges große Gebiete der Sowjetunion erobern?*
- *Verfolgen Sie den weiteren Kriegsverlauf auf der Karte, S. 160!*
- *Überlegen Sie, was den sowjetischen Menschen die Kraft gab, diesen schweren Kampf durchzustehen?*

Aus den Aufzeichnungen der elfjährigen Leningrader Schülerin Tanja Sawitschewa über die Folgen der faschistischen Blockade für ihre Familie

„Shenja (die älteste Schwester) starb am 28. Dezember 1941 um 12.30 Uhr.
Großmutter starb am 25. Januar 1942 um 15 Uhr.
Leka (ein Bruder) starb am 17. März 1942 um 5 Uhr. Onkel Wasja starb am 13. April um 2 Uhr. Mama ist am 13. Mai 1942 um 7.30 Uhr gestorben. Die Sawitschews sind alle tot. Geblieben ist allein Tanja.“
Aber auch Tanja raffte der Krieg dahin. Ein Kindertransport, mit dem sie aus der Stadt geschafft werden sollte, wurde von faschistischen Flugzeugen beschossen. So fand auch sie den Tod. Von der Familie blieb nur der Bruder Michael, der bei den Partisanen kämpfte.

Abschied vom Sohn

Soja Kosmodemjanskaja gehört als Aufklärer einer Partisanenabteilung an. Die Faschisten nehmen sie im November 1941 in der Nähe Moskaus gefangen. Sie foltern das Mädchen grausam, aber sie erfahren nichts über Sojas Kampfgefährten. Als die Henker die junge Patriotin zum Galgen führen, ruft Soja den sowjetischen Bürgern, die die Faschisten an den Hinrichtungsort getrieben haben, zu: „Genossen! Kämpft, fürchtet euch nicht!"

Partisanenkampf. Große Bedeutung gewann der Kampf in den zeitweilig besetzten Gebieten der UdSSR, im Hinterland des faschistischen Heeres. Im Juli 1941 beschloß das ZK der KPdSU(B), dort Partisaneneinheiten zu bilden. Ende 1941 gab es bereits über 2000 Partisanenabteilungen. Sie verfügten über mehr als 90000 Kämpfer. Neben den bewaffneten Partisanenkräften schuf die Partei in den Städten, bei der Eisenbahn und in Betrieben illegale Kampfgruppen. Die Partisanen griffen die Verbindungswege und Reserven der faschistischen Truppen an. Sie überfielen Einheiten, die in Ruhestellungen zurückgezogen waren, und störten den Nachschub an Kriegsgerät und Munition. Zum Vorbild eines illegalen Kämpfers wurde die 18jährige Komsomolzin **Soja Kosmodemjanskaja.**

Verteidigungsanstrengungen im Hinterland. Im eigenen Hinterland vollbrachten die sowjetischen Menschen große Leistungen. Das Staatliche Verteidigungskomitee ließ viele Industrieanlagen aus den bedrohten westlichen Gebieten der UdSSR nach dem Osten evakuieren. Unter größten Anstrengungen wurden in den ersten sechs Kriegsmonaten über 2500 Industriebetriebe aus den frontnahen Gebieten verlagert.

Die Arbeit in einem nach Kasachstan verlagerten Werk beginnt bereits, ehe die Werkhallen stehen.

Mehr als zehn Millionen Menschen gingen mit, um in den neuen Standorten weiter für die Verteidigung zu arbeiten. In den Gebieten östlich des Urals entstand eine neue Rüstungsbasis der UdSSR. Am Ende des ersten Kriegsjahres kamen drei Viertel aller Waffen und der Munition für die Sowjetarmee von dort. Für die faschistischen Geschütze und Flugzeuge waren diese Gebiete unerreichbar.

Vor Moskau. Die erste Bekanntschaft mit der sowjetischen Kneifzange.
Karikatur von Boris Jefimow

▌ **Die Schlacht vor Moskau.** Am 2. Oktober 1941 begann der faschistische Generalangriff auf Moskau. Trotz erbitterter Gegenwehr der Sowjetarmee kamen die Aggressoren voran. Das sowjetische Oberkommando konzentrierte Kräfte zur Verteidigung der Stadt unter den Generalen I. S. Konew und G. K. Shukow, dem die Hauptverantwortung für den Kampf um Moskau übertragen wurde.
Ein erster Erfolg der Roten Armee zeichnete sich ab, als die Angreifer Ende Oktober etwa 100 bis 120 Kilometer vor Moskau eine Zwangspause einlegen mußten. Mitte November nahmen sie den Angriff wieder auf und kamen stellenweise bis auf 25 Kilometer an Moskau heran. Dabei erlitten sie jedoch hohe Verluste, darunter über 750 Panzer.
Völlig überraschend für die faschistische Führung trat die Sowjetarmee am 5./6. Dezember 1941 vor Moskau zum Gegenangriff an. Sie schlug **bis zum April 1942** die deutschen Truppen bis zu 250 Kilometer zurück. Die Aggressoren verloren 120000 Mann ihrer besten Einheiten und wertvollstes Kriegsgerät. Die Moskauer Schlacht machte die Legende von der „Unbesiegbarkeit" der Wehrmacht zunichte. Der erste große Sieg über die Faschisten gab den sowjetischen Menschen und allen antifaschistischen Widerstandskämpfern in den anderen Ländern Europas neue Kraft für ihren gerechten Kampf. Die faschistische Blitzkriegsstrategie war vor Moskau endgültig gescheitert.

- *Welche Anstrengungen waren nötig, um die Blitzkriegsstrategie der Faschisten vor Moskau zu durchkreuzen?*
- ***Erklären Sie, wie der zweite Weltkrieg seitens der gegen Hitlerdeutschland kämpfenden Völker und Regierungen zu einem gerechten antifaschistischen Befreiungskrieg wurde!***

▌ **Wandel des Charakters des Krieges.** Mit dem Beginn des Großen Vaterländischen Krieges der Sowjetunion traten die Völker der UdSSR an die Spitze der Auseinandersetzung mit den faschistischen Aggressoren. Der Kampf für die gerechten Kriegsziele der Sowjetunion und für die Befreiung der Völker von Besetzung, Unterdrückung und Faschismus bestimmten nunmehr den Charakter des Krieges von seiten derjenigen Staaten, die gegen Hitlerdeutschland und seine Verbündeten kämpften. Der zweite Weltkrieg wurde zu einem **gerechten antifaschistischen Befreiungskrieg.** Der faschistische Aggressorblock führte weiterhin einen ungerechten imperialistischen Krieg.

▌ **Die Entstehung der Antihitlerkoalition.** Weil die Sowjetunion dem wuchtigen faschistischen Angriff standhielt, den Blitzkriegsplan zum Scheitern brachte und weil sich durch den aktiven Widerstandskampf der Volksmassen der Charakter des zweiten Weltkrieges gewandelt hatte, änderte sich auch das Kräfteverhältnis der kriegführenden Seiten grundlegend. Für die Werktätigen Großbritanniens brachte der Kriegseintritt der UdSSR eine große Erleichterung ihrer eigenen Lage.

Aus der Erklärung des Senators von Missouri und späteren Präsidenten der USA, Harry S. Truman, vom 24. Juni 1941

„Wenn wir sehen, daß Deutschland gewinnt, sollten wir Rußland helfen, und wenn Rußland gewinnt, sollten wir Deutschland helfen, damit sich auf diese Art und Weise soviel als möglich gegenseitig töten."[8]

- *Warum formulierte Truman eine solche Zielstellung für die Politik der USA?*

Poster der Kommunistischen Partei Großbritanniens fordert: „Für den Sieg im Jahre 1942. Eröffnet eine zweite Front im Westen".

Sie forderten ihre Regierung auf, die UdSSR effektiv zu unterstützen.

Die Regierungen der imperialistischen Westmächte mußten erkennen, daß der Frieden ohne die Vernichtung des Aggressorblocks nicht wiederherzustellen war. Der Faschismus bedrohte das Leben und die Existenz von vielen Millionen Menschen in vielen Ländern; er war die internationale Hauptgefahr. Diese Erkenntnis veranlaßte auch die regierenden Kreise in Großbritannien um Churchill und in den USA um Präsident Roosevelt im Sommer 1941 zur Zusammenarbeit mit der UdSSR. Dieses Bündnis heißt **Antihitlerkoalition.** Am **1. Januar 1942** hatten sich ihr bereits 42 Staaten angeschlossen.

Die Antihitlerkoalition war ein weltweites Bündnis der Völker und Staaten gegen die Weltherrschaftspläne und die barbarische Machtausübung Hitlerdeutschlands und seiner Verbündeten. Innerhalb der tonangebenden Kreise Großbritanniens, der USA und einiger anderer Staaten gab es jedoch unterschiedliche Auffassungen über die Ziele der Antihitlerkoalition. Reaktionäre antisowjetische und antikommunistische Kräfte wollten den Krieg ausnutzen, um Deutschland und die Sowjetunion gleichzeitig zu schwächen.

Die antisowjetische Haltung einiger einflußreicher imperialistischer Politiker behinderte eine schnelle und wirksame Zusammenarbeit im Krieg gegen die Aggressoren. Die Regierungen der Westmächte hielten viele Versprechungen nicht ein, die sie der UdSSR gegeben hatten. Sie schickten weder die versprochene Anzahl an Waffen, noch eröffneten sie schnell in Westeuropa eine zweite Front. Die Sowjetunion mußte deshalb mehr als drei Jahre allein die Hauptlast im Kampf gegen Hitlerdeutschland tragen. Es bedurfte großer Anstrengungen der Völker, um die Antihitlerkoalition zu festigen. Immer wieder forderten die Werktätigen in den USA und Großbritannien von ihren Regierungen, die Hilfsleistungen für die Sowjetunion zu verstärken und durch eine Landung in Westeuropa ihre Bündnisverpflichtungen zu erfüllen.

● *Was waren die gemeinsamen Ziele der Staaten der Antihitlerkoalition?*

Der Krieg im Fernen Osten. Am **7. Dezember 1941** überfiel das mit Deutschland und Italien verbündete Japan ohne Kriegserklärung die Flotte der USA im Hafen **Pearl Harbor** auf den Hawaii-Inseln. Deutschland, Italien und einige ihrer Verbündeten erklärten den USA ebenfalls den Krieg. Die USA hatten schon bisher Großbritannien unterstützt, sie griffen von nun an als kriegführende Großmacht auch aktiv in die Kämpfe ein. Expansionistische Kreise des Imperialismus der USA sahen allerdings im Krieg eine Gelegenheit, ihre imperialistischen Konkurrenten aus dem Felde zu schlagen, um zur führenden Macht des Weltimperialismus zu werden.

Japanische Truppen besetzten Thailand, Burma, Malaya, Singapur, Indonesien, die Philippinen und zahlreiche pazifische Inseln. Bei ihrem erneuten Vormarsch in China stießen die Japaner auf die Abwehr des chinesischen Volkes. Entschiedensten Widerstand leisteten Truppen und Gebiete, die von der Kommunistischen Partei Chinas geführt wurden. Japan beab-

● *Verfolgen Sie den Kriegsverlauf im Fernen Osten an der Karte!*

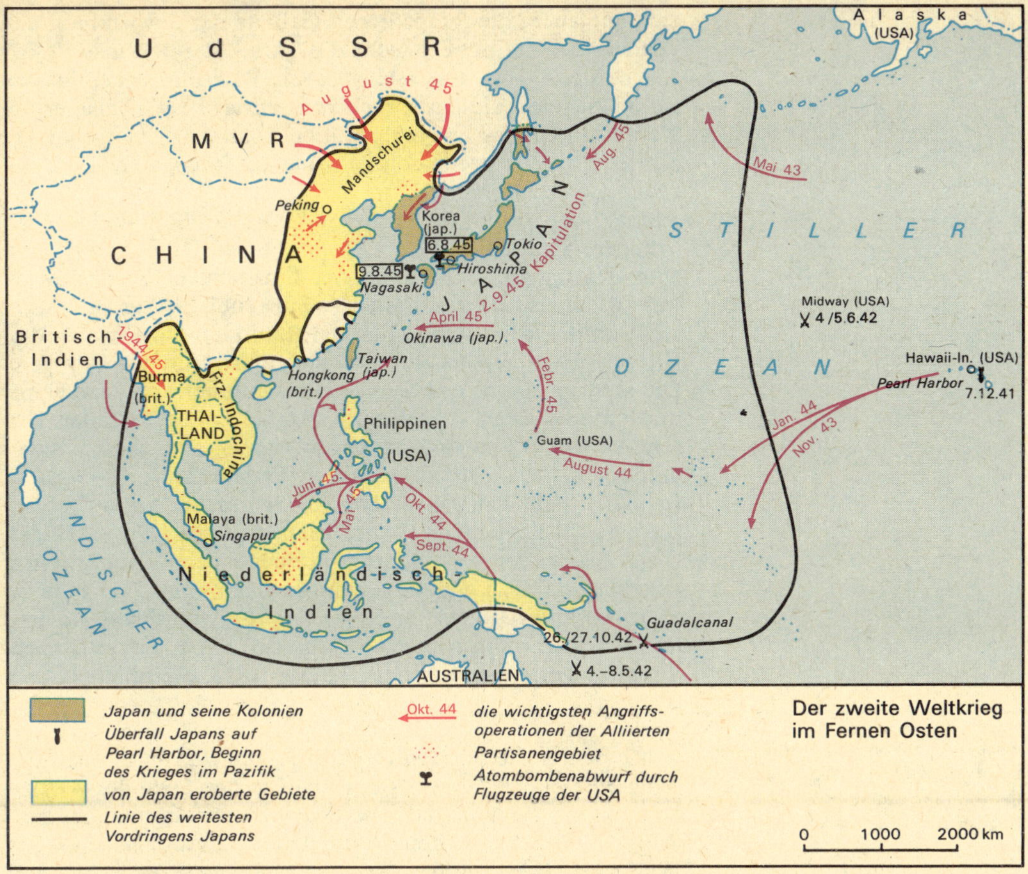

Der zweite Weltkrieg im Fernen Osten

Beim Überfall auf Pearl Harbor am 7. Dezember 1941 versenken 355 japanische Flugzeuge fünf Schlachtschiffe, einen Minenleger, ein Zielschiff und zerstören 188 Flugzeuge. Sie beschädigen weiter schwer: drei Schlachtschiffe, drei leichte Kreuzer, drei Zerstörer, ein Flugzeugmutterschiff und ein Werkstattschiff. Die USA verlieren 2403 Tote und 1178 Verwundete.

● *Wie sind die hohen Verluste der USA zu erklären?*

sichtigte auch, die fernöstlichen Gebiete der Sowjetunion anzugreifen, allerdings erst, sobald die UdSSR – wie man in Tokio hoffte – von der faschistischen Wehrmacht geschlagen worden sei. Zu diesem Zweck konzentrierten die Japaner im Nordosten Chinas fast eine Million Soldaten. Das zwang die Sowjetunion, ihrerseits dort bedeutende Truppen zu stationieren.

Allmählich verstärkten die USA und Großbritannien ihre Truppen, Schiffe und Flugzeuge im Fernen Osten und gingen zum Gegenangriff über. In der See-Luft-Schlacht bei den Midway-Inseln erlitten die Japaner Anfang Juni 1942 große Verluste. Damit begann im Pazifischen Raum ein Umschwung des Kriegsverlaufs zugunsten der anglo-amerikanischen Truppen. Die japanischen Streitkräfte gerieten nunmehr in Bedrängnis und mußten ihren Angriffsplan gegen die UdSSR fallen lassen. Allerdings blieben japanische Truppen eine dauernde Bedrohung für den Fernen Osten der Sowjetunion.

In *Nordafrika* war ein italienisch-deutscher Angriff gegen Ägypten im September 1942 steckengeblieben. Ein wuchtiger Gegenschlag der westalliierten Truppen bei al-Alamein im Oktober und die Landung anglo-amerikanischer Verbände in Marokko und Algerien im November 1942 führte zur Niederlage der italienisch-deutschen Truppen. Sie zogen sich nach Tunesien zurück und mußten im Mai 1943 kapitulieren.

22. Juni 1941 **Überfall Hitlerdeutschlands auf die UdSSR – Beginn des Großen Vaterländischen Krieges der Sowjetvölker**
Oktober 1941 bis April 1942 **Schlacht vor Moskau**
7. Dezember 1941 Japanischer Überfall auf Pearl Harbor – Beginn des Krieges im Fernen Osten
1. Januar 1942 Gründung der Antihitlerkoalition

▶ Mit dem wortbrüchigen Überfall auf die UdSSR beabsichtigten die Faschisten, den ersten sozialistischen Staat der Welt zu liquidieren, die sozialistische Gesellschaftsordnung zu zerschlagen und die weitere Entwicklung des Sozialismus mit Waffengewalt zu stoppen. Zugleich wollten sie die weiten und reichen Gebiete der Sowjetunion erobern, ausplündern und der deutschen Kriegswirtschaft nutzbar machen.

Das sowjetische Volk erhob sich unter der Führung der KPdSU(B) geschlossen zum Großen Vaterländischen Krieg gegen die Aggressoren. Die ungeheuren und opferreichen Anstrengungen der Sowjetarmee, der Partisanen und der Werktätigen im Hinterland brachten die faschistischen Armeen vor Moskau zum Stehen und die deutsche Blitzkriegsstrategie zum Scheitern.

Die Sowjetunion stellte sich an die Spitze des Kampfes der Völker gegen den Faschismus und führte den endgültigen Wandel des Charakters des zweiten Weltkrieges zu einem gerechten antifaschistischen Befreiungskrieg herbei. Deutlicher Ausdruck des veränderten Charakters des Krieges und des neuen Kräfteverhältnisses zwischen den beiden Seiten war die Bildung der Antihitlerkoalition.

Mit dem Überfall Japans auf die Besitzungen der USA, Großbritanniens und anderer europäischer Staaten im Fernen Osten begann die Ausweitung des Krieges auf Asien. Die USA wurden auf der Seite der Antihitlerkoalition aktiver Kriegsteilnehmer.

4.3. Die Ausbeutungs- und Ausrottungspolitik der faschistischen Besatzer und der Widerstandskampf der Völker

▮ Ziele der Okkupationspolitik. Die deutschen Besatzer errichteten, wie zuvor in Polen, in den zeitweilig okkupierten Gebieten der Sowjetunion eine grausame Terror- und Ausbeuterherrschaft. Diese übertraf an Brutalität bei weitem das Besatzungsregime in den Ländern Nord-, West- und Südosteuropas. Alle Mitglieder der Kommunistischen Partei, die Politischen Kommissare der Sowjetarmee, Mitarbeiter des Staatsapparates, Widerstandskämpfer und Partisanen waren vom Tode bedroht. Ausdrücklich sagte Hitler, es gehe darum, einen Vernichtungskampf zu führen, damit „der kommunistische Feind" in dreißig Jahren nicht wieder Deutschland gegenüberstehe. „Dies geschehe am besten dadurch, daß man jeden, der nur schief schaue, totschieße", erklärte Hitler anderen Naziführern am 16. Juli 1941. Generalfeldmarschall Wilhelm Keitel fügte hinzu: „Die Einwohner müßten wissen, daß jeder erschossen würde, der nicht funktioniere."
Schließlich gab Hitler für die Besatzungspolitik folgende barbarische Richtlinie aus: „Grundsätzlich kommt es also darauf an, den riesenhaften Kuchen handgerecht zu zerlegen, damit wir ihn erstens beherrschen, zweitens verwalten und drittens ausbeuten können."[9]

▮ Unterdrückung und Ausbeutung. Vom ersten Kriegstage an setzten die Faschisten dieses menschenfeindliche Konzept in die Tat um. Millionen Sowjetbürger wurden ermordet, weitere Millionen zur Zwangsarbeit nach Deutschland verschleppt. Die verbliebene Bevölkerung mußte hungern und häufig 14 bis 16 Stunden am Tage für die deutsche Kriegsmaschinerie schuften.

Aus den besetzten Gebieten der Sowjetunion wurden gewaltige Mengen an Nahrungsmitteln, Rohstoffen und Industriegütern nach Deutschland geschafft. Nach offiziellen Angaben waren es im Jahr 1943 4653000 Tonnen Getreide. Diese Menge war größer als die Ernte in Deutschland. 1942/43 requirierten die Okkupationsorgane 2200000 Tonnen Fleisch. Dieser Raub, zu dem noch die Versorgung von Millionen deutscher Soldaten kam, führte dazu, daß die Bevölkerung in den besetzten Gebieten entsetzlich hungerte. Im gesamten Besatzungszeitraum eignete sich die deutsche Kriegswirtschaft riesige Mengen an Rohstoffen an: 4,1 Millionen Tonnen Steinkohle, 3,2 Millionen Tonnen Ölschiefer, 2,2 Millionen Tonnen Mangan- und Eisenerz, 730000 Tonnen Braunkohle. An der Ausbeutung der besetzten Gebiete verdienten große deutsche Konzerne, die viele Werke und Gruben mit der Absicht verwalteten, sich diese anzueignen.

Die Faschisten arbeiteten 1941/42 einen langfristigen Plan für eine „Neuordnung" Osteuropas aus, den **„Generalplan Ost"**. Darin war vorgesehen, Millionen Bürger der besetzten Gebiete der UdSSR, bis zu 85 Prozent aller Polen und mehr als die

Ausländische Zwangsarbeiter und Kriegsgefangene in Deutschland (in Mill.)

Jahr	Gesamtzahl	Zivilisten	Kriegsgefangene
1940	1,15	0,80	0,35
1941	3,02	1,75	1,27
1942	4,11	2,64	1,47
1943	6,26	4,64	1,62
1944	7,13	5,30	1,83

Aus dem Protokoll einer Besprechung im faschistischen Ernährungsministerium am 24. November 1941

„Die Versuche über ein besonders herzustellendes Russenbrot haben ergeben, daß die günstigste Mischung sich aus 50% Roggenschrot, 20% Zuckerrübenschnitzel, 20% Zellmehl und 10% Strohmehl oder Laub ergibt ... Die Russenernährung wird daher restlos auf Pferde- und Freibankfleisch ... beruhen müssen."[10]

Der Reichsführer SS Himmler über die verbrecherischen Absichten der Faschisten

„Ob die anderen Völker in Wohlstand leben oder ob sie verrecken vor Hunger, das interessiert mich nur soweit, als wir sie als Sklaven für unsere Kultur brauchen, anders interessiert mich das nicht. Ob bei dem Bau eines Panzergrabens 10000 russische Weiber an Entkräftung umfallen oder nicht, interessiert mich nur insoweit, als der Panzergraben für Deutschland fertig wird."[11]

● *Was sagen die Tabelle und die Dokumente über die faschistische Besatzungspolitik aus?*

Hälfte aller Tschechen im Laufe von zwei bis drei Jahrzehnten zu verschleppen und größtenteils zu ermorden. Der „Generalplan Ost“ war ein zukünftiges Todesurteil für 30 bis 40 Millionen Menschen der slawischen Völker.

Nach dem Überfall auf die Sowjetunion begannen die Faschisten auch dort mit **Judenverfolgungen.** Diese nahmen in Deutschland, wo seit dem 1. September 1941 das Tragen des Judensterns zur Pflicht gemacht wurde, und in den besetzten Staaten an Umfang und Grausamkeit zu. In Berlin fand am **20. Januar 1942** in einer Villa in der Straße Am Großen Wannsee die sogenannte **„Wannsee-Konferenz“** statt. Dort wurde die „Endlösung der Judenfrage“, ein konkreter Plan zum Massenmord, zur gewaltsamen Vernichtung von mehr als zehn Millionen europäischer Juden, beraten und in Kraft gesetzt. Die schreckliche Bilanz der faschistischen Massenmorde war, daß bis Kriegsende über sechs Millionen Juden umkamen. Ein großer Teil von ihnen wurde in Vernichtungslagern ermordet.

▌ Errichtung weiterer Konzentrationslager. Die Faschisten pferchten weitere Millionen Häftlinge – Kommunisten, Sozialdemokraten, Gewerkschafter, Antifaschisten verschiedenster Klassenzugehörigkeit, rassisch Verfolgte, vor allem Juden,

Die faschistischen Konzentrationslager während des zweiten Weltkrieges

„Im Hinblick auf Experimente mit einem neuen Schlafmittel wären wir Ihnen dankbar, wenn Sie uns eine Anzahl Frauen besorgen wollten ...“

„Wir erhielten Ihre Antwort, sehen jedoch den Preis von 200 Mark pro Frau als übersetzt an. Wir schlagen Ihnen einen Preis von höchstens 170 Mark pro Frau vor ...“

„Die bestellten 150 Frauen erhalten. Trotz ihrem kümmerlichen Gesundheitszustand werden sie als genügend erachtet ...“

„Die Versuche sind vorgenommen worden. Alle Versuchsobjekte sind gestorben. Wir werden Sie in Kürze betreffend einer neuen Lieferung benachrichtigen ...“

Aus dem Briefwechsel zwischen dem Konzern IG Farben und der Leitung des KZ Auschwitz

● *Was entnehmen Sie diesem Briefwechsel über die Wertschätzung des Menschen?*

Kriegsgefangene, Zwangsarbeiter und andere Häftlinge – in unzähligen Konzentrationslagern zusammen (vgl. Karte). Auf polnischem Boden entstanden die KZ Auschwitz, Bełżec, Kulmhof, Majdanek, Sobibor und Treblinka. In diesen größten Vernichtungslagern wurden mehr als sieben Millionen Menschen unter entsetzlichen Qualen umgebracht.
Die deutschen Besatzungsorgane errichteten auch in den okkupierten Gebieten der Sowjetunion Konzentrationslager. Allein dort ermordeten die Faschisten 3 912 000 sowjetische Kriegsgefangene und Zivilisten.
Deutsche Konzerne und der faschistische Staat bereicherten sich schamlos am Elend und am Tod der Gefangenen. Sie bauten in oder neben den Konzentrationslagern Industriebetriebe und beuteten die Häftlinge nach dem Prinzip „Vernichtung durch Arbeit“ grenzenlos aus. So beschäftigten die Heinkel-Flugzeugwerke in Oranienburg bei Berlin 6 000 Häftlinge des KZ Sachsenhausen. Aber auch die Konzerne Siemens, Bayrische Motorenwerke (BMW), IG Farben, Junkers, Auto-Union, Mitteldeutsche Stahlwerke usw. befanden sich unter denen, die sich an den Häftlingen bereicherten. Chemiekonzerne und Mediziner experimentierten an vielen Gefangenen und folterten sie dabei zu Tode. Die Häftlinge mußten in den Konzernbetrieben im Durchschnitt elf Stunden täglich schuften und erhielten dafür nichts. Die Unternehmen zahlten jedoch pro Tag für den Facharbeiter sechs Mark und für den

Das Lagertor des Vernichtungslagers Auschwitz-Birkenau, durch das Millionen Menschen in die Gaskammern der Faschisten transportiert wurden.

Aus faschistischen Befehlen über das Vorgehen in Partisanengebieten

„Auftrag: Als Vergeltung sind folgende Maßnahmen schärfstens und ohne Rücksichtnahme durchzuführen:
a) Die auf der Karte bezeichneten Ortschaften sind niederzubrennen,
b) die gesamte männliche Bevölkerung im Alter von 16 bis 50 Jahren ist zu erschießen ...“
„In allen mit deutschen Truppen belegten Orten sind sofort als Geiseln festzunehmen:
a) Personen, deren Angehörige Partisanen sind.
b) Personen, die verdächtig sind, mit Partisanen in Verbindung zu stehen.
c) Parteimitglieder, Komsomolzen sowie Parteianwärter.
d) Personen, die Parteimitglieder waren.
e) Personen, die vor dem Einrücken der deutschen Truppen irgendwelche öffentlichen Ämter bekleidet haben ...
Diese Geiseln sind in Konzentrationslagern unterzubringen.“

Hilfsarbeiter drei Mark an die SS-Verwaltung der Konzentrationslager. Das KZ Buchenwald nahm so monatlich zwischen drei und sechs Millionen Mark für „verborgte“ Häftlinge ein. Der Gewinn der Konzerne überstieg diese Summen noch um ein Vielfaches.
Der faschistische Besatzungsterror, die wirtschaftliche Ausplünderung, das Verschleppen von Millionen Menschen, der Raub von Kulturgütern und die Massenmorde stießen in allen okkupierten Ländern auf einen wachsenden Widerstands- und Partisanenkampf der Völker.

Mordaktionen gegen Partisanen und Widerstandskämpfer. Die deutschen Besatzer gingen bei der Unterdrückung des Widerstandes mit größter Grausamkeit vor. Sie bildeten spezielle Einsatzgruppen der SS, Sicherungsdivisionen und „Jagdkommandos“ zur Unterdrückung der Partisanenbewegung. Aber auch die Geheime Feldpolizei, Ordnungspolizei und Truppen des Heeres und der Luftwaffe waren am Terror beteiligt.
Unter den 70000 zerstörten Dörfern der *Sowjetunion* befanden sich viele, die beim Vorgehen gegen Partisanen oder bei „Vergeltungsaktionen“ vernichtet wurden. Dazu gehören Chatyn bei Minsk und Obuchowka im Gebiet Poltawa in der Ukraine. Ihre Einwohner wurden erschossen und die Dörfer niedergebrannt, weil Partisanen unterstützt worden waren. Das gleiche Schicksal erlitt das lettische Dorf Audrini, wo Mordkommandos am 4. Januar 1942 alle 235 Einwohner, darunter Kinder, Frauen und Greise, erschossen, weil sie Sowjetsoldaten verborgen hatten.

Aus der Meldung des SS-Führers und Polizeichefs von Minsk, F. Kuschel, vom 6. August 1943
„In der zweiten Hälfte des Monats Juli führten SS-Einheiten im Kreis Woloshino eine Säuberungsaktion gegen Partisanen durch. Dabei verbrannten sie im Amtsbezirk Pershai zehn Dörfer mitsamt den Einwohnern. Die SS-Einheiten führten keinerlei Untersuchung durch, sondern trieben die Einwohner, hauptsächlich Greise, Frauen und Kinder, in einzelne Häuser zusammen, die in Brand gesteckt wurden. In Dory wurden die Einwohner in eine Kirche getrieben und mit samt der Kirche verbrannt.“

Die Faschisten überzogen auch die anderen besetzten Staaten mit immer neuen und ungeheuerlichen Terrorakten.
In *Polen* wurden 440 Ortschaften dem Erdboden gleichgemacht. Bei einer sogenannten „Befriedungsaktion“ gegen Partisanen im Gebiet von Lublin brannten 20000 SS-Leute im Kreis Zamość Dorf um Dorf nieder und verschleppten 36000 Polen in Konzentrationslager und Vernichtungslager.
Am 10. Juni 1942 zerstörte ein Modkommando die Bergarbeitersiedlung **Lidice** nördlich von Prag. Dies geschah als angebliche „Vergeltung“ für die Unterstützung der tschechischen Widerstandskämpfer, die den für Zehntausende Morde verantwortlichen SS-Führer und stellvertretenden Reichsprotektor

● *Was charakterisiert das Verhalten der Faschisten in den von ihnen besetzten Gebieten?*

Sowjetische Partisanen ziehen in den Kampf.

„Partisanenmadonna", Gemälde von Michail Sawitzki, 1967

von Böhmen und Mähren, Reinhard Heydrich, bei einem Attentat getötet hatten. Die Faschisten ermordeten in Lidice 119 Männer und neun Frauen und verschleppten 203 Frauen und 93 Kinder in Konzentrationslager.

Ebenso grausam vernichteten Einheiten der 2. SS-Panzerdivision am 10. Juni 1944 das französische Dorf **Oradour-sur-Glane**, weil die Einwohner Verbindungen zu Partisanen hatten. Die SS-Mörder schossen 642 Männer, Frauen und Kinder nieder oder verbrannten sie lebendig in der Kirche.

▌Aufschwung der Widerstands- und Partisanenbewegung. Nach dem Scheitern des Blitzkrieges an der deutsch-sowjetischen Front wurde der Widerstand der Völker zu einer Massenbewegung. Sie gewann strategische Bedeutung. Die führende Rolle der kommunistischen Parteien in diesem Kampf wuchs immer mehr.

In der *Sowjetunion* nahm der Kampf der Partisanen und Widerstandskämpfer im besetzten Gebiet den Charakter großer Schlachten an. Dabei verwickelten die Partisanen deutsche Reservetruppen in Gefechte und zwangen die Wehrmacht, ständig mehr Soldaten zur Bewachung der Nachschubwege, Industrieanlagen, Städte und Dörfer einzusetzen. So war der Partisanenkampf eine wesentliche Unterstützung für die Millionen Sowjetsoldaten an den verschiedenen Fronten. Zu den

Sowjetische Partisanen bereiten die Sprengung einer Eisenbahnlinie vor.

Abtransport von Juden aus dem Warschauer Ghetto in Vernichtungslager

Partisanen gehörten viele Kommunisten und Komsomolzen. In Belorußland kämpften z. B. 25000 Kommunisten und 73000 Komsomolzen im Untergrund gegen die Faschisten. Allein 1943 verursachten Partisanen etwa 11000 Schienensprengungen, 6000 Zugzusammenstöße, vernichteten oder beschädigten sie 6000 Lokomotiven, 40000 Waggons, 22000 Kraftfahrzeuge und sprengten sie 5500 Straßen- sowie 900 Eisenbahnbrücken.

In *Polen* nahmen zuerst kleinere Partisanenabteilungen den Kampf gegen die deutschen Besatzer auf. Ab Januar 1942 entstanden unter der Leitung der Polnischen Arbeiterpartei **Volksgarden**. Diese waren bemüht, den gemeinsamen Kampf aller Widerstandskräfte, einschließlich der unter der Leitung der Exilregierung in London stehenden, zu organisieren. Da 90 Prozent der Eisenbahntransporte zur Versorgung der deutschen Truppen an der Ostfront über polnisches Gebiet führten, kam den Aktionen polnischer Partisanen gegen die Bahnlinien große Bedeutung zu.

Als die faschistischen Besatzer dazu übergingen, die in Warschau eingepferchten Juden in Todeslager zu verschleppen, erhoben sich diese am **19. April 1943** zum **Aufstand im Warschauer Ghetto**. Die vom Tode bedrohten Menschen führten den von Anfang an nahezu aussichtslosen Verzweiflungskampf bis zum 19. Mai. Die SS unterdrückte den mutig geführten Aufstand brutal. Sie ermordete über 56000 Juden und zerstörte diesen Stadtteil vollständig.

Polnische, tschechoslowakische und rumänische Patrioten stellten mit Unterstützung der sowjetischen Regierung in der

UdSSR seit 1943 **Truppenteile nationaler Volksbefreiungsarmeen** auf, die gemeinsam mit sowjetischen Truppen am Kampf gegen die Hitlerwehrmacht teilnahmen.
In *Jugoslawien* hatte die 1943 rund 300000 Mann zählende Volksbefreiungsarmee unter **Josip Broz Tito** fast die Hälfte des Landes in ihrer Hand.
In *Griechenland* kontrollierten die Patrioten zur gleichen Zeit ein Drittel des Landes.
In *Frankreich* schlossen sich Ende 1943 alle Kampforganisationen der Widerstandsbewegung – der **Résistance** – unter der Führung eines Nationalrates zu einer einheitlichen Armee zusammen. Zehntausende junger Franzosen entzogen sich durch Flucht und Überlaufen zu den Partisanen der Zwangsverschikkung nach Hitlerdeutschland. Im September 1943 befreiten französische Patrioten die Insel Korsika.
Deutsche Antifaschisten – Emigranten, aus der Wehrmacht übergelaufene Soldaten und Offiziere sowie ehemalige Kriegsgefangene – beteiligten sich *am Partisanen- und Widerstandskampf* in der Sowjetunion, in Frankreich, Jugoslawien, Griechenland, Belgien, in den besetzten tschechischen Gebieten, in der Slowakei, in Polen und anderen Ländern. Viele von ihnen verloren dabei ihr junges Leben. Zu den vielen Kämpfern, die sich in der französischen Résistance beteiligten, gehörte der deutsche Jungkommunist Carlo Schönhaar. Er versuchte, in Paris eine antisowjetische Hetzausstellung zu vernichten, wurde dabei verhaftet und im Alter von 17 Jahren im April 1942 erschossen. Der ehemalige Spanienkämpfer Otto Kühne befehligte in Frankreich eine Partisaneneinheit.
Im *Fernen Osten* kämpfte das chinesische Volk gegen die japanischen Besatzer. Auch in den französischen sowie niederländischen Kolonien in Südostasien erhoben sich Widerstandsbewegungen. Besonders erfolgreich gestaltete sich dort der Kampf des im Mai 1941 gebildeten Viet-Minh (Kampfbund für ein unabhängiges Vietnam) unter **Ho Chi Minh**.

Der 25jährige Landarbeiter Fritz Schmenkel verläßt im November 1941 die Naziwehrmacht und schließt sich im Gebiet Smolensk den Partisanen an. Dort kämpft er, der im Frühjahr 1943 von der sowjetischen Regierung für seine Tapferkeit mit dem Rotbannerorden ausgezeichnet wird, bis Ende 1943. Da fällt er den Faschisten in die Hände, die ihn im Februar 1944 ermorden.

▶ **Nach dem Scheitern des Blitzkriegsplans gegen die Sowjetunion verstärkten die deutschen Faschisten ihre barbarische Raub- und Unterdrückungspolitik in den besetzten Ländern. Die deutschen Imperialisten bereicherten sich maßlos durch die Ausbeutung von Häftlingen, Kriegsgefangenen und Zwangsarbeitern sowie durch die Ausplünderung von Industrieanlagen, Rohstofflagern und der Landwirtschaft. In den Konzentrationslagern und anderen Haftanstalten sowie durch sogenannte „Straf- und Vergeltungsaktionen" begannen die Faschisten den Massenmord an Millionen Hitlergegnern und Angehörigen verschiedener Völker, insbesondere von Bürgern der Sowjetunion und Polens sowie von Juden vieler europäischer Staaten.**
Gegen die grausame faschistische Unterdrückungs- und Mordpolitik erhoben sich die Völker zum Widerstands- und Partisanenkampf.

20. Januar 1942 „Wannsee-Konferenz" beschließt Massenmord an Juden
10. Juni 1942 Faschistisches Mordkommando zerstört Lidice
12. Juni 1942 Bestätigung des „Generalplan Ost"
19. April bis 19. Mai 1943 Aufstand im Warschauer Ghetto
10. Juni 1944 SS-Einheiten zerstören Oradour-sur-Glane

4.4. Der grundlegende Umschwung im Kriegsverlauf

Die Stalingrader Schlacht. Nach ihrer Niederlage vor Moskau versuchte das deutsche Oberkommando im Jahre 1942, wiederum die Initiative an der Front zu ergreifen und die UdSSR durch eine neue Offensive doch noch niederzuringen. Die Wehrmacht hatte aber schon über eine Million Mann, 70000 Kraftfahrzeuge, 2300 Panzer und 6800 Flugzeuge verloren. Sie konnte deshalb nur noch an einem Abschnitt der Front angreifen. Abermals konzentrierte das deutsche Oberkommando den größten Teil der faschistischen Streitkräfte auf dem östlichen Kriegsschauplatz. Es vermochte 136 von insgesamt 177 Divisionen, das waren über sechs Millionen Mann, dort einzusetzen, weil die Westmächte auch im Jahre 1942 die versprochene zweite Front in Westeuropa nicht eröffneten.

Im Mai und Juni entbrannten im Süden der UdSSR erbitterte Kämpfe. Die Halbinsel Kertsch ging verloren und die Festung Sewastopol mußte nach einer 250tägigen Belagerung aufgegeben werden. Die deutschen Truppen erreichten den Don.

Am 25. Juli stellte das deutsche Oberkommando die Aufgabe, den *Kaukasus* mit seinen reichen Ölfeldern zu erobern. Den Angriffsarmeen gelang es, über den Fluß Kuban vorzustoßen und die Erdölfelder bei Maikop einzunehmen. Weiteres Vordringen verhinderte die intensive sowjetische Gegenwehr.

Andere deutsche Truppen erhielten den Befehl, zur Wolga bei *Stalingrad* (heute Wolgograd) durchzubrechen, um dieses bedeutende Industriegebiet zu erobern und die Versorgung der zentralen Teile der UdSSR auf der Wolga zu unterbinden. Am **17. Juli 1942** begann der Angriff. Es gelang, am 23. August nördlich der Stadt die Wolga zu erreichen. Ein Versuch, sofort in die Stadt einzudringen, scheiterte jedoch.

An der Wolga entbrannte die **Stalingrader Schlacht**, auf die alle Völker der Antihitlerkoalition mit großer Sorge und Aufmerksamkeit blickten. Von ihrem Ausgang hing der weitere Kriegsverlauf ab. In Stalingrad wurden Verteidigungsanlagen und Barrikaden gebaut. Die Betriebe setzten die Produktion von Waffen und Kampftechnik fort. In nicht abreißendem Strom gelangten aus dem Hinterland Verstärkungen und Kriegsgerät in die Stadt. Ende August koordinierte Armeege-

Der deutsche Schriftsteller Willi Bredel ruft auf sowjetischer Seite die in Stalingrad eingeschlossenen deutschen Soldaten zur Aufgabe des aussichtslosen Kampfes auf.

Aus einem von Willi Bredel, Walter Ulbricht und Erich Weinert unterzeichneten Flugblatt vom 12. Dezember 1942

„Soldaten, Landsleute!
Wir sprechen zu Euch als Deutsche zu Deutschen. Ihr seid rettungslos eingekesselt. Hitler hat Euch so richtig in den Dreck geführt. Das OKW [Oberkommando der Wehrmacht – d. Red.] belügt Euch, wenn es Euch auf den Einsatz von Reserven vertröstet. Es spekuliert darauf, daß Ihr Euch über die allgemeine Kriegslage und über die Verluste und die Reserven Deutschlands kein Bild machen könnt. Wir aber wissen, was wirklich los ist, nämlich daß Euch Hitler keinerlei Hilfe schicken wird und kann … Wir Deutsche, denen unser Volk am Herzen liegt, können nicht gleichgültig zusehen, wie es bis zum letzten Mann sinnlos verblutet. Wer sich weiter auf die leeren Verheißungen der Hitlerpropaganda verläßt, der ist verlassen und kann sich vor Stalingrad begraben lassen. Es gibt nur ein Gebot der Vernunft:
Legt die Waffen nieder! Macht selbst Euren Frieden mit dem Sowjetvolk!“[12]

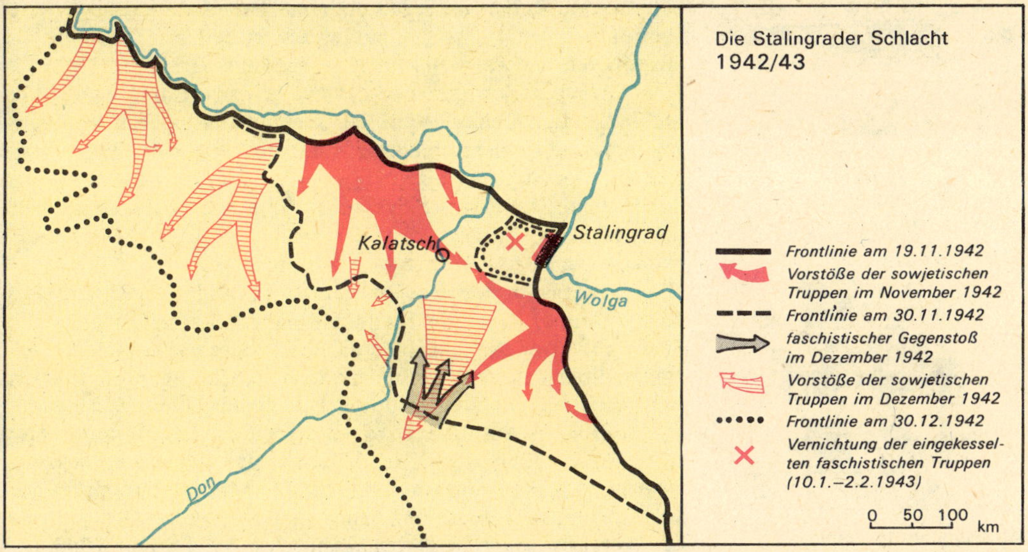

Die Stalingrader Schlacht 1942/43

neral G. K. Shukow, der Stellvertreter des Obersten Befehlshabers, die Verteidigung der Stadt. Aufopferungsvoll verteidigten die sowjetischen Truppen jedes Werk, jede Straße und jeden Häuserblock. Oft ging der Kampf um jedes einzelne Haus und jedes Stockwerk.

Mitte November war die Angriffskraft der deutschen Truppen erschöpft. Sie hatten ungefähr 700000 Mann an Gefallenen und Verwundeten, mehr als 2000 Geschütze, 1000 Panzer und 1400 Flugzeuge verloren. Der faschistische Plan, die UdSSR 1942 durch eine Großoffensive im Kaukasus und an der Wolga zu besiegen, war gescheitert.

Inzwischen hatte das sowjetische Oberkommando bedeutende Reserven zusammengezogen. Der noch eine Million Mann starken deutschen Gruppierung standen nun ebensoviele Sowjetsoldaten gegenüber. Die Rote Armee eröffnete am **19./20. November 1942** die **Gegenoffensive bei Stalingrad**. Innerhalb von drei Tagen schlossen sie knapp 300000 Mann der deutschen 6. Armee unter General Friedrich Paulus ein. Sehr bald war die Lage der deutschen Truppen in der Stadt hoffnungslos. Ehrenvolle sowjetische Kapitulationsangebote lehnte die eingeschlossene Armee auf ausdrücklichen Befehl Hitlers ab.

Deutsche Kommunisten riefen während der Stalingrader Schlacht aus den vordersten sowjetischen Schützengräben die Soldaten der Wehrmacht auf, den sinnlosen Kampf einzustellen. An der Seite der Kommunisten standen antifaschistische deutsche Offiziere, die ihre ehemaligen Kameraden aufforderten, die verbrecherischen Befehle Hitlers und des faschistischen Oberkommandos nicht mehr auszuführen, um weiteres zweckloses Blutvergießen zu vermeiden.

Nach einem verlustreichen, über zwei Monate dauernden Kampf mußten sich die Reste der deutschen Truppen in Sta-

Sowjetisches Sturzkampfflugzeug Pe-2 (oben) und Jagdflugzeug La-5 (unten)

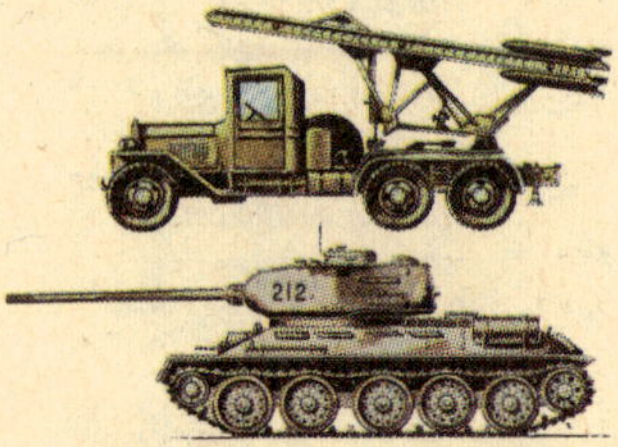

Sowjetischer Raketenwerfer BM 13 (oben) und mittlerer Panzer T 34/85 (unten)

lingrad am 2. Februar 1943 ergeben. Nur noch 91000 Überlebende, verwundet, krank, ausgehungert und mit schweren Erfrierungen, begaben sich in Kriegsgefangenschaft.

Der Sieg der Sowjetarmee bei Stalingrad nimmt in der Geschichte des zweiten Weltkrieges einen besonderen Platz ein. Er brachte die Zerschlagung einer großen Gruppierung, wie sie die deutsche Armee in ihrer Geschichte noch nie erlebt hatte. Die **Stalingrader Schlacht** war ein **grundlegender Umschwung im Verlauf des Krieges**. Von dieser Niederlage konnte sich die Wehrmacht nicht mehr erholen.

Die Faschisten logen dem deutschen Volk vor, die eingeschlossene 6. Armee in Stalingrad habe bis zum letzten Mann gekämpft. Den Angehörigen der in Kriegsgefangenschaft geratenen Soldaten unterschlug man Benachrichtigungen des Roten Kreuzes. Darüber hinaus behauptete die Naziführung, Deutschlands militärische Kraft sei ungebrochen, denn seine Armeen stünden immer noch tief in den eroberten Ländern. Deutsche Konzernherren forderten die Militärs und Hitler auf, die eroberten Gebiete unbedingt zu halten.

▮ **„Totaler Krieg" in Deutschland.** Am 18. Februar 1943 ließ Hitler den „totalen Krieg" verkünden. Dies war ein Versuch, die gewaltigen Verluste an der Front auszugleichen und alle Kräfte für die Weiterführung des Krieges zu mobilisieren. Durch umfangreiche Maßnahmen sollten noch mehr Männer für die Wehrmacht bereitgestellt und die Rüstungsproduktion gesteigert werden.

Totaler Krieg und brutale Ausbeutung der besetzten Gebiete brachten noch einmal einen Anstieg der deutschen Rüstung. Im Vergleich zur UdSSR und zu den Westmächten blieb aber Hitlerdeutschland bereits zurück. 1943/44 belief sich das Verhältnis zwischen der deutschen Rüstungsproduktion und der der drei Hauptmächte der Antihitlerkoalition (Großbritannien, Sowjetunion, USA) auf 1:5.

▮ **Die Kursker Schlacht.** Auf einem begrenzten Raum versuchten die Faschisten am **5. Juli 1943** bei Kursk noch einmal einen Großangriff (Unternehmen „Zitadelle"). Eine sowjeti-

Rüstungsproduktion 1943

	Deutschland	UdSSR
Panzer	12000	25000
Flugzeuge	25000	35000
Granatwerfer	23000	100000
Geschütze	35000	120000

Maßnahmen der Faschisten zur totalen Kriegführung 1943

Weitgehende Verschmelzung von Monopolorganen mit denen des Staates zur Leitung der gesamten Produktion.
Einberufung weiterer zwei Millionen Mann zur Wehrmacht. Schüler und Kriegsgefangene werden als Flakhelfer eingesetzt.
Einführung einer Melde- und Arbeitspflicht für alle Männer von 16 bis 65 und für alle Frauen von 17 bis 45 Jahren.
Schließung von Gaststätten, Handwerksbetrieben, Theatern, Geschäften und zivilen Betrieben, Einsatz dieser Arbeitskräfte in der Rüstungsindustrie.
Verschleppung weiterer zwei Millionen ausländischer Zwangsarbeiter nach Deutschland. Insgesamt werden über sieben Millionen ausgebeutet.
Reichsführer SS Himmler wird im August Reichsminister des Innern und verstärkt den Terror gegen das deutsche Volk.

● *Was können Sie aus diesen Maßnahmen über die Lage Hitlerdeutschlands entnehmen?*

Nach der Befreiung eines Dorfes

sche Gegenoffensive brachte die Angreifer zum Stehen. Dabei kam es am 12. Juli bei Prochorowka zur größten Panzerschlacht des zweiten Weltkrieges, an der von beiden Seiten 1200 Panzer und Selbstfahrlafetten teilnahmen. Hitler mußte am 13. Juli die Einstellung des Unternehmens „Zitadelle“ befehlen. Die sowjetischen Truppen setzten ihre Offensive bis in den August hinein fort. Von deutscher Seite waren in diesen Kämpfen über 100 Divisionen eingesetzt, das heißt etwa 43 Prozent aller an der deutsch-sowjetischen Front operierenden Truppen. Als Bilanz der Schlacht mußten die faschistischen Verbände den Verlust von einer halben Million Soldaten und Offizieren, von 3000 Geschützen, 1500 Panzern und 3700 Flugzeugen hinnehmen.

Die Wende des Krieges, die mit der Stalingrader Schlacht begonnen hatte, war nunmehr abgeschlossen. Der Sieg der Roten Armee in der **Schlacht bei Kursk vollendete den Umschwung im Verlauf des zweiten Weltkrieges** zugunsten der Antihitlerkoalition.

Nach der Kursker Schlacht setzte die Sowjetarmee die Offensive an mehreren Frontabschnitten bis über den Dnepr fort. Bis Ende 1943 wurden die Faschisten im Süden der UdSSR um 1200 km und im Mittelabschnitt um etwa 500 km zurückgeworfen. Sie verloren weitere zwei Millionen Mann an Toten, Vermißten und Verwundeten. Die Hälfte des Territoriums der UdSSR, das von den Faschisten besetzt worden war, wurde bis Ende 1943 befreit.

● *Warum waren die Schlachten an der Wolga und bei Kursk die Wende des zweiten Weltkrieges?*

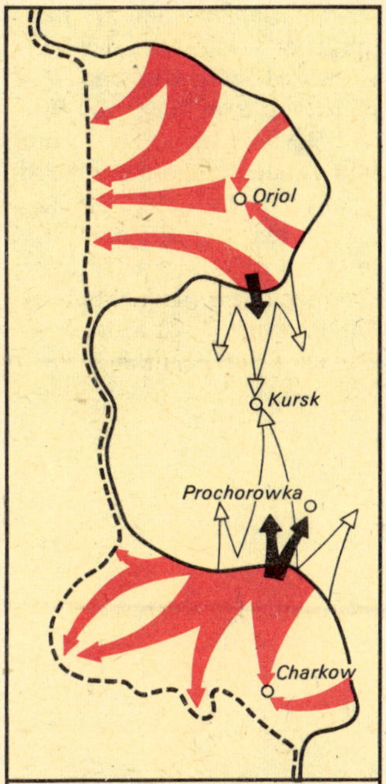

Die Kursker Schlacht 1943

▶ **Die Siege der Sowjetarmee bei Stalingrad und Kursk führten den Umschwung im Verlauf des zweiten Weltkrieges zugunsten der gegen den faschistischen Block kämpfenden Völker und Staaten herbei. Die Kriegswende wurde von den sowjetischen Truppen auf dem europäischen Schlachtfeld allein errungen, da die Westmächte ihre Zusage nicht einhielten, im Jahre 1943 eine zweite Front in Westeuropa zu eröffnen.**

17. Juli 1942 bis 2. Februar 1943 **Stalingrader Schlacht**
18. Februar 1943 Verkündung des „totalen Krieges“ in Deutschland
5. Juli bis 23. August 1943 Kursker Schlacht

4.5. Der Aufschwung des Widerstandskampfes deutscher Antifaschisten

Aus dem von Willi Gall verfaßten Leitartikel „Unser Volk will den Frieden“ in der „Berliner Volkszeitung“ vom Oktober 1939

„Jeder Widerstand im Betrieb, jede Stunde weniger oder langsamer gearbeitet, jede sabotierte Steuerzahlung der Mittelständler, jede verhinderte Lebensmittelablieferung der Bauern, jeder Widerstand der Soldaten und Frauen ist ein Schritt auf dem Weg zum Frieden. Ob Sozialdemokrat, Kommunist oder Demokrat, ob Protestant oder Katholik, alle haben wir ein Ziel: Frieden! Sturz des Kriegsschuldigen Hitler! Vereinzelt seid ihr nichts, vereinigt alles!“[13]

Widerstand in den ersten Kriegsjahren. Die Erfolge der Wehrmacht in den Jahren 1939 bis 1941 verführten viele Menschen in Deutschland, den Parolen und Lügen der Nazis zu glauben. Das Bemühen der deutschen Antifaschisten, allen voran der Kommunisten, das Volk über die menschheitsfeindlichen Ziele des deutschen Imperialismus aufzuklären und zum Kampf dagegen zu bewegen, stieß auf neue große Hindernisse.

Die Abriegelung der Grenzen machte die Verbindung mit den im Exil tätigen Parteifunktionären immer schwieriger und gefährlicher. Das betraf die Kontakte der illegal in Deutschland kämpfenden Genossen zu den Abschnittsleitungen der KPD in den Nachbarländern, zum Sekretariat des ZK der KPD in Paris und zur Parteiführung in Moskau. Dort wirkten der Parteivorsitzende Wilhelm Pieck sowie Wilhelm Florin, Philipp Dengel, Walter Ulbricht und andere. Das Zentralkomitee der KPD wandte sich an die illegalen Parteiorganisationen in Deutschland und forderte sie auf, unmittelbar selbständig auf alle Ereignisse zu reagieren.

Kommunisten im Rhein-Ruhr-Gebiet verbreiteten Flugblätter, in Hamburg erschien illegal die „Norddeutsche Volkszeitung“ und im Sommer 1940 in Berlin auch wieder „Die Rote Fahne“. Instrukteure der Parteiführung – Rudolf Hallmeyer, Johannes Müller, Heinrich Schmeer, Georg Hanke und Arthur Emmerlich –, die illegal, oft auf abenteuerliche Weise und unter Lebensgefahr nach Deutschland gelangt waren, nahmen im Sommer 1940 Verbindungen zu Partei- und Widerstandsorganisationen auf. Ihrer Tätigkeit und dem Wirken der Widerstandsgruppen, die z. B. in Berlin und unter hervorragender Beteiligung von Willi Gall und Otto Nelte, Robert Uhrig,

Berliner Volkszeitung

Für Frieden, Freiheit, Demokratie

Unser Volk will den Frieden!

Wen erfüllt der Gedanke an Frieden nicht mit neuer Hoffnung und Zuversicht — Wer denkt dabei nicht an die Wochen größter Sorge und Bangigkeit? Wochen in denen Frauen und Mütter um das Schicksal ihrer Männer und Söhne zitterten. Nächte, die ihnen in peinigender Angst die Ruhe zum Schlaf raubten.

Mit Beendigung des Krieges in Polen hofften viele, daß Frieden werden würde. Aber der Glaube hat sich als trügerisch erwiesen. Selbst die Naziführer, die die Hoffnung auf baldigen Frieden nährten, können sich nicht mehr getrauen, die Wahrheit zu verschweigen.

Aus der Titelseite der illegalen „Berliner Volkszeitung“ vom Oktober 1939

Robert Uhrig

John Sieg

Führende deutsche Widerstandskämpfer der ersten Kriegsjahre

Wilhelm Guddorf

Harro Schulze-Boysen

Arvid Harnack

Hans Coppi

Hilde Coppi

Adam Kuckhoff

Ernst Thälmann erlebt den Kriegsanfang im Gerichtsgefängnis Hannover, wo er von August 1937 bis August 1943 in Einzelhaft gefangengehalten wird.

John Sieg und Wilhelm Guddorf, Erich Prenzlau, Herbert Baum, Arvid Harnack und Harro Schulze-Boysen, Anton Saefkow und anderen kämpften, ist es zu verdanken, daß es in den ersten beiden Kriegsjahren zu einer Sammlung der Kräfte des Widerstandes und zu Aktionen kam, wie die Herausgabe und das Verteilen illegaler Zeitungen und Flugblätter, das Anbringen von Losungen usw.

Den *Widerstand hinter Stacheldraht und Kerkermauern* setzten eingekerkerte Kommunisten, Sozialdemokraten, bürgerliche Hitlergegner und wegen ihrer religiösen Überzeugung Verfolgte fort. Zu den Tausenden hervorragender Antifaschisten, die ungebrochen in den Konzentrationslagern, Zuchthäusern und anderen Haftanstalten kämpften, gehörten die Kommunisten Hermann Axen, Fritz Grosse, Erich Honecker, Ernst Schneller, Horst Sindermann, der Sozialdemokrat Otto Buchwitz, die Pfarrer Heinrich Grüber und Martin Niemöller, der Kaplan Joseph Rossaint und viele andere.

Deutsche *Antifaschisten im Exil* setzten ebenfalls den Kampf fort. Nach Kriegsbeginn wurden viele von ihnen, darunter auch die Mitglieder des Sekretariats des ZK der KPD Franz Dahlem und Paul Merker in Frankreich, interniert. Im Sommer 1940 entstand eine Leitung der KPD in Toulouse, der Alexander Abusch, Albert Norden und andere angehörten. Parteiorganisationen gab es auch in der Schweiz, in Schweden, in Großbritannien, wo Kurt Hager, Wilhelm Koenen, Jürgen Kuczynski und andere wirkten, sowie in anderen Ländern.

Führer der *Sozialdemokratie* in der Emigration lehnten auch nach Kriegsausbruch alle Angebote der KPD zum gemeinsamen Kampf ab. Sie vertrauten nicht auf die Kampf- und Opferbereitschaft der Arbeiterklasse und gaben dem Widerstandskampf keine Erfolgsaussichten. Sie suchten daher Anschluß an großbürgerliche Kräfte und hofften, diese würden zusammen mit opponierenden Teilen der Generalität Hitler stürzen.

Entgegen dieser Haltung der Mehrheit der Führer kam es vielerorts im antifaschistischen Kampf zu *gemeinsamen Aktionen* von Kommunisten und Sozialdemokraten. Zusammen mit kommunistischen Widerstandskämpfern retteten Sozialdemokraten, Gewerkschafter und bürgerliche Hitlergegner politisch, rassisch und religiös Verfolgte, darunter viele Juden, vor der Verhaftung. Sie beteiligten sich daran, Flugblätter herzustellen, die Produktion von Rüstungsgütern zu sabotieren, Nachrichten ausländischer Sender abzuhören und weiterzuverbreiten sowie ausländische Zwangsarbeiter zu unterstützen.

Die deutschen Antifaschisten traten gegen jede Ausweitung des Krieges und für seine Beendigung durch den Sturz des faschistischen Regimes ein. Damit erwiesen sie sich überall – im illegalen Kampf, in den Kerkern und im Exil – als die besten Töchter und Söhne des deutschen Volkes.

Die KPD warnte das deutsche Volk vor der Gefahr eines faschistischen Überfalls auf die Sowjetunion. Von der seit

Der deutsche Kommunist und sowjetische Kundschafter Richard Sorge leitet in Japan eine Gruppe, die der sowjetischen Regierung Informationen über die deutschen und japanischen Aggressionspläne übermittelt. Am 18. Oktober 1941 wird er verhaftet und nach dreijähriger Einzelhaft am 7. November 1944 ermordet.

Herbst 1940 arbeitenden provisorischen Landesleitung der KPD, zu der Arthur Emmerlich, Kurt Steffelbauer und Johannes Gloger gehörten und zu der Alfred Grünberg Kontakt hatte, wurde am 5. Mai 1941 das Flugblatt „Hände weg von der Sowjetunion!" herausgebracht.
Kommunisten und parteilose Widerstandskämpfer sahen ihre hohe internationalistische Verpflichtung als deutsche Patrioten darin, die Sowjetunion vor der Gefahr eines deutschen Überfalls zu warnen. Kundschafter der Partei- und Widerstandsorganisationen um Arvid Harnack und Harro Schulze-Boysen, als **„Rote Kapelle"** in die Geschichte eingegangen, übermittelten Dienststellen der UdSSR militärische und kriegswirtschaftliche Angaben und teilten ihnen auch die vorgesehenen Termine des faschistischen Angriffs mit.
Im Spätsommer 1942 wurden Mitglieder dieser Widerstandsorganisation verhaftet. Die meisten von ihnen richteten die Faschisten hin. Darunter befanden sich Harro Schulze-Boysen und seine Frau Libertas, Arvid und Mildred Harnack, Hans und Hilde Coppi, Wilhelm Guddorf, Adam Kuckhoff, Walter Husemann, Walter Küchenmeister und viele andere. „Ich bereue nichts. Ich sterbe als ein überzeugter Kommunist" waren die letzten Worte Arvid Harnacks, bevor er am 23. Dezember 1942 sein Leben lassen mußte.

▮ Widerstandskampf nach dem Überfall auf die Sowjetunion. Die Kommunisten und die von ihnen geführten Widerstandsorganisationen verstärkten nach dem 22. Juni 1941 den Kampf. In Rüstungsbetrieben verübten sie oft gemeinsam mit ausländischen Zwangsarbeitern Sabotage, führten Kurzstreiks durch und agierten gegen den Krieg. Bei der Howaldtwerke AG in Hamburg gelang es Nazigegnern, 40000 Elektroschweißstäbe, Schweißgeräte und Sauerstoffflaschen zu zerstören. Bei Blohm & Voß streuten sie Sand in die Lager der Schiffswellen und zerschnitten Transmissionsriemen.
An der Spitze des Kampfes standen führende Mitglieder illegaler Partei- und Widerstandsorganisationen wie Robert Abshagen, Bernhard Bästlein, Franz Jacob, Theodor Neubauer, Anton Saefkow, Georg Schumann, Martin Schwantes und

Antifaschistische Flugblätter

Robert Uhrig. In verschiedenen Teilen Deutschlands, so in Berlin, Hamburg, Sachsen, im Rhein-Ruhr-Gebiet, wurden Bezirks- und Gebietsleitungen der KPD gebildet. Nach der Verhaftung der Landesleitung unter Arthur Emmerlich und Kurt Steffelbauer im Mai 1941 entwickelte sich seit dem Herbst 1941 eine neue Landesleitung der KPD mit Robert Uhrig, die bis zu ihrer Verhaftung Anfang 1943 wirksam war.
Am Widerstandskampf beteiligten sich Antifaschisten aus allen Klassen und Schichten. In München wirkte an der Universität die **Widerstandsgruppe „Weiße Rose“**. In Berlin setzten Mitglieder einer vorwiegend aus jungen jüdischen Deutschen bestehenden Widerstandsgruppe unter dem Jungkommunisten Herbert Baum am 18. Mai 1942 eine antisowjetische Hetzausstellung in Brand. 28 Mitglieder der Gruppe wurden hingerichtet, etwa 50 erhielten hohe Haftstrafen.

Mitglieder der Landesleitung der KPD 1943/44

Anton Saefkow

Franz Jacob

Martin Schwantes

Georg Schumann

Bernhard Bästlein

Theodor Neubauer

Die studentische Widerstandsgruppe „Weiße Rose" verbreitet in München und anderen Städten über 90000 Flugblätter. Am 18. Februar 1943 verhaftet, werden Hans und Sophie Scholl, Christoph Probst (v. l. n. r.) sowie viele weitere Mitkämpfer vier Tage später hingerichtet.

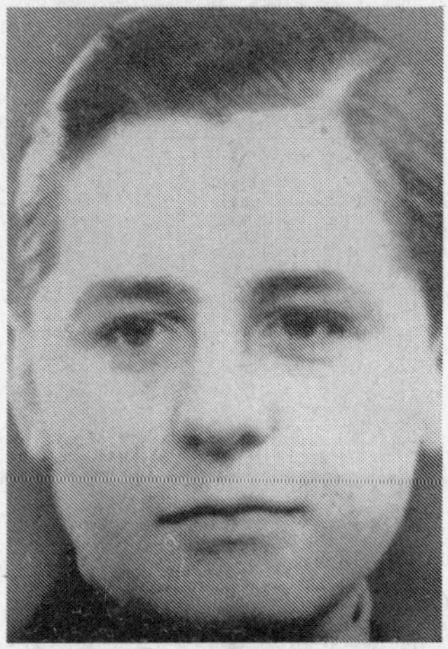

In Hamburg hört der junge Christ Helmuth Hübener die Nachrichten des britischen Rundfunks ab, vervielfältigt sie auf der Schreibmaschine und verteilt sie gemeinsam mit Glaubensbrüdern. Mit 17 Jahren wird er dafür im Oktober 1942 enthauptet.

In Betrieben und verschiedenen Orten bildeten deutsche Antifaschisten mit ausländischen Zwangsarbeitern und Kriegsgefangenen gemeinsame Komitees und führten gemeinsame Aktionen durch.

Die Bewegung „Freies Deutschland". Nachdem 1942/43 die Anzahl der deutschen Kriegsgefangenen in der UdSSR weiter angewachsen war, organisierten deutsche Kommunisten gemeinsam mit der Politischen Hauptverwaltung der Roten Armee eine breite politische Aufklärungsarbeit unter den deutschen Soldaten und Offizieren. Auf Initiative des Zentralkomitees der KPD entstand in der UdSSR die Bewegung „Freies Deutschland". Mehr als 3 000 Delegierte wählten in Krasnogorsk bei Moskau am **12./13. Juli 1943** ihr leitendes Organ, das **Nationalkomitee „Freies Deutschland" (NKFD)**. Sein Präsident wurde Erich Weinert. Dem NKFD gehörten 38 Mitglieder an, darunter Kommunisten, Sozialdemokraten, Gewerkschafter, Anhänger früherer bürgerlicher Parteien, Schriftsteller und Christen. Von ihnen waren 25 kriegsgefangene deutsche Soldaten und Offiziere. Eine bedeutende Rolle im NKFD spielten der Vorsitzende der KPD Wilhelm Pieck und solche führenden Kommunisten wie Anton Ackermann, Johannes R. Becher, Willi Bredel, Gustav Sobottka, Walter Ulbricht und andere sowie ehemalige Offiziere der Wehrmacht wie Ernst Hadermann, Karl Hetz, Heinrich Homann und andere. Die Gründungskonferenz des NKFD beschloß ein Manifest. Dieses enthielt eine Einschätzung der militärischen, innen- und außenpolitischen Lage Deutschlands und unterbreitete Vorstellungen für ein friedliches, demokratisches Nachkriegsdeutschland. Im Manifest hieß es: „Die Tatsachen beweisen: Der Krieg ist verloren. Deutschland kann ihn nur noch hinschleppen um den Preis unermeßlicher Opfer und Entbehrungen … Aber Deutschland darf nicht sterben! Es geht jetzt um Sein oder Nichtsein unseres Vaterlandes … Das deutsche Volk braucht und will unverzüglich den Frieden."[14]
Das NKFD leistete unter den deutschen Kriegsgefangenen

• *Belegen Sie mit Beispielen die politische und soziale Breite des antifaschistischen Widerstandskampfes in Deutschland!*

Erich Weinert bei der Unterzeichnung des Gründungsmanifests des NKFD

Aus dem Aufruf der Landesleitung der KPD „Wir Kommunisten und das Nationalkomitee ‚Freies Deutschland'" vom Frühjahr 1944

„Wir Kommunisten reichen jedem Hitlergegner die Hand – und schlagen in jede ehrlich uns gereichte Hand ein – zum gemeinsamen Kampf gegen den Volksfeind Hitler. Die Antifaschisten werden sich klar darüber, daß es nach dem Sieg über die faschistischen Kriegsabenteurer kein Zurück zur kapitalistischen Demokratie geben kann, sondern nur ein Vorwärts ... Die kommende Demokratie wird eine revolutionäre Demokratie der um den Fortschritt kämpfenden Massen sein."[15]

● *Inwiefern entsprechen die Ziele des NKFD den Interessen des deutschen Volkes?*

Aufklärungs- und Erziehungsarbeit. Es ernannte Frontbevollmächtige, zum Beispiel Eberhard Charisius, Max Emmendörfer und Heinz Keßler, und entsandte Gruppen an die Front, die Propaganda- und Kundschafteraufgaben durchführten. Seine Tätigkeit wurde von der KPdSU (B) und der Sowjetarmee wirkungsvoll unterstützt.
Die Bewegung „Freies Deutschland" entwickelte sich auch in Deutschland selbst und unter den deutschen politischen Emigranten in Frankreich, Großbritannien, Mexiko, Schweden, der Schweiz, den USA und in weiteren Ländern. Die Zusammenarbeit verschiedener Klassen und Schichten in der Bewegung „Freies Deutschland" legte einen Grundstein für das antifaschistisch-demokratische Bündnis aller fortschrittlichen und friedliebenden Kräfte unter der Führung der Partei der Arbeiterklasse nach der Befreiung vom Faschismus in der sowjetischen Besatzungszone.

12./13. Juli 1943 Gründung des Nationalkomitees „Freies Deutschland" (NKFD)

▶ Deutsche Antifaschisten – Kommunisten, Sozialdemokraten, Gewerkschafter, Christen, bürgerliche Hitlergegner – setzten während des Krieges den Kampf gegen die faschistische Diktatur verstärkt und ungebrochen fort.
Die KPD war die einzige deutsche Partei, die im antifaschistischen Widerstandskampf über ein klares Programm für die Beendigung des Krieges, für den Sturz des Hitlerregimes und für den Aufbau eines antifaschistisch-demokratischen Deutschlands besaß. Die deutschen Kommunisten führten seit Kriegsbeginn an der Spitze illegaler Widerstandsorganisationen, in den faschistischen Konzentrationslagern und Haftanstalten in Deutschland sowie im Exil am entschiedensten den Kampf gegen den Faschismus. Die Politik der KPD war darauf gerichtet, alle Hitlergegner zum gemeinsamen Kampf zusammenzuführen. Auf ihre Initiative wurde 1943 in der UdSSR die Bewegung „Freies Deutschland" gegründet. Das NKFD war ein bedeutender Schritt zu einem breiten Bündnis aller Hitlergegner.

4.6. Der Zerfall des faschistischen Blocks und Erfolge der Antihitlerkoalition

Der Kriegsaustritt Italiens. Die Niederlagen der faschistischen Truppen im Jahre 1943 an der deutsch-sowjetischen Front beschleunigten den Zerfall des faschistischen Blocks. Unter dem Oberbefehl des US-amerikanischen Generals Dwight D. Eisenhower besetzten britische und amerikanische Truppen vom 10. Juli bis zum 19. August die Insel Sizilien. Am 3. September gingen britische und am 9. September amerikanische Truppen in Süditalien an Land. Bis Ende 1943 drangen sie bis etwa 80 Kilometer vor Rom vor, wo es bis zum Mai 1944 zu einem Stellungskrieg kam.
Die Entwicklung in Italien führte dazu, daß dieser europäische Hauptverbündete Hitlerdeutschlands im Herbst 1943 auf die Seite der Antihitlerkoalition überging.

Die Konferenz von Teheran. Der Vormarsch der Sowjetarmee und der Aufschwung der antifaschistischen Widerstandsbewegung in den besetzten Staaten hatten ein neues Kräfteverhältnis geschaffen. Die Forderungen der Werktätigen in den westlichen Ländern nach wirksamer Unterstützung der Sowjetunion und Eröffnung einer zweiten Front in Westeuropa nahmen zu. Nun begannen die westlichen Regierungen um ihre führende Rolle im Nachkriegseuropa zu bangen. Sie entschlossen sich daher, die weiteren Kriegshandlungen mit der UdSSR abzustimmen und Grundsätze für die europäische Ordnung nach dem Kriege zu vereinbaren.
Vom **28. November bis 1. Dezember 1943** fand zu diesem Zweck die Konferenz von Teheran statt. In der Hauptstadt des Iran trafen sich die „großen Drei", die Regierungschefs Churchill, Roosevelt und Stalin. Auf der Konferenz ging es um die militärische Zerschlagung Hitlerdeutschlands und Japans sowie um Abmachungen für die Nachkriegszeit. Die Westmächte versprachen, im Mai 1944 eine zweite Front in Frankreich zu eröffnen.
Unter den Nachkriegsproblemen war die *Deutschlandfrage* von großer Bedeutung. Die Sowjetunion wollte eine neuerliche Aggression des deutschen Imperialismus für alle Zukunft verhindern. Deshalb verlangte sie, Faschismus, Militarismus, Wehrmacht und Rüstungskonzerne zu vernichten sowie die Nazi- und Kriegsverbrecher zur Verantwortung zu ziehen. Das deutsche Volk sollte aber die Möglichkeit erhalten, eine antifaschistisch-demokratische Entwicklung zu beginnen. Die Westmächte schlugen hingegen vor, Deutschland in mehrere Staaten aufzuteilen. Grundsätzliche Einigung erzielten die Regierungen darüber, daß das Gebiet des wiedererstehenden polnischen Staates bis zur Oder und Neiße reichen sollte.
Trotz einiger unterschiedlicher Auffassungen brachte die Konferenz Übereinstimmung in den Hauptfragen, den Krieg durch die Zerschlagung der Aggressoren zu beenden und danach in Friedenszeiten zusammenzuarbeiten, um einen neuen Krieg zu verhindern. Sie stärkte das Bündnis der Antihitlerkoalition,

Zur Entwicklung in Italien

25. 7. 1943: Sturz des faschistischen Mussolini-Regimes. Bildung einer neuen Regierung unter Marschall Badoglio
3. 9.: Waffenstillstand; Besetzung Nord- und Mittelitaliens durch die Hitlerwehrmacht
8. 9.: Kapitulation Italiens vor den Staaten der Antihitlerkoalition
15. 9.: Einsetzung einer neuen faschistischen Regierung unter Mussolini in Norditalien
13. 10.: Die Regierung Badoglio erklärt Hitlerdeutschland den Krieg
29. 4. 1945: Faschistenführer Mussolini von italienischen Partisanen hingerichtet

- *Welche Beschlüsse wurden in Teheran über das zukünftige Schicksal Deutschlands gefaßt?*

Verteilung der deutschen Landstreitkräfte auf die Fronten (in Prozent)			
Jahr	Deutsch-sowjetische Front	Andere Fronten	Okkupierte Gebiete
1942	70,2	1,3	28,5
1943	70,7	2,1	27,2
1944	62,8	6,3	30,9
1945	59,7	35,6	4,7

● *Was sagen diese Angaben über den Schwerpunkt der Kriegshandlungen aus?*

● *Vergleichen Sie zur Befreiung Ost- und Südosteuropas die Karte, S. 160!*

förderte die Zusammenarbeit und beschleunigte das Kriegsende.

▮ Die Befreiung Ost- und Südosteuropas durch die Sowjetarmee. Auch nach der Landung der anglo-amerikanischen Truppen in Italien mußte die Sowjetunion die Hauptlast des Kampfes gegen die faschistischen Armeen tragen. Die Luftstreitkräfte der USA und Großbritanniens bombardierten verstärkt bei Tag und Nacht deutsche Städte. Die Zivilbevölkerung hatte viele Opfer zu beklagen. Zehntausende Wohnungen und wertvolle Kulturgüter wurden vernichtet. Die deutsche Kriegsmaterialproduktion lief jedoch weiter auf Hochtouren.

Die Kampfhandlungen des Jahres 1944 wurden durch mächtige Offensiven der Sowjetarmee eingeleitet. Am 14. Januar begann im Norden ein Großangriff, in dessen Ergebnis **am 27. Januar 1944 die 900tägige Blockade Leningrads beendet** wurde. Schlag auf Schlag vertrieb die Sowjetarmee die deutschen Truppen aus der Ukraine, von der Krim, aus dem Moldaugebiet, aus Belorußland und aus den baltischen Sowjetrepubliken (vgl. Karte, S. 160). Im Sommer 1944 war der größte Teil des Territoriums der Sowjetunion befreit. Die Sowjetarmee betrat das Gebiet der Staaten Ost- und Südosteuropas, die von den deutschen Faschisten besetzt worden waren oder deren profaschistische Regierungen mit Hitlerdeutschland zusammengearbeitet hatten. In den meisten Staaten riefen die seit langem illegal gegen den Faschismus kämpfenden Widerstands- und Partisanenbewegungen das Volk zum Kampf und zum Aufstand gegen die deutschen Besatzer und die eigenen Kollaborateure und Faschisten auf.

Die neuen Regierungen in den befreiten Staaten Rumänien, Finnland, Bulgarien und Ungarn erklärten Hitlerdeutschland den Krieg. Damit zerbrach im zweiten Halbjahr 1944 der faschistische Block in Europa endgültig.

Die Befreiung Ost- und Südosteuropas gab den Völkern dieser Staaten die Möglichkeit, tiefgreifende gesellschaftliche und ökonomische Umgestaltungen zu beginnen. Der Kampf gegen die faschistischen Besatzer, gegen einheimische Reaktionäre, Ausbeuter und Kollaborateure wurde zu einem Kampf für eine umfassende Demokratie. Die Bildung von Volksregierun-

Die Befreiung Ost- und Südosteuropas

Polen: 21. Juli 1944: Gründung des Komitees der Nationalen Befreiung, der ersten provisorischen Arbeiter-und-Bauern-Regierung Polens in Chelm bei Lublin; 1. August bis 2. Oktober 1944: Warschauer Aufstand; 17. Januar 1945: Sowjetische Truppen und die 1. Armee der Polnischen Volksarmee befreien Warschau
Rumänien: 23. August 1944: Sturz der faschistischen Diktatur
Slowakei: 29. August 1944: Beginn des Nationalaufstandes
Finnland: 4. September 1944: Bruch mit Hitlerdeutschland
Bulgarien: 9. September 1944: Bewaffneter Volksaufstand, der zur Errichtung der Macht der Vaterländischen Front führt
Jugoslawien: 20. Oktober 1944: Befreiung Belgrads durch die Sowjetarmee und die jugoslawischen Volksbefreiungskräfte
Ungarn: 22. Dezember 1944: Bildung einer Provisorischen Regierung durch demokratische Kräfte; 13. Februar 1945: Befreiung Budapests durch sowjetische Truppen unter Beteiligung eines rumänischen Armeekorps und einer ungarischen Freiwilligendivision

gen war der Höhepunkt des antifaschistischen Befreiungskampfes und zugleich der erste siegreiche Akt der **volksdemokratischen Revolutionen** in diesen Staaten. Die Sowjetarmee schützte den Kampf der fortschrittlichen und revolutionären Kräfte dieser Staaten vor konterrevolutionären Kräften und imperialistischer Einmischung und sicherte damit günstige Bedingungen für den Erfolg der volksdemokratischen Entwicklung.

▌Übergang der Faschisten zu einer Verteidigungsstrategie. Angesichts des Verlustes bedeutender Teile der eroberten Gebiete und des Zerfalls des Aggressorblocks ging die deutsche Führung zu einer Verteidigungsstrategie über. Das weitere Vordringen der Truppen der Staaten der Antihitlerkoalition, insbesondere der Sowjetarmee, sollte um jeden Preis verhindert werden. Zu diesem Zweck versuchten die deutschen Imperialisten, die Rüstungsproduktion nochmals zu steigern und neue Truppen aufzustellen. Zu dieser Taktik des Zeitgewinns gehörten auch trügerische Hoffnungen, Gegensätze innerhalb der Antihitlerkoalition könnten sich verschärfen und es der Naziführung ermöglichen, mit den Westmächten einen Separatfrieden zu schließen und damit der bedingungslosen Kapitulation zu entgehen.

Dieser Politik entsprach die Taktik der deutschen Wehrmachtführung, durch furchtbare Zerstörungen beim Rückzug den Vormarsch der Truppen der Antihitlerkoalition aufzuhalten. Zugleich sollten die materiellen Grundlagen für den Wiederaufbau in den befreiten Gebieten zerstört werden. Diese verbrecherische Methode erhielt die Bezeichnung **„Taktik der verbrannten Erde“**. Sie wurde beim Rückzug aus allen ehemals besetzten Ländern praktiziert, zuletzt auch in Deutschland selbst.

▌Eröffnung der zweiten Front. Ein wichtiges Kriegsziel der kapitalistischen Westmächte war es, in Teilen Europas auch nach dem zweiten Weltkrieg eine Vorherrschaft auszuüben. Zugleich schmiedeten sie Pläne, sich in Polen und in den südosteuropäischen Staaten bestimmenden Einfluß zu sichern. Als die Sowjetarmee in Ost- und Südosteuropa schnell vorrückte und die mächtig angewachsene Widerstandsbewegung in vielen Staaten Kurs auf eine demokratische Erneuerung nahm, sahen sie ihre Absichten gefährdet. Das aktive Eingreifen in die Kampfhandlungen in Europa wurde für sie zu einer Notwendigkeit. Es war schließlich auch erforderlich, um ihr Ansehen bei den Völkern zu erhalten, die die Sowjetarmee begeistert als Befreier und Sieger feierten. Sie entschieden daher, die zweite Front in Frankreich zu eröffnen.

Die **Invasion** begann am **6. Juni 1944** in der Normandie. Dafür stand eine Armee von fast 2,9 Millionen Mann mit 4120 Landungsschiffen, 1200 Kampfschiffen und 1600 Hilfsschiffen, 10800 Kampf-, 2300 Transport- und 2600 Segelflugzeugen bereit. Das gemeinsame Oberkommando leitete der US-amerikanische General Eisenhower. Oberbefehlshaber der Landungsarmee war der britische Feldmarschall Bernard L. Montgomery.

Aus der Anweisung des Führers der SS, Himmler, vom 7. September 1943

„Es muß erreicht werden, daß bei der Räumung von Gebietsteilen in der Ukraine kein Mensch, kein Vieh, kein Zentner Getreide, keine Eisenbahnschiene zurückbleiben; daß kein Haus stehen bleibt, kein Bergwerk vorhanden ist, das nicht für Jahre gestört ist, kein Brunnen vorhanden ist, der nicht vergiftet ist. Der Gegner muß wirklich ein total verbranntes und zerstörtes Land vorfinden.“[16]

● *Was kennzeichnet die „Taktik der verbrannten Erde“?*

Zur Zerstörung der Schienenstränge wird ein spezieller „Schienenwolf“ entwickelt und eingesetzt.

Landung alliierter Truppen in Frankreich am 6. Juni 1944

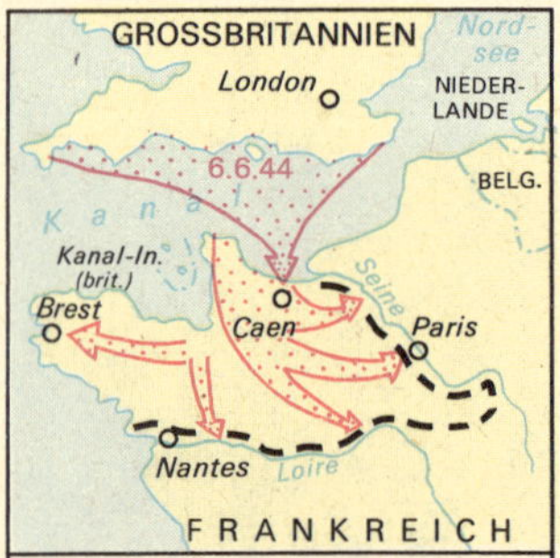

Die Eröffnung der zweiten Front am 6.6.1944

Hauptstoßrichtungen der anglo-amerikanischen Truppen

Frontverlauf am 25.8.

0 100 200 km

Bis Ende Juni waren über 850000 Mann, darunter französische, kanadische, polnische und tschechoslowakische Truppen, an Land gebracht. Der ununterbrochene Vormarsch der Sowjetarmee machte es dem deutschen Oberkommando unmöglich, ausreichende Kräfte zur Abwehr der Invasion zusammenzuziehen. Am 15. August landeten Truppen der Westmächte auch in Südfrankreich. Von Westen und Süden stießen die Alliierten vor. Ein antifaschistischer Volksaufstand in Paris, der am 19. August 1944 begann, befreite die Stadt fast vollständig, ehe am 24. August eine französische Panzerdivision einrückte. Bis Ende des Jahres waren Frankreich, Belgien, Luxemburg und der Süden der Niederlande befreit. Die alliierten Truppen standen im Westen an der deutschen Reichsgrenze.

In *Italien* kamen die Truppen der Alliierten trotz bedeutender Überlegenheit nur langsam voran. Am 4. Juni 1944 zogen sie kampflos in Rom ein. Die Kämpfe in Norditalien endeten aber erst Anfang Mai 1945.

Das Attentat vom 20. Juli 1944. Nach der Wende des Krieges begriffen immer mehr Menschen in Deutschland, daß die Niederlage bevorstand. Nun begannen auch Teile der herrschenden Klasse, nach einem Ausweg aus dem Kriege zu suchen.

Der bürgerlich-militärische Widerstand strebte die Beendigung des aussichtslosen Krieges und den Sturz der verantwortlichen faschistischen Führer an. Über den Weg dazu und die Ziele für die weitere Entwicklung Deutschlands gab es innerhalb der verschiedenen Gruppierungen dieser Hitlergegner beträchtliche Meinungsverschiedenheiten. Bei den politisch führenden Köpfen war das Bestreben vorherrschend, den

Kapitalismus nach Kriegsende zu erhalten und eine sozialistische Entwicklung zu verhindern. Zu ihnen zählten der ehemalige Leipziger Oberbürgermeister Carl Goerdeler, der frühere Generalstabschef Ludwig Beck, der einstige Botschafter Ulrich von Hassell und andere.

Als sich 1944 die Erkenntnis durchsetzte, daß der Sturz der faschistischen Führung nur gewaltsam möglich war, traten Patrioten innerhalb der Verschwörergruppierung in den Vordergrund, die aktiv Attentate organisierten und persönlich bereit waren, Hitler zu töten und den politischen Umsturz durchzuführen. Unter ihnen ragte Oberst **Claus Graf Schenk von Stauffenberg** besonders hervor. Zu diesen Patrioten gehörten die Generale Fritz Lindemann, Friedrich Olbricht, Helmuth Stieff und Henning von Tresckow, Oberst Albrecht Mertz von Quirnheim, Oberleutnant Werner von Haeften und andere. Enge Kontakte gab es auch zu Oberstleutnant Cäsar von Hofacker, Leutnant Peter Yorck von Wartenburg, den Diplomaten Adam von Trott zu Solz und anderen. Diese gehörten zu den Hitlergegnern um Helmuth James Graf von Moltke und wurden nach dessen Gut in Schlesien als „Kreisauer Kreis" bezeichnet. Sie traten durch persönlichen Mut zum Handeln und durch Ansätze realistischer und fortschrittlicher politischer Auffassungen hervor. So setzten sie es durch, daß die Beendigung des Krieges an allen Fronten, also auch an der deutsch-sowjetischen Front, zum Ziel erklärt wurde. Im unterschiedlichen Grade waren die meisten von ihnen auch zu antiimperialistischen und demokratischen Reformen sowie zur Zusammenarbeit mit Repräsentanten der Arbeiterklasse bereit. So bestanden Beziehungen zwischen Patrioten um Stauffenberg zu Sozialdemokraten wie dem Journalisten Julius Leber, dem Gewerkschafter Wilhelm Leuschner und dem Pädagogen Adolf Reichwein. Über Leber und Reichwein hatte die Landesleitung der KPD Verbindung zu den Kreisen um Stauffenberg. In deren Attentatspläne war sie jedoch nicht eingeweiht.

Am **20. Juli 1944** explodierte in Hitlers Hauptquartier „Wolfsschanze" in Rastenburg (heute Kętrzyn) in Ostpreußen um 12.42 Uhr eine Sprengladung. Oberst Stauffenberg hatte sie in einer Aktentasche in den Vortragsraum gebracht, in dem sich auch Hitler befand, und den Zeitzünder eingestellt. Stauffenberg hörte noch beim Verlassen des Geländes die mächtige Explosion. Er glaubte, Hitler sei tot und flog nach Berlin zurück.

Nach diesem Signal begannen verschiedene Aktionen der Verschwörer. Das Gebäude des Oberkommandos des Heeres und Teile des Regierungsviertels in Berlin wurden besetzt, ebenso die Sendeanlagen des Rundfunks in Königs Wusterhausen. Es gelang, in Wien Naziführer zu verhaften und in Paris etwa 1200 SS- und Gestapooffiziere festzusetzen. Jedoch unterblieben vielerorts vorbereitete energische Schritte.

Die Sprengladung hatte große Zerstörungen angerichtet, auch gab es Tote und Schwerverwundete, aber Hitler war nur leicht

Claus Graf Schenk von Stauffenberg ist 37 Jahre alt, als er 1944 sein Leben einsetzt. Er entstammt einer schwäbisch-bayrischen Offiziers- und Beamtenfamilie und ist ein Urenkel des preußischen Feldmarschalls Neidhardt von Gneisenau.

Gedenktafel für Ernst Thälmann im ehemaligen KZ Buchenwald

verletzt. Als dies bekannt wurde, kam Verwirrung in die Reihen der Verschwörer. Das Attentat war gescheitert.
Den Mißerfolg des Attentats nutzten die Faschisten zu einer neuen **Terrorwelle gegen Antifaschisten und Hitlergegner** aus. Noch in der Nacht vom 20. zum 21. Juli wurden Stauffenberg, Mertz von Quirnheim, Olbricht und Haeften hingerichtet. Generaloberst Beck erschoß sich selbst. Unmittelbar nach dem Attentat wurden 7000 Menschen verhaftet, 4900 in der Folgezeit umgebracht, darunter Feldmarschälle, Generäle und viele ehemals hochgestellte Persönlichkeiten. Im August kamen in einer zweiten Verhaftungswelle fast 5000 Antifaschisten und Hitlergegner, vor allem Arbeiterfunktionäre und ehemalige bürgerliche Politiker, in die Kerker der Nazis. Viele von ihnen mußten ihr Leben lassen, darunter die KPD-Funktionäre Ernst Schneller und Mathias Thesen. Bei einem anglo-amerikanischen Luftangriff auf Industrieanlagen beim KZ Buchenwald kam der Sozialdemokrat Rudolf Breitscheid am 24. August 1944 ums Leben.
Im Sommer 1944 gelang es der faschistischen Polizei, die Anfang 1943 gebildete Landesleitung der KPD zu verhaften, Hunderte weiterer Kämpfer festzunehmen und viele illegale Organisationen zu zerschlagen. Die illegal kämpfenden Antifaschisten setzten jedoch unbeirrbar ihren Kampf fort.
Während dieser Terrorwelle töteten die Faschisten auf persönliche Weisung Hitlers und Himmlers den Vorsitzenden der KPD **Ernst Thälmann**. Heimtückisch wurde er in der Nacht zum **18. August 1944 im KZ Buchenwald ermordet**. Mit dem Tode Ernst Thälmanns verlor die deutsche und internationale Arbeiterklasse einen ihrer hervorragendsten Führer.

● *Ordnen Sie das Attentat vom 20. Juli 1944 in den antifaschistischen Widerstandskampf in Deutschland ein!*

---

9. September 1943 Kapitulation Italiens
28. November bis 1. Dezember 1943 **Konferenz von Teheran**
27. Januar 1944 Ende der Blokkade Leningrads
6. Juni 1944 Invasion in der Normandie
20. Juli 1944 Attentat auf Hitler
18. August 1944 **Ermordung Ernst Thälmanns im KZ Buchenwald**

▶ Auf den Kriegsschauplätzen Europas erfolgte die Vertreibung der Faschisten aus den zeitweilig besetzten Gebieten der UdSSR und begann die Befreiung der Völker Ost- und Südosteuropas. Mit den Landungen von Truppen der Westalliierten in Italien und Frankreich wurde die Wehrmacht gezwungen, mit dem Rückzug aus diesen Gebieten zu beginnen. Als Folge der Siege der Staaten der Antihitlerkoalition und des antifaschistischen Widerstandskampfes der Völker zerbrach der faschistische Block, und ehemalige Verbündete Hitlerdeutschlands erklärten diesem den Krieg. Die Konferenz von Teheran demonstrierte den Willen der Antihitlerkoalition, zur Erringung des Sieges weiter zusammenzuarbeiten und eine friedliche Nachkriegswelt, einschließlich eines entmilitarisierten und demokratischen Deutschlands, zu schaffen.
Angesichts der drohenden faschistischen Niederlage unternahmen Patrioten einer Verschwörergruppe am 20. Juli 1944 den Versuch, den Krieg durch ein Attentat auf Hitler zu beenden. Das Attentat war eine mutige antifaschistische Aktion, endete jedoch mit einem Mißerfolg. In der Terrorwelle nach dem Attentat ermordeten die Faschisten Tausende von Antifaschisten und Hitlergegnern, darunter auch Ernst Thälmann.

4.7. Der Sieg der Antihitlerkoalition und das Ende des zweiten Weltkrieges

Die Konferenz von Jalta. Die Regierungschefs Churchill, Roosevelt und Stalin kamen zu ihrem zweiten Treffen vom **4. bis 11. Februar 1945** auf der Krim, in Jalta, zusammen. Die Konferenz wird deshalb auch **Krimkonferenz** genannt. Zu diesem Zeitpunkt standen die Truppen der Antihitlerkoalition im Osten, Westen und Süden vor der deutschen Reichsgrenze. Die Konferenzteilnehmer konnten davon ausgehen, daß die Niederlage Hitlerdeutschlands nahe bevorstand. Über das weitere militärische Vorgehen erfolgte ein Informationsaustausch.

Die Konferenz legte fest, Deutschland in der Nachkriegszeit vollständig zu besetzen und Frankreich daran zu beteiligen. So sah man vier Besatzungszonen vor. Die oberste Macht in Deutschland sollte ein Alliierter Kontrollrat übernehmen. Deutschland wurde verpflichtet, für die verursachten Schäden Wiedergutmachungen durch Waren und finanzielle Reparationen zu leisten. Die Gebiete östlich der Oder und Neiße erhielt Polen, einen Teil Ostpreußens die UdSSR zugesprochen. Die Konferenz beschloß, die **Gründungsversammlung der Verein-**

Aus der Erklärung von Jalta über Deutschland

„Es ist unser unbeugsamer Wille, den deutschen Militarismus und Nazismus zu vernichten und dafür Sorge zu tragen, daß Deutschland nie wieder imstande ist, den Weltfrieden zu stören. Wir sind fest entschlossen, alle deutschen Streitkräfte zu entwaffnen und aufzulösen; den deutschen Generalstab, der wiederholt zur Wiederaufrichtung des deutschen Militarismus beigetragen hat, für alle Zeit zu zerschlagen; sämtliche deutschen militärischen Ausrüstungen zu entfernen oder zu zerstören; die gesamte deutsche Industrie, die für militärische Produktion genutzt werden könnte, zu beseitigen oder unter Kontrolle zu stellen; alle Kriegsverbrecher einer gerechten und schnellen Bestrafung zuzuführen sowie eine in Sachleistungen zu leistende Wiedergutmachung der von den Deutschen verursachten Zerstörungen zu bewirken; die nazistische Partei, die nazistischen Gesetze, Organisationen und Einrichtungen auszumerzen, alle nazistischen und militärischen Einflüsse aus den öffentlichen Dienststellen sowie dem kulturellen und wirtschaftlichen Leben des deutschen Volkes zu beseitigen ... Es ist nicht unsere Absicht, das deutsche Volk zu vernichten. Nur dann, wenn der Nazismus und Militarismus ausgerottet sind, wird für das deutsche Volk Hoffnung auf ein würdiges Leben und einen Platz in der Völkergemeinschaft bestehen.“[17]

● *Nennen Sie die wesentlichsten Festlegungen der Konferenz von Jalta*
– für die Beendigung des Krieges,
– für die Nachkriegsordnung!

Churchill, Roosevelt und Stalin während einer Konferenzpause in Jalta ten Nationen (UNO) zum 25. April 1945 nach San Francisco (USA) einzuberufen. Diese Beschlüsse festigten den Zusammenhalt der Antihitlerkoalition, und die Hoffnungen der faschistischen Führung auf ihr Auseinanderbrechen erwiesen sich als Illusion.

Boeing B-17 („Fliegende Festung"), 1944

▌ Offensiven der alliierten Truppen. Anfang 1945 begannen die Sowjetarmee und die Streitkräfte der anderen Staaten der Antihitlerkoalition großangelegte Offensiven. Der Krieg fand nun dort statt, von wo er ausgegangen war: auf deutschem Boden.

Mitte Januar begann die *sowjetische Weichsel-Oder-Operation.* In ihrem Verlauf wurden die deutschen Okkupanten vollständig aus Polen vertrieben. Im Januar befreite die Rote Armee das Todeslager Auschwitz. Die Stadt Gleiwitz, die symbolische Bedeutung für den Kriegsausbruch im September 1939 hatte (vgl. S. 148), wurde am 24. Januar 1945 eingenommen. Ende Januar erreichten sowjetische Truppenspitzen die Oder. Nördlich und südlich von Küstrin bildeten sie auf dem Westufer Brückenköpfe. Damit standen die sowjetischen Truppen nur noch 80 km östlich von Berlin.

Den Vormarsch der Westmächte versuchte das deutsche Oberkommando mit der Ardennenoffensive aufzuhalten. Diese begann am 16. Dezember 1944, scheiterte jedoch unter großen Verlusten. Bis Ende Januar 1945 waren die faschistischen Angriffskräfte in ihre Ausgangsstellungen zurückgeworfen. Anfang Februar begann ein *Angriff der amerikanischen, britischen, kanadischen und französischen Truppen* an der gesamten Front von Aachen bis Saarbrücken. Er wurde dadurch erleichtert, daß viele deutsche Verbände aus dem Westen abgezogen und an die Ostfront geworfen worden waren. Ende Februar/Anfang März überquerten die westlichen Truppen an mehreren Stellen den Rhein und besetzten am 5. März Köln.

Obwohl sich Hitlerdeutschland in einer völlig aussichtslosen Lage befand, setzte seine Führung verbrecherisch den Kampf fort. Auch hoffte sie immer noch auf ein Auseinanderbrechen der Antihitlerkoalition und die Möglichkeit, den Krieg zusammen mit den Westmächten gegen die Sowjetunion fortsetzen zu können.

Nach Bombenangriffen auf deutsche Städte

In den letzten Monaten des Krieges verstärkten die Westmächte den *Bombenkrieg*, der sehr schwere Verwüstungen anrichtete und viele Todesopfer forderte. Mit diesen Luftangriffen wollten die USA und Großbritannien die Vernichtungskraft ihrer Fliegerkräfte demonstrieren und damit auch die UdSSR beeindrucken. Ohne militärische Notwendigkeit wurde am **13. und 14. Februar 1945** die von Flüchtlingen überfüllte Kunststadt **Dresden bombardiert.** Dabei kamen mehr als 35000 Menschen um, und unwiederbringliche Kunstschätze versanken in Schutt und Asche.

Die faschistischen Machthaber versuchten, mit brutaler Gewalt ihre Terrorherrschaft zu verlängern. Dem Volk wurde vorgelogen, es würden noch „Wunderwaffen" eingesetzt, die in letzter Minute die militärische Lage wenden und Hitler-

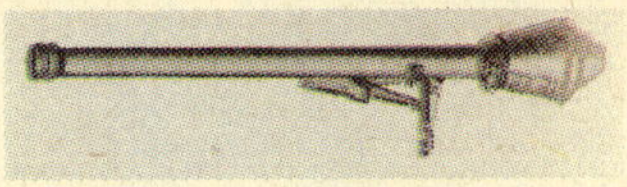

Reaktive Panzerbüchse („Panzerfaust") der faschistischen Wehrmacht, 1944

Ausbildung des Volkssturms für die sinnlose Kriegsverlängerung

Maßnahmen zur Verlängerung der faschistischen Terrorherrschaft
- Zerstörung von Verkehrseinrichtungen, insbesondere Brükken
- Bildung eines **„Volkssturms"** aus militärisch unausgebildeten Jugendlichen ab 16 Jahre, kranken und älteren Männern bis 60 Jahre
- Einsatz der Zivilbevölkerung zum Bau von Stellungen, Panzergräben und Panzersperren
- massenhafte Evakuierungen der deutschen Bevölkerung
- Bildung von Terrorgruppen (**„Werwolf"**) für Diversionsakte in den von den Truppen der Antihitlerkoalition besetzten Gebieten Deutschlands

deutschland retten würden. Aber auch der Einsatz von neuentwickelten Fernraketen der Typen V 1 und V 2 gegen Großbritannien und zuletzt gegen die belgischen Städte Antwerpen und Lüttich vermochte nichts mehr an der Lage Hitlerdeutschlands zu ändern.
In Deutschland selbst wurde nun auch die **„Taktik der verbrannten Erde"** angewandt. Die letzten Kräfte wurden mobilisiert.

Das Nachkriegsprogramm der KPD. Während sich die Armeen der Antihitlerkoalition von Osten und Westen den deutschen Grenzen näherten, orientierten die Kommunisten in der

V 1, 1944

Warum vertrat die KPD mit diesem Programm die Interessen aller werktätigen Klassen und Schichten des deutschen Volkes?

Aus dem Aktionsprogramm der KPD vom Oktober 1944

„1. Sturz Hitlers und Zerschlagung des imperialistischen Kriegs- und Gewaltapparates.
2. Verhaftung und Bestrafung der Kriegsverbrecher.
3. Brechung der Allmacht des faschistisch-imperialistischen Monopolkapitals. Enteignung der großen Kriegsverbrecher.
4. Friedliche Außenpolitik. Anerkennung der Pflicht zur Wiedergutmachung der Kriegsschäden.
5. Aufrichtung eines starken demokratischen Volksregimes. Umstellung der Wirtschaft in den Dienst des Volkes.
6. Beseitigung des vom Hitlerfaschismus herbeigeführten Chaos und Schaffung einer festen Ordnung, Disziplin und Sauberkeit im staatlichen und wirtschaftlichen Leben.
7. Ausrottung aller Wurzeln des Faschismus und Imperialismus und entsprechende Umerziehung des ganzen Volkes zur Demokratie."[18]

Flugzettel einer kommunistischen Widerstandsgruppe im Nordosten Berlins von Ende April 1945

Illegalität, in den Konzentrationslagern und Haftanstalten sowie in den Exilländern darauf, nach der Beseitigung des faschistischen Regimes ein demokratisches, friedliebendes Deutschland zu schaffen.
Das ZK der KPD erarbeitete im **Herbst 1944** ein **„Aktionsprogramm des Blocks der kämpferischen Demokratie"**, das die Aufgaben für die Zeit nach der Befreiung enthielt.
Auf der Basis dieses Programms beschloß die Parteiführung am 5. April 1945 „Richtlinien für die Arbeit der deutschen Antifaschisten in dem von der Roten Armee besetzten deutschen Gebiet". Diese stellten eine konkrete Anleitung für den Beginn des antifaschistischen Wiederaufbaus dar. Auch in der Schlußphase des Krieges war die KPD die einzige deutsche Partei, die über ein wissenschaftliches Programm für eine friedliche, demokratische, antifaschistische und antiimperialistische Zukunft des deutschen Volkes verfügte.

▌ Antifaschistische Widerstandsaktionen. Während faschistische Offiziere und SS-Einheiten fanatisch den Befehl ausführten, jedes Dorf und jede Stadt „bis zum letzten Mann" zu verteidigen, retteten Antifaschisten und andere Patrioten manche Orte. Sie übergaben diese kampflos an die Alliierten. Zum Beispiel entschloß sich der Kampfkommandant von Greifswald, Oberst Rudolf Petershagen, mit seinem Stab, der Sowjetarmee keine Gegenwehr zu leisten, und informierte darüber angesehene Bürger der Stadt. Der Rektor der Universität, Professor Carl Engel, der Direktor der Medizinischen Klinik, Professor Gerhard Katsch, und andere fuhren daraufhin als Parlamentäre zum sowjetischen Armeestab und boten in der Nacht zum 30. April 1945 die Übergabe der Stadt an. Das Rettungswerk gelang. Daran hatte auch eine Widerstandsgruppe „Freies Deutschland" in Greifswald, bestehend aus Kommunisten, Sozialdemokraten und Angehörigen der Mittelschichten, ihren Anteil. So sorgte sie dafür, daß Panzersperren beseitigt, weiße Fahnen aufgezogen und fanatische Nazis entwaffnet, ihnen insbesondere die Panzerfäuste abgenommen wurden.
Ebenso mutig wie in Greifswald handelten Patrioten in vielen anderen Orten, so in Bad Doberan, Grimmen, Rostock, Saßnitz, Wolgast, Neustrelitz (vgl. Karte, S. 196). Durch beherztes Handeln mutiger Menschen wurden sinnlose Zerstörungen verhindert. So retteten Antifaschisten die Elbbrücke „Blaues Wunder" in Dresden, indem sie die Sprengkabel durchschnitten. Die Faschisten ließen jedoch jeden grausam hinrichten, den sie bei dem Versuch ertappten, sich der weiteren Kriegführung zu entziehen, Zerstörungen zu verhindern und die Menschen über die wahren Schuldigen an der Katastrophe aufzuklären.
In vielen *Konzentrationslagern und Haftanstalten* gab es Widerstandsorganisationen, die sich auf die Abwehr neuer Massenvernichtungsaktionen der Faschisten und angesichts des Vorrückens der alliierten Truppen auf die Selbstbefreiung vorbereiteten. Im KZ Buchenwald gab es zum Beispiel ein Internationales Lagerkomitee, an dessen Spitze der deutsche

„Das letzte Gesicht", im KZ Buchenwald von Bruno Apitz aus dem Holz der von der SS gefällten Goethe-Eiche geschnitzt, 1944

● *Welche Aktionen zur Vereitelung faschistischer Zerstörungsvorhaben in Ihrem Territorium sind Ihnen bekannt?*

Kommunist Walter Bartel stand. Am 11. April 1945 gelang es den Häftlingen, geführt von einer Internationalen Militärorganisation, das KZ Buchenwald selbst zu befreien, ehe am 13. April US-amerikanische Truppen eintrafen.
Am 20. April 1945 schickte die SS noch 33000 Häftlinge aus dem KZ Sachsenhausen auf einen Todesmarsch in Richtung Ostsee, wobei viele ermordet wurden. Auch aus dem KZ Ravensbrück wurden Ende April noch 15000 Gefangene, darunter viele Frauen, auf solche Todesmärsche geschickt. Die SS pferchte viele Gefangene des KZ Neuengamme auf Schiffe, zum Beispiel auf die „Cap Arkona", zusammen und ließ diese in die Ostsee auslaufen. Britische Flugzeuge, deren Piloten allerdings nicht wußten, daß sich politische Gefangene an Bord befanden, bombardierten diese Schiffe und versenkten einige. Dabei kamen viele Häftlinge um.
Als der Direktor und Wachen des Zuchthauses Brandenburg am 27. April flohen, übernahm ein Häftlingsausschuß, dem

Berge von Leichen erschossener Häftlinge des KZ Buchenwald

Ein sowjetischer Panzersoldat begrüßt einen KZ-Häftling nach der Befreiung.

Der Schwur von Buchenwald

Wir führten in vielen Sprachen den gleichen harten, erbarmungslosen, opferreichen Kampf und dieser Kampf ist noch nicht zu Ende. Noch wehen Hitlerfahnen!
Noch leben die Mörder unserer Kameraden!
Noch laufen unsere sadistischen Peiniger frei herum!
Wir schwören deshalb vor aller Welt auf diesem Appellplatz, an dieser Stätte des faschistischen Grauens:
Wir stellen den Kampf erst ein, wenn auch der letzte Schuldige vor den Richtern der Völker steht!
Die Vernichtung des Nazismus mit seinen Wurzeln ist unsere Losung! Der Aufbau einer neuen Welt des Friedens und der Freiheit ist unser Ziel.
Das sind wir unseren gemordeten Kameraden, ihren Angehörigen schuldig.
Im Zeichen Eurer Bereitschaft für diesen Kampf erhebt die Hand zum Schwur und sprecht mir nach:
Wir schwören!

Das Kriegsende in Deutschland

unter anderem die Kommunisten Fritz Gäbler, Waldemar Schmidt und Wilhelm Thiele sowie die Sozialdemokraten Otto Buchwitz und Gustav Dahrendorf angehörten, die Leitung, bis die sowjetischen Truppen eintrafen.
Die politischen Häftlinge zogen vor ihrer Rückkehr in ihre Heimatländer Konsequenzen für ihren zukünftigen Kampf. In Buchenwald versammelten sie sich am 19. April 1945 noch einmal, um einen Schwur abzulegen.

Die letzten Kriegshandlungen in Europa. Im Westen überquerten US-amerikanische, britische und andere alliierte Truppen Anfang März den Rhein. Sie stießen Anfang April bis nach Thüringen, Sachsen und Mecklenburg vor.
Während sich die Wehrmacht vor den vorrückenden Truppen der Westalliierten häufig kampflos zurückzog, mußte die Sowjetarmee in den letzten Kriegstagen nochmals gegen die sich erbittert wehrenden faschistischen Truppen antreten. Die UdSSR trug auch in der letzten Kriegsphase, ebenso wie während des ganzen Krieges, die Hauptlast des Kampfes gegen den Faschismus und für die Befreiung der Völker.
Die faschistische Führung hatte bedeutende Teile der ihr verbliebenen Truppen im Raum Berlin konzentriert. Am 16. April 1945 eröffneten die sowjetischen Armeen unter dem Oberbefehl der Marschälle der Sowjetunion G. K. Shukow und I. S. Konew an der Oder und Neiße den letzten großen Angriff. An der **Berliner Operation zur endgültigen Zerschlagung**

Am 1. Mai setzt der Rotarmist M. Kantarija die sowjetische Fahne auf den Reichstag.

Kräfteverhältnis bei Beginn der Berliner Operation

	Sowjetarmee	Faschistische Truppen	Verhältnis
Soldaten	2500000	1000000	2,5 : 1
Geschütze	41600	10400	4 : 1
Panzer	6250	1500	4,1 : 1
Kampfflugzeuge	7500	3300	2,3 : 1

Verfolgen Sie die letzten Kriegshandlungen in Europa auf der Karte!

Sowjetische und amerikanische Truppen nehmen am 25. April bei Torgau an der Elbe Verbindung miteinander auf. Die siegreichen Truppen der Antihitlerkoalition reichen sich die Hände.

Worin sehen Sie die Bedeutung des Treffens an der Elbe, das auch heute noch besonders gewürdigt wird?

des faschistischen Deutschlands beteiligten sich als Bestandteil der sowjetischen Angriffsfronten zwei polnische Armeen mit 185 000 Mann, 3 000 Geschützen und Granatwerfern, über 500 Panzern und 320 Kampfflugzeugen.
Die Faschisten versuchten, die ausgebauten Stellungen auf den *Seelower Höhen* zu nutzen, um den sowjetischen Angriff aufzuhalten. Der Sturm begann am 16. April. Am 18. April war auch dieses Hindernis mit größten Verlusten überwunden. Die sowjetischen Truppen erreichten am 20. April die Außenbezirke von Berlin. Von Norden und Süden kommende Truppenteile der Roten Armee trafen sich am 25. April bei Potsdam. Berlin war eingeschlossen. Nach tagelangen erbitterten Straßenkämpfen erfolgte am *2. Mai 1945 in Berlin* die *Kapitulation* der Reste der dort eingekesselten deutschen Truppen.
Als sich die sowjetischen Truppen am 30. April nur noch wenige hundert Meter von den Bunkern der Reichskanzlei entfernt befanden, beging Hitler Selbstmord. Er und andere Faschistenführer, die es ihm gleichtaten, entzogen sich damit feige der Verantwortung und dem Gericht der Völker.
Am 8. Mai konnten sowjetische Truppen Dresden befreien. Am 5. Mai hatte sich die Bevölkerung in Prag und in anderen Orten der Tschechoslowakei zum Aufstand gegen die deutschen Truppen erhoben. Am 9. Mai trafen die sowjetischen Soldaten in Prag ein und setzten der faschistischen Herrschaft in der Tschechoslowakei ein Ende.

Unterzeichnung der Urkunde der bedingungslosen Kapitulation Hitlerdeutschlands in Berlin-Karlshorst am 8. Mai 1945. Links der Vertreter des Oberkommandos der Sowjetarmee, Marschall der Sowjetunion G. K. Shukow, am Tischende der Chef des Oberkommandos der faschistischen deutschen Wehrmacht, Generalfeldmarschall Wilhelm Keitel.

▮ Die bedingungslose Kapitulation am 8. Mai 1945. Vor den Mächten der Antihitlerkoalition unterzeichneten die Vertreter des faschistischen Oberkommandos in Berlin-Karlshorst die Kapitulationsurkunde. Sie legte die Feuereinstellung aller faschistischen Streitkräfte zu Lande, zur See und in der Luft auf den 8. Mai 1945, 23.01 Uhr (MEZ) fest.

Der Krieg in Europa war zu Ende, nachdem er fünf Jahre, acht Monate und neun Tage gedauert, die Blüte der Jugend und viele Millionen Menschen sowie unschätzbare Werte verschlungen hatte.

▮ Das Ende des Krieges in Asien. Japan setzte nach der Niederlage Hitlerdeutschlands den Krieg im Fernen Osten fort. Im Kampf gegen die japanischen Besatzer hatten die nationalen Befreiungsbewegungen in Südostasien die Kontrolle über große Gebiete in Malaya, Nordvietnam, Indonesien, China und Burma erlangt. Den Streitkräften der USA und Großbritanniens war es gelungen, viele Inselgruppen zurückzuerobern (vgl. Karte, S. 165). Sie bombardierten bereits japanische Städte. Die Lage Japans verschlechterte sich bedeutend. Allerdings verfügte es noch über eine vier Millionen starke Landarmee sowie bedeutende See- und Luftstreitkräfte. Der Generalstab der USA rechnete damit, den Krieg gegen Japan erst 1946 beenden zu können.

Die Sowjetunion hatte auf den Konferenzen von Teheran und Jalta versprochen, drei Monate nach Kriegsende in Europa in

● *Welche Beweggründe hatte die Regierung der USA für den Einsatz der Atombomben? Ziehen Sie einen Vergleich zur Bombardierung Dresdens und anderer deutscher Städte im Frühjahr 1945!*

Hiroshima nach der Atombombenexplosion am 6. August 1945

Menschenverluste im zweiten Weltkrieg	Millionen Tote	In Prozent der Vorkriegsbevölkerung
Sowjetunion	20,6	10,4
China	10,0	2,0
Polen	6	17,2
Deutschland	6	8,8
Japan	2	2,7
Jugoslawien	1,7	10,9
Frankreich	0,65	1,6
Griechenland	0,52	7,2
USA	0,5	0,4
Österreich	0,48	7,2
Rumänien	0,46	3,4
Ungarn	0,42	3,0
Italien	0,41	0,9
Großbritannien	0,39	0,8

den Kampf gegen Japan einzugreifen. Sie erklärte am 8. August 1945 Japan den Krieg. Die Sowjetarmee begann, zusammen mit Truppen der Mongolischen Volksrepublik, den Kampf. Die chinesische Volksbefreiungsarmee schloß sich an. Bis zum 19. August 1945 wurden die rund 600000 Mann zählenden japanischen Truppen in Nordostchina, in der Mandschurei und in Korea zerschlagen.
Obwohl die Niederlage Japans unmittelbar bevorstand, ließ die Regierung der USA **Atombomben auf Hiroshima und Nagasaki (6. und 9. August 1945)** abwerfen. Dabei fanden 200000 Menschen, fast alles Zivilisten, sofort den Tod. Zehntausende wurden durch die Strahleneinwirkungen zu jahrelangem Siechtum verurteilt. Eine militärische Notwendigkeit für diesen barbarischen Bombenabwurf hatte nicht bestanden. Vielmehr kam es reaktionären Kräften in den USA darauf an, der Welt diese furchtbare Waffe vorzuführen. Da damals nur die USA über Atombomben verfügten, glaubten sie, damit die ganze Welt in Schach halten zu können.
Japan setzte nach dem Atombombenabwurf noch fast einen Monat den Kampf fort. Die **bedingungslose Kapitulation Japans** erfolgte am **2. September 1945**. Der zweite Weltkrieg war beendet.

▌Das Schuldkonto des Imperialismus. Der zweite Weltkrieg war der bisher verheerendste Krieg in der Menschheitsgeschichte. Die Opfer und Schäden dieses furchtbaren Völkermordens sind eine gewaltige Anklage gegen das imperialistische System.
Der zweite Weltkrieg übertraf in jeder Beziehung das Ausmaß des ersten Weltkrieges um ein Vielfaches. Insgesamt forderte der Krieg etwa **50 Millionen Tote und 35 Millionen Verwundete.** Über 20 Millionen Kinder wurden zu Waisen. Die größten Opfer und materiellen Schäden erlitt die Sowjetunion.
Unter den über sechs Millionen Toten des deutschen Volkes befanden sich auch 410000 Luftkriegsopfer. 7,5 Millionen Deutsche wurden obdachlos. Rund 270000 Menschen jüdischer Abstammung waren bis 1941 gezwungen, aus Hitlerdeutschland auszuwandern. Von den verbliebenen rund 240000 Juden ermordeten die Faschisten die meisten. In Konzentrationslagern und Zuchthäusern kamen 200000 deutsche Antifaschisten, Hitler- und Kriegsgegner um.

● *Welche Veränderungen kennzeichneten das internationale Kräfteverhältnis im Jahre 1945?*

4. bis 11. Februar 1945 Konferenz von Jalta
8. Mai 1945 Bedingungslose Kapitulation Hitlerdeutschlands
6. und 9. August 1945 Atombombenabwürfe der USA auf Hiroshima und Nagasaki
2. September 1945 Bedingungslose Kapitulation Japans – Ende des zweiten Weltkrieges

▶ **Die mächtigen Schläge der Sowjetarmee und der Armeen der westlichen Staaten der Antihitlerkoalition führten im Frühjahr 1945 zur endgültigen militärischen Niederlage der faschistischen Wehrmacht. Hitlerdeutschland mußte kapitulieren. Nach dem Eingreifen der Sowjetunion und den militärisch nicht gerechtfertigten Atombombenabwürfen der USA kapitulierte auch Japan. Damit endete der bisher verheerendste Krieg mit dem vollständigen Sieg der Antihitlerkoalition über die Aggressoren. Die Welt war vor der Versklavung durch Faschismus und Militarismus bewahrt, der Frieden wiederhergestellt.**

1945 1946 1947 1948 1949

Juni 1945 Bildung der UNO

11. Juni 1945 Aufruf des ZK der KPD

Juli/August 1945 Potsdamer Konferenz

September 1945
Beginn der demokratischen Bodenreform

21. April 1946 Gründung der SED

30. Juni 1946
Volksentscheid in Sachsen über die Enteignung der Nazi- und Kriegsverbrecher

5. KAPITEL

Das neue internationale Kräfteverhältnis und der Beginn einer antifaschistisch-demokratischen Umwälzung auf deutschem Boden

Der zweite Weltkrieg war zu Ende, die Waffen schwiegen. War das schon der ersehnte Frieden? Für viele Menschen ging der Kampf ums Überleben weiter: Hunger und Seuchen forderten neue Opfer. Millionen Menschen zogen über die Straßen Europas. Überlebende Häftlinge faschistischer Konzentrationslager, ehemalige Zwangsarbeiter und Kriegsgefangene versuchten, ihre Heimatländer zu erreichen. Obdachlose und Umsiedler hofften auf eine neue Bleibe. Aber nicht nur die Fragen nach Essen, Kleidung, Obdach beschäftigte die Menschen. Würde die Koalition der Alliierten auch im Frieden Bestand haben?

In Deutschland gingen die einen voller Hoffnung an die Beseitigung der Trümmer, verharrten die anderen in verzweifelter Lethargie. War man denn nun befreit, oder war man besiegt? Gab es überhaupt die Chance eines Neubeginns, und wo blieb die politische Kraft, die eines Neubeginns fähig war?

Darüber, daß die Beseitigung von Faschismus und Militarismus, die Bestrafung der Nazi- und Kriegsverbrecher entscheidende Aufgaben waren, bestand bei den meisten Deutschen Einmütigkeit. Doch wie sollte es dann weitergehen? Würde es einen friedlichen und demokratischen Weg geben?

Das Deutsche Reich war in den Flammen des vom Hitlerfaschismus ausgelösten zweiten Weltkrieges untergegangen. Einen deutschen Staat gab es nicht mehr. Wie sollte ein neuer deutscher Staat aussehen? Würde es überhaupt einen geben? Diesen Fragen sind die folgenden Abschnitte des Lehrbuchs gewidmet.

5.1. Eine Wende im internationalen Kräfteverhältnis – Chance für eine demokratische Friedensordnung

Eine veränderte Welt. Am Sieg über den Faschismus hatte die Sowjetunion den entscheidenden Anteil. Trotz riesiger Opfer war sie als sozialistische Großmacht zur kriegsentscheidenden Kraft geworden.

Die Zerschlagung der faschistischen Aggressoren durch die Völker und Streitkräfte der Antihitlerkoalition war eine Befreiungstat von weltgeschichtlichem Rang. Sie rettete ganze Völker vor der physischen Vernichtung. Auch große Teile der herrschenden Klassen der USA und Großbritanniens hatten die vom Faschismus ausgehende Gefahr erkannt. Hier trafen sich ihre Interessen mit denen der Sowjetunion. Auf dieser Grundlage kämpfte die Antihitlerkoalition gegen Faschismus und Militarismus. Mit ihrem Sieg über Deutschland, Italien, Japan und deren Satellitenstaaten schufen die Hauptmächte der Antihitlerkoalition, die UdSSR, die USA und Großbritannien, Voraussetzungen, um gemeinsam die Nachkriegswelt zu gestalten und den Frieden zu gewährleisten. Durch den entscheidenden Beitrag der Sowjetunion zum Sieg der Antihitlerkoalition bewies der Sozialismus als Gesellschaftsordnung seine historische Überlegenheit.

Der zweite Weltkrieg, vom deutschen Imperialismus ausgelöst, hatte das gesamte imperialistische Weltsystem schwer erschüttert. 1945 spielten die Aggressorstaaten Deutschland, Italien und Japan in der Weltpolitik keine Rolle mehr. Aber auch Großbritannien und Frankreich als wichtige Mächte der Antihitlerkoalition waren angeschlagen und geschwächt aus dem Kriege hervorgegangen. Lediglich die USA, die nur relativ geringe Verluste erlitten hatten, konnten sich auf ein gestärktes militärisches und ökonomisches Potential stützen. Aus dieser Situation erwuchsen manche Probleme und Inkonsequenzen in der Politik der westlichen Großmächte. Insgesamt jedoch traten sie gemeinsam mit der UdSSR für die Verwirklichung der in Jalta gefaßten Beschlüsse ein.

Sowjetisches Ehrenmal im Berliner Treptower Park

Harry S. Truman an J. W. Stalin am 8. Mai 1945

„Wir haben große Achtung vor dem hervorragenden Beitrag, den die mächtige Sowjetunion der Sache der Zivilisation und der Freiheit geleistet hat. Sie haben die Fähigkeit eines freiheitliebenden und außerordentlich mutigen Volkes demonstriert, die bösen Kräfte der Barbarei, so stark sie auch sein mögen, zu vernichten."[1]

J. W. Stalin an Harry S. Truman am 11. Juni 1945

„Ich bringe die feste Überzeugung zum Ausdruck, daß sich die freundschaftlichen Beziehungen zwischen der Sowjetunion und den Vereinigten Staaten von Amerika, die sich im gemeinsamen Kampf gefestigt haben, zum Wohle unserer Völker und im Interesse der festen Zusammenarbeit zwischen allen freiheitsliebenden Völkern weiterentwickeln werden."[2]

Im Ergebnis des zweiten Weltkrieges hatte sich das internationale Kräfteverhältnis zugunsten der sozialistischen Sowjetunion, der internationalen Arbeiterbewegung und der nationalen Befreiungsbewegung verschoben. Die Chance für einen demokratischen Neubeginn, die dem deutschen Volk aus der Befreiung vom Faschismus erwuchs, gewann dadurch an Realität. Die Zukunft des deutschen Volkes war untrennbar mit der weltpolitischen Entwicklung verbunden. Wenn es gelang, die Verhältnisse in Deutschland grundlegend zu verändern, dann konnte das ein Beitrag zur Schaffung einer stabilen antifaschistisch-demokratischen und friedliebenden internationalen Nachkriegsordnung sein.

Die Gründung der UNO. Die Möglichkeiten der Zusammenarbeit der alliierten Mächte waren mit dem militärischen Sieg über den Faschismus nicht erschöpft. Alle Seiten hatten ein begründetes Interesse an einer einvernehmlichen Regelung der Nachkriegsprobleme. Das trug maßgeblich dazu bei, daß im **Juni 1945** in San Francisco die Charta der **Organisation der Vereinten Nationen** angenommen wurde. Diese Organisation stand allen Staaten offen, die sich im Kriegszustand mit Hitlerdeutschland befunden hatten. So bot die Gründung der United Nations Organization (**UNO**) die Chance, das neue internationale Kräfteverhältnis zu stabilisieren und gemeinsam künftige Aggressionen zu vereiteln. Aus diesem Grund sprach sich die UdSSR dafür aus, bei wichtigen Entscheidungen in der UNO das Prinzip der Einstimmigkeit der Großmächte anzuwenden. 51 Staaten traten der UNO bei.

Die Potsdamer Konferenz. Unter der Codebezeichnung „Terminal“ begannen die Vorbereitungen für die letzte der alliierten Kriegskonferenzen. Stalin, Truman und Churchill verständigten sich auf Berlin als Konferenzort. Die endgültige Wahl fiel auf Schloß Cecilienhof in Potsdam.

Kurz vor 16 Uhr des 15. Juli 1945 schwebte die klobige C-54 des USA-Präsidenten zum Landeanflug ein. Eine Stunde später entstieg der britische Premierminister seiner Skymaster. Am darauffolgenden Tag gegen 11 Uhr erreichte Stalins Sonderzug den Potsdamer Stadtbahnhof.

Die **Potsdamer Konferenz** dauerte vom **17. Juli bis 2. August 1945.** In ihrem Verlauf kam es zu einem ebenso überraschenden wie charakteristischen Ereignis. Winston Churchill hatte nämlich am 5. Juli in seinem Land eine schwere Wahlniederlage einstecken müssen. Da das Wahlergebnis aber erst am 25. Juli nach Auszählung der Stimmen in den Kolonien feststand, ahnte keiner der „großen Drei“, daß Churchill noch im Verlaufe der Konferenz sein Amt an den Labour-Führer Attlee übergeben mußte. Das Ganze kam nicht von ungefähr: Die britischen Wähler lehnten die antisowjetischen Vorbehalte ihres bisherigen Regierungschefs entschieden ab, die er nach der Jalta-Konferenz geäußert hatte.

Im **Potsdamer Abkommen** wurden die neuen territorialen Gegebenheiten in Europa fixiert. Besonders wichtig waren dabei die Festschreibung der polnischen Westgrenze an Oder und

Ziele der UNO

Aufrechterhaltung des internationalen Friedens und der Sicherheit; Entwicklung freundschaftlicher Beziehungen zwischen den Nationen auf der Grundlage der Achtung des Prinzips der Gleichberechtigung und des Selbstbestimmungsrechts der Völker; Förderung der internationalen Zusammenarbeit bei der Lösung internationaler Probleme ökonomischer, sozialer, kultureller oder humanitärer Art; Förderung der Achtung der Menschenrechte und Grundfreiheiten für alle, ohne Unterschied von Rasse, Geschlecht, Sprache oder Religion; Erfüllung der Funktion eines Zentrums für die Koordinierung der auf die Erreichung dieser Ziele gerichteten Maßnahmen der Staaten (Artikel 1 der UNO-Charta).

In welcher Absicht wurde die UNO gegründet?

Emblem der Vereinten Nationen

Von einer Plenarsitzung der Potsdamer Konferenz

Vor Abschluß der Potsdamer Konferenz. Erste Reihe von links nach rechts: Attlee, Truman und Stalin

Neiße und der Beschluß, die in Polen wie auch in der Tschechoslowakei und in Ungarn zurückgebliebenen deutschen Bevölkerungsteile nach Deutschland umzusiedeln. Die Potsdamer Beschlüsse sahen für ganz Deutschland ein Programm der Entnazifizierung, Entmilitarisierung und Demokratisierung vor. Rüstungsindustrie und Monopolvereinigungen sollten beseitigt, zur Wiedergutmachung eines Teils der von den Faschisten verursachten Kriegsschäden aus den Besatzungszonen Reparationen entnommen werden. Da kein deutscher Staat mehr existierte, richtete sich das Potsdamer Abkommen direkt an das deutsche Volk. Die vier Mächte räumten ihm die Perspektive einer friedlichen und antifaschistisch-demokratischen Entwicklung ein.

Die Festlegungen der Potsdamer Konferenz bildeten eine wichtige Grundlage für die weitere Zusammenarbeit der Großmächte bei der Sicherung des Friedens. Diese Möglichkeiten setzten sich nicht im Selbstlauf durch. Gerade in den herrschenden Kreisen der USA und Großbritanniens war die weitere Zusammenarbeit mit der Sowjetunion umstritten. Reaktionäre Kräfte sprachen sich dafür aus, die UdSSR mit Hilfe

Was waren die Ziele und Hauptergebnisse der Potsdamer Konferenz?

des Atomwaffenmonopols der USA weltpolitisch zurückzudrängen.

Während der Potsdamer Konferenz war den USA am 16. Juli 1945 der erste Atombombenversuch gelungen. Dem folgten am 6. und 9. August 1945 die verbrecherischen Abwürfe der ersten Atombomben auf Hiroshima und Nagasaki (vgl. S. 200). Mit dieser neuen furchtbaren Massenvernichtungswaffe sollte die Sowjetunion politisch erpreßt werden. Aber die Verfechter dieser Politik befanden sich 1945 angesichts der Haltung der Volksmassen in den kapitalistischen Ländern und der Politik realistischer und auf Zusammenarbeit bedachter bürgerlicher Repräsentanten noch in der Defensive. Die Chancen von Jalta und Potsdam bestanden weiter.

Die Bildung von Besatzungszonen in Deutschland. In Berlin trafen sich am 5. Juni 1945 Regierungsvertreter der Sowjetunion, der USA, Großbritanniens und Frankreichs. Sie unterzeichneten die Deklaration über die Niederlage Deutschlands.

Das Deutsche Reich war in den Flammen des zweiten Weltkrieges untergegangen. Einen deutschen Staat gab es nicht mehr. Die vier Mächte übernahmen die oberste Regierungsgewalt in Deutschland. Es wurden **vier Besatzungszonen** gebildet, die schon in Jalta festgelegt worden waren. In ihnen hatte der jeweilige Oberbefehlshaber die Regierungsgewalt inne. Die Besatzungszonen waren künstliche Gebilde, nicht nach den Kriterien selbständiger politischer Lebensfähigkeit geschaffen. Sie wurden in weitgehender Anlehnung an vorhandene territoriale Gliederung nach Ländern und Provinzen eingeteilt. Die sowjetische Besatzungszone bestand aus den Ländern Sachsen, Mecklenburg und Thüringen sowie den Provinzen Mark Brandenburg und Sachsen. Die beiden letzteren wurden nach Auflösung des Staates Preußen durch den Alliierten Kontrollrat im März 1947 in die Länder Brandenburg und Sachsen-Anhalt umgewandelt.

„Der Kontrollrat, dessen Entscheidungen einstimmig getroffen werden müssen, trägt für eine angemessene Einheitlichkeit des Vorgehens der einzelnen Oberbefehlshaber in ihren entsprechenden Besatzungszonen Sorge und trifft im gegenseitigen Einvernehmen Entscheidungen über alle Deutschland als Ganzes betreffenden wesentlichen Fragen.“[3]

Entsprechend den Beschlüssen von Jalta konstituierten sich die Oberbefehlshaber der vier Besatzungsarmeen zu einem **Alliierten Kontrollrat**. Nach einem geregelten Verfahren sollte er als kollektives Organ der vier Mächte für eine einheitliche Verwirklichung der alliierten Beschlüsse in allen Besatzungszonen sorgen.

Als **Sitz des Alliierten Kontrollrates** wurde **Berlin** bestimmt. Deshalb erhielten die USA, Großbritannien und Frankreich in der Stadt Verwaltungssektoren (vgl. Karte, S. 205). Die Kommandanten der vier Sektoren bildeten die **Alliierte Militärkommandantur**, die für Angelegenheiten Berlins zuständig war. Im Juli 1945 trafen Truppen der drei Westmächte in Berlin ein und bezogen die ihnen zugewiesenen **Sektoren**. Ihre Anwesenheit war an die Tätigkeit des Allierten Kontrollrates gebunden. Berlin blieb weiterhin ein Teil der sowjetischen Besatzungszone.

● *Informieren Sie sich an Hand der Karte auf S. 205 über die vier Besatzungszonen in Deutschland!*

Mit der Bildung des Alliierten Kontrollrates und aufgrund der Beschlüsse der Potsdamer Konferenz waren günstige Voraussetzungen gegeben, eine abgestimmte Besatzungspolitik der vier Mächte zu gewährleisten. Tatsächlich erließ der Kontrollrat im zweiten Halbjahr 1945 und bis Anfang 1946 wichtige Proklamationen und Gesetze, die auf eine endgültige Ausmerzung des deutschen Faschismus und Militarismus zielten und die Bestrafung der Nazi- und Kriegsverbrecher einleiteten.

Der Nürnberger Hauptkriegsverbrecherprozeß. In vielen Ländern, auch in Deutschland, wurde 1945 die Forderung der Antihitlerkoalition nach Bestrafung der Nazi- und Kriegsverbrecher verwirklicht. Am 8. August 1945 nahmen die Alliierten das Statut über die Bildung eines internationalen Gerichtshofes für die Aburteilung der Hauptkriegsverbrecher an. Er wirkte vom **20. November 1945 bis 1. Oktober 1946** in Nürnberg.

In Nürnberg standen die hauptverantwortlichen faschistischen Politiker und Militärs vor Gericht. Die Anklage lautete auf Verschwörung und Verbrechen gegen den Frieden, gegen Menschlichkeit und auf Kriegsverbrechen. Allerdings weigerten sich die Westmächte, auch Monopolvertreter in diese Anklage einzubeziehen. Hitler, Goebbels, Himmler und andere Hauptkriegsverbrecher hatten sich durch Selbstmord der Verantwortung entzogen. Das Gericht fällte 12 Todesurteile, verhängte 7 Haftstrafen und entschied gegen die Stimme des sowjetischen Anklagevertreters für 3 Freisprüche.

In Nürnberg entstand dadurch, daß erstmals die für die Vorbe-

„Schuldig!", Plakat zum Nürnberger Prozeß, 1946

Nürnberger Prozeß. Die Hauptkriegsverbrecher auf der Anklagebank, unter ihnen Göring, Heß, von Ribbentrop und Keitel (zweite Reihe von oben)

reitung und Entfesselung eines Aggressionskrieges Hauptverantwortlichen angeklagt und verurteilt wurden, ein neues Völkerrecht. Die UNO bestätigte im Dezember 1946 die Prinzipien des Nürnberger Prozesses als völkerrechtliche Grundsätze.

Volksdemokratische Revolutionen in Zentral- und Südosteuropa. Unter der Führung kommunistischer und Arbeiterparteien wuchs der antifaschistische Widerstandskampf während der Jahre 1944/45 in Zentral- und Südosteuropa in **volksdemokratische Revolutionen** hinüber. Das geschah in **Albanien, Bulgarien, Jugoslawien, Polen, Rumänien**, der **Tschechoslowakei** und **Ungarn**. Diese Entwicklung wurde dadurch begünstigt, daß die Sowjetunion den entscheidenden Anteil an der Befreiung dieser Länder hatte.

In ihnen beschlossen die revolutionären Machtorgane die Nationalisierung der Betriebe von Deutschen und von Kollaborateuren. Wie in der Tschechoslowakei wurde der faschistische Grundbesitz beschlagnahmt und eine Bodenreform eingeleitet. Polnische und rumänische Kommunisten legten noch 1945 Programme zur Festigung der Volksmacht vor. Jugoslawien konstituierte sich als Förderative Volksrepublik.

Georgi Dimitroff, der 1946 an die Spitze einer neuen Regierung in Bulgarien tritt, in seinem Arbeitszimmer

In den volksdemokratischen Ländern formierten sich einheitliche Gewerkschaften. Sie unterstützten die Verstaatlichung der wichtigsten Zweige der Volkswirtschaft. In Polen erreichte der staatliche Sektor 1946 bereits einen Anteil von 86,3 Prozent an der Industrieproduktion. Beschlüsse zur Demokratisierung des Schulwesens wurden durchgesetzt. Diese und weitere revolutionäre Maßnahmen waren möglich, weil sich die revolutionären Kräfte auf ein Bündnis der Arbeiterklasse mit der werktätigen Bauernschaft stützten.

Diese Entwicklung führte zu einer weiteren Schwächung des Imperialismus als Weltsystem. Doch die Ausbeuterklassen in Zentral- und Südosteuropa gaben sich nicht gleich geschlagen. Sie leisteten politischen Widerstand und versuchten, die Wirtschaft zu sabotieren. Teilweise gingen sie auch zu bewaffneten Aktionen über. Besonders in Polen nahm dieser heftige Klassenkampf zeitweilig die Form eines Bürgerkrieges an.

Mit der Errichtung der Volksmacht und der Durchsetzung von ersten revolutionär-demokratischen Maßnahmen konnte in den Ländern Zentral- und Südosteuropas der Widerstand der einheimischen faschistischen Reaktion und der Kollaborateure gebrochen werden. Das war etwa bis Anfang 1946 der Fall. Doch damit fiel noch keine Entscheidung in der Machtfrage. Der Widerspruch zwischen der Arbeiterklasse und ihren Verbündeten einerseits und Teilen der nichtfaschistischen Bourgeoisie andererseits spitzte sich zu. Aufgrund eines günstigen Kräfteverhältnisses gelang es der Arbeiterklasse und der werktätigen Bauernschaft unter Führung der Kommunisten in Bulgarien, Albanien und Jugoslawien schon Ende 1945/Anfang 1946, die reaktionären bürgerlichen Kräfte von der politischen Macht zu verdrängen.

In Polen, Ungarn, Rumänien und der Tschechoslowakei ver-

Sozialistische Staaten, die 1943 bis 1949 in Europa entstanden

DEUTSCHE DEMOKRATISCHE REPUBLIK (7.10.1949 Gründung der DDR)

REPUBLIK POLEN (22.7.1944 Regierungsprogramm des Polnischen Komitees der Nationalen Befreiung)

TSCHECHOSLOWAKISCHE REPUBLIK (4.4.1945 Proklamierung des Programms der Provisorischen Regierung der tschechoslowakischen Nationalen Front in Košice)

UNGARISCHE VOLKSREPUBLIK (22.12.1944 Bildung der provisorischen Regierung, 15.8.1949 Proklamation der UVR)

RUMÄNISCHE VOLKSREPUBLIK (6.3.1945 Bildung einer volksdemokratischen Regierung, 30.12.1947 Ausrufung der RVR)

VOLKSREPBULIK BULGARIEN (9.9.1944 erste Regierung der Vaterländischen Front, 15.9.1946 Proklamation der VRB)

FÖDERATIVE VOLKSREPUBLIK JUGOSLAWIEN (29.11.1943 Gründung des volksdemokratischen Staates, 29.11.1945 Proklamation der FVRJ)

VOLKSREPUBLIK ALBANIEN (24.5.1944 Konstituierung der volksdemokratischen Macht, 11.1.1946 Proklamation der VRA)

-·-·- Staatsgrenze 1949

0 250 500 km

suchten die an revolutionär-demokratischen Bündnissen beteiligten bürgerlichen Parteien jedoch, weiteren revolutionären Umgestaltungen den Weg zu verlegen. Sie hofften dabei besonders seit Ende 1946 auf die Unterstützung durch die Westmächte. Ihre Angriffe richteten sich vor allem gegen weitere Nationalisierungen, gegen die Bodenreform und gegen die Entfaltung des Demokratisierungsprozesses zugunsten der Arbeiter und Bauern.

Unter der Losung „Verteidigung der demokratischen Errungenschaften" gingen die revolutionär-demokratischen Kräfte

Februar 1948: In Prag schlagen bewaffnete Arbeiter die Konterrevolution zurück (links).

Klement Gottwald, Erster Sekretär des ZK der KPČ und Ministerpräsident der Tschechoslowakei, fordert am 21. Februar 1948 die konsequente Fortführung der volksdemokratischen Revolution.

zur Offensive über. In kurzer Zeit formierten sich Bündnisse aller an der Weiterführung der volksdemokratischen Revolution interessierten gesellschaftlichen Kräfte. Die kommunistischen Parteien dieser Länder arbeiteten Aufbauprogramme aus. Sie gewannen weiter an Masseneinfluß.

Die Reaktion organisierte konterrevolutionäre Verschwörungen und Putsche, so 1947 in Ungarn, Rumänien und der Slowakei, im Februar 1948 in der ganzen Tschechoslowakei. Ihre Zerschlagung durch die in Aktionseinheit handelnden Werktätigen beschleunigte die Lösung der Machtfrage zugunsten der Arbeiterklasse. Dadurch änderte sich das Klassenwesen der volksdemokratischen Machtorgane. Die revolutionär-demokratische Diktatur der Werktätigen wuchs im Verlaufe harter Klassenkämpfe in die **Diktatur des Proletariats** hinüber. Die Arbeiterklasse hatte ihre Bewährungsprobe als entscheidende Kraft der volksdemokratischen Revolution bestanden.

▌ **Aufschwung der Arbeiterbewegung in den kapitalistischen Ländern.** Am Sieg der Antihitlerkoalition über den deutschen Faschismus und den japanischen Militarismus hatte die Arbeiterklasse der kapitalistischen Länder wesentlichen Anteil. Deshalb nahm die internationale Arbeiterbewegung nach dem zweiten Weltkrieg einen starken Aufschwung.

In den *USA* erfolgte die Neukonstituierung einer Kommunistischen Partei auf marxistisch-leninistischer Grundlage. In *Großbritannien* leitete die Labour-Regierung die Verstaatlichung der Bank von England und wichtiger Schlüsselindustrien, zum Beispiel des Kohlebergbaus, ein. Sie erfüllte damit im gewissen Umfang Forderungen der Arbeiter. In *Frankreich* konnte die Französische Kommunistische Partei die meisten Wählerstimmen auf sich vereinen. Mit fünf Ministern beteiligte sie sich an einer antifaschistischen Koalitionsregierung. In *Italien* beschlossen die Kommunisten ein antifaschistisch-demokratisches Sofortprogramm. Auch sie gehörten einer antifaschistischen Koalitionsregierung an.

● *Warum führte der konsequente Kampf gegen den Faschismus folgerichtig zum Kampf für eine volksdemokratische Entwicklung? Beziehen Sie in Ihre Überlegungen den Klassencharakter des Faschismus ein!*

Gründung internationaler demokratischer Organisationen

3. bis 8. 10. 1945 **Weltgewerkschaftsbund (WGB)** in Paris

31. 10. bis 10. 11. 1945 **Weltbund der Demokratischen Jugend (WBDJ)** in London

26. 11. bis 1. 12. 1945 **Internationale Demokratische Frauenföderation (IDFF)** in Paris

Maurice Thorez, Generalsekretär der Kommunistischen Partei Frankreichs, spricht auf einer der ersten Massenkundgebungen nach der Befreiung in Paris.

Vor allem in *Frankreich, Italien, Griechenland* und *Japan* führte die Arbeiterbewegung erfolgreiche politische Offensiven für grundlegende demokratische Umgestaltungen. Dabei spielte eine große Rolle, daß die Kommunisten die vom VII. Weltkongreß der Kommunistischen Internationale begründete Linie eines breiten Bündnisses mit anderen werktätigen Klassen und Schichten, auch mit Teilen der Bourgeoisie, weiterführten.

Der entscheidende Anteil der Kommunisten am Aufschwung der internationalen Arbeiterbewegung und an der Gestaltung des politischen Lebens in zahlreichen Ländern ergab sich aus ihrem konsequenten Eintreten für antifaschistische und demokratische Maßnahmen. In vielen der ersten Wahlen nach dem Kriege erzielten kommunistische Parteien beträchtliche Stimmengewinne.

● *Weshalb nahm die internationale Arbeiterbewegung nach 1945 einen starken Aufschwung?*

Um die Ergebnisse des opferreichen Kampfes gegen Faschismus und Militarismus zu verteidigen, kam es darauf an, daß sich Arbeiterklasse und andere demokratische Kräfte der verschiedensten Länder noch enger zusammenschlossen. So entstanden Ende 1945 **internationale Organisationen der Gewerkschafts-, Jugend- und Frauenbewegung.** Allein der Weltgewerkschaftsbund vereinte 67 Millionen Werktätige. Das waren rund 90 Prozent aller Gewerkschafter der Welt.

▌ **Aufschwung der nationalen Befreiungsbewegung.** Großen Einfluß auf die Entwicklung in Asien übte die Zerschlagung des japanischen Militarismus aus. Insbesondere der Sieg der UdSSR über die japanische Kwantung-Armee verschaffte den Völkern Asiens gute Bedingungen für die Fortsetzung ihres antifaschistischen und antikolonialen Kampfes.

In Vietnam siegte die Augustrevolution unter Führung der Kommunistischen Partei Indochinas als bewaffnete Volkserhebung über japanische Invasoren und französische Kolonialherren. Am 2. September 1945 wurde in Hanoi die **Demokratische Republik Vietnam** (vgl. Karte, S. 257) proklamiert. Ihr erster Präsident wurde **Ho Chi Minh.**

Ho Chi Minh (1890 bis 1969)

Eine „Gruppe zur Rettung der Nation" schwört, bis zur Befreiung Vietnams gegen die japanischen Aggressoren zu kämpfen.

Die nationale Befreiungsbewegung
1945 bis 1949
Staaten, die 1945 bis 1949 ihre Selbständigkeit erreichten und nicht zum sozialistischen Weltsystem gehören
1946 Jahr der staatlichen Selbständigkeit
bedeutende antikoloniale Aktionen
Kolonien und abhängige Gebiete
1 Togo (brit. und frz. verw.)
2 Kamerun (brit. und frz. verw.)
3 Ruanda-Urundi) (belg. verw.)
4 Njassaland (brit.)
Staatsgrenze 1949
nicht feststehende Staatsgrenze
Grenze zwischen aneinandergrenzenden Kolonien des gleichen Staates
Grenze eines UN-Treuhandgebietes
Kontrollinie zwischen Indien und Pakistan
0 1000 2000 3000 km
ATLANTISCHER OZEAN
INDISCHER OZEAN
STILLER OZEAN
Gibraltar (brit.)
Span.-Marokko
Marokko (frz.)
Ifni (span.)
Span. Sahara
Algerien (frz.)
Tunesien (frz.)
Malta (brit.)
Libyen
(brit. verw.)
(frz. verw.)
Zypern (brit.)
ISRAEL 1948
TRANS-JORDANIEN 1946
Kapverden (port.)
Frz.-Westafrika
Gambia (brit.)
Port.-Guinea
Sierra Leone (brit.)
Goldküste (brit.)
Nigeria (brit.)
Span.-Guinea
São Tomé (port.)
Äquatorialafrika
Frz.
Anglo-Ägyptischer Sudan
Eritrea (brit. verw.)
Frz.-Somaliland
Brit.-Somalild.
Somaliland (brit. verw.)
Uganda (brit.)
Kenia (brit.)
Belgisch-Kongo
Tanganjika (brit. verw.)
Zanzibar (brit.)
Cabinda (zu Angola)
Angola (port.)
Nordrhodesien (brit.)
Südrhodesien (brit.)
Moçambique (port.)
Südwestafrika 1949 von S.A.U. okkup.
Betschuanaland (brit.)
Swasiland (brit.)
Basutoland (brit.)
St. Helena (brit.)
Komoren (frz.)
Madagaskar (frz.)
Seychellen (brit.)
Réunion (frz.)
Mauritius (brit.)
Kuweit (brit.)
Bahrein (brit.)
Katar (brit.)
Vertragsoman (brit.)
Maskat und Oman
(brit.)
Hadhramaut (brit.)
Aden (brit.)
PAKISTAN 1947
INDIEN 1947
zu Pak.
Diu (port.)
Goa (port.)
CEYLON 1948
Malediven (brit.)
BURMA 1948
Laos (frz.)
Kambodscha (frz.)
Malaya (brit.)
Brunei (brit.)
Sarawak (brit.)
Nord-Borneo (brit.)
INDONESIEN 1945
PHILIPPINEN 1945
Hongkong (brit.)
Macau (port.)
Guam (US-am.)
Pazifische Inseln (von USA verw.)
Neuguinea (v. Austr. verw.)
Westirian (ndl.)
Papua (austr.)
Brit. Salomonen
Port.-Timor

In *China* formierte sich im Herbst 1945 eine Massenbewegung für Demokratie und Frieden um die Kommunistische Partei Chinas. In *Korea* entstand die Partei der Arbeit als führende Kraft des Kampfes gegen koloniale Unterdrückung. In *Indonesien* proklamierten Widerstandskämpfer die Unabhängigkeit ihres Landes und leiteten damit eine antikoloniale und antifeudale Revolution ein. In *Indien* weitete sich die Bewegung für nationale Unabhängigkeit aus. Es kam zu Bauernerhebungen, Streiks der Arbeiter und Befehlsverweigerungen von indischen Soldaten gegenüber der britischen Kolonialmacht. Nach 200jähriger britischer Kolonialherrschaft wurde Indien am 15. August 1947 unter Führung von Mahatma Gandhi und Jawaharlal Nehru unabhängig.

Auch *Burma, Ceylon* und *Pakistan* erkämpften ihre Unabhängigkeit. Zu antikolonialen Aktionen kam es in Malaya, Madagaskar, im Irak und anderen Ländern.

Im Jahre 1945 lebten noch 56 Prozent der Weltbevölkerung auf 32 Prozent des Erdterritoriums in Kolonien und Halbkolonien. Dieses Kolonialsystem zeigte aber schon tiefe Risse. Immer stärker wurde der Widerstand gegen die Kolonialherrschaft Großbritanniens, Frankreichs, der Niederlande, Portugals, Spaniens und Belgiens. Das imperialistische Kolonialsystem geriet ins Wanken.

- *Welches Hauptinteresse verband die internationale Arbeiterklasse und die antikolonialen Befreiungsbewegungen?*
- *Verschaffen Sie sich an Hand der Karte einen Überblick über antikoloniale Bewegungen in den ersten Jahren nach dem zweiten Weltkrieg!*
- *Wodurch veränderte sich das internationale Kräfteverhältnis in den ersten Nachkriegsjahren weiter zugunsten der Kräfte des Sozialismus, der Demokratie und des Friedens?*

▌ Imperialistischer Kurswechsel – die Truman-Doktrin. Auf die weltweiten Veränderungen des internationalen Kräfteverhältnisses reagierten führende Repräsentanten der Westmächte besorgt und aggressiv. Im Westminster College von Fulton, USA-Staat Missouri, schob sich am 5. März 1946 ein wohlbeleibter, mürrisch dreinblickender Mann ans Rednerpult: der ehemalige britische Premier Winston Churchill. Unter den Zuhörern USA-Präsident Harry S. Truman. In einem unverhüllt aggressiven Ton bezichtigte Churchill die Sowjetunion einer expansionistischen Politik. Hinter einem „eisernen Vorhang“ wolle sie die Völker „sowjetisieren“. Der Kommunismus sei „überall eine wachsende Gefahr für die christliche Zivilisation“. Gegen die „kommunistische Gefahr“ müsse ein Bund der englischsprachigen Völker gebildet werden.

Das war der Aufruf zur Bildung eines imperialistischen politischen und militärischen Blocks. Die Fulton-Rede sollte testen, ob die internationale öffentliche Meinung einen Übergang zur antisowjetischen Konfrontationspolitik hinnehmen würde. Angesichts des hohen internationalen Ansehens der UdSSR konnten die herrschenden Kreise der imperialistischen Hauptmächte darin noch gar nicht so sicher sein.

Die erste Zeit nach dem Potsdamer Abkommen war noch durch ein Nebeneinander von zwei Linien in der USA-Außenpolitik gekennzeichnet. Seit 1946 ging die herrschende Klasse der USA jedoch vom Kooperationskurs zum Konfrontationskurs über. Sie rechnete damit, von einer Position der Stärke aus – vor allem angesichts des US-amerikanischen Atomwaffenmonopols – die Sowjetunion unter Druck setzen zu kön-

Immer neue Atomtests der USA sollen Stärke demonstrieren. Test im Bikini-Atoll 1946

USA-Senator James W. Fulbright über die Truman-Doktrin

„Der Antikommunismus der Truman-Doktrin wurde zum bestimmenden, zum Grundelement der amerikanischen Außenpolitik nach dem zweiten Weltkrieg. Wir sahen die Hand des ‚Moskauer Kommunismus' in allen Unruhen, wo es sie auch gab. Wir schufen eine Vorstellung vom Kommunismus als internationaler Verschwörung ... Die antikommunistische Ideologie entband uns der Notwendigkeit, konkrete Fakten und konkrete Situationen zu beachten."[4]

nen. Der Sozialismus, die Volksrevolutionen in vielen Teilen der Welt und die nationale Befreiungsbewegungen sollten eingedämmt werden. Auf diese Weise erhoffte die Washingtoner Administration, eine weltweite Stabilisierung des imperialistischen Herrschaftssystems erreichen zu können.
Am 12. März 1947 verlas USA-Präsident Truman auf einer gemeinsamen Sitzung des Senats und des Abgeordnetenhauses eine Botschaft: Er behauptete, das östliche Mittelmeer – besonders Griechenland und die Türkei – sei durch die Sowjetunion bedroht. 400 Millionen Dollar sowie die Entsendung von zivilem und militärischem Personal sollten dieser „Bedrohung" entgegensteuern. Überall in der Welt, prahlte Truman, würden die USA nun die Kräfte der „Demokratie" und der „Freiheit" unterstützen. Diese **„Truman-Doktrin"** zielte auf die Unterstützung bürgerlich-demokratischer, aber auch autoritärer und faschistischer Regimes, gegen alle antiimperialistischen und vor allem gegen proletarische Bewegungen. Sie erhob die **„Politik der Stärke"** zur offiziellen USA-Politik.
Die Truman-Doktrin leitete eine **Periode des kalten Krieges** gegen die UdSSR und die sich herausbildenden volksdemokratischen Staaten ein.

Juni 1945 Bildung der UNO
***August 1945* Potsdamer Abkommen**
September 1945 Gründung der DRV
Oktober 1945 Gründung des WGB
November 1945 Gründung des WBDJ
November 1945 bis Oktober 1946 Nürnberger Hauptkriegsverbrecherprozeß
Dezember 1945 Gründung der IDFF
März 1947 Truman-Doktrin

▶ Der Sieg der Sowjetunion und ihrer Verbündeten über den Faschismus eröffnete vielen Völkern die Chance, den Weg antiimperialistischer, antikolonialer, demokratischer und sozialer Umgestaltungen zu beschreiten. Die kommunistischen und Arbeiterparteien gewannen an Ansehen und Einfluß. In vielen Ländern verstärkten sich die Bemühungen um die Einheit der Arbeiterklasse und um ein breites Bündnis sowie um Aktionseinheit aller antiimperialistischer Kräfte. In einigen Staaten Zentral- und Südosteuropas wuchs der antifaschistische Befreiungskampf in volksdemokratische Revolutionen hinüber. Dort ging die politische Macht an die Arbeiterklasse, die werktätigen Bauern und die städtischen Mittelschichten über. Mit der nationalen Befreiungsbewegung der kolonial unterdrückten Völker entstand ein wichtiger Bündnispartner für die sozialistischen Länder und die Arbeiterbewegung in den kapitalistischen Staaten.
Die Sowjetunion erwies sich als stabile sozialistische Großmacht. Die Antihitlerkoalition bewährte sich nicht nur im Kriege. Das Potsdamer Abkommen und der Alliierte Kontrollrat zeigten, daß ein Zusammenwirken von Staaten unterschiedlicher Gesellschaftsordnung bei der Erhaltung des Friedens möglich ist. Mit diesem Ziel wurde auch die UNO gegründet.
Das imperialistische Weltsystem ging geschwächt aus dem zweiten Weltkrieg hervor. Bemüht, aus der historischen Defensive herauszukommen, verstärkten rechte Kräfte imperialistischer Länder ihre antirevolutionären Aktivitäten und verfochten eine zunehmend antisowjetische Außenpolitik. Das kam in der Truman-Doktrin zum Ausdruck.

5.2. Der Kampf für eine antifaschistisch-demokratische Umwälzung in Deutschland

Aktivisten der ersten Stunde. Kaum waren die letzen Kämpfe des zweiten Weltkrieges auf deutschem Boden beendet, fanden sich beherzte Menschen, die darangingen, das Notwendigste für das Überleben der Bevölkerung zu tun. Sie begannen, die Verteilung von Lebensmitteln zu organisieren. Die vielfach beschädigten Wasserleitungen wurden repariert, eine provisorische Versorgung mit Elektroenergie und Gas kam zögernd in Gang. Diese Aktivisten der ersten Stunde ergriffen auch die Initiative für die Bildung antifaschistisch-demokratischer Verwaltungen, die von den sowjetischen Kommandanten bestätigt und unterstützt wurden.
Im zerstörten Berlin begann in vielen Betrieben die Aufbauarbeit. So bargen 300 Beschäftigte der AEG-Apparatewerke Treptow Maschinen aus den Trümmern und begannen damit die Produktion. Schon im Mai 1945 konnten Teile des Berliner Verkehrsnetzes wieder in Betrieb genommen werden. Viele Frauen beteiligten sich an der Enttrümmerung der Stadt. Bis zu 40000 solcher Trümmerfrauen gab es in Berlin. Im ganzen Land gingen viele Menschen ähnlich ans Werk. Im teilzerstörten Grubenkraftwerk Spreetal bei Spremberg gelang es, wenige Tage nach der Befreiung wieder Strom zu erzeugen. Da die Anlagen für den Kohletransport defekt waren, trugen Frauen und Kinder die Kohle zu den Kesselanlagen.
Solche Heldentaten wären nie möglich gewesen, hätten nicht Angehörige der Sowjetarmee Hilfe und Unterstützung gegeben. Sie und die Aktivisten der ersten Stunde gingen oft Schulter an Schulter ans Werk, um das Leben in den verwüsteten Städten und Dörfern zu normalisieren. Doch das war weder leicht noch selbstverständlich. Viele Deutsche mußten antisowjetische Einstellungen überwinden. Auch sowjetischen Soldaten und Offizieren, deren Familien von den Faschisten umgebracht worden waren, wurde solche erste Zusammenarbeit schwer.
Die Aktivisten der ersten Stunde kamen aus allen Schichten der Bevölkerung. Unter ihnen befanden sich besonders viele Kommunisten und Sozialdemokraten. Sie und bürgerliche und christliche Antifaschisten erwarben sich bleibende Verdienste im Kampf um das Leben der Bevölkerung. Kommunisten standen auch an der Spitze, wo vor allem Arbeiter begannen, sich in antifaschistischen Ausschüssen zu organisieren.
Aus Zuchthäusern und Konzentrationslagern befreite Antifaschisten kamen hinzu, unter ihnen der Kommunist Erich Honecker und der Sozialdemokrat Otto Buchwitz, die von der Sowjetarmee aus dem Zuchthaus Brandenburg-Görden befreit wurden.
Schon Anfang Mai 1945 entsandte das Zentralkomitee der KPD drei **Initiativgruppen**, die unter Leitung von Anton Ackermann, Gustav Sobottka und Walter Ulbricht in Sachsen, Mecklenburg und Berlin im Zusammenwirken mit den Kom-

Trümmerfrau

In der sowjetischen Besatzungszone waren zerstört oder unbrauchbar
45 Prozent des Industriepotentials
50 Prozent des städtischen Wohnraums
40 Prozent der landwirtschaftlichen Maschinen und Geräte
60 Prozent der Transportmittel

Viehbestände in der sowjetischen Besatzungszone im Vergleich zu 1938	
Rinder	65,7 Prozent
Schweine	20,7 Prozent

● *Was können Sie aus den Tabellen über die materiellen Lebensbedingungen der Bevölkerung ableiten?*

mandanturen der Sowjetarmee damit begannen, antifaschistisch-demokratische Verwaltungen aufzubauen, die Aktivisten der ersten Stunde zu unterstützen und anzuleiten, die Wirtschaft in Gang zu bringen und den Übergang der KPD in die Legalität vorzubereiten.

Indem die Sowjetunion und ihre Verbündeten das deutsche Volk vom Faschismus befreiten, eröffneten sie ihm die große historische Chance, die Wurzeln von Faschismus, Militarismus und Krieg auszurotten und dafür zu sorgen, daß von deutschem Boden nie wieder ein Krieg ausgeht.

▌ Sowjetische Hilfe für die deutsche Bevölkerung. Noch tobten in der Berliner Innenstadt die Kämpfe, als sich in den schon befreiten Stadtbezirken verhärmte Frauen, hungernde Kinder und verängstigte Alte um die Feldküchen der Sowjetarmee drängten, um ein Stück Brot, eine langentbehrte warme Suppe zu erhalten.

Die Befreiungsmission der Sowjetunion, das war in den Tagen um den 8. Mai nicht zuletzt Hilfe zum Überleben. Und das galt nicht nur für Berlin, wo der Befehl des sowjetischen Stadtkommandanten, N. E. Bersarin, bereits am 15. Mai durch die Festlegung von Lebensmittelrationen eine geordnete Versorgung einleitete. Auch für Dresden ergriff die Sowjetarmee besondere Maßnahmen zur Ernährung der Bevölkerung.

Allein vom 10. Mai bis Ende Juli 1945 stellten sowjetische Besatzungsorgane für Berlin fast 60000 t Mehl, über 8000 t Fleisch, fast 100000 t Kartoffeln, über 5000 t Zucker und andere Lebensmittel zur Verfügung.

Die sowjetischen Militärbehörden ordneten die möglichst schnelle Wiederaufnahme der Produktion an. Sie befahlen Aufräumungs- und Reparaturarbeiten, und sie sorgten dafür, daß die vielen Obdachlosen in den intaktgebliebenen Wohnhäusern, aber auch in provisorischen Baracken Unterkunft erhielten. Innerhalb kürzester Frist entstanden mit sowjetischer Hilfe antifaschistische deutsche Verwaltungsorgane. Schon am 19. Mai 1945 war der erste antifaschistisch-demokratische

Sowjetsoldaten geben an die Berliner Bevölkerung Essen aus.

Plakat aus dem Mai 1945

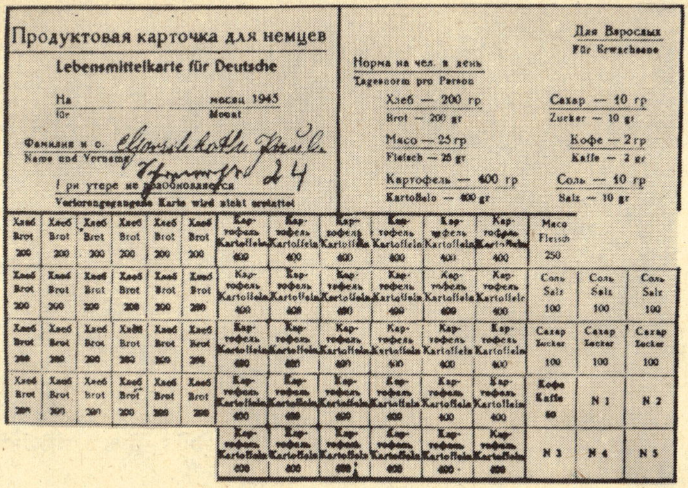
Продуктовая карточка для немцев
Lebensmittelkarte für Deutsche
На месяц 1945
für Monat
Фамилия и о.
Name und Vorname
[illegible]ри утере не [illegible]
Verlorengegangene Karte wird nicht ersetzt

Для Взрослых
Für Erwachsene
Норма на чел. в день
Tagesnorm pro Person
Хлеб — 200 гр / Brot — 200 gr
Сахар — 10 гр / Zucker — 10 gr
Мясо — 25 гр / Fleisch — 25 gr
Кофе — 2 гр / Kaffe — 2 gr
Картофель — 400 гр / Kartoffeln — 400 gr
Соль — 10 гр / Salz — 10 gr

Хлеб Brot 200	Хлеб Brot 200	Хлеб Brot 200	Хлеб Brot 200	Хлеб Brot 200	Хлеб Brot 200	Кар-тофель Kartoffeln 400	Кар-тофель Kartoffeln 400	Кар-тофель Kartoffeln 400	Кар-тофель Kartoffeln 400	Кар-тофель Kartoffeln 400	Кар-тофель Kartoffeln 400	Мясо Fleisch 250		
Хлеб Brot 200	Хлеб Brot 200	Хлеб Brot 200	Хлеб Brot 200	Хлеб Brot 200	Хлеб Brot 200	Кар-тофель Kartoffeln 400	Кар-тофель Kartoffeln 400	Кар-тофель Kartoffeln 400	Кар-тофель Kartoffeln 400	Кар-тофель Kartoffeln 400	Кар-тофель Kartoffeln 400	Соль Salz 100	Соль Salz 100	Соль Salz 100
Хлеб Brot 200	Хлеб Brot 200	Хлеб Brot 200	Хлеб Brot 200	Хлеб Brot 200	Хлеб Brot 200	Кар-тофель Kartoffeln 400	Кар-тофель Kartoffeln 400	Кар-тофель Kartoffeln 400	Кар-тофель Kartoffeln 400	Кар-тофель Kartoffeln 400	Кар-тофель Kartoffeln 400	Сахар Zucker 100	Сахар Zucker 100	Сахар Zucker 100
Хлеб Brot 200	Хлеб Brot 200	Хлеб Brot 200	Хлеб Brot 200	Хлеб Brot 200	Хлеб Brot 200	Кар-тофель Kartoffeln 400	Кар-тофель Kartoffeln 400	Кар-тофель Kartoffeln 400	Кар-тофель Kartoffeln 400	Кар-тофель Kartoffeln 400	Кар-тофель Kartoffeln 400	Кофе Kaffe 60	N 1	N 2
						Кар-тофель Kartoffeln 400	Кар-тофель Kartoffeln 400	Кар-тофель Kartoffeln 400	Кар-тофель Kartoffeln 400	Кар-тофель Kartoffeln 400	Кар-тофель Kartoffeln 400	N 3	N 4	N 5

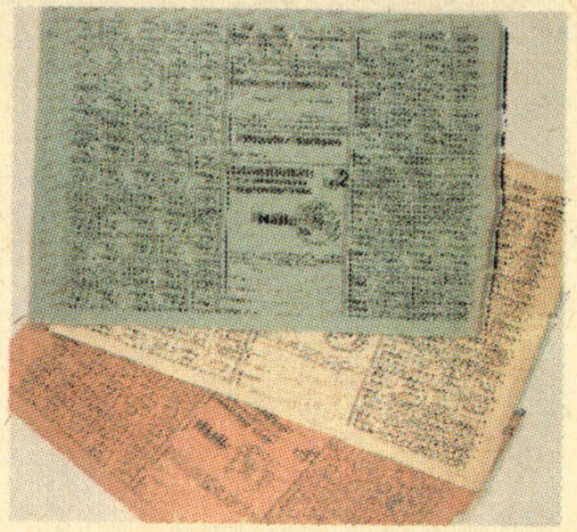

Lebensmittelkarten aus der Provinz Sachsen vom September 1946

Eine der ersten Lebensmittelkarten für die Berliner Bevölkerung (links)

Der Schriftsteller Hans Fallada, 1945 von der Sowjetarmee als Bürgermeister von Feldberg eingesetzt, schreibt über die sowjetische Besatzungsmacht

„Die russischen Menschen erschütterten mich. Derartiges habe ich noch nie gesehen. Wo und wann hat es das je gegeben, daß eine Siegerarmee dem besiegten Volk so viel Hochherzigkeit und Güte entgegenbrachte? … Ich spreche vom Alltag, von dem, was ich als Bürgermeister der Stadt Feldberg gesehen und erlebt habe … Teufel noch mal! …, ihr seid doch als Sieger hergekommen. Als Befreier ganz Europas … Euer war das Recht, zu feiern, zu prassen, das Leben zu genießen … Aber was habe ich gesehen? Besessene Kommandanten, die weder sich selbst noch mir Ruhe gönnten, bis für die Deutschen noch eine Bäckerei die Arbeit aufnahm, bis ein Kraftwerk Strom lieferte, ein Kino eröffnet wurde, Nahrungsmittel für das Kinderkrankenhaus herangeschafft waren … Dann fuhren sie auf die Felder, kontrollierten den Ablauf der Saatkampagne, als wären sie irgendwo im Rjasaner Gebiet, als wären es ihre eigenen Kinder, die dieses Brot brauchten!“[5]

Magistrat von Berlin mit dem parteilosen Demokraten Dr. Arthur Werner als Oberbürgermeister in sein Amt eingeführt worden. Auch in Dresden, Chemnitz, Rostock und anderen größeren Städten entstanden solche Verwaltungsorgane. Faschisten wurden aus ihren Positionen entfernt. Die sowjetische Besatzungsmacht übertrug wichtige Funktionen an bewährte Antifaschisten. Mit diesen Maßnahmen verbesserten sich die Kampfbedingungen der deutschen Arbeiterklasse erheblich.
Dennoch blieb die Lage noch außerordentlich schwer. Nicht nur der Mangel an Lebensmitteln, Rohstoffen, Energie, Wohnraum und vielem anderen mußte gemeistert werden. Große Anstrengungen erforderte auch die Unterbringung von etwa 4,3 Millionen Umsiedlern in der sowjetischen Besatzungszone.
Gegenüber den westlichen Besatzungszonen hatte die sowjetische Besatzungszone deutlich schlechtere Ausgangsbedingungen. Sie verfügte zwar über 30 Prozent des Industriepotentials im Gebiet der vier Zonen. Doch dieses Potential wies einen höheren Zerstörungsgrad auf. Außerdem konzentrierten sich in der sowjetischen Besatzungszone Verarbeitungsindustrien,

- *Welche Gedanken haben Sie, wenn Sie an das Verhalten der deutschen Besatzungsorgane in der Sowjetunion während des zweiten Weltkrieges denken?*

Holzvergaser-PKW

Ehemalige deutsche Soldaten kehren aus der Kriegsgefangenschaft zurück.

Umsiedler auf der Suche nach einer neuen Heimat (rechts)

während die Grundstoffindustrie nur einen relativ geringen Anteil hatte. Daraus ergaben sich große volkswirtschaftliche Disproportionen.

Doch damit erschöpften sich die Hindernisse durchaus noch nicht. Demoralisierung und politische Lethargie, Hoffnungslosigkeit und Verzweiflung waren weit verbreitet, asoziale Verhaltensweisen griffen um sich, die Kriminalität stieg sprunghaft an. Viele Menschen waren noch unter dem Eindruck antisowjetischer Parolen der Faschisten mißtrauisch. In den deutschen Verwaltungsorganen sahen sie Helfer der Besatzungsmacht, aber nicht den Anfang eines neuen Weges. Diese Barriere aus Haß und Ablehnung galt es zu durchbrechen.

Die Sowjetische Militäradministration in Deutschland. 9. Juni 1945: G. K. Shukow, Marschall der Sowjetunion, entstieg im Berliner Stadtteil Karlshorst, wo einen Monat zuvor das faschistische Deutschland bedingungslos kapituliert hatte, seinem Dienstwagen. Posten salutierten. Shukows Gesicht war ernster als sonst. Die Partei- und Staatsführung der Sowjetunion hatte ihn – den Militär – mit einem Auftrag betraut, der möglicherweise schwerer zu erfüllen war, als eine Schlacht zu gewinnen. An diesem Junitag wurde die **Sowjetische Militäradministration in Deutschland (SMAD)** gebildet, und er, Shukow, sollte sie leiten.

Die Tätigkeit der SMAD orientierte sich an den gemeinsamen alliierten Beschlüssen über die Besatzungspolitik. Sie war auf eine konsequente Entnazifizierung, Entmilitarisierung und Demokratisierung sowie auf die Gewährleistung der Wiedergutmachung durch das deutsche Volk ausgerichtet. Dies beinhaltete eine grundlegende Wende in der deutschen Geschichte. Letztendlich hing es aber von den deutschen Antifaschisten, vor allem von der Arbeiterklasse ab, ob diese grundlegende Wende auch vollzogen werden würde. Diese Aufgabe bestimmte die Kampfgemeinschaft von KPD und KPdSU.

Die Tätigkeit der SMAD war dem Prinzip des proletarischen Internationalismus verpflichtet. Von Anfang an wurden deutsche Kommunisten und andere Antifaschisten zu den Beratungen im Stab von Marschall Shukow hinzugezogen. Offi-

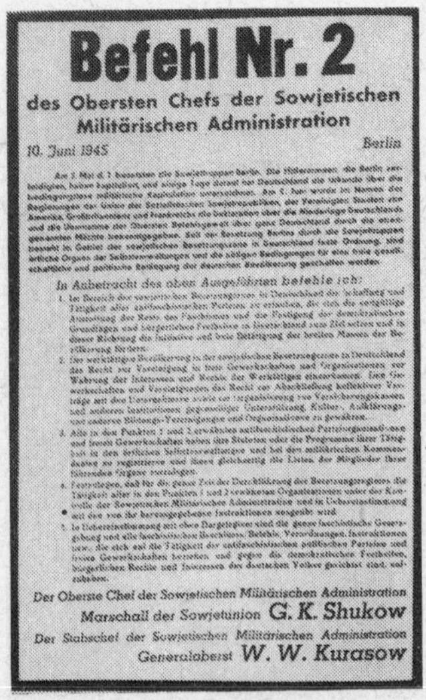

Befehl Nr. 2

des Obersten Chefs der Sowjetischen Militärischen Administration

10. Juni 1945 Berlin

[illegible]

In Anbetracht des oben Ausgeführten befehle ich:

1. [illegible]
2. [illegible]
3. [illegible]
4. [illegible]
5. [illegible]

Der Oberste Chef der Sowjetischen Militärischen Administration
Marschall der Sowjetunion G. K. Shukow

Der Stabschef der Sowjetischen Militärischen Administration
Generaloberst W. W. Kurasow

Aus dem Befehl Nr. 2 der SMAD

Aus dem Befehl Nr. 2 der SMAD

„Vom Augenblick der Besetzung Berlins durch die Sowjettruppen an wurde auf dem Gebiet der sowjetischen Besatzungszone in Deutschland feste Ordnung hergestellt, die städtischen Organe der Selbstverwaltung organisiert und notwendige Bedingungen für die freie gesellschaftliche und politische Tätigkeit der deutschen Bevölkerung geschaffen.
Zu Vorstehendem befehle ich:
1. Auf dem Territorium der sowjetischen Besatzungszone in Deutschland ist die Bildung und Tätigkeit aller antifaschistischen Parteien zu erlauben, die sich die endgültige Ausrottung der Überreste des Faschismus und die Festigung der Grundlage der Demokratie und der bürgerlichen Freiheiten in Deutschland und die Entwicklung der Initiative und Selbstbetätigung der breiten Massen der Bevölkerung in dieser Richtung zum Ziel setzen.
2. Der werktätigen Bevölkerung der sowjetischen Besatzungszone in Deutschland ist das Recht zur Vereinigung in freien Gewerkschaften und Organisationen zum Zweck der Wahrung der Interessen und Rechte der Werktätigen zu gewähren.“[6]

ziere der SMAD gaben Rat und Unterstüzung für den beginnenden Wiederaufbau. Am 10. Juni 1945 unterzeichneten G. K. Shukow und W. W. Kurasow, Stabschef der SMAD, den **Befehl Nr. 2**. Das war ein historisches Dokument.
Dieser Befehl gab der historischen Chance, die dem deutschen Volk mit der Befreiung vom Faschismus geboten war, einen konkreten politischen Rahmen. Neben der Zulassung antifaschistischer Parteien und Organisationen enthielt der Befehl Bestimmungen zur Kontrolltätigkeit der SMAD. Alle faschistischen Gesetze, Verordnungen usw. wurden aufgehoben.

● *Werten Sie den Befehl Nr. 2 der SMAD!*

Der Aufruf der KPD vom 11. Juni 1945. Von allen antifaschistischen Parteien und Gruppierungen war die KPD am besten auf den Übergang zur Legalität vorbereitet. Obwohl von den 1933 mehr als 300 000 Kommunisten über die Hälfte durch die Faschisten ermordet, gefoltert, eingekerkert oder ins Exil getrieben worden war, hatte sich die Parteiführung jahrelang auf die Zeit vorbereitet, die der Befreiung folgte.
Am 11. Juni 1945 wandte sich das Zentralkomitee der KPD, an dessen Spitze Wilhelm Pieck stand, in einem Aufruf an die Öffentlichkeit.

Preis 20 Pf

Deutsche Volkszeitung

Nummer 1 / 1. Jahrgang — Zentralorgan der Kommunistischen Partei Deutschlands — Berlin, 13. Juni 1945

Feste Einheit der demokratischen Kräfte

Von Wilhelm Pieck

Wir stehen an einem historischen Wendepunkt in der Geschichte Deutschlands. Es gilt, unser deutsches Volk aus dem Elend und aus der nationalen Katastrophe herauszuführen, in die es durch das verbrecherische Naziregime geführt wurde. Ein neues Deutschland gilt es zu schaffen, neue Wege zu beschreiten, damit das deutsche Volk wieder ein würdiges Leben gewinnen, das kostbare Gut der inneren Freiheit gesichert und eine Wiederholung der imperialistischen Gewalt- und Kriegspolitik verhindert werden kann, die unser Volk im Verlauf eines Menschenalters zum zweiten Mal in so großes Unglück und Verderben gestürzt hat.

Vergessen wir dabei nie: Hitler konnte nur zur Macht gelangen und den zweiten Weltkrieg entfesseln, weil das schaffende deutsche Volk gespalten war und es nicht gelang, die Einheit der demokratischen Volkskräfte im Kampf gegen den Hitlerismus, für Frieden und Freiheit zu schaffen. Darum lehrt uns die Vergangenheit mit aller Eindringlichkeit:

AUFRUF

der Kommunistischen Partei Deutschlands

Schaffendes Volk in Stadt und Land!
Männer und Frauen! Deutsche Jugend!

Wohin wir blicken, Ruinen, Schutt und Asche. Unsere Städte sind zerstört, weite ehemals fruchtbare Gebiete verwüstet und verlassen. Die Wirtschaft ist desorganisiert und völlig gelähmt. Millionen und Abermillionen Menschenopfer hat der Krieg verschlungen, den das Hitlerregime verschuldete. Mil-

demokratischen Organisationen, vor allem die Arbeiterorganisationen zerschlug und die besten Deutschen einsperren, martern und köpfen ließ.

Schuld tragen alle jene Deutschen, die in der Aufrüstung die „Größe Deutschlands" sahen und im wilden Militarismus, im Marschieren und

Erste Nummer der „Deutschen Volkszeitung“ mit dem Aufruf der KPD vom 11. Juni 1945

Aus dem Aufruf des Zentralkomitees der KPD vom 11. Juni 1945

„... Wohin wir blicken, Ruinen, Schutt und Asche. Unsere Städte sind zerstört, weite ehemals fruchtbare Gebiete verwüstet und verlassen. Die Wirtschaft ist desorganisiert und völlig gelähmt. Millionen und aber Millionen Menschenopfer hat der Krieg verschlungen, den das Hitlerregime verschuldete. Millionen wurden in tiefste Not und größtes Elend gestoßen ...
Und wer trägt daran die Schuld?
Die Schuld und Verantwortung tragen die gewissenlosen Abenteurer und Verbrecher, die die Schuld am Kriege tragen. Es sind die Hitler und Göring, Himmler und Goebbels, die aktiven Anhänger und Helfer der Nazipartei. Es sind die Träger des reaktionären Militarismus, die Keitel, Jodl und Konsorten. Es sind die imperialistischen Auftraggeber der Nazipartei, die Herren der Großbanken und Konzerne, die Krupp und Röchling, Poensgen und Siemens ...
Nach all dem Leid und Unglück, der Schmach und Schande, nach der dunkelsten Ära deutscher Geschichte, heute, am Ende des ‚Dritten Reiches', wird uns auch der sozialdemokratische Arbeiter recht geben, daß sich die faschistische Pest in Deutschland nur ausbreiten konnte, weil 1918 die Kriegsschuldigen und Kriegsverbrecher ungestraft blieben, weil nicht der Kampf um eine wirkliche Demokratie geführt wurde, weil die Weimarer Republik der Reaktion freies Spiel gewährte, weil die Antisowjethetze einiger demokratischer Führer Hitler den Weg ebnete und die Ablehnung der antifaschistischen Einheitsfront die Kraft des Volkes lähmte.
Daher fordern wir: Keine Wiederholung der Fehler von 1918! Schluß mit der Spaltung des schaffenden Volkes!
Keinerlei Nachsicht gegenüber dem Nazismus und der Reaktion! Nie wieder Hetze und Feindschaft gegenüber der Sowjetunion; denn wo diese Hetze auftaucht, da erhebt die imperialistische Reaktion ihr Haupt! ...
Jetzt gilt es, gründlich und für immer die Lehren aus der Vergangenheit zu ziehen. Ein ganz neuer Weg muß beschritten werden!
Werde sich jeder Deutsche bewußt, daß der Weg, den unser Volk bisher ging, ein falscher Weg, ein Irrweg war, der in Schuld und Schande, in Krieg und Verderben führte! ...
Mit der Vernichtung des Hitlerismus gilt es gleichzeitig, die Sache der Demokratisierung Deutschlands, die Sache der bürgerlich-demokratischen Umbildung, die 1848 begonnen wurde, zu Ende zu führen, die feudalen Überreste völlig zu beseitigen und den reaktionären altpreußischen Militarismus mit allen seinen ökonomischen und politischen Ablegern zu vernichten.
Wir sind der Auffassung, daß der Weg, Deutschland das Sowjetsystem aufzuzwingen, falsch wäre, denn dieser Weg entspricht nicht den gegenwärtigen Entwicklungsbedingungen in Deutschland.
Wir sind vielmehr der Auffassung, daß die entscheidenden Interessen des deutschen Volkes in der gegenwärtigen Lage für Deutschland einen anderen Weg vorschreiben, und zwar den Weg der Aufrichtung eines antifaschistischen, demokratischen Regimes, einer parlamentarisch-demokratischen Republik mit allen demokratischen Rechten und Freiheiten für das Volk.
An der gegenwärtigen historischen Wende rufen wir Kommunisten alle Werktätigen, alle demokratischen und fortschrittlichen Kräfte des Volkes zu diesem großen Kampf für die demokratische Erneuerung Deutschlands, für die Wiedergeburt unseres Landes auf!
Die unmittelbarsten und dringendsten Aufgaben auf diesem Weg sind gegenwärtig vor allem:
1. Vollständige Liquidierung der Überreste des Hitlerregimes und der Hitlerpartei ...
2. Kampf gegen Hunger, Arbeitslosigkeit und Obdachlosigkeit. Allseitige aktive Unterstützung der Selbstverwaltungsorgane in ihrem Bestreben, rasch ein normales Leben zu sichern und die Erzeugung wieder in Gang zu bringen ...
3. Herstellung der demokratischen Rechte und Freiheiten des Volkes. Wiederherstellung der Legalität freier Gewerkschaften der Arbeiter, Angestellten und Beamten sowie der antifaschistischen, demokratischen Parteien. Umbau des Gerichtswesens gemäß den neuen demokratischen Lebensformen des Volkes. Gleichheit aller Bürger ohne Unterschied der Rassen vor dem Gesetz und strengste Bestrafung aller Äußerungen des Rassenhasses. Säuberung des gesamten Erziehungs- und Bildungswesens von dem faschistischen und reaktionären Unrat. Pflege eines wahrhaft demokratischen, fortschrittlichen und freiheitlichen Geistes in allen Schulen und Lehranstalten ...
4. Wiederaufrichtung der auf demokratischer Grundlage beruhenden Selbstverwaltungsorgane in den Gemeinden, Kreisen und Bezirken sowie der Provinzial- bzw. Landesverwaltung und der entsprechenden Landtage.
5. Schutz der Werktätigen gegen Unternehmerwillkür und unbotmäßige Ausbeutung ...
6. Enteignung des gesamten Vermögens der Nazibonzen und Kriegsverbrecher, Übergabe dieses Vermögens in die Hände des Volkes ...
7. Liquidierung des Großgrund-

besitzes, der großen Güter der Junker, Grafen und Fürsten und Übergabe ihres ganzen Grund und Bodens sowie des lebenden und toten Inventars an die Provinzial- bzw. Landesverwaltungen zur Zuteilung an die durch den Krieg ruinierten und besitzlos gewordenen Bauern …
8. Übergabe aller jener Betriebe, die lebenswichtigen öffentlichen Bedürfnissen dienen (Verkehrsbetriebe, Wasser-, Gas- und Elektrizitätswerke usw.), sowie jener Betriebe, die von ihren Besitzern verlassen wurden, in die Hände der Selbstverwaltungsorgane der Gemeinden oder Provinzen bzw. Länder.
9. Friedliches und gutnachbarliches Zusammenleben mit den anderen Völkern. Entschiedener Bruch mit der Politik der Aggression und der Gewalt gegenüber anderen Völkern, der Politik der Eroberung und des Raubes.
10. Anerkennung der Pflicht zur Wiedergutmachung für die durch die Hitleraggression den anderen Völkern zugefügten Schäden …“[7]

- *Welche Hauptursachen der verbrecherischen Politik des deutschen Imperialismus kennzeichnet der Aufruf?*
- *Welche entscheidenden geschichtlichen Lehren werden daraus abgeleitet?*
- *Wie entsprach das im Aufruf entwickelte Sofortprogramm*
  – diesen Lehren aus der Geschichte des deutschen Volkes,
  – den unmittelbar nach dem Kriege in Deutschland zu lösenden Aufgaben?
- *Inwieweit stimmte der Aufruf mit der seit dem VII. Weltkongreß der KI entwickelten Strategie und Taktik überein?*

Die Verbreitung des Aufrufs des ZK der KPD vom 11.6.1945

Der Aufruf der KPD war ein wissenschaftliches Programm, das den damaligen Kampfbedingungen in Deutschland entsprach und den Weg zur Überwindung der faschistischen Diktatur wies. Er bildete die programmatische Plattform für die Aktionseinheit der Arbeiterklasse und für ein Bündnis aller antifaschistisch-demokratischen Kräfte. Die KPD trat für eine grundlegende antifaschistisch-demokratische Umwälzung ein.

Schon in der Nacht vom 11. zum 12. Juni 1945 sendete der Berliner Rundfunk den Text des Aufrufes. Die KPD war die erste deutsche Partei, die mit einer umfassenden Nachkriegskonzeption an die Öffentlichkeit trat. Sie wandte sich an das ganze deutsche Volk, und ihre Vorschläge galten für ganz Deutschland. Von dieser nationalen Grundposition her führte die KPD den **Kampf um die antifaschistisch-demokratische Umgestaltung.**

Aktionsabkommen zwischen KPD und SPD. Der Befehl Nr. 2 der SMAD zeitigte rasche Wirkungen. Die KPD erstarkte zusehends. An ihrer Spitze standen bewährte Kämpfer der Arbeiterbewegung wie Wilhelm Pieck, Anton Ackermann, Franz Dahlem und Walter Ulbricht. Die KPD erreichte im Osten Deutschlands bald den Mitgliederstand von 1933 und überschritt ihn. Orts- und Betriebsgruppen der Partei entstanden in großer Anzahl.

Auch die SPD formierte sich. In Berlin entstand ein Zentralausschuß der SPD, dem Otto Grotewohl, Max Fechner, Bernhard Göring und Hermann Schlimme angehörten. Sie traten **am 15. Juni 1945** mit dem **Aufruf „Vom Chaos zur Ordnung"** hervor, der in wesentlichen Punkten mit den Forderungen der KPD übereinstimmte.

Aus dem Aufruf der SPD vom 15. Juni 1945

„Wir begrüßen ... auf das wärmste den Aufruf des Zentralkomitees der Kommunistischen Partei Deutschlands vom 11. Juni 1945, der zutreffend davon ausgeht, daß der Weg für den Neubau Deutschlands von den gegenwärtigen Entwicklungsbedingungen Deutschlands abhängig ist und daß die entscheidenden Interessen des deutschen Volkes in der gegenwärtigen Lage die Aufrichtung eines antifaschistischen, demokratischen Regimes und einer parlamentarisch-demokratischen Republik mit allen Rechten und Freiheiten für das Volk erfordern."[8]

- *Vergleichen Sie die Aufrufe von KPD und SPD unter dem Gesichtspunkt ihrer antifaschistisch-demokratischen Zielstellung! Welche Schlußfolgerungen ergaben sich daraus für das Verhältnis beider Parteien zueinander?*
- *Welche Rolle spielten die Beschlüsse der Konferenzen von Brüssel und Bern beim Kampf um die Aktionseinheit 1945?*

Der Zentralausschuß brachte die proletarischen Klassenkräfte in der SPD stärker zur Geltung. Er knüpfte an die Traditionen der revolutionären Sozialdemokratie an und vertrat die Forderung vieler SPD-Mitglieder nach einer einheitlichen Arbeiterpartei.

Bereits **am 19. Juni 1945** vereinbarten das Zentralkomitee der KPD und der Zentralausschuß der SPD ein **Aktionsabkommen zur Lösung antifaschistisch-demokratischer Aufgaben.** Im Sommer 1945 begann man die Orientierungen zu verwirklichen, die die KPD auf ihrer Brüsseler und Berner Konferenz formuliert hatte: **Schaffung einer einheitlichen politischen Massenpartei der deutschen Arbeiterklasse.**

▮ **Einheitliche Gewerkschaftsbewegung.** Das Streben nach Einheit der Arbeiterklasse kam nicht nur im Vereinigungsprozeß von KPD und SPD zur Geltung. Aus den Erfahrungen vieler Klassenkämpfe wußten die Arbeiter, wie wichtig eine starke, einheitliche Gewerkschaftsbewegung war.

Schon in den ersten Wochen nach der Befreiung entstanden Betriebsausschüsse und Betriebsräte als Interessenvertretungen der Arbeiter. Diese Bewegung setzte revolutionäre Traditionen fort. Von KPD und SPD unterstützt, bildeten antifaschistische Gewerkschaftsfunktionäre in Berlin noch im Juni 1945 einen **Vorbereitenden Gewerkschaftsausschuß**, der zur Bildung freier, einheitlicher Gewerkschaften aufrief. Das war die Geburtsstunde des **Freien Deutschen Gewerkschaftsbundes (FDGB).** In Orten, Kreisen, Ländern und Provinzen bildeten kommunistische, sozialdemokratische und parteilose Arbeiter Vorbereitende Gewerkschaftsausschüsse. Diese erhielten im September/Oktober 1945 auf Delegiertenkonferenzen als nunmehr gewählte Leitungen das Vertrauen der Gewerkschafter. Für den Neubeginn der Gewerkschaftsbewegung wirkten Kommunisten wie Roman Chwalek und Hans Jendretzky, Sozialdemokraten wie Otto Brass und Bernhard Göring.

Gegen den Widerstand der Konzernherren, die ihre Mittelsmänner in die antifaschistischen Verwaltungen einschleusten, formierten sich die Betriebsräte der Arbeiter. Sie setzten sich für die Entfernung aktiver Nazis aus den Betrieben und für Arbeiterkontrolle in der Produktion ein. Im Oktober 1945 nahm die Landesverwaltung Thüringen das erste Betriebsrätegesetz im Nachkriegsdeutschland an.

▮ **Die Sammlung aller antifaschistisch-demokratischen Kräfte.** Im Sommer 1945 entstanden auch **antifaschistische Jugend- und Frauenausschüsse** als demokratische Vertretungen bei den örtlichen Verwaltungsorganen. Sie sollten Jugendliche und Frauen für die aktive Teilnahme an der antifaschistisch-demokratischen Umwälzung gewinnen. Im September 1945 wurde unter Leitung Erich Honeckers ein Zentraler Jugendausschuß für die sowjetische Besatzungszone gebildet.

Aus antifaschistischen Künstlern, Schriftstellern und Wissenschaftlern formierte sich der **Kulturbund zur demokratischen Erneuerung Deutschlands.** Sein erster Präsident war Johannes R. Becher.

Als politische Organisation der in der sowjetischen Besatzungszone lebenden Sorben erneuerte sich die im Jahre 1937 von den Faschisten verbotene **Domowina.**

Am 26. Juni 1945 wurde in Berlin die **Christlich-Demokratische Union (CDU)** gegründet. Am 5. Juli 1945 trat die **Liberal-Demokratische Partei Deutschlands (LDPD)** mit einem Gründungsaufruf hervor. Bei CDU und LDPD handelte es sich damals um bürgerlich-demokratische Parteien christli-

Plakat des FDGB aus dem Jahre 1946

Erste Fahne des FDGB

Emblem des FDGB

Vor der ersten gemeinsamen Kundgebung des antifaschistisch-demokratischen Blocks von Berlin am 12. August 1945. Auf dem Bild die Vorsitzenden der Blockparteien und der Berliner Oberbürgermeister (v. l. n. r.): Otto Grotewohl (SPD), Andreas Hermes (CDU), Wilhelm Pieck (KPD), Dr. Arthur Werner (Berlins Oberbürgermeister, parteilos), Waldemar Koch (LDPD)

Emblem des Kulturbundes

Emblem der CDU

Emblem der LDPD

cher bzw. liberaler Prägung, die – im Rahmen bürgerlicher Gesellschaftskonzeptionen – Vorstellungen für einen antifaschistisch-demokratischen Neuaufbau entwickelten.

Es gelang im Sommer 1945, die Arbeiterklasse sowie breite Kreise der Hitlergegner, Demokraten und Patrioten politisch zu organisieren. Jetzt kam es auf gemeinsames Handeln an. Am **14. Juli 1945** schlossen sich KPD, SPD, CDU und LDPD deshalb zum **Block der antifaschistisch-demokratischen Parteien** zusammen. Diese Parteien erklärten die restlose Überwindung des Faschismus, den Aufbau des Landes auf antifaschistisch-demokratischer Grundlage und ein freundschaftliches Verhältnis zu allen Völkern zum gemeinsamen Ziel. Auf einer Kundgebung in Berlin erkannten sie die Potsdamer Beschlüsse als eine entscheidende Grundlage ihres Wirkens an. Auf Orts-, Kreis- und Landesebene entstanden Blockausschüsse, die ihre Beschlüsse einstimmig faßten. Der Blockpolitik lag die Idee der Volksfront zugrunde. So entstanden Voraussetzungen, um große Teile des Volkes für die antifaschistisch-demokratische Umwälzung zu mobilisieren.

▮ **Die Bildung deutscher Verwaltungsorgane.** Seit dem Mai 1945 bewährten sich antifaschistisch-demokratische Verwaltungsorgane in Städten und Dörfern. Vertreter der Arbeiterklasse hatten an ihrer Tätigkeit entscheidenden Anteil.

Noch im Juli 1945 bestätigte die SMAD die vom demokratischen Block vorgeschlagenen Präsidien der **Landes- und Provinzialverwaltungen.** Am 22. Oktober 1945 erhielten diese Präsidien das Recht, Gesetze und Verordnungen zu erlassen. Damit bekamen sie als deutsche Verwaltungs- und Staatsorgane exekutive und legislative Macht. Beim Aufbau antifaschistisch-demokratischer Justiz- und Polizeiorgane war es besonders wichtig, Kader aus der Arbeiterklasse zu gewinnen. Zugleich kam es darauf an, die Verwaltungsorgane insgesamt von ehemaligen Angehörigen der Nazipartei zu säubern. In Thüringen mußten zum Beispiel im Zuge der Entnazifizierung über 60000 faschistisch belastete Personen aus den Ver-

waltungen entlassen und durch antifaschistische Kräfte ersetzt werden.
Mit Unterstützung der SMAD entstand zum Schutz der antifaschistisch-demokratischen Umwälzung eine neue Polizei. Erste Formationen wurden Ende Mai und im Juni 1945 in Berlin und Dresden aufgestellt, dann folgten weitere Orte. 200 Kommunisten, die von den Faschisten im Zuchthaus Brandenburg eingekerkert waren, stellten sich nach der Befreiung für die Polizei in Berlin zur Verfügung. Das war die Geburtsstunde der **Deutschen Volkspolizei.**
Auch beim Aufbau einer neuen Justiz standen Antifaschisten vor großen Aufgaben. Fast alle Richter- und Anwaltsstellen mußten neu besetzt werden.
Am 27. Juli 1945 ordnete die SMAD die **Bildung deutscher Zentralverwaltungen** für Verkehrswesen, Nachrichtenwesen, Brennstoffindustrie, Handel und Versorgung, Industrie, Land- und Forstwirtschaft, Arbeit und Sozialfürsorge, Finanzen, Gesundheitswesen, Volksbildung und Justiz für ihre Besatzungszone an, die zugleich zum Ausgangspunkt für die Bildung deutscher Zentralverwaltungen beim Alliierten Kontrollrat werden konnten. Später folgten Verwaltungen für Umsiedlerfragen, für Inneres, das Statistische Zentralamt und andere. Ihre Hauptaufgabe bestand in der Unterstützung der SMAD.

- *Wer waren Aktivisten der ersten Stunde, und was waren ihre Ziele?*
- *Welche Rolle spielte die sowjetische Besatzungsmacht beim Beginn der antifaschistisch-demokratischen Umwälzung in ihrer Besatzungszone?*
- *Was bedeutete der Befehl Nr. 2 der SMAD für das politische Leben in der sowjetischen Besatzungszone?*
- *Welches waren die Hauptforderungen im Aufruf der KPD vom 11. Juni 1945? Stellen Sie einen Vergleich zum Potsdamer Abkommen her!*
- *In welcher Absicht entstand der Block der antifaschistisch-demokratischen Parteien?*

▸ Die Befreiung des deutschen Volkes vom Faschismus eröffnete die historische Chance zu tiefgreifenden antifaschistisch-demokratischen Umgestaltungen. Kommunisten und andere Antifaschisten waren die Aktivisten der ersten Stunde. Die Sowjetarmee unterstützte sie wirksam.
Im Osten Deutschlands entstanden durch das Wirken der SMAD günstige Bedingungen für die Tätigkeit deutscher Antifaschisten. Mit dem Befehl Nr. 2 der SMAD erhielten sie die Möglichkeit, sich in Parteien und Organisationen politisch zusammenzuschließen. Als erste deutsche Partei wandte sich die KPD am 11. Juni 1945 mit einem Aufruf an die Öffentlichkeit. Darin forderte sie tiefgreifende antifaschistisch-demokratische Umwälzungen in ganz Deutschland. Der Aufruf knüpfte an die Lehren der Brüsseler und Berner Konferenz der KPD an. Die Zusammenarbeit von KPD und SPD wurde zur wichtigsten Voraussetzung für grundlegende antifaschistisch-demokratische Maßnahmen.
Im Juni und Juli 1945 entstanden weitere antifaschistische Parteien und Organisationen. KPD, SPD, CDU und LDPD verbündeten sich im demokratischen Block. Auch die Gewerkschaftsbewegung organisierte sich neu.
Die Arbeiterklasse wurde im Osten Deutschlands zum Hegemon der antifaschistisch-demokratischen Umwälzung. Die Aktionseinheit von KPD und SPD, die Bildung des Blocks antifaschistisch-demokratischer Parteien, das Entstehen antifaschistischer Verwaltungsorgane gab dieser Umwälzung eine zunehmend antiimperialistische Stoßrichtung.

9. Juni 1945 Bildung der SMAD
10. Juni 1945 Befehl Nr. 2 der SMAD
***11. Juni 1945* Aufruf des ZK der KPD**
19. Juni 1945 Aktionsabkommen zwischen dem Zentralkomitee der KPD und dem Zentralausschuß der SPD
26. Juni 1945 Gründung der CDU
5. Juli 1945 Gründung der LDPD
14. Juli 1945 Zusammenschluß von KPD, SPD, CDU und LDPD zum Block der antifaschistisch-demokratischen Parteien

Erste Schritte

13. 5. 1945 Erste Sendung des Berliner Rundfunks
15. 5. 1945 „Tägliche Rundschau" erscheint als Organ der SMAD
21. 5. 1945 „Berliner Zeitung" erscheint
21. 5. 1945 Erstes Konzert der Berliner Philharmoniker
27. 5. 1945 Erste Theateraufführung in Berlin
13. 6. 1945 „Deutsche Volkszeitung" erscheint als Organ der KPD

5.3. Die Überwindung von Faschismus und Militarismus in Ideologie und Kultur

Erste kulturelle Aktivitäten. Noch hing Brandgeruch über der Trümmerstadt Berlin, als sich in den wenigen verbliebenen Rundfunkempfängern am 13. Mai 1945 um 20 Uhr ein Sprecher mit den Worten meldete: „Hier spricht Berlin! Hier spricht Berlin! Auf Wellenlänge 356 Meter! Wir beginnen unsere erste Sendung!" Unterstützt von der sowjetischen Besatzungsmacht, übernahmen deutsche Antifaschisten den Rundfunk als Waffe im Kampf um antifaschistisch-demokratische Umgestaltungen.

Der Faschismus hatte auch die kulturellen Wertvorstellungen des deutschen Volkes schwer erschüttert. Es befand sich in einer geistigen Krise. Die Auswirkungen von zwölf Jahren Faschismus waren in Kunst und Kultur, Ideologie und Bildung schwer zu überwinden. Man sah die Schäden dieser Art zwar in den Ruinen zahlloser Kulturbauten, aber noch schlimmer waren die verheerenden Wirkungen des Faschismus in den Herzen und Hirnen der Menschen.

Doch die Bevölkerung dürstete förmlich nach Informationen und dem Zugang zur Kunst. Bereits am 14. Mai 1945 rief der Berliner Stadtkommandant, N. E. Bersarin, antifaschistische Theaterleute zu einer Beratung zusammen. Und am 27. Mai hob sich zum ersten Mal nach dem Krieg in Berlin ein Theatervorhang. Kinos – oft behelfsmäßig – schossen wie Pilze aus dem Boden. Varietés und Kabaretts standen nicht zurück.

Als am 18. Mai 1945 der Berliner Rundfunk Beethovens 9. Sinfonie ausstrahlte, war das wie ein Programm für die Zukunft: kämpferischer Humanismus und aktiver Antifaschismus mußten zum Hauptinhalt des Kulturlebens werden.

Langes Warten nahmen viele der hungrigen Berliner in Kauf, um Karten für Lessings Stück „Nathan der Weise" zu erhalten. Mit dieser humanistischen Botschaft begann am „Deutschen Theater" ein neues Kapitel der Theatergeschichte.

Noch im Jahre 1945 erschienen erste Werke antifaschistischer Literatur, so von Johannes R. Becher „Abschied" und von Adam Scharrer „Maulwürfe".

Für eine streitbare humanistische Kunst. Viele antifaschistische Künstler wie Johannes R. Becher, Willi Bredel, Ernst Busch, Friedrich Wolf und andere kehrten 1945 aus dem Exil zurück und wählten bewußt die sowjetische Besatzungszone zu ihrer Heimstatt. Andere wie Bruno Apitz, Otto Gotsche, Hans Grundig, Herbert Sandberg und Günther Weisenborn, die aus faschistischen Konzentrationslagern und Zuchthäusern befreit worden waren, stellten sich an die Spitze des Kampfes um kulturelle Erneuerung. Ihnen folgten in den nächsten Jahren weitere Kunst- und Kulturschaffende wie Kurt Barthel, Eduard Claudius, Paul Dessau, Hanns Eisler, Stephan Hermlin, Wolfgang Langhoff, Max Lingner, Hans Marchwitza, Ludwig Renn, Anna Seghers und Erich Weinert.

Alexander Dymschiz (rechts), Leiter der Kulturabteilung der SMAD, im Gespräch mit Sergej Tjulpanow, Leiter der Informationsabteilung der SMAD, im Jahre 1946

„Den Opfern des Faschismus", Gemälde von Hans Grundig, 1948/49

Die raschen Fortschritte auf kulturellem Gebiet wären ohne die Hilfe der Sowjetarmee undenkbar gewesen. Kulturoffiziere der SMAD, so Sergej Tjulpanow und Alexander Dymschiz, leisteten bei der Durchsetzung einer antifaschistischen Kulturpolitik internationalistische Unterstützung.

Noch war ein großer Teil des deutschen Volkes von rassistischem und nationalistischem Überlegenheitsdünkel, vom Haß gegen andere Völker, militaristischem Kadavergehorsam und borniertem Antikommunismus beeinflußt. Der ideologische Kampf um die Herzen und Hirne der Menschen war noch nicht entschieden. Deshalb kam es darauf an, das Volk mit Werken des humanistischen Erbes, der antifaschistischen Literatur und der Kultur der Völker der Sowjetunion bekannt zu machen.

Von großer Bedeutung war die Veröffentlichung von Arbeiten der Klassiker des Marxismus-Leninismus und von Werken, die eine marxistische Antwort auf Gegenwartfragen gaben. So erschienen z. B. das „Manifest der Kommunistischen Partei" von Karl Marx und Friedrich Engels, „Zwei Taktiken der Sozialdemokratie in der demokratischen Revolution" und „Der Imperialismus als höchstes Stadium des Kapitalismus" von W. I. Lenin. Diese Werke öffneten vielen Deutschen erstmalig den Blick in die Wissenschaft des Marxismus-Leninismus.

Weite Verbreitung fand die „Tägliche Rundschau", die Zeitung der SMAD. Werke der russischen und sowjetischen Literatur – unter anderem von Maxim Gorki, Wladimir Majakowski, Lew Tolstoi und Michail Lermontow – begeisterten viele Leser. Unter größten Schwierigkeiten wurden Papier und Druckereikapazitäten bereitgestellt. Antifaschistische Verlage entstanden.

Schwerpunkte der demokratischen Schulreform

Besetzung der leitenden Schulfunktionen durch Antifaschisten
Beseitigung des bürgerlichen Bildungsprivilegs
Aufbau eines einheitlichen Schulsystems
Trennung von Schule und Kirche
Entfernung von faschistischen Lehrern
Ausbildung antifaschistischer Lehrer
Ausarbeitung neuer Lehrpläne und Schulbücher
Reform des Hochschulwesens
Erziehung im Geiste des Antifaschismus, der kämpferischen Demokratie und der Völkerfreundschaft

Die demokratische Schul- und Hochschulreform. Am 1. Oktober 1945 war es soweit: Hunderttausende Mädchen und Jungen gingen nach langer Unterbrechung wieder zur Schule. Die Schulmappen waren leicht. Bücher gab es nicht. Hefte ebenso wenig. Schiefertafeln und Griffel hatten in ihrer Haltbarkeit zumeist die Kriegswirren überstanden. Nur die wenigsten Kinder konnten ein Frühstück mit zur Schule nehmen. Kunstvoll und vielfach gestopfte Kleidung und geflickte Schuhe herrschten vor.

Große Verdienste erwarb sich die SMAD um den Neubeginn im Bildungswesen. Eng wirkte sie mit der Deutschen Zentralverwaltung für Volksbildung zusammen, die unter Leitung des Kommunisten Paul Wandel arbeitete. Am 18. Oktober 1945 riefen das Zentralkomitee der KPD und der Zentralausschuß der SPD gemeinsam zu einer **demokratischen Schulreform** auf.

Von fast 40000 Lehrern mußten in der sowjetischen Besatzungszone etwa 28000 als ehemalige NSDAP-Mitglieder aus dem Schuldienst entfernt werden. Für eine antifaschistisch demokratische Umgestaltung der Schule war das eine unabdingbare Voraussetzung. In kurzfristigen Lehrgängen wurden rund 40000 Neulehrer ausgebildet, von denen bereits 15000 im Schuljahr 1945/46 ihre Tätigkeit aufnahmen. Sie hatten viele Schwierigkeiten zu überwinden, aber sie schafften es. Ihnen oblag es, das Gift der faschistischen Ideologie aus den

Lehrgang für Neulehrer im Winter 1945/46

So waren Kinder nach dem Kriege gekleidet.

Der Schulunterricht beginnt wieder, hier bei gutem Wetter im Freien (oben links).

Köpfen der Kinder und Jugendlichen zu entfernen und sie im Geiste des Humanismus und der antifaschistischen Demokratie zu erziehen.
Die demokratische Schulreform wäre unvollständig geblieben, hätte sich nicht eine gründliche **Reform der Hochschulen** angeschlossen.
Ein großer Teil der Hochschullehrer hatte mit den Faschisten gemeinsame Sache gemacht. Nur etwa ein Viertel der Lehrkräfte, deren antifaschistische Gesinnung erwiesen war, konnte an den Hochschulen verbleiben. Marxistische Wissenschaftler, von denen es aber nur wenige gab, begannen zu lehren. Gemeinsam mit antifaschistischen bürgerlichen Hochschullehrern setzten sie sich gegen reaktionäre Umtriebe durch, die auf eine Beibehaltung des Bildungsprivilegs der alten Ausbeuterklassen zielten.
Um ihren revolutionären Aufgaben gerecht zu werden, mußte die Arbeiterklasse vor allem aus ihren eigenen Reihen eine neue Intelligenz hervorbringen. Zu diesem Zweck wurden ab Februar 1946 **Vorstudienanstalten** geschaffen, an denen sich befähigte Arbeiter- und Bauernkinder auf ein Hochschulstudium vorbereiteten. Allen Kindern der Werktätigen öffnete sich der Weg zu unentgeltlicher Bildung an Schulen, Hoch- und Fachschulen. Das bürgerliche Bildungsprivileg war gebrochen.
Die demokratische Schulreform und die Brechung des Bildungsprivilegs leiteten 1945/46 eine bildungspolitische Revolution ein, die ein wesentlicher Bestandteil der antifaschistisch-demokratischen Umwälzung war.

▮ Kampf um die Überwindung der faschistischen Ideologie. Bei vielen Deutschen – auch wenn sie keine aktiven Nazis waren – hinterließ die faschistische Ideologie verhängnisvolle Spuren. Das galt besonders für die nazistische Rassenlehre, den Kult der Gewalt und des „Herrenmenschentums". Faschi-

Die ersten Lesebücher erscheinen im Verlag Volk und Wissen.

● *Welche Aufgaben stellte der Aufruf der KPD vom 11. Juni 1945 dem Bildungswesen?*

Wiedereröffnung der Universitäten	
Oktober 1945	Jena
Januar 1946	Berlin
Februar 1946	Halle
	Leipzig
	Freiberg
	Greifswald
	Rostock
Oktober 1946	Dresden

Arbeiter- und Bauernstudenten am 1. Mai 1947

stische Parolen hatten oft den Blick für die Interessen der Werktätigen verbaut.

In ihrer täglichen ideologischen Arbeit mußten die antifaschistisch-demokratischen Parteien, Organisationen, Wissenschaftler, Künstler, Publizisten und Lehrer einen zähen Kampf um die Überwindung der faschistischen Ideologie führen. Es galt, den Menschen das Wesen des Faschismus zu erklären, ihnen die unheilvolle Rolle des reaktionären Preußentums und anderer reaktionärer Traditionen zu erläutern. Ganz wichtig war auch die Bloßlegung der Wurzeln des preußisch-deutschen Militarismus.

In den Jahren der faschistischen Diktatur waren große Teile des deutschen Volkes einer raffiniert-primitiven antisowjetischen Hetze ausgeliefert. Deshalb hatten viele Menschen auch nach der Befreiung ein völlig verzerrtes Bild von der Sowjetunion. Die KPD, die anderen demokratischen Parteien und Organisationen standen – unterstützt von der SMAD – vor der Aufgabe, die Wahrheit über die Sowjetunion zu verbreiten.

- *Welche Aufgaben stellte der Aufruf der KPD vom 11. Juni 1945 dem deutschen Volk hinsichtlich der Haltung zur Sowjetunion?*
- *Was machte 1945 die raschen Fortschritte auf kulturellem Gebiet möglich und notwendig?*
- *Weshalb wurde eine demokratische Schulreform notwendig?*
- *Welche Veränderungen vollzogen sich an Universitäten und Hochschulen?*

18. Oktober 1945 Aufruf von KPD und SPD zur demokratischen Schulreform

▶ **Sowjetische Unterstützung ermöglichte 1945 innerhalb weniger Wochen eine Vielzahl antifaschistischer Aktivitäten auf dem Gebiet der Ideologie und Kultur. Kommunistische und andere antifaschistische Künstler setzten sich für die Wiederaufnahme humanistischer und sozialistischer Kulturtraditionen ein. Die demokratische Schulreform gestaltete sich zu einem entscheidenden Schritt bei der Überwindung der faschistischen Ideologie. An Schulen und Hochschulen konnte das bürgerliche Bildungsprivileg gebrochen werden. Zu einer Hauptaufgabe wurde die Abrechnung mit Faschismus und Militarismus sowie die Verbreitung der Wahrheit über die Sowjetunion.**

5.4. Die demokratische Bodenreform im Herbst 1945

▌ „Junkerland in Bauernhand!“ Zwei Weltkriege hatte der deutsche Imperialismus vom Zaune gebrochen. Und jedesmal waren Junker und Großgrundbesitzer mitverantwortlich. In den Zielen der Antihitlerkoalition nahm deshalb die Entmachtung des Junkertums einen wichtigen Platz ein. Lediglich die KPD verfügte im Sommer 1945 über ein klares Konzept für eine **demokratische Bodenreform.**

Unter der Losung „Junkerland in Bauernhand!“ führte die KPD am 2. September 1945 in Kyritz eine Kundgebung durch. Vor Landarbeitern und Bauern erläuterte Wilhelm Pieck Aufgaben und Ziele der Bodenreform.

An alle Werktätige gewandt, rief die KPD am 8. September 1945 zu einheitlichem Vorgehen bei der schnellen Verwirklichung der demokratischen Bodenreform auf. Dieser Aufruf wurde zum Aktionsprogramm der Bodenreform.

▌ Auseinandersetzungen um die Bodenreform. Die Vorschläge der KPD fanden in Stadt und Land breiten Widerhall. Besonders Landarbeiter, werktätige Bauern und Umsiedler setzten große Hoffnungen in die Bodenreform. Dabei wurden sie auch von bürgerlichen Demokraten unterstützt.

Doch die Konzeption der Kommunisten traf auch auf erbitterten Widerstand. Besonders in den Führungen von CDU und LDPD gab es Kräfte, die sich dagegen wandten, Faschisten und Großgrundbesitzer zu enteignen. Zumindest wollten sie die Aufteilung der Güter verhindern, um die alten Verhältnisse einmal leichter wiederherstellen zu können. Aber auch in der Arbeiterklasse gab es falsche Auffassungen. Da befürchteten die einen, daß die Aufteilung der Güter zur Hungerkatastrophe führen würde. Andere wollten die Güter gleich zu Zentren einer landwirtschaftlichen Großproduktion unter gesellschaftlicher Leitung machen. Dafür fehlten aber 1945 sowohl die Kader als auch die materiellen Voraussetzungen.

Wesentlich an den Vorschlägen der KPD war, daß der Boden in die Hände jener kam, die ihn bebauten. Als ein Vorkämpfer der demokratischen Bodenreform trat der Kommunist Edwin Hoernle hervor. In zahllosen Versammlungen ermutigte er die werktätigen Bauern zu entschlossenem Vorgehen und setzte sich mit den Feinden der Bodenreform auseinander.

Von entscheidender Bedeutung für den Erfolg der Bodenreform war das Zusammengehen von KPD und SPD. Auch CDU und LDPD stellten sich trotz innerparteilicher Auseinandersetzungen mit reaktionären Kräften hinter die Reformforderungen. Anfang **September 1945** nahmen die Präsidien der Landes- und Provinzialverwaltungen weitgehend übereinstimmende **Verordnungen oder Gesetze über die Bodenreform** an. Ihr Inhalt wurde maßgeblich durch die Vorschläge der KPD geprägt. Am 13. September 1945 begrüßte der zentrale Ausschuß des antifaschistisch-demokratischen Blocks die Forderung nach Übergabe des Bodens an diejenigen, die ihn bear-

---

Vorschläge der KPD für eine Bodenreform

Enteignung der Junker und Großgrundbesitzer mit über 100 ha;
Enteignung der Nazi- und Kriegsverbrecher;
Überführung des Landes in staatlichen Bodenfonds und Verteilung (samt Inventar) an Landarbeiter, landarme Bauern, kleine Pächter, Umsiedler als schuldenfreies, unveräußerliches Eigentum;
Größe der neuen Bauernwirtschaften bei gutem Boden nicht mehr als 5 ha.

Aus der Entschließung der Kreisbauernversammlung für den Kreis Ostprignitz vom 2. September 1945

„Wir verlangen die Aufteilung des Bodens der Kriegsverbrecher und Kriegsschuldigen und des ganzen Großgrundbesitzes über 100 Hektar an die kleinen Bauern, Landarbeiter und Kriegsvertriebenen. Wir wollen endlich einmal freie Bauern sein, auf freier Scholle ...“[9]

Plakat zur Aufteilung des Grundbesitzes, 1945

Aus dem Aufruf des ZK der KPD vom 8. September 1945

„Was in jahrhundertelangen Kämpfen der Bauern um ihre Befreiung, was in den revolutionären Kämpfen des Jahres 1848 nicht gelang, was im kaiserlichen Deutschland und in der Weimarer Republik von der Reaktion verhindert wurde, wird jetzt nach der Zerschlagung der Hitlermacht verwirklicht.“[10]

- *Worin zeigt sich der humanistische Charakter der Bodenreform?*
- *In welcher Weise veränderte die Bodenreform die Eigentumsverhältnisse auf dem Lande? Werten Sie insbesondere die Grafik auf S. 233 aus!*

beiten. Das Ringen um die demokratische Bodenreform wurde zu einer Massenbewegung.

Die Durchführung der Bodenreform. In den Dörfern der sowjetischen Besatzungszone entstanden nahezu 11000 **Bodenreformkommissionen**, in die etwa 52300 Land- und Industriearbeiter, Kleinbauern und Umsiedler gewählt worden waren. Die Wahl dieser Kommissionen erfolgte auf Versammlungen der Landarbeiter, Kleinbauern und Umsiedler. So waren sie die ersten demokratisch gewählten Machtorgane.

Insgesamt wurden rund 14000 Betriebe der Junker, Großgrundbesitzer, Nazi- und Kriegsverbrecher enteignet. Von den 3,3 Millionen Hektar Bodenreformland erhielten individuelle Eigentümer 2,2 Millionen Hektar. Nahezu eine Million Hektar ging in den staatlichen Bodenfonds der Länder und Provinzen ein. Die Bodenreform erfaßte schon bis Ende 1945 den größten Teil der in Frage kommenden Ländereien. Im Herbst 1946 war sie abgeschlossen. Sie beseitigte das Junkertum als Klasse. In den Dörfern überwogen nun mittelbäuerliche Betriebe.

Im Prozeß der Bodenreform bildeten sich ab September 1945 örtliche Ausschüsse der gegenseitigen Bauernhilfe, aus denen in der Folgezeit die **Vereinigung der gegenseitigen Bauernhilfe (VdgB)** als demokratische Massenorganisation der werktätigen Bauern hervorging. Die VdgB erhielt aus dem Bodenreform-

Ein Zeitzeuge erinnert sich

„Nachdem der Bauer oder die Bäuerin das Landlos gezogen hatte, besichtigte die ganze Familie das neue Eigentum. Hierbei gab es mitunter ergreifende Szenen, Freudentränen flossen, man umarmte und küßte sich. Landarbeiter, die schon Jahrzehnte den Acker bearbeitet hatten, die ihn genau kannten, schritten nun mit ihrer ganzen Familie das Ackerstück von Grenzpfahl zu Grenzpfahl genau ab. Man konnte beobachten, daß sich die ganze Familie mitsamt dem kleinsten Baby mitten auf den Acker setzte. Immer wieder wurde eine Handvoll Boden genommen, um die Güte zu prüfen. Es war wirklich so: Für Zehntausende war ein jahrhundertealter Traum Wirklichkeit geworden. So etwas geht nicht ohne Bewegung des Herzens ab.“[11]

Die Mitglieder der Bodenreformkommissionen nach Parteizugehörigkeit

KPD	12475
SPD	9164
CDU und LDPD	974
Parteilose	29679

Am 11. September 1945 wird bei Dresden das ehemalige „königliche Rittergut“ Helfenberg aufgeteilt.

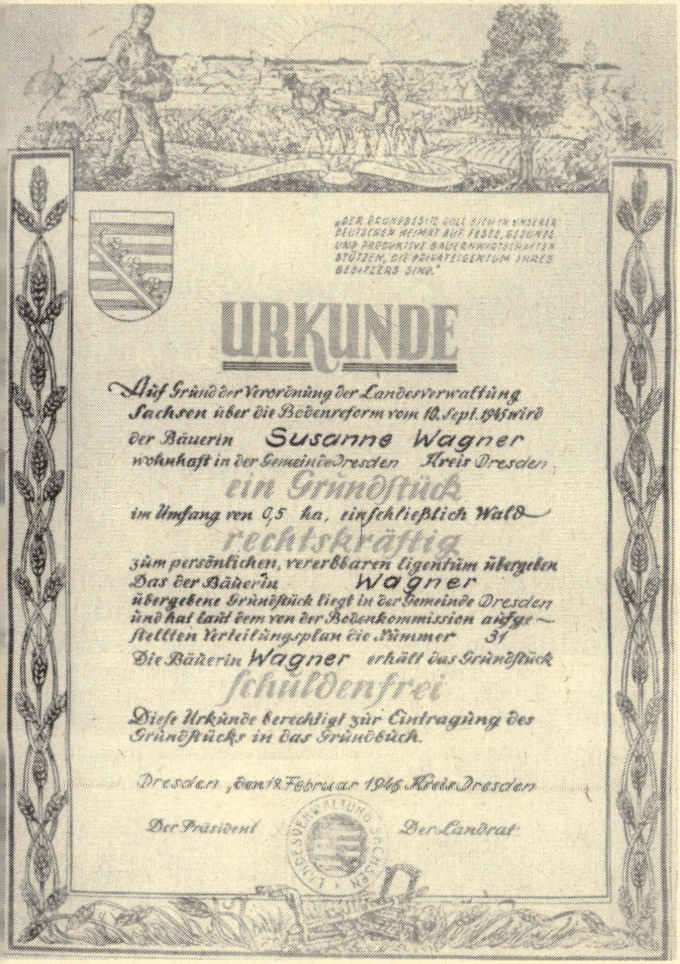

„DER GRUNDBESITZ SOLL SICH IN UNSERER DEUTSCHEN HEIMAT AUF FESTE, GESUNDE UND PRODUKTIVE BAUERNWIRTSCHAFTEN STÜTZEN, DIE PRIVATEIGENTUM IHRES BESITZERS SIND."

URKUNDE

Auf Grund der Verordnung der Landesverwaltung Sachsen über die Bodenreform vom 10. Sept. 1945 wird der Bäuerin Susanne Wagner wohnhaft in der Gemeinde Dresden Kreis Dresden

ein Grundstück

im Umfang von 0,5 ha, einschließlich Wald

rechtskräftig

zum persönlichen, vererbbaren Eigentum übergeben. Das der Bäuerin Wagner übergebene Grundstück liegt in der Gemeinde Dresden und hat laut dem von der Bodenkommission aufgestellten Verteilungsplan die Nummer 31

Die Bäuerin Wagner erhält das Grundstück

schuldenfrei

Diese Urkunde berechtigt zur Eintragung des Grundstücks in das Grundbuch.

Dresden, den 19. Februar 1946 Kreis Dresden

Der Präsident Der Landrat

Die landwirtschaftliche Betriebsfläche auf dem Gebiet der DDR 1939 und 1951

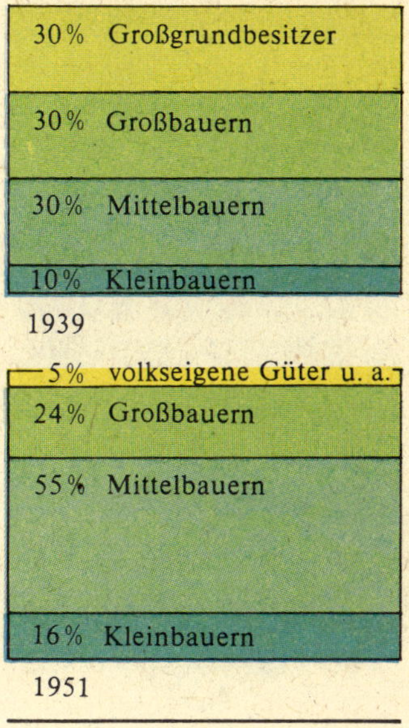

Übereignungsurkunde aus der Zeit der Bodenreform

Ergebnisse der Bodenreform (Stand 1. 1. 1950)[12]

Bodenempfänger	Anzahl	zugeteilte Fläche in ha	durchschnittliche Zuteilung pro Empfänger in ha
Landarbeiter und landlose Bauern	119121	932487	7,8
Landarme Bauern	82483	274848	3,3
Umsiedler	91155	763596	8,4
Kleinpächter	43231	41661	1,0
Nichtlandwirtschaftliche Arbeiter und Angestellte	183261	144665	0,6
Altbauern	39838	62742	1,6
Insgesamt	559089	2189999	–

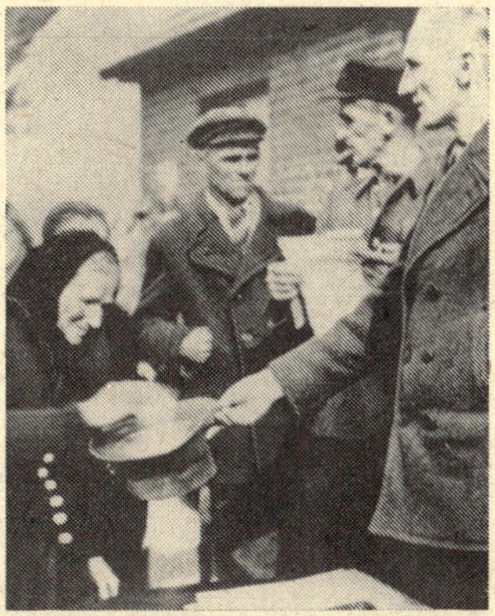

In einem mecklenburgischen Ort entscheidet das Los über die Zuteilung der Grundstücke.

Aufteilung des Bodens auf dem ehemaligen Staatsgut Bredentin in Mecklenburg. Landrat Bernhard Quandt schlägt den ersten Grenzpfosten ein.

Signet der VdgB

fonds Boden, Geräte, Gebäude und Zuchtvieh, um vor allem die kleineren bäuerlichen Betriebe zu unterstützen. Diese Hilfe war wichtig, um zu erreichen, daß Klein- und Neubauern aus der Abhängigkeit von Großbauern gelöst werden konnten.

▌Niederlage für die Gegner der antifaschistisch-demokratischen Umwälzung. Die demokratische Bodenreform gestaltete die Eigentums-, Klassen- und Machtverhältnisse auf dem Lande grundlegend um. Junkertum und Großgrundbesitz konnten ihre bisherige Rolle als Stützpfeiler von Reaktion und Konterrevolution nicht weiterspielen.

Doch noch gaben sich die Gegner der Bodenreform nicht geschlagen. Auf den Dörfern drohten sie den Bauern, die Reform sei nicht rechtens und würde bald rückgängig gemacht. Mitglieder von Bodenreformkommissionen wurden überfallen. Man tötete Vieh, zerstörte Maschinen, vernichtete Saatgut. Manche Gutsbesitzer ließen sich bescheinigen, daß sie ihre Tagelöhner immer gut behandelt hätten. Andere verteilten Grund und Boden an die Verwandtschaft, um so unter die 100-ha-Grenze zu kommen, oder versuchten, wie eine Gutsbesitzerin aus dem Kreis Querfurt, an Scheingesellschaften zu

„Wendepunkt Deutschlands“, Wandbild von Arno Mohr, 1956

Hier entsteht ein Neubauernhof.

verkaufen. Entrüstung lösten bei vielen Werktätigen Versuche einiger Vorstandsmitglieder von CDU und LDPD aus, die Bodenreform unter Vorwänden zu verzögern oder gar zu verhindern. Unter dem Druck der Öffentlichkeit mußten solche Politiker wie Andreas Hermes und Walther Schreiber aus den Führungen dieser Parteien entfernt werden.
Seit Mai 1945 erwies sich die Arbeiterklasse als Motor der gesellschaftlichen Umgestaltungen. Schon im Sommer, als es um die Bergung der Ernte ging, zeigte sich, daß Arbeiter und Bauern vor gemeinsamen Aufgaben standen. In diesen Wochen stellten Metallarbeiter landwirtschaftliche Geräte her, Städter halfen auf den Feldern. Die SMAD unterstützte die Landwirtschaft mit 11200 t Treibstoff. Sie hob die faschistische Zwangsbewirtschaftung der Agrarprodukte auf und staffelte die Ablieferungspflicht nach Betriebsgröße und sozialer Lage der Bauern.
Die Bodenreform war eine **antiimperialistisch-demokratische Agrarrevolution**. In ihrem Verlauf festigte sich das Bündnis von Arbeitern und Bauern.

- *Warum war eine Bodenreform erforderlich?*
- *Was waren die Hauptergebnisse der Bodenreform?*
- *Inwiefern wurde mit der demokratischen Bodenreform ein historisches Unrecht beseitigt?*

▶ **Geführt von der KPD entfaltete sich im Sommer 1945 eine Massenbewegung für die demokratische Bodenreform. Durch die Enteignung des Junkerlandes und Großgrundbesitzes, der Landwirtschaftsbetriebe von Nazi- und Kriegsverbrechern kam es auf dem Lande zu einer grundlegenden Veränderung der Klassenverhältnisse. Das Junkertum wurde als Klasse beseitigt. Mittelbauern stellten die größte Gruppe der werktätigen Bauernschaft. Die Verteilung des Bodens an Landarbeiter, landarme Bauern und Umsiedler festigte das Bündnis zwischen Arbeiterklasse und werktätiger Bauernschaft. Die Bodenreform war ein entscheidender Schritt auf dem Wege der antifaschistisch-demokratischen Umwälzung, sie war eine antiimperialistisch-demokratische Agrarrevolution.**

September 1945 Beginn der demokratischen Bodenreform

5.5. Besatzungspolitik und Entwicklung in den Westzonen

Ein anderer Klasseninhalt der Besatzungspolitik. Im Unterschied zur sowjetischen Besatzungspolitik verboten die westlichen Alliierten in den von ihnen besetzten Gebieten zunächst einmal jegliche politische Betätigung. Diese Politik der „politischen Quarantäne" richtete sich zwar gegen die Faschisten, verzögerte aber auch den politischen Organisationsprozeß der Antifaschisten.

„Quarantäne"-Politik aus sozialdemokratischer Sicht

„Ausschüsse aus der Bevölkerung, die sich in den ersten Tagen hier und da spontan gebildet hatten, um Einfluß auf die Lösung der Probleme zu nehmen, die von ihnen aus den Erfahrungen der zwölf Jahre als besonders brennend angesehen wurden, fanden keine Bestätigung und wurden wieder aufgelöst. Von ihnen getroffene Maßnahmen, wie z. B. Absetzung politisch belasteter Beamter, Einsetzung von Personen mit demokratischer Legitimierung, Strafmaßnahmen gegen örtlich bekannte Anhänger des Nazisystems wurden nur in wenigen Fällen sanktioniert, in sehr vielen dagegen rückgängig gemacht ..."[13]

Darin kam der Klasseninhalt der westlichen Besatzungspolitik zum Ausdruck. Die Westmächte strebten zwar auch eine Beseitigung von Faschismus und Militarismus an, doch ließen sie es nicht zu einer engen Zusammenarbeit mit allen deutschen Hitlergegnern kommen. Im Gegenteil, ihre Politik führte zur Behinderung und Eindämmung antifaschistisch-demokratischer Umgestaltungen. Aber gerade diese wurden auch in den Westzonen von großen Teilen der Bevölkerung gefordert. Die imperialistische Besatzungspolitik bewegte sich zwischen dem Vorsatz, die Deutschen im Sinne bürgerlicher Demokratie politisch zu erziehen, und der Absicht, alles zu vermeiden, was die Grundlagen des Monopolkapitalismus in den Westzonen gefährden könnte.

Auch nach der schrittweisen Zulassung demokratischer Parteien und Organisationen wirkte sich aus, daß in den westlichen Militärregierungen unterschiedliche Klassenkräfte aktiv waren. Während jene, die auf konsequente antifaschistisch-demokratische Maßnahmen drängten, behindert wurden, gaben konservative Vertreter der Besatzungsbehörden zunehmend den Ton an. Aus Furcht vor weitgehenden sozialökonomischen Veränderungen, vor allem vor antimonopolistischen Auswirkungen der Potsdamer Beschlüsse, begannen sie, diese zu blockieren und zu sabotieren. Verstärkt kam es zu einer Zusammenarbeit der Besatzungsbehörden mit Vertretern des deutschen Monopolkapitals sowie mit Politikern, Wissenschaftlern und Ideologen, die im Auftrage der herrschenden Klasse bereits während der Weimarer Republik aktiv waren. Zusammenarbeit gab es aber auch mit antikommunistischen SPD- und Gewerkschaftsführern.

Die KPD wurde demgegenüber behindert. Sie mußte auch gegen eine Welle des Antikommunismus und Antisowjetismus ankämpfen, die von reaktionären und sozialreformistischen Kräften mit Unterstützung der imperialistischen Besatzungsmächte ausgelöst wurde.
Die westlichen Besatzungsbehörden verhafteten zwar unter den Nazi- und Kriegsverbrechern auch einige deutsche Bank- und Konzernherren. Sie schirmten jedoch gleichzeitig die Konzerne und Banken gegen alle antifaschistisch-demokratischen Bestrebungen und Enteignungsforderungen ab und konservierten die kapitalistischen Eigentumsverhältnisse. Das erwies sich als entscheidende Voraussetzung, die es dem deutschen Monopolkapital ermöglichte, schrittweise eine Neuordnung der Nachkriegsverhältnisse in seinem Interesse zu vollziehen.
Damit unterschied sich die imperialistische Besatzungspolitik in den Westzonen wesentlich von der Besatzungspolitik der sozialistischen Sowjetunion. Zwei Klassenlinien wurden darin wirksam: die der imperialistischen Bourgeoisie und die der Arbeiterklasse.

▌**Monopolkapitalistische Gegner eines antifaschistisch-demokratischen Deutschlands.** Das deutsche Monopolkapital festigte unter der Schirmherrschaft der westlichen Besatzungsbehörden erneut seine Position und setzte eine restaurative Neuordnung der gesellschaftlichen Verhältnisse durch. Als ihre Interessenvertreter wirkten Angehörige der traditionellen Staatsbürokratie und die rechten Flügel der bürgerlichen Christlich-Demokratischen Union (CDU) und der Freien Demokratischen Partei (FDP). Ihre Politik war darauf ausgerichtet, die Westzonen Deutschlands vor der antifaschistisch-demokratischen Umwälzung im Osten Deutschlands abzuschirmen und einen eigenen Westzonenstaat zu errichten.
Zum Hauptverfechter dieser Politik wurde der ehemalige Kölner Oberbürgermeister Konrad Adenauer.

Im Oktober 1945 brachte Adenauer seine politischen Ansichten im Gespräch mit einem britischen Journalisten auf folgenden Nenner:

Die sowjetische Besatzungszone „sei für eine nicht zu schätzende Zeit für Deutschland verloren". Nicht nur, daß Adenauer den Begriff „Deutschland" damit allein für die Westzonen in Anspruch nahm, er ging noch weiter: „Es sei notwendig, die drei Teile des nicht russisch besetzten Gebietes ... in einem staatsrechtlichen Verhältnis zu belassen. Es könne das eventuell bundesstaatlich sein."[14]

Hier trafen sich die Interessen der imperialistischen Besatzungsmächte mit denen des deutschen Monopolkapitals. In Übereinstimmung mit der Truman-Doktrin (vgl. S. 213) waren sie bestrebt, die Westzonen Deutschlands als konterrevolutionäre Speerspitze in Europa auszubauen.

▌**Gegner der Aktionseinheit.** In dem kleinen Städtchen Wennigsen bei Hannover trafen Anfang Oktober 1945 SPD-Funktionäre zu einer Konferenz zusammen. Die Zustimmung der britischen Besatzungsmacht hatten sie. Eingeladen waren auch Vertreter des Zentralausschusses der SPD aus Berlin, unter ihnen Otto Grotewohl. Das „Büro Schumacher", Sammelpunkt antikommunistischer Sozialdemokraten, zeichnete verantwortlich. Kurt Schumacher, von den Faschisten ins Konzentrationslager geworfen, hatte aus der Niederlage der gespaltenen Arbeiterbewegung von 1933 nichts gelernt. Er war der Hauptredner. „Sozialismus als Tagesaufgabe" forderte er. Mit dieser taktisch unreifen Losung wurde eine an sich richtige Sache benannt, nämlich die Überführung von Banken und Konzernen in Gemeineigentum. Der „demokratische Sozialismus", wie ihn Schumacher vertrat, war mit einer einseitigen Orientierung auf die imperialistischen Westmächte verbunden.

Jedes gemeinsame Vorgehen mit Kommunisten lehnte Schumacher ab. Eine Einheit der Arbeiterklasse könne es nur im Rahmen der SPD geben, also ohne KPD. Schumacher bestritt die Rechtmäßigkeit des Zentralausschusses der SPD als Leitung der Partei für ganz Deutschland. Um jeden Preis sollte die Aktionseinheit mit den Kommunisten verhindert werden.

Die Vertreter des Zentralausschusses der SPD konnten ihre Position nur in aller Kürze darlegen. Sie vermochten auch nicht zu verhindern, daß reformistische Parteifunktionäre um Schumacher die Lehren von 1933 in den Wind schlugen. Erneut griffen Antikommunismus und Antisowjetismus um sich. Hier erlangte der Sozialreformismus zunehmend Einfluß auf die SPD und die Gewerkschaften.

- *Vergleichen Sie die Politik der „politischen Quarantäne" in den Westzonen mit dem Vorgehen der SMAD in der sowjetischen Besatzungszone!*
- *Welche Linie der rechten SPD-Führer in der Weimarer Republik setzte sich mit der Politik Schumachers fort?*

So standen sich Ende 1945 deutlich zwei Linien in der Sozialdemokratie gegenüber. In der sowjetischen Besatzungszone trat der Zentralausschuß für ein gemeinsames Vorgehen mit der KPD bei der Durchsetzung antifaschistisch-demokratischer Verhältnisse ein. Von Hannover aus begann sich in den Westzonen eine antikommunistisch ausgerichtete, sozialreformistische Linie in der SPD durchzusetzen. Die imperialistischen Besatzungsmächte unterstützten sie dabei nachhaltig.

▶ **Die Westmächte behinderten und verhinderten antifaschistisch-demokratische Aktionen in ihren Besatzungszonen. Damit war dort das deutsche Monopolkapital gegenüber der Arbeiterbewegung im Vorteil. In der Absicht, kapitalistische Eigentumsverhältnisse zumindest in einem Teil Deutschlands zu erhalten, trafen sich zunehmend die Interessen der deutschen Monopolbourgeoisie mit denen der Westmächte.**

In den westlichen Besatzungszonen erlangten sozialreformistische und zugleich antikommunistisch sowie „prowestlich" orientierte Kräfte zunehmend Einfluß auf die Arbeiterklasse. Sie erhielten dabei die Unterstützung der US-amerikanischen, britischen und französischen Besatzungsorgane.

5.6. Die Gründung der Sozialistischen Einheitspartei Deutschlands

Aktionseinheit von KPD und SPD als Gebot der Stunde. Überall, wo in den Tagen der Befreiung Antifaschisten zusammenkamen, gingen Kommunisten und Sozialdemokraten gemeinsam ans Werk. Sofort nach ihrer Zulassung durch den Befehl Nr. 2 der SMAD traten KPD und SPD für konsequente antifaschistisch-demokratische Maßnahmen ein. Aus der Geschichte galt es die Lehre zu ziehen, daß Spaltung der Arbeiterklasse nur deren Feinden nutzt.

Aus der Resolution der Brüsseler Konferenz der KPD (1935)

„Die bitteren Erfahrungen, die die deutsche Arbeiterklasse durch ihre Niederlage und den Sieg des Faschismus machte, haben in ihr den Willen zur Wiedervereinigung in einer einheitlichen politischen Massenpartei hervorgerufen."[15]

Aus dem Manifest des sozialdemokratischen Emigrationsvorstandes „Kampf und Ziel des revolutionären Sozialismus" (1934)

„Die Einigung der Arbeiterklasse wird zum Zwang, den die Geschichte selbst auferlegt."[16]

Wie sollte es weitergehen? Sollte sofort eine Einheitspartei geschaffen werden? Viele waren dafür. Bereits im Juni kam es zu ersten Vereinigungen auf lokaler Ebene, so in Forst, Braunschweig, Eisleben, Köthen, Singen.
Doch es ging darum, die Gesamtheit beider Parteien auf revolutionärer Grundlage zur Einheit zu führen. Die KPD trat dafür ein, die deutsche Arbeiterklasse zunächst wieder um die ihr vertrauten Arbeiterparteien zu sammeln. In konkreten antifaschistisch-demokratischen Aktionen sollte sich dann der Annäherungs- und Vereinigungsprozeß von KPD und SPD vollziehen.
Zu Höhepunkten der antifaschistischen Aktionseinheit wurden im Herbst 1945 die demokratische Bodenreform und die Einleitung der demokratischen Schulreform. Im Kampf um ihre Durchsetzung gingen KPD und SPD weiter aufeinander zu. Mitglieder beider Parteien arbeiteten in den antifaschistisch-demokratischen Verwaltungen zusammen und wirkten gemeinsam bei der Umsetzung der revolutionären Maßnahmen, unter ihnen kampferprobte Antifaschisten wie Anton Akkermann, Hermann Axen, Franz Dahlem, Max Fechner, Erich Honecker, Helmut Lehmann, Karl Litke, Hermann Matern, Otto Meier, Paul Merker und viele andere.
Die praktische Zusammenarbeit von KPD und SPD bewährte sich. Auch in theoretischen Fragen kam man voran, wurden Vorbehalte ausgeräumt. Die Kraft des Vereinigungsprozesses erwuchs aus der Basis beider Parteien ebenso wie aus der konsequenten politischen Führung durch das Zentralkomitee und den Zentralausschuß.

Erste Schritte auf dem Wege zur antifaschistischen Aktionseinheit

12. 6. 1945: Auf Einladung der KPD treffen sich 159 Antifaschisten im Berliner Neuen Stadthaus. Die KPD schlägt die Bildung eines Blocks antifaschistisch-demokratischer Parteien vor. Ein gemeinsames Aktionsprogramm wird angestrebt.
17. 6. 1945: Kommunistische und sozialdemokratische Gewerkschaftsfunktionäre stehen in den Reihen der Gewerkschafter, die von Berlin aus zur Gründung einheitlicher freier Gewerkschaften aufrufen.
19. 6. 1945: Walter Ulbricht, Otto Grotewohl und andere führende Funktionäre von KPD und SPD verständigen sich über eine Aktionsvereinbarung und bilden einen zentralen Arbeitsausschuß beider Parteien.
3. 7. 1945: Der Kommunist Hermann Matern und der Sozialdemokrat Otto Buchwitz unterzeichnen in Dresden das erste Aktionsabkommen zwischen Bezirksleitungen von KPD und SPD für das Land Sachsen.
19. 7. 1945: Erstmals treten Wilhelm Pieck und Otto Grotewohl auf einer Kundgebung im traditionellen Versammlungslokal „Neue Welt“ der Berliner Arbeiter gemeinsam auf und sprechen sich für das enge Zusammenwirken beider Parteien aus.

Als am 21. Dezember 1945 in Berlin etwa 60 Vertreter von KPD und SPD zusammentrafen, um über die künftige Einheitspartei zu beraten, konnte eine gute Zwischenbilanz gezogen werden. Die Teilnehmer sprachen sich für die Schaffung einer einheitlichen Klassenpartei der Arbeiter aus. Eine Kommission wurde beauftragt, Grundsätze und Ziele sowie das Statut der Partei auszuarbeiten.
Der Einheitskurs war populär. Noch mehr Mitglieder strömten beiden Parteien zu. Im Februar 1946 gehörten in der sowjetischen Besatzungszone 523400 Mitglieder der KPD und 405300 Mitglieder der SPD an.
Eine weitere Konferenz beider Parteien beriet am 26. Februar 1946 den Entwurf der „Grundsätze und Ziele“ der Sozialistischen Einheitspartei Deutschlands und billigte ihn. Die Konferenz beauftragte die Parteiführungen mit der Vorbereitung des Vereinigungsparteitages.
KPD und SPD gaben gemeinsam vom gleichen Monat an die Zeitschrift „Einheit“ heraus, in der sie Notwendigkeit und Wege der Vereinigung erläuterten. Überall in der sowjetischen Besatzungszone kam es schon zu vielen Zusammenschlüssen von Betriebsgruppen beider Parteien. Die Vereinigung war nicht mehr aufzuhalten.
In den vielen gemeinsamen Versammlungen von Kommunisten und Sozialdemokraten wurde aber auch gestritten, wurden aus unterschiedlicher Erfahrung unterschiedliche Vorschläge abgeleitet. Vielen waren die wichtigen Dokumente der Brüsseler und Berner Konferenzen noch nicht bekannt. Es mußte Klarheit geschaffen werden, daß nicht eine Partei in der anderen aufging, sondern daß eine Vereinigung zweier selbständiger Parteien zu vollziehen war. Auch in der Auseinandersetzung mit den reformistischen Gegnern der Einheit galt es die eigenen Positionen für alle Parteimitglieder deutlich abzustecken. So fehlte es in den oftmals ungeheizten, schlecht beleuchteten, aber meist überfüllten Versammlungslokalen nie an engagierter Diskussion. Die meisten Teilnehmer sahen in der Einheitspartei das große Ziel, von dem alles weitere abhing.

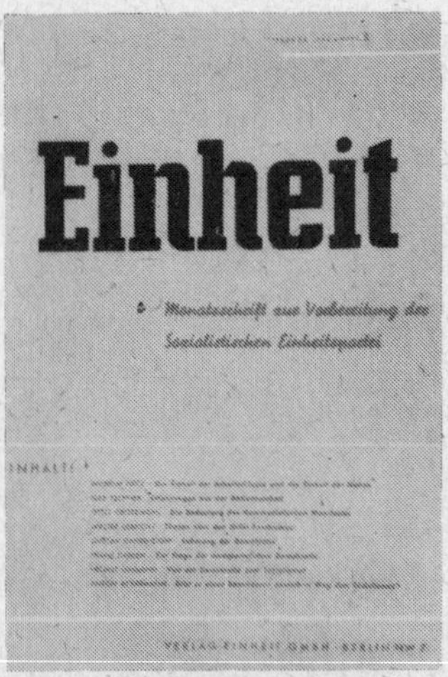

Die erste Nummer der „Einheit“ vom Februar 1946

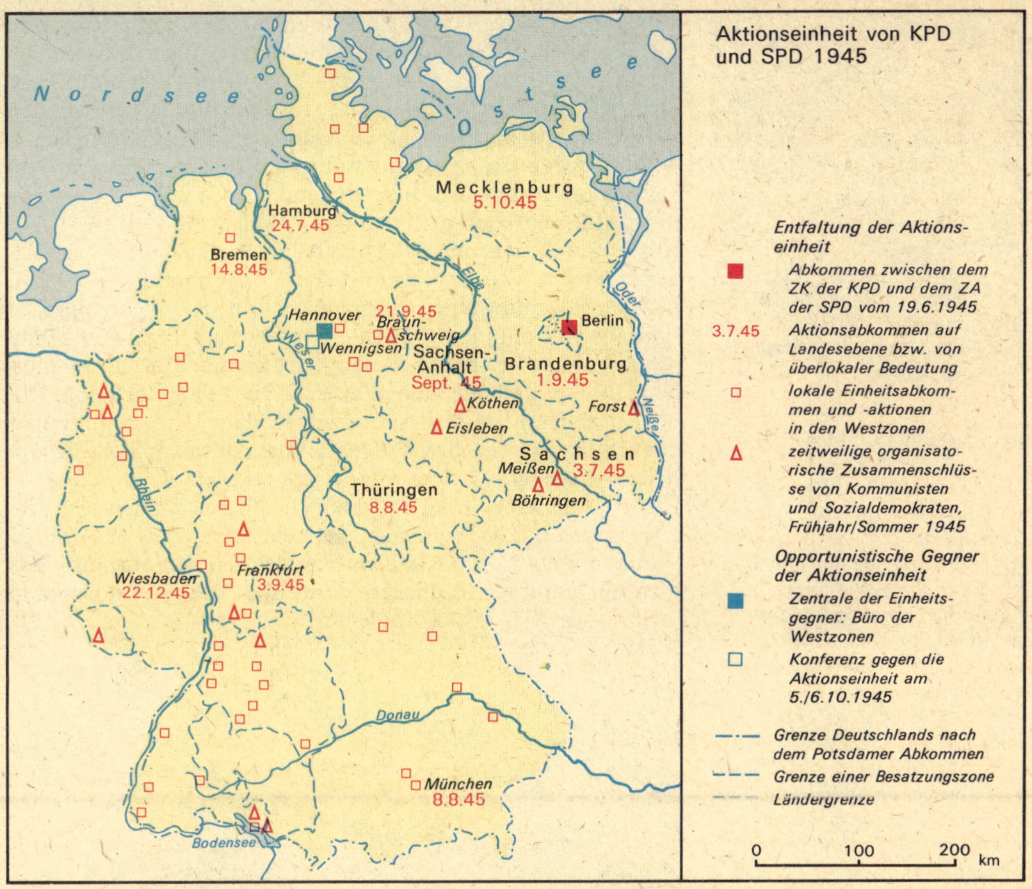

Der Vereinigungsprozeß erhielt aus den Reihen der Gewerkschaften wirksame Unterstützung. So schrieben Gewerkschafter des Eisenwerkes Thale: „Wir ... haben nur den einen Wunsch, aus unserem gemeinsamen Kampf und aus unserer gemeinsamen Arbeit die Erfüllung – auch bald die organisatorische Einheit der beiden Bruderparteien zu sehen.“[17]
Als vom 9. bis 11. Februar 1946 in Berlin der 1. FDGB-Kongreß tagte, war das ein starkes Bekenntnis zur Einheit der Arbeiterklasse. Wilhelm Pieck sprach in bewegten Worten über die große Bedeutung einer Einheitsgewerkschaft. Und als Otto Grotewohl berichtete, daß der Zentralausschuß der SPD nach langen Auseinandersetzungen den Beschluß gefaßt hätte, die Vereinigung der beiden Arbeiterparteien bald zu vollziehen, brach lauter Jubel aus. Die deutsche Arbeiterbewegung stand vor einem entscheidenden Schritt.
Die Gründung der FDJ. Von der ersten Stunde an bemühten sich vor allem die Kommunisten, die Jugend für den Neuaufbau zu gewinnen. Sie unterstützten die Bildung von Jugendausschüssen bei den demokratischen Verwaltungsorganen.

Erich Honecker auf der Tagung der Jugendausschüsse am 2. Dezember 1945

„Gestützt auf die besten Kräfte unseres Volkes, haben wir jetzt die Möglichkeit, den fortschrittlichen demokratischen Ideen, die auch in unserem Volke vorhanden waren und sind, zum Siege zu verhelfen.“[18]

Während der Unterzeichnung der Gründungsurkunde der FDJ: Theo Wiechert, Erich Honecker und Paul Verner (von links nach rechts).
Erich Honecker wird nach seiner Befreiung aus dem Zuchthaus Brandenburg-Görden durch die Sowjetarmee Jugendsekretär beim ZK der KPD und Leiter des Zentralen Jugendausschusses. 1946 bis 1955 ist er Vorsitzender des Zentralrates der FDJ.

● *Auf welche Erfahrungen in der politischen Jugendarbeit konnte Erich Honecker zurückgreifen?*

Unter Teilnahme von Wilhelm Pieck und Erich Honecker fand Mitte Juli 1945 in Berlin die erste antifaschistische Jugendkundgebung statt. Der von Erich Honecker und Theo Wiechert geleitete Zentrale Jugendausschuß leistete in den folgenden Monaten eine große Arbeit, um die fortschrittlichen Kräfte der Jugend zu sammeln. Es kam darauf an, für die Verbesserung der Lebenslage der Jugend ebenso zu sorgen wie für ihre antifaschistisch-demokratische Erziehung.
Am 2. und 3. Dezember 1945 tagten in Berlin Vertreter der Jugendausschüsse und sprachen sich für die Schaffung einer einheitlichen antifaschistisch-demokratischen Jugendorganisation aus. Daraufhin beantragte der Zentrale Jugendausschuß die Zulassung der **Freien Deutschen Jugend (FDJ)** als einheitliche, überparteiliche, demokratische Jugendorganisation. Die SMAD genehmigte den Antrag am 7. März 1946. Unmittelbar danach begann ein provisorischer Vorstand unter Leitung von Erich Honecker mit dem Organisationsaufbau.
Unter dem Zeichen der aufgehenden Sonne fanden sich immer mehr junge Menschen zusammen. Ende April 1946 waren es schon über 160000. Als im Juni 1946 in Brandenburg das I. Parlament der FDJ tagte, vereinte der Jugendverband

Plakat der FDJ, August 1946

„Der Anfang“, Gemälde von Wolfgang Mattheuer, 1971

240000 Mitglieder. Die FDJ bot vielen Jugendlichen Möglichkeiten der aktiven Teilnahme am demokratischen Neuaufbau.

Gegenangriff der Feinde der Einheitspartei. Die Feinde der Arbeiterbewegung, aber auch die in ihren antikommunistischen Vorbehalten befangenen sozialdemokratischen Einheitsgegner verunglimpften den Vereinigungsprozeß in der sowjetischen Besatzungszone als „Zwangsvereinigung". Beifall und Unterstützung erhielten sie von den westlichen Besatzungsmächten, insbesondere in den Westsektoren Berlins.

Im März 1946 organisierten dort antikommunistische SPD-Führer eine „Urabstimmung" gegen die Vereinigung von KPD und SPD. Sie stellten zwei Fragen: „Bist Du für den sofortigen Zusammenschluß der beiden Arbeiterparteien? JA/NEIN, oder bist Du für ein Bündnis beider Parteien, welches gemeinsame Arbeit sichert und den Bruderkampf ausschließt? JA/NEIN." Beide Fragen waren in verwirrender Absicht formuliert, um eine Mehrheit gegen die Vereinigung zu erhalten. Sie waren auch nicht ehrlich gemeint; denn sie gaukelten die Bereitschaft zur Zusammenarbeit mit den Kommunisten vor.

Die „Urabstimmung", die im Statut der SPD nicht vorgesehen war, fand am 31. März 1946 statt. Von den 66300 Berliner SPD-Mitgliedern nahmen 23000 daran teil. Davon stimmten 19000 gegen eine sofortige Vereinigung, über 14000 sprachen sich aber für ein Bündnis der Sozialdemokraten mit den Kommunisten aus.

Von den Gegnern der Vereinigung wurde das Ergebnis als Absage an die Einheitspartei ausgegeben. Im amerikanischen Sektor von Berlin konstituierten sie wenig später eine eigene SPD-Organisation. Damit war die Berliner SPD gespalten. So kam es, daß nach der Vereinigung von KPD und SPD eine antikommunistisch geführte SPD-Organisation in allen Sektoren Berlins weiterbestand. Dennoch konnten diese Ereignisse den Vereinigungsprozeß von KPD und SPD in der sowjetischen Besatzungszone nicht aufhalten.

- *Worauf gründete sich die Forderung nach Vereinigung von KPD und SPD?*
- *Welche Rolle spielte die Aktionseinheit im Vereinigungsprozeß von KPD und SPD?*

Plakat aus dem Jahre 1946, mit dem die Vereinigung von KPD und SPD auf marxistischer Grundlage gefordert wird (links)

Kampf um die Einheitspartei, Plakat aus dem Jahre 1946 (Mitte)

Karikatur von Alfred Beier-Red aus der Zeit der Gründung der SED

Büro des gemeinsamen Organisationsausschusses der KPD und SPD in Berlin-Prenzlauer Berg zur Vorbereitung der Vereinigung

▌Entscheidung in Berlin. Immer mächtiger wurde die Einheitsbewegung im März und April 1946. Schon nahm die Sozialistische Einheitspartei Gestalt an. In Dresden, Gotha, Halle, Potsdam und Schwerin vollzogen die Parteiorganisationen von KPD und SPD am 7. April 1946 die Vereinigung auf Länder- und Provinzialebene. Überall, auf Fahnen und Transparenten, tauchte jetzt das alte, traditionsreiche Zeichen der Arbeitereinheit auf, das Symbol der verschlungenen Hände.
Ostern 1946: Das politische Interesse war in dieser Zeit besonders stark auf Berlin gerichtet. Hierher hatten die KPD ihren 15. Parteitag und die SPD ihren 40. Parteitag einberufen. Die Delegierten beider Parteitage berieten über die „Grundsätze und Ziele" sowie über das Statut der Sozialistischen Einheitspartei Deutschlands und stimmten diesen Dokumenten zu. Damit war die Entscheidung gefallen. Gegen viele Widerstände reaktionärer Kräfte hatte sich der Einheitswille der Arbeiterklasse durchgesetzt.

▌Der Vereinigungsparteitag. In der Berliner Friedrichstraße stauten sich am 21. April 1946 viele Menschen. Am „Admiralspalast", dem heutigen Metropol-Theater, trafen die Delegierten des Vereinigungsparteitages ein. Der I. Parteitag der **Sozialistischen Einheitspartei Deutschlands** begann.
Rote Fahnen der Arbeiterklasse schmückten den Saal. Große Bilder von Karl Marx, Friedrich Engels und August Bebel kündeten vom politischen Standort und von den Traditionen der neuen Partei. Ludwig van Beethovens Fidelio-Ouvertüre erklang, und dann betraten Wilhelm Pieck und Otto Grotewohl die Bühne. Unter dem Jubel der Delegierten reichten sie sich die Hände und gelobten, die Sozialistische Einheitspartei zur Millionenpartei des werktätigen Volkes zu machen und dieses in die Zukunft des Sozialismus zu führen.
Nach den Referaten von Otto Grotewohl und Wilhelm Pieck und nach gründlicher Diskussion stimmte der Parteitag den „Grundsätzen und Zielen" sowie dem Statut der SED zu. Einstimmig beschloß er die Vereinigung. Zu Vorsitzenden der SED wurden Wilhelm Pieck und Otto Grotewohl gewählt. Mit dem alten Arbeiterlied „Brüder, zur Sonne, zur Freiheit!" klang der Vereinigungsparteitag aus.
Nach jahrzehntelanger Spaltung war die Einheit der Arbeiterklasse wiederhergestellt. Die Gründung der SED machte die bisher durchgesetzten antifaschistisch-demokratischen Maßnahmen unumkehrbar, eine Grundsatzentscheidung für die Weiterführung des revolutionären Prozesses war herbeigeführt. Am 23. April 1946 erschien erstmals das Zentralorgan des Zentralkomitees der SED „Neues Deutschland".
Die Gründung der SED erfolgte auch in der Absicht, die Einheit der Arbeiterklasse in den westlichen Besatzungszonen herbeizuführen. Das war die Bedingung, um grundlegende antifaschistisch-demokratische Umgestaltungen in ganz Deutschland durchzusetzen.

I. Parteitag der SED,
21./22. April 1946

1055 Delegierte;
507 Delegierte vertraten 620000 Kommunisten;
548 Delegierte vertraten 680000 Sozialdemokraten.

▌„Grundsätze und Ziele der SED." Mit den auf dem Parteitag angenommenen Grundsätzen und Zielen verfügte die SED

Der historische Händedruck

Wilhelm Pieck, geb. 3. 1. 1876 Guben, gest. 7. 8. 1960 Berlin. Tischler, trat 1894 dem Deutschen Holzarbeiterverband, 1895 der SPD in Bremen bei. Parteiarbeit in Bremen und Berlin, 1915 Kriegsdienst, 1917 Illegalität, Mitglied der Spartakusgruppe, Mitbegründer der KPD, Tätigkeit in der Parteiführung, 1925 Vorsitzender der Roten Hilfe Deutschlands, 1928 Mitglied des EKKI, seit 1931 Mitglied des Präsidiums und Sekretariats des EKKI. 1933 Mitglied der Auslandsleitung der KPD, 1935 zum Vorsitzenden der KPD gewählt. Antifaschistischer Kampf, Mitbegründer des NKFD. 1. 7. 1945 Rückkehr nach Berlin. 1946 gemeinsam mit Otto Grotewohl Vorsitzender der Sozialistischen Einheitspartei Deutschlands. Seit 1949 Präsident der Deutschen Demokratischen Republik.

Otto Grotewohl, geb. 11. 3. 1894 in Braunschweig, gest. 21. 9. 1964 Berlin. Buchdrucker, 1912 Mitglied der SPD. 1918/1919 Vorsitzender eines Arbeiter- und Soldatenrates. 1921/1922 Mitglied der USPD, dann Vorsitzender des SPD-Landesverbandes Braunschweig, Abgeordneter und Minister, nach 1933 wegen antifaschistischer Tätigkeit gemaßregelt, 1945 Vorsitzender des Zentralausschusses der SPD. 1946 gemeinsam mit Wilhelm Pieck Vorsitzender der SED, seit 1949 Ministerpräsident der DDR.

Emblem der SED

Der Parteivorstand der SED an der Spitze der Maidemonstration 1946 in Berlin, Unter den Linden

über eine programmatische Richtschnur. In 14 Gegenwartsforderungen war die Aufgabe formuliert, die antifaschistisch-demokratischen Umgestaltungen in der sowjetischen Besatzungszone fortzusetzen und in den Westzonen einzuleiten.
Die SED sagte klar, daß die Lösung der nationalen und sozialen Lebensfragen des deutschen Volkes nur durch den Sozialismus erreichbar ist.
Die „Grundsätze und Ziele" hoben die Notwendigkeit hervor, die politische Macht der Arbeiterklasse zu verwirklichen, die Führungsrolle der revolutionären Partei zu sichern, gesellschaftliches Eigentum an den wichtigsten Produktionsmitteln zu schaffen und eine sozialistische Planwirtschaft zu entwikkeln. Darin fanden die Erfahrungen der kommunistischen Parteien anderer Länder, vor allem der Sowjetunion, ihren Niederschlag. Das Dokument bildete die programmatische Grundlage für die Weiterentwicklung der SED als eine revolutionäre Kampfpartei der Arbeiterklasse, die sich durch die Lehren von Marx, Engels und Lenin leiten ließ.
Am 1. Mai 1946 demonstrierten über 500000 Menschen in Berlin ihre Zustimmung zur Gründung der SED und zu deren Vorschlägen.
Die SED setzte die besten Traditionen der deutschen Arbeiterbewegung und des kämpferischen Humanismus fort. Mit dem Vereinigungsparteitag entstand die stärkste politische Partei in Deutschland. Das war ein Höhepunkt und eine Wende in der Geschichte der deutschen Arbeiterbewegung.

Maiplakat des FDGB 1946

Parteiverbot in den Westzonen. Die Forderung nach Einheit der Arbeiterklasse wurde in allen Besatzungszonen Deutschlands erhoben. Auch in vielen Orten der Westzonen entstan-

den Einheitsausschüsse. Imperialistische Besatzungsmächte, deutsche Monopolbourgeoisie und antikommunistische Sozialdemokraten versuchten die Einheitsbewegung im Westen abzublocken. Dem realen Kräfteverhältnis Rechnung tragend, setzte sich die SED für ein gemeinsames Vorgehen aller Antifaschisten ein, ohne das von einer Vereinigung von KPD und SPD in den westlichen Zonen abhängig zu machen.
In den westlichen Besatzungszonen wurde die Einheitsbewegung durch Verbote der Besatzungsmächte und durch das Ausbleiben tiefgreifender antifaschistisch-demokratischer Maßnahmen behindert. Auch in den Westsektoren Berlins konnte die SED erst Anfang Juni 1946 an die Öffentlichkeit treten. Die SPD-Führung untersagte allen Sozialdemokraten in den Westzonen und in Berlin die Zusammenarbeit mit Kommunisten. Sie vergab damit eine große historische Chance.

Aus dem Offenen Brief des Parteivorstandes der SED an alle Sozialdemokraten und Kommunisten Deutschlands vom 7. Mai 1946

„Die vor uns liegenden Aufgaben ertragen keine unfruchtbaren Auseinandersetzungen mehr. Wir müssen vorwärts zu einer gemeinsamen Politik und Arbeit, den Blick auf die Schicksalsfragen unseres Volkes gerichtet … Die Sozialistische Einheitspartei Deutschlands ist zur vorbehaltslosen Zusammenarbeit mit allen Kommunisten und Sozialdemokraten bereit und tritt für die Schaffung der antifaschistisch-demokratischen Einheitsfront überall in Deutschland ein.“[19]

- *Worin besteht die historische Mission der Arbeiterklasse?*
- *Inwiefern war die Gründung der SED ein wichtiger Schritt zu ihrer Realisierung?*
- *Charakterisieren Sie die historische Bedeutung der Vereinigung von KPD und SPD!*
- *Welche Hauptaufgaben nannte die SED in ihren „Grundsätzen und Zielen“?*
- *Weshalb wurde die SED in den Westzonen nicht zugelassen?*

▶ Am 19. Juni 1945 vereinbarten KPD und SPD gemeinsame Aktionen zur antifaschistich-demokratischen Umgestaltung. In beiden Parteien wurde die Forderung nach Einheit immer stärker, und auf örtlicher Ebene kam es schon zu enger Zusammenarbeit. Ab Februar 1946 begannen die Parteiführungen von KPD und SPD mit der unmittelbaren Vorbereitung des Vereinigungsparteitages.
Auf seinem 1. Kongreß im Februar 1946 bestimmte der FDGB seine Rolle als Einheitsgewerkschaft der Werktätigen. In enger Verbindung mit dem Vereinigungsprozeß beider Parteien entstand die FDJ als einheitliche Jugendorganisation.
Am 21. und 22. April 1946 fand in Berlin der Vereinigungsparteitag von KPD und SPD statt. Die Gründung der SED war ein Höhepunkt und eine Wende in der Geschichte des deutschen Volkes und der deutschen Arbeiterbewegung. Mit der SED war die Möglichkeit geschaffen, den revolutionären Prozeß zum Siege zu führen. In den „Grundsätzen und Zielen der SED“ nannte die Partei antifaschistisch-demokratische Gegenwartsaufgaben und wies den Weg zu einer sozialistischen Perspektive. In den westlichen Besatzungszonen wurde die SED verboten und jede Zusammenarbeit von Kommunisten und Sozialdemokraten untersagt.

9. bis 11. Februar 1946
1. FDGB-Kongreß
7. März 1946 **Gründung der FDJ**
21. April 1946 **Gründung der SED**

5.7. Die Enteignung der Nazi- und Kriegsverbrecher

Für die Zerschlagung der kapitalistischen Monopole. In unermüdlicher Kleinarbeit, in zahllosen Gesprächen, Versammlungen, Broschüren, Zeitungsartikeln sorgten insbesondere die KPD und seit April 1946 die SED dafür, daß immer mehr Menschen den Zusammenhang von Imperialismus, Faschismus und Krieg erkannten. Großen Anklang fand deshalb jene Losung, die den Feiern zum 1. Mai 1946 auf Vorschlag der SED das Gepräge gaben: „Für die Zerschlagung der kapitalistischen Monopole! Für einen Volksentscheid zur Überführung der Betriebe der Kriegsinteressenten in die Hände der demokratischen Selbstverwaltung!"

Hierfür waren in der sowjetischen Besatzungszone seit dem Herbst 1945 günstige Bedingungen herangereift. Entsprechend alliierten Beschlüssen hatte die sowjetische Besatzungsmacht Ende Oktober 1945 die Beschlagnahme von Eigentum und Vermögen des faschistischen Staates und seiner Organisationen sowie der Nazi- und Kriegsverbrecher angeordnet.

Schon im Frühjahr 1946 übergab die SMAD die beschlagnahmten Objekte und Vermögenswerte an die deutschen Verwaltungen. Damit lag im Osten Deutschlands die Entscheidung über die künftigen Eigentumsverhältnisse an wichtigen Produktionsmitteln in den Händen antifaschistisch-demokratischer Kräfte. Nur eine begrenzte Anzahl von Betrieben verblieb zunächst zu Wiedergutmachungszwecken in der Verfügung der sowjetischen Besatzungsbehörden.

In der sowjetischen Besatzungszone gelang es der SED, Menschen aus allen werktätigen Klassen und Schichten für entschiedene antimonopolistische Maßnahmen zu mobilisieren. Durch Volksentscheid sollte die Entscheidung fallen. Und das sollte nicht irgendwo geschehen, sondern dort, wo die Hochburgen des Kapitals und der Arbeiterklasse dicht nebeneinander standen: in Sachsen.

Bekanntmachung
des Präsidenten der Landesverwaltung
Volksentscheid

Auszug aus der Bekanntmachung der Landesverwaltung Sachsen über die Durchführung des Volksentscheids

Volksentscheid in Sachsen. Auf Initiative der SED wandten sich am 25. Mai 1946 die antifaschistisch-demokratischen Parteien und der FDGB in Sachsen an die Landesverwaltung und beantragten die Enteignung der Nazi- und Kriegsverbrecher und die Übergabe dieser Betriebe in die Hände des Volkes. Der **30. Juni 1946** wurde als **Tag des Volksentscheids** festgelegt. Alle antifaschistisch-demokratischen Parteien, Organisationen und auch die Kirchen riefen dazu auf, beim Volksentscheid mit „Ja" zu stimmen.

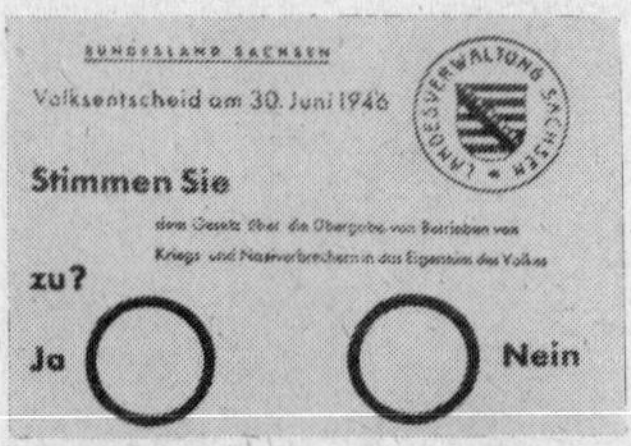
Volksentscheid am 30. Juni 1946
Stimmen Sie
zu?
Ja
Nein

Stimmzettel zum Volksentscheid

Einige reaktionäre Politiker aus CDU und LDPD versuchten, den Volksentscheid zu verhindern. Jacob Kaiser (CDU), der enge Kontakte zu Konzernvertretern pflegte, stellte in Frage, ob die Enteignung wirklich die aktiven Nazis treffen würde. Er machte geltend, daß die Enteignung wirtschaftliche Schwierigkeiten auslösen müßte. Auch sollte erst ein gesamtdeutsches Organ für die Enteignung geschaffen werden. Diese Verzögerungstaktik reaktionärer Politiker scheiterte aber an der breiten Volksbewegung.

Sichtwerbung zum Volksentscheid auf dem Neustädter Markt in Dresden

Aus der Bekanntmachung des Präsidiums der Landesverwaltung Sachsen vom 15. Juli 1946[20]

„Beim Volksentscheid am 30. Juni 1946 haben von 3693511 Stimmberechtigten 3461065 = 93,71% von ihrem Stimmrecht Gebrauch gemacht.

Von den abgegebenen Stimmen

waren ungültig	201567 = 5,82%
lauteten auf Nein	573021 = 16,56%
lauteten auf Ja	2686477 = 77,62%.“

● *Die erste demokratische Entscheidung nach der Befreiung vom Faschismus hatte weitreichende historische Bedeutung. Warum hat die SMAD diese Entscheidung in die Hände des Volkes gelegt?*

Abstimmung in einem Wahllokal in Dresden am 30. Juni 1946

Enteignungsbeschlüsse	
24. 7. 1946	Thüringen
30. 7. 1946	Provinz Sachsen
5. 8. 1946	Provinz Brandenburg
16. 8. 1946	Mecklenburg-Vorpommern
13. 2./ 27. 3. 1947	Berlin

Auf der Grundlage dieser klaren Entscheidung faßten auch die anderen Länder und Provinzen der sowjetischen Besatzungszone Enteignungsbeschlüsse.

Insgesamt wurden mehr als 9000 Betriebe der Nazi- und Kriegsverbrecher enteignet. Dazu gehörten

30 Braunkohlengruben, Hüttenwerke und andere Betriebe des Flick-Konzerns,

59 Betriebe der Elektrokonzerne Siemens und AEG,

38 Betriebe der Continental-Gas-AG,

11 Betriebe des IG Farben-Konzerns,

9 Betriebe des Mannesmann-Konzerns.

Im Osten Deutschlands vollzog sich die Enteignung als Teil eines revolutionären Prozesses, der die sozialökonomischen Wurzeln von Faschismus und Krieg zerstörte.

▮ **Volkseigene Betriebe (VEB).** Der Volksentscheid und die Enteignungsbeschlüsse schufen die Grundlage für das **Entstehen eines volkseigenen Wirtschaftssektors in der Industrie.** Bei der Überführung der enteigneten Betriebe in das Eigentum des Volkes galt es jedoch, erhebliche Widerstände reaktionärer Kräfte zu überwinden. Diese forderten unter anderem, daß die volkseigenen Betriebe Zahlungsschulden der Nazi- und Kriegsverbrecher übernehmen sollten, oder auch, daß Monopolvertreter mit der Leitung und Verwaltung des Volkseigentums beauftragt werden sollten.

Der Entstehungsprozeß des volkseigenen Sektors in der Industrie erstreckte sich über fast zwei Jahre bis 1948. In dieser Zeit bewies die Arbeiterklasse ihre Fähigkeit, die Wirtschaft zu leiten. 1947 war jeder fünfte Betriebsleiter in volkseigenen Betrieben ein ehemaliger Arbeiter und jeder dritte ein ehemaliger Angestellter. Mit der Herausbildung des Volkseigentums festigte die Arbeiterklasse auch ihre gesellschaftliche Führungsrolle.

Konzernbetrieb wird Volkseigentum.

Auch in der Landwirtschaft formierte sich ein volkseigener Sektor. Die **volkseigenen Güter,** die zugleich Stützpunkte der Arbeiterklasse auf dem Lande waren, erzeugten etwa 10 Prozent der landwirtschaftlichen Bruttoproduktion.

SAG-Betriebe. Es sprach sich wie ein Lauffeuer herum. Die gedrückte Stimmung im Industriegebiet um Halle und Merseburg wich plötzlich lebhaftem Interesse. Was bewegte die Gemüter so? Die riesigen Chemiewerke Leuna und Buna sollten weiterarbeiten. Keine Demontage, sondern Arbeit, Wiederaufbau – das war neue Hoffnung für Zehntausende Arbeiterfamilien. Doch alles hatte seine Vorgeschichte.

Gemäß alliierten Vereinbarungen sollten deutsche Rüstungsbetriebe als Reparationsleistungen demontiert werden. Nachdem das mit etwa 600 Betrieben geschehen war, entschied die SMAD, weitere 202 Betriebe nicht zu demontieren. Diese wurden 1946 in sowjetisches Eigentum überführt. Die Weiterarbeit der Betriebe als **sowjetische Aktiengesellschaften (SAG)** machte weitere Demontagen als Reparationsleistungen unnötig. Die SAG-Betriebe sicherten zugleich viele Arbeitsplätze in der sowjetischen Besatzungszone. Auch wurden in ihnen viele deutsche Fachleute für Produktion und Wirtschaftsplanung herangebildet.

Schon 1945 hatte im Erzgebirge die SAG „Wismut" ihre Tätigkeit aufgenommen. Zeitweise arbeiteten hier über 100000 Menschen im Uranbergbau. Sie leisteten so einen Beitrag, damit die sozialistische Sowjetunion das US-amerikanische Atomwaffenmonopol brechen konnte.

Im Jahre 1947 erreichten volkseigene und SAG-Betriebe zusammen einen Anteil von 56 Prozent der Industrieproduktion.

In der sowjetischen Besatzungszone wurde der Wiederaufbau der Volkswirtschaft seit 1945 durch kurzfristige Teilpläne gelenkt. Entscheidenden Anteil daran hatten die Planökonomische Abteilung der SMAD und die deutschen Zentralverwaltungen. Mit der Herausbildung des volkseigenen Wirtschaftssektors entstand eine neue Lage. Es reiften Bedingungen heran, um zu einer längerfristigen zentralen Planung überzugehen. Schon 1945/1946 arbeitete die KPD wirtschaftliche Leitungsprinzipien aus. Es gab Industrie-, Landwirtschafts- und Ernährungspläne. Auf ihrer Grundlage entwickelten sich Handelsverbindungen mit den anderen Besatzungszonen, aber auch mit der Sowjetunion, Polen und der Tschechoslowakei.

Der volkseigene Wirtschaftssektor verbesserte die ökonomischen Entwicklungsmöglichkeiten der sowjetischen Besatzungszone. Doch nach wie vor litt die Wirtschaft unter den Folgen des faschistischen Raubkrieges. Es fehlte an Rohstoffen, Energie, qualifizierten Arbeitskräften. Viele Betriebe waren noch zerstört. Erst ein Teil der alten Lieferbeziehungen funktionierte wieder. Der nur in Ansätzen existierende Interzonenhandel, Demontagen und Reparationen komplizierten den Wirtschaftsaufbau und erschwerten ihn beträchtlich. Ende 1946 erreichte die Industrieproduktion nur 42,1 Prozent des Vorkriegsstandes. Der extreme Winter 1946/47 versetzte der

Betriebsleiter volkseigener Betriebe im Jahre 1947 nach bisheriger sozialer Stellung[21]

Arbeiter	21,7 Prozent
Angestellte	30,7 Prozent
Ingenieure	17,8 Prozent
Kaufleute	23,6 Prozent
ehemalige Direktoren	6,2 Prozent

Wahlplakat der SED 1946

dtw

Wirtschaft einen schweren Schlag und vergrößerte die Not des Volkes. Zu dieser Zeit verstärkten sich auch Versuche herrschender Kreise des Westens, die Wirtschaftsbeziehungen zur sowjetischen Besatzungszone zu unterbinden, um die antifaschistisch-demokratische Umwälzung zu erschweren.

Erste demokratische Wahlen im Osten Deutschlands. Ein reichliches Jahr nach der Bildung antifaschistisch-demokratischer Verwaltungsorgane waren im Osten Deutschlands Bedingungen herangereift, um Wahlen für die Gemeinderäte, Kreis-, Provinzial- und Landtage sowie für die Stadtverordnetenversammlung von Groß-Berlin durchzuführen. Die **Gemeindewahlen** fanden vom **1. bis 15. September 1946**, die **Landtagswahlen** am **20. Oktober 1946** statt.

Unter der Losung „Durch das Volk! Mit dem Volk! Für das Volk!“ ging die SED in den Wahlkampf. Ihr Ziel war es, stärkste Partei zu werden und die Blockpolitik weiterzuentwickeln. Die SED rief zum Kampf gegen die Naziideologie und gegen Revanchismus auf. Sie erläuterte ihre Haltung zur Oder-Neiße-Grenze und sprach sich für die Schaffung eines antiimperialistischen deutschen Friedensstaates aus. Im September 1946 veröffentlichte der Parteivorstand das Dokument „Die Grundrechte des deutschen Volkes“, in dem die SED ein konstruktives Programm für die Entwicklung eines solchen Staates darlegte.

Das Bündnis des demokratischen Blocks zeigte in den Wahlen seine Stabilität. Von rund 9 Millionen Stimmen erhielt die SED bei den Gemeindewahlen mehr als 5 Millionen. In den Landtagswahlen erreichte sie 4,7 Millionen von 9,9 Millionen Stimmen. Insgesamt zeigten die Wahlergebnisse, daß die große Mehrheit der Werktätigen die Blockpolitik und die Weiterführung der antifaschistisch-demokratischen Umwälzung befürwortete.

Nur in Berlin konnte die SED ihr Ziel nicht erreichen. Hier mußte sie gegen eine ebenso aggressive wie demagogische Wahlkampagne der dortigen SPD-Führung und reaktionärer bürgerlicher Politiker ankämpfen und wurde zudem in den

In einem Wahllokal Berlins am 20. Oktober 1946

Westsektoren in ihrer Wahlarbeit behindert. Nur 19,8 Prozent der Wähler gaben der SED ihre Stimme.

▮ **Volksentscheid in Hessen und Sozialisierungsgesetz im Ruhrgebiet.** Trotz erheblicher Behinderungen durch die Besatzungsmächte gelang es Kommunisten und klassenbewußten Sozialdemokraten auch in den Westzonen, der Forderung nach tiefgreifenden antifaschistisch-demokratischen Veränderungen Nachdruck zu verleihen.

So brachten sie in Hessen einen Verfassungsentwurf ein, der Artikel über eine Bodenreform, über gleichen Lohn für gleiche Arbeit und über das Mitbestimmungsrecht der Arbeiter enthielt. Der Artikel 41, über den gesondert abgestimmt werden sollte, sah die Überführung von Betrieben des Bergbaus, der Eisen- und Stahlerzeugung, der Energiewirtschaft, der Eisenbahnen und Straßenbahnunternehmen in Gemeineigentum vor. Auch Banken und Versicherungsunternehmen sollten staatlich verwaltet werden. Bei dem am **1. Dezember 1946** durchgeführten **Volksentscheid in Hessen** über den Verfassungsentwurf sprachen sich 76,7 Prozent der Wähler über seine Annahme aus und 72 Prozent stimmten dem Artikel 41 zu.

Im Januar 1947 trat die KPD mit einem Gesetzentwurf zur Enteignung des Stein- und Braunkohlebergbaus in Nordrhein-Westfalen an die Öffentlichkeit. Machtvolle Streiks im Ruhrgebiet erkämpften Mitbestimmungsrechte und Betriebsvereinbarungen. Unter der Losung „Die Gruben in des Volkes Hand!" traten am 3. April 1947 etwa 320000 Ruhr-Bergarbeiter in einen 24stündigen Generalstreik. Die Besatzungsmächte antworteten mit Streikverboten und Drohungen. Doch am **6. August 1948** beschloß der Landtag von Nordrhein-Westfalen unter maßgeblichem Anteil von KPD und SPD ein **Gesetz zur Sozialisierung des Ruhrbergbaus.** Die Durchführung dieses Gesetzes und anderer ähnlicher Gesetze wurde von den westlichen Militärverwaltungen verboten.

- *Welche Schlußfolgerungen über das Verhältnis der Klassenkräfte im Osten Deutschlands lassen die Ergebnisse des Volksentscheids in Sachsen zu?*
- *Warum war die Entmachtung des Monopolkapitals und die Bildung volkseigener Betriebe in der sowjetischen Besatzungszone von entscheidender Bedeutung für die antifaschistisch-demokratische Umwälzung?*
- *Vergleichen Sie die Politik der UdSSR und der Westmächte bei der Enteignung des Monopolkapitals!*

▸ **Auf der Grundlage von SMAD-Befehlen begann Ende 1945 die Beschlagnahme faschistischen Staats- und Organisationseigentums sowie des Eigentums von Nazi- und Kriegsverbrechern. Im Volksentscheid in Sachsen am 30. Juni 1946 sprach sich die Mehrheit der Bevölkerung für die Überführung der beschlagnahmten Betriebe in Volkseigentum aus. Die UdSSR beendete die Demontage von Rüstungsbetrieben und übernahm die nicht demontierten Betriebe als SAG zeitweise in sowjetisches Eigentum. Die ersten demokratischen Wahlen am 20. Oktober 1946 in der sowjetischen Besatzungszone waren eine Bevölkerungsentscheidung für die Fortsetzung der Blockpolitik und der antifaschistisch-demokratischen Umwälzung.**

Durch das weitgehende Verbot von Sozialisierungsgesetzen unterbanden die imperialistischen Besatzungsmächte wirksame antiimperialistische Maßnahmen in den Westzonen.

30. Juni 1946 Volksentscheid in Sachsen über die Enteignung der Nazi- und Kriegsverbrecher
1. bis 15. September und 20. Oktober 1946 Erste demokratische Wahlen in der sowjetischen Besatzungszone

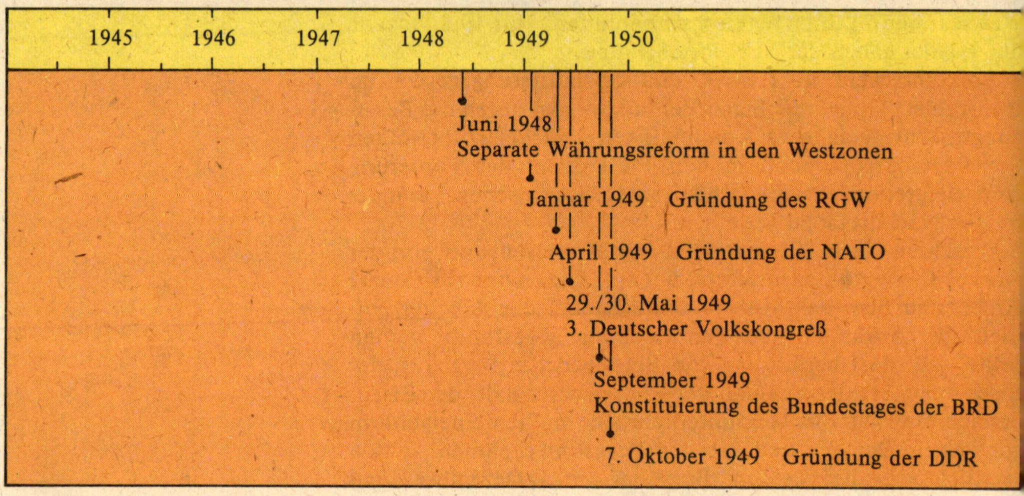

6. KAPITEL Die Herausbildung des sozialistischen Weltsystems. Die Gründung der Deutschen Demokratischen Republik

Im vorangegangenen Lehrbuchkapitel erfuhren Sie von schwerwiegenden Veränderungen des internationalen Kräfteverhältnisses nach dem zweiten Weltkrieg. Entscheidenden Anteil daran hatte der Sieg der Sowjetunion über die faschistischen Aggressoren.

Während sich die revolutionären Parteien und die Völker der volksdemokratischen Länder im Geiste des proletarischen Internationalismus um die Sowjetunion zusammenschlossen, vollzogen die imperialistischen Hauptmächte den Übergang von der Antihitlerkoalition zum kalten Krieg. Wer steckte dahinter? Welche Zusammenhänge bestanden zwischen dem Zusammenschluß kapitalistischer Staaten Westeuropas und Nordamerikas im Militärblock der NATO und der Konstituierung der Bundesrepublik Deutschland?

Die Entwicklung in den Besatzungszonen auf deutschem Boden widerspiegelte den weltweiten Widerspruch zwischen Sozialismus und Imperialismus. Mußte das zwangsläufig zur Spaltung des Landes führen? Gab es dazu Alternativen? War die Fortsetzung der antifaschistisch-demokratischen Umwälzung in der sowjetischen Besatzungszone mit dem Kampf gegen die imperialistische Spaltungspolitik vereinbar? Wie und weshalb entstanden zwei deutsche Staaten mit unterschiedlicher Gesellschaftsordnung? Und schließlich: War die Gründung der DDR wirklich ein Wendepunkt in der Geschichte des deutschen Volkes und Europas?

Der folgende Lehrbuchabschnitt will versuchen, Antwort auf diese und andere Fragen zu geben.

6.1. Die Entstehung des sozialistischen Weltsystems

▌ Die Wiederherstellung der Volkswirtschaft in der UdSSR. Unter der Führung der KPdSU (B) begannen die sowjetischen Werktätigen noch vor Beendigung des Großen Vaterländischen Krieges mit dem Wiederaufbau der schwer zerstörten Volkswirtschaft. Mit großem Elan, ungebrochen durch Not und Entbehrungen, errichteten sie bereits bis 1946 rund 3500 neue Industriebetriebe und stellten 7500 zerstörte oder beschädigte Werke wieder her.

Die Umstellung der sowjetischen Volkswirtschaft auf Friedensproduktion erreichte 1947 einen ersten Höhepunkt. Im Verlaufe des **4. Fünfjahrplanes (1946 bis 1950)** stieg die Industrieproduktion gegenüber 1940 um 73 Prozent. Die landwirtschaftliche Produktion erreichte 1950 wieder den Stand von 1940. Im Dezember 1947 konnte das ZK der KPdSU (B) die Aufhebung der Rationierung von Lebensmitteln und Industriewaren beschließen. Trotzdem blieb die Lebenslage angespannt; denn die Überwindung der von den faschistischen Aggressoren verursachten Zerstörungen erforderte noch viele Jahre angestrengter Arbeit. Die sowjetischen Menschen nahmen große Entbehrungen auf sich. Es mangelte an Wohnraum, Kleidung und Transportmitteln. Das Nahrungsmittelangebot war unzureichend. Trotzdem arbeiteten viele Sowjetbürger über das normale Maß hinaus, um die sozialistische Heimat wieder aufzubauen und zu stärken.

Wiederaufbau von Stalingrad (heute Wolgograd). Zwischen Trümmern entsteht eine Arbeitersiedlung.

Sowjetische Frauen vor dem Pflug – ein Symbol des schweren Anfangs auf der von den deutschen Faschisten hinterlassenen „verbrannten Erde“

Am 19. November 1947 riefen Leningrader Arbeiter die sowjetischen Werktätigen auf, den Fünfjahrplan schon in vier Jahren zu erfüllen. Unter Führung der KPdSU (B) entwickelten sich im ganzen Land viele Produktionsinitiativen. Kommunisten wie Pawel Bykow und Lydia Korabelnikowa erzielten durch die Einführung von Neuerermethoden großen ökonomischen Nutzen.

Brechung des Atombombenmonopols der USA. Im Interesse der Friedenssicherung mußte die UdSSR große Anstrengungen unternehmen, um das Monopol der USA an dieser Massenvernichtungswaffe zu brechen. Der US-Imperialismus durfte nicht die Möglichkeit erhalten, die Sowjetunion und die anderen Länder, die den Weg zum Sozialismus eingeschlagen hatten, nuklear zu erpressen. Am 29. August 1949 erfolgte der erste Test einer sowjetischen Atombombe. Damit war das Atombombenmonopol der USA gebrochen. Das war ein wichtiger Schritt zur Schaffung eines militärstrategischen Gleichgewichts.

Parallel zur Entwicklung einer sowjetischen Atombombe wurden Arbeiten zur friedlichen Nutzung der Kernenergie vorangetrieben. Unter Leitung von I. W. Kurtschatow gelang es sowjetischen Wissenschaftlern im Dezember 1946, im ersten Atomreaktor Europas eine Kettenreaktion auszulösen. Ein industrieller Uran-Graphit-Reaktor wurde 1948 in Betrieb genommen.

● *Welche Bedeutung hatte die Brechung des US-amerikanischen Atombombenmonopols durch die UdSSR?*

Übergang zum Aufbau der Grundlagen des Sozialismus in den europäischen Volksdemokratien. Bis 1948/49 hatten die Völker Albaniens, Bulgariens, Jugoslawiens, Polens, Rumäniens, der Tschechoslowakei und Ungarns die Diktatur des Proletariats errichtet, Industrie und Banken nationalisiert sowie demokratische Bodenreformen und Schulreformen durchgeführt. In allen diesen Ländern war die Einheit der Arbeiterklasse hergestellt worden. An der Spitze des revolutionären Prozesses standen marxistisch-leninistische Parteien, die Nationale Fronten um sich scharten. Damit waren alle entscheidenden Voraussetzungen geschaffen, um zum **Aufbau der Grundlagen des Sozialismus** überzugehen. In volksdemokratischen Verfassungen wurden die bisher erreichten revolutionären Errungenschaften verankert und damit die gesetzlichen

Voraussetzungen für die sozialistische Umgestaltung der Gesellschaft festgeschrieben.
Auf der Tagesordnung standen jetzt die sozialistische Industrialisierung, der Übergang zur längerfristigen Volkswirtschaftsplanung, die sozialistische Umgestaltung der Landwirtschaft sowie die Durchführung der sozialistischen Kulturrevolution. Die Volksdemokratien gingen dabei vom Leninschen Plan des sozialistischen Aufbaus aus und konnten sich auf die Erfahrungen der Sowjetunion stützen. Bei allen nationalen Unterschieden standen diese Länder vor gleichen Aufgaben.
Als ein erster Schritt zum Aufbau der Grundlagen des Sozialismus wurden Fünfjahrpläne ausgearbeitet – in Polen war es ein Sechsjahrplan – und zum Gesetz erhoben. Als entscheidende Zielstellung enthielten sie die planmäßige Entwicklung der Volkswirtschaft, vor allem die Schaffung einer modernen sozialistischen Industrie, und die ständige Erhöhung des materiellen und kulturellen Lebensniveaus der Werktätigen.

Kim Il Sung im Jahre 1950

■ **Die Entstehung weiterer volksdemokratischer Staaten in Asien.** Schon im September 1945 war die Demokratische Republik Vietnam gegründet worden (vgl. S. 211).
Die Befreiung Koreas durch die Sowjetarmee im August 1945 schuf auch für dieses Volk eine entscheidende Voraussetzung, seine Geschicke in die eigenen Hände zu nehmen. Am **2. September 1948** konnte im Ergebnis des Kampfes der von der Partei der Arbeit Koreas geführten Arbeiterklasse die **Koreanische Demokratische Volksrepublik (KDVR)** proklamiert werden. An die Spitze der Volksregierung trat **Kim Il Sung,** der Vorsitzende der Partei der Arbeit Koreas.

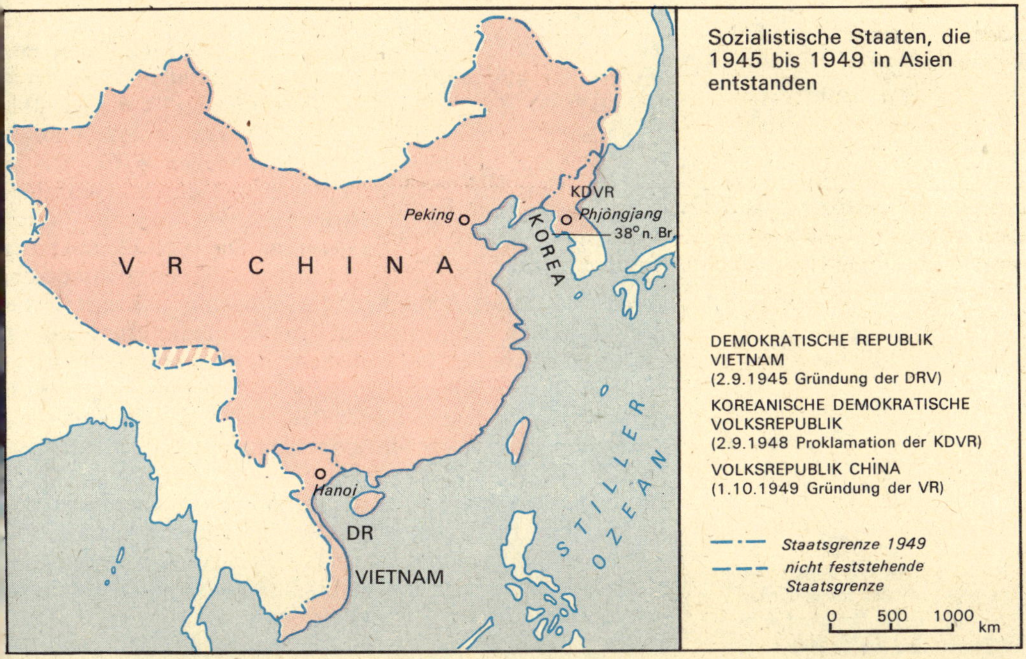

Sozialistische Staaten, die 1945 bis 1949 in Asien entstanden

Mao Zedong (1893–1976)

In China gelang es dem Volk nach jahrzehntelangem Kampf gegen große Teile der eigenen Großbourgeoisie und die Großgrundbesitzer sowie gegen die japanischen Okkupanten, die 1931 bis 1945 weite Gebiete besetzt hielten, das Land bis 1949 fast vollständig zu befreien. Dabei spielte der sowjetische Sieg über den japanischen Imperialismus im Jahre 1945 eine entscheidende Rolle. Die Sowjetunion half dem chinesischen Volk, indem sie Waffen und Lebensmittel lieferte. So konnte am **1. Oktober 1949** im bevölkerungsreichsten Land der Erde die **Volksrepublik China** gegründet werden. Vorsitzender der Zentralen Volksregierung wurde **Mao Zedong.**

Die Bildung volksdemokratischer Staaten in Asien schwächte die internationalen Positionen des Imperialismus weiter und veränderte das internationale Kräfteverhältnis zugunsten der Kräfte des Friedens, der Demokratie, der nationalen Befreiung und des Sozialismus. Das war kein Zufall. Hier wirkte die Gesetzmäßigkeit des weltweiten Übergangs vom Kapitalismus zum Sozialismus.

▌Internationale Beziehungen neuen Typs. Die im wesentlichen gleichartigen Aufgaben beim Aufbau der neuen Gesellschaft sowie die Abwehr von Angriffen der Konterrevolution und der imperialistischen Staaten machten eine enge Zusammenarbeit der volksdemokratischen Länder mit der Sowjetunion und untereinander notwendig. Diese Zusammenarbeit beruhte auf den Prinzipien des proletarischen Internationalismus.

Dieser Zusammenarbeit dienten bilaterale Freundschaftsverträge. Zwischen der UdSSR und der Tschechoslowakei, Polen und Jugoslawien bestanden sie schon seit dem Ende des zweiten Weltkrieges. Im Jahre 1948 wurden solche Verträge zwischen der UdSSR und Bulgarien, Ungarn und Rumänien vereinbart. Fast alle europäischen Volksdemokratien schlossen in den Jahren 1947 bis 1949 untereinander Verträge über Freundschaft, gegenseitige Hilfe und Zusammenarbeit ab.

Diese Verträge sollten vor allem zur schnellen Wiederherstellung der Volkswirtschaften beitragen und durch gegenseitige Warenlieferungen die Industrieproduktion und die Versorgung der Bevölkerung stabilisieren. Die Volksdemokratien waren einer zunehmenden handelspolitischen Behinderung durch die imperialistischen Hauptmächte ausgesetzt. Bestimmte Waren konnten sie auf dem Weltmarkt kaum noch erhalten. Die Sowjetunion half ihnen in dieser Situation durch die erheblich verstärkte Lieferung dringend benötigter Rohstoffe wie Koks, Eisenerz oder Baumwolle. Als Gegenleistung erhielt die UdSSR vor allem Fertigprodukte aus diesen Ländern.

Zwischen den kommunistischen Parteien, Gewerkschaften, Jugend- und Frauenverbänden der UdSSR und der Volksdemokratien bildeten sich intensive Beziehungen heraus. Sie dienten dem internationalen Erfahrungsaustausch beim Aufbau der Grundlagen des Sozialismus.

● Auf welcher Klassengrundlage entwickelten sich die Beziehungen zwischen den volksdemokratischen Ländern und der Sowjetunion?

▌Die Gründung des RGW. Zwischen der UdSSR und der

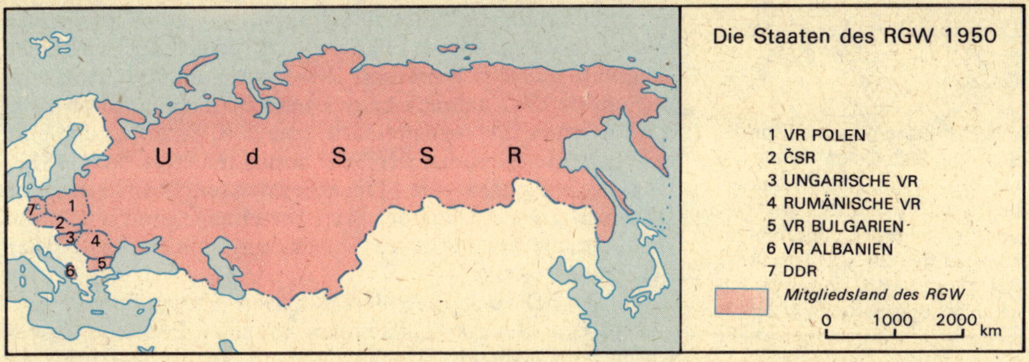

Volksdemokratien entwickelten sich bis zum Ende der vierziger Jahre enge Beziehungen auf politischer und ökonomischer Ebene. Das System zweiseitiger Verträge reichte aber zur Zusammenarbeit mehrerer Länder nicht mehr aus. Es bedurfte neuer Organisationsformen der internationalen Zusammenarbeit besonders auf wirtschaftlichem Gebiet.
Vom **5. bis 8. Januar 1949** berieten Vertreter aus *Bulgarien, Polen, Rumänien,* der *UdSSR* und der *Tschechoslowakei* in Moskau über die **Gründung eines Rates für Gegenseitige Wirtschaftshilfe (RGW).** Diese Tagung ging als Gründungsdatum des RGW in die Geschichte ein.
Volle Gleichberechtigung, gegenseitiger Vorteil und kameradschaftliche Hilfe kennzeichneten die Beziehungen zwischen den Mitgliedsländern. Der RGW ermöglichte den beteiligten Ländern, effektive Wege antiimperialistisch-demokratischer Umgestaltungen und des Aufbaus der Grundlagen des Sozialismus zu beschreiten sowie imperialistischen Embargomaßnahmen wirksam zu begegnen. Am Beginn der Tätigkeit des RGW standen vor allem die Abstimmung von Wirtschaftsplänen und die Ausarbeitung langfristiger Handelsabkommen.
Dem RGW traten am 23. Februar 1949 *Albanien* – seine Mitgliedschaft ruht seit 1961 – und am 29. September 1950 die *DDR* bei.

▌Herausbildung internationaler Beziehungen der SED, des FDGB und der FDJ. Obwohl sich in der sowjetischen Besatzungszone Deutschlands die antifaschistisch-demokratische Umwälzung aus der konkreten Situation heraus anders vollzog als die volksdemokratischen Revolutionen, war die Entwicklung hier doch eng mit dem Geschehen in Zentral- und Südosteuropa verbunden. Aber die Herstellung internationaler Verbindungen fiel den deutschen Antifaschisten keinesfalls leicht. Noch blickten viele Menschen in den von den Faschisten überfallenen Ländern voller Haß und Verachtung auf alle Deutschen. Zu sehr hatten die faschistischen Verbrechen das deutsche Volk in Mißkredit und Isolierung gebracht.
Es war deshalb von großer Bedeutung, daß sich die KPD und SPD bzw. die SED und andere Antifaschisten zur Mitschuld des deutschen Volkes und zur Pflicht der Wiedergutmachung

Erich Honecker über die Reise der FDJ-Delegation in die UdSSR

„Unsere Reise ging als ‚Friedensflug nach Osten' in die Geschichte ein. Der bis dahin bedeutendste Schritt war getan, um die Isolierung zu durchbrechen, in die der faschistische Krieg unser Volk und seine Jugend gestürzt hatte."[1]

bekannten. Vom 30. Januar bis 7. Februar 1947 weilte erstmals eine Delegation des Parteivorstandes der SED unter Leitung von Wilhelm Pieck und Otto Grotewohl in Moskau. Im September 1947 nahmen bereits zehn Delegationen von kommunistischen und Arbeiterparteien am II. Parteitag der SED teil. Parteidelegationen der SED besuchten 1948 die UdSSR, Ungarn, Bulgarien, die Tschechoslowakei, Rumänien und Österreich. Der Ausbau der Parteibeziehungen war eine große Hilfe für die revolutionäre Entwicklung in der sowjetischen Besatzungszone.

Auch der FDGB knüpfte internationale Verbindungen. Sein Kampf um Gewerkschaftseinheit in allen Besatzungszonen wurde vom Weltgewerkschaftsbund unterstützt. Im Juni und Juli 1946 sowie im Frühjahr 1947 weilten sowjetische Gewerkschaftsdelegationen in der sowjetischen Besatzungszone. Vom 5. November bis 3. Dezember 1947 besuchte die erste FDGB-Delegation unter Leitung von Hans Jendretzky die UdSSR. 1948 entstanden Gewerkschaftsbeziehungen zu anderen volksdemokratischen Ländern. Am 1. Januar 1949 wurde der FDGB als Mitglied in den WGB aufgenommen.

Erstmals konnte die FDJ auf ihrem II. Parlament zu Pfingsten 1947 ausländische Jugenddelegationen willkommen heißen. Noch waren aber die Beziehungen zur internationalen Jugendbewegung durch die faschistischen Untaten schwer belastet. Die FDJ gelobte, weiterhin konsequent für antifaschistisch-demokratische Veränderungen und für den Frieden zu kämpfen. Am 19. Juli 1947 reiste die erste FDJ-Delegation unter Leitung von Erich Honecker zur Spartakiade der sowjetischen Jugend nach Moskau. Sie symbolisierte den Willen der antifaschistischen deutschen Jugend, die Freundschaft zur Sowjetunion zu ihrer ureigensten Sache zu machen und zu pflegen. Am 21. August 1948 wurde die FDJ einstimmig in den WBDJ aufgenommen.

Die deutschen Antifaschisten trafen in der Sowjetunion und

Emblem der DSF

Die FDJ-Delegation kehrt von ihrem „Friedensflug nach Osten" zurück. Von links nach rechts: Herbert Geißler, Robert Menzel, Edith Baumann, Erich Honecker, Heinz Keßler

Einen nachhaltigen Beitrag zur Völkerverständigung leistet der Auftritt des Alexandrow-Ensembles der Sowjetarmee am 18. August 1948 auf dem Gendarmenmarkt (heute Platz der Akademie) in Berlin.

in den Volksdemokratien auf Verständnis und Unterstützung. Auf Initiative antifaschistischer Wissenschaftler, Schriftsteller, Künstler und Studenten erfolgte am 30. Juni 1947 die Gründung einer **„Gesellschaft zum Studium der Kultur der Sowjetunion“** in Berlin. Aus ihr ging im Juli 1949 die **„Gesellschaft für Deutsch-Sowjetische Freundschaft“** hervor. Damit setzte sich eine progressive Traditionslinie fort. Schon 1923 hatten mit der Arbeiterklasse verbundene Angehörige der Intelligenz eine „Gesellschaft der Freunde des neuen Rußland“ geschaffen, um sich über die Errungenschaften des jungen Sowjetstaates zu informieren und in Deutschland darüber zu berichten. Ende 1949 zählte die Freundschaftsgesellschaft bereits über 700000 Mitglieder.

Die SED widmete ihre ideologische Arbeit verstärkt der Vermittlung von Kenntnissen über die UdSSR und dem Studium der Geschichte der KPdSU. Erste Zirkel der Gewerkschaften und des Parteilehrjahres vermittelten sie in den Betrieben und Hochschulen.

Die Gründung der „Gesellschaft für Deutsch-Sowjetische Freundschaft“ und das organisierte Studium der Geschichte der KPdSU(B) leisteten einen wichtigen Beitrag, um die von der Nazipropaganda geschürten antisowjetischen Haßgefühle und Vorbehalte zu überwinden.

Die Herausbildung eines sozialistischen Weltsystems. Die

UdSSR und die Mongolische Volksrepublik waren vor dem zweiten Weltkrieg die beiden einzigen sozialistischen Staaten. Mit der Errichtung der Arbeiter-und-Bauern-Macht in elf europäischen und asiatischen Staaten veränderte sich nach 1945 das politische Antlitz der Welt wesentlich. Bis zum Ende der vierziger Jahre entwickelte sich aus diesen Staaten ein **sozialistisches Weltsystem.** Die UdSSR war seine politische, ökonomische und militärische Hauptkraft. Ihre Erfahrungen erleichterte die revolutionären Umgestaltungen in den volksdemokratischen Ländern. Die Zusammenarbeit dieser Staaten, die sich um die Sowjetunion scharten, entsprach den Prinzipien des proletarischen Internationalismus und stellte eine neue Qualität internationaler Beziehungen dar.

Mit der Herausbildung und Weiterentwicklung des sozialistischen Weltsystems veränderte sich das internationale Kräfteverhältnis deutlich zugunsten des Sozialismus. Damit erhöhten sich auch die Möglichkeiten, den Weltfrieden zu bewahren und eine friedliche Koexistenz von Staaten unterschiedlicher Gesellschaftsordnung anzustreben. Das sozialistische Weltsystem wurde zur Hauptkraft des Menschheitsfortschritts. Es ist die größte Errungenschaft der internationalen Arbeiterbewegung nach der Großen Sozialistischen Oktoberrevolution.

● *Welche Staaten gehörten 1949 zum sozialistischen Weltsystem? Werten Sie auch die Karten auf den S. 209 und S. 257 aus!*

Anteil der sozialistischen Länder an der industriellen Weltproduktion

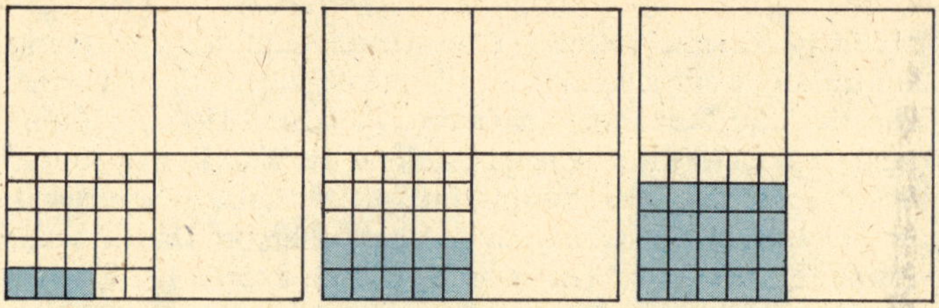

1917 3%   1937 10%   1950 20%

2. September 1948 Proklamierung der KDVR
Januar 1949 **Gründung des RGW**
1. Oktober 1949 Gründung der VR China

▶ **Der Sowjetunion gelang es unter großen Mühen und Entbehrungen, die ungeheuren Kriegsschäden zu beheben und die Volkswirtschaft wiederherzustellen. Nach dem zweiten Weltkrieg entstanden in Europa und Asien volksdemokratische Staaten. Ihnen war gemeinsam, daß die Arbeiterklasse unter Führung ihrer marxistisch-leninistischen Partei und im Bündnis mit den werktätigen Bauern die Diktatur des Proletariats errichtete. Zwischen der Sowjetunion und den Volksdemokratien entwickelten sich Beziehungen auf den Prinzipien des proletarischen Internationalismus. Die Gründung des RGW leitete eine internationale Zusammenarbeit historisch neuen Typs ein. Die Herausbildung eines sozialistischen Weltsystems nahm ihren Anfang.**

6.2. Die Zuspitzung der Klassenauseinandersetzung auf deutschem Boden

Spalter am Werk. Die Truman-Doktrin (vgl. S. 213) wirkte sich bald auf die Deutschlandpolitik der imperialistischen Mächte aus. Die USA nahmen Kurs auf die Einbeziehung eines antikommunistisch orientierten Deutschlands in ein imperialistisches Paktsystem. Und wenn es nicht gelingen sollte, ganz Deutschland in das Fahrwasser einer solchen Politik zu ziehen, so sollte das mindestens mit den westlichen Besatzungszonen geschehen. Diese Absicht entsprach auch voll den Interessen der deutschen Monopolbourgeoisie, die sich davon eine volle Restauration ihrer politischen Herrschaft erhoffte.

Noch bevor die Truman-Doktrin am 12. März 1947 offiziell verkündet war, vereinigten die USA und Großbritannien mit Wirkung vom **1. Januar 1947** ihre Besatzungszonen zur **Bizone.** Die für beide Zonen bereits bestehenden Verwaltungsorgane wurden ausgebaut. Das war eine Vorstufe zur Bildung eines westdeutschen Staates.

Als vom 10. März bis 24. April 1947 in Moskau die Außenminister deutsche Fragen berieten, sprach sich die Sowjetunion erneut für die Schaffung eines einheitlichen demokratischen deutschen Staates aus. Die Westmächte forderten dagegen eine Abänderung des Potsdamer Abkommens in ihrem Interesse: Statt eines Einheitsstaates schlugen sie einen Staatenbund vor. Die Beschlüsse des Alliierten Kontrollrates sollten mit einfacher Stimmenmehrheit gefaßt werden, um die sowjetische Seite ständig überstimmen zu können.

Obwohl die UdSSR das nicht akzeptieren konnte, nahm sie weiter eine konstruktive Haltung ein. Sie veranlaßte die Westmächte, einer beschleunigten Entnazifizierung und einer Bodenreform in ihren Besatzungszonen zuzustimmen. Doch in der zentralen Frage nach einem antifaschistisch-demokratischen deutschen Staat kam es zu keiner Einigung.

Die Westmächte ließen es nicht an tarnenden Beteuerungen fehlen, wandten sich jedoch faktisch gegen eine zentrale deutsche Regierung. Sie traten auch nicht mehr für einen Friedensvertrag auf der Grundlage des Potsdamer Abkommens ein. Unmittelbar nach der Moskauer Konferenz faßte die Regierung der USA einen geheimen Beschluß, der die Bildung eines westdeutschen Separatstaates vorsah.

Kennzeichnen Sie die politischen Auswirkungen der Truman-Doktrin auf die Entwicklung in den westlichen Besatzungszonen Deutschlands!

Die Dramatik der Situation fand auch während einer Konferenz ihren Niederschlag, zu der sich die Ministerpräsidenten der Länder aus allen vier Besatzungszonen Deutschlands im **Mai 1947** in München trafen. In Übereinstimmung mit ihren Besatzungsmächten klammerten die Vertreter der Westzonen die Frage nach der Einheit Deutschlands aus. Der Vorschlag der Ministerpräsidenten aus der sowjetischen Besatzungszone, eine zentrale deutsche Verwaltung zu bilden sowie über die Schaffung eines einheitlichen Staates zu verhandeln, wurde abgelehnt. Daran scheiterte die **Münchener Ministerpräsiden-**

Von der Konferenz des Rates der Außenminister in London, 25. November bis 15. Dezember 1947

tenkonferenz. Die Ministerpräsidenten der Westzonen orientierten faktisch auf die bundesstaatliche Zusammenfassung ihrer Länder und für deren Eingliederung in einen Block der imperialistischen Mächte.

Noch einmal unternahm die Sowjetunion **Ende 1947** auf der **Konferenz des Rates der Außenminister in London** den Versuch, die Westmächte für einen deutschen Friedensvertrag zu gewinnen und eine Resolution gegen die Bildung von Separatstaaten einzubringen. Doch schon ganz in den Denkschablonen des kalten Krieges befangen, verhinderten die imperialistischen Mächte konstruktive Ergebnisse und brachen die Konferenz ab. Damit hatten sie eine mögliche Friedensregelung über Deutschland torpediert.

● *Worin unterschied sich die Deutschlandpolitik der UdSSR 1947 von der der Westmächte?*

▮ **Zwei Linien in der Deutschlandpolitik.** Im Herangehen der Besatzungsmächte an die Frage nach der Zukunft Deutschlands äußerten sich zwei gegensätzliche Wege. Die Vorschläge der Sowjetunion zielten auf eine konsequente Erfüllung des Potsdamer Abkommens, auf die Durchführung antifaschistisch-demokratischer Umwälzungen in ganz Deutschland. Sie entsprachen den objektiven Interessen der Arbeiterklasse, der werktätigen Bauern, der klein- und mittelbürgerlichen Schichten.

Die Westmächte trafen sich in ihrem Bestreben, zumindest einen Teil Deutschlands in einen imperialistischen Block einzubeziehen, mit dem Hauptanliegen der deutschen Monopolbourgeoisie. Um ihre Machtpositionen völlig zu restaurieren, handelte diese nach dem Grundsatz: „Lieber das halbe Deutschland ganz, als das ganze Deutschland halb.".

▮ **Als Hilfe getarnt: Marshallplan.** Die Truman-Doktrin bedurfte einer ökonomischen Absicherung. Deshalb trat USA-Außenminister George C. Marshall am **5. Juni 1947** mit einem sogenannten Hilfsprogramm für Europa, dem „European Recovery Program" (ERP), an die Öffentlichkeit. Es wurde nach seinem Initiator **Marshallplan** genannt.

Rund 13 Milliarden Dollar flossen in den folgenden Jahren bis 1952 nach Westeuropa. Die westlichen Besatzungszonen Deutschlands und die Westsektoren Berlins erhielten Leistungen im Wert von über 3 Milliarden Dollar. Mit diesen Finanzspritzen trugen die USA dazu bei, das geschwächte kapitalistische System in Westeuropa zu stabilisieren und eine Nachkriegskonjunktur einzuleiten. Zugleich drängten USA-Konzerne auf dem westeuropäischen Markt weiter vor und bauten ihre Weltmarktpositionen aus. Aber besonders wichtig war, daß die USA mit dem Marshallplan die Fundamente für ein imperialistisches Paktsystem legten, das gegen die Sowjetunion und die volksdemokratischen Staaten gerichtet war.

Die volksdemokratischen Länder mußten den Marshallplan ablehnen, um nicht politischer Erpressung, ökonomischer Destabilisierung und ideologischer Unterwanderung ausgesetzt zu werden.

Die SED warnte 1947 davor, daß der Marshallplan die Länder Westeuropas in Abhängigkeit vom USA-Imperialismus bringen würde. Für Deutschland schlug sie deshalb vor, einen eigenen Wiederaufbauplan auszuarbeiten.

1. Deutscher Volkskongreß und Volkskongreßbewegung. Die Forderung nach einem einheitlichen demokratischen deutschen Staat entprach den nationalen Interessen der demokratischen Kräfte des deutschen Volkes und konnte sich auf die Potsdamer Beschlüsse stützen. Es ging darum, der antifaschistisch-demokratischen Umwälzung einen stabilen nationalstaatlichen Entwicklungsrahmen zu schaffen. Doch angesichts der Haltung der Westmächte und des deutschen Monopolkapitals nahm die Gefahr der endgültigen Spaltung Deutschlands immer realere Züge an. Alle Versuche, mit Vertretern der westdeutschen Länder über die Bildung einer gesamtnationalen Vertretung ins Gespräch zu kommen, scheiterten. Deshalb rief der Parteivorstand der SED am 26. November 1947 auf, aus allen antifaschistisch-demokratischen

Georgi Dimitroff über den Marshallplan

„Mit ihren Dollars hoffen die amerikanischen Imperialisten, jene Völker zu kaufen, die bestechliche Staatsmänner haben ...“[2]

- *Ziehen Sie einen Vergleich zum Dawesplan und seinen Auswirkungen (vgl. S. 51)! Was ist ähnlich, und was ist anders?*
- *Welche Ziele verfolgten die USA mit dem Marshallplan?*

Blick auf das Präsidium des 1. Deutschen Volkskongresses mit Otto Nuschke, Wilhelm Külz, Wilhelm Pieck und Walter Ulbricht (von rechts nach links)

Parteien, Organisationen und Betriebsbelegschaften Delegierte zu einem Volkskongreß zu entsenden. Es galt, eine **breite Massenbewegung für demokratische Einheit und einen gerechten Friedensvertrag** zu schaffen.

In vielen Orten der sowjetischen Besatzungszone fanden in diesen Tagen Kundgebungen statt, auf denen Zehntausende dieser Forderung Nachdruck verliehen. In den bürgerlich-demokratischen Parteien CDU und LDPD entbrannten heftige Auseinandersetzungen. Politiker wie Jacob Kaiser und Ernst Lemmer, die in der CDU den Ton angaben, lehnten die Teilnahme am Volkskongreß ab. In der Parteibasis der CDU stießen sie aber auf entschiedenen Widerspruch. Auf Länder- und Kreisebene stimmten die Ausschüsse des Demokratischen Blocks dem Vorschlag der SED zu. Auch in den Parteiführungen von CDU und LDPD setzten sich Politiker mit konsequent antifaschistisch-demokratischer Grundhaltung durch, so Johannes Dieckmann und Wilhelm Külz in der LDPD, Gerald Götting und Otto Nuschke in der CDU.

● *Wie entstand die Volkskongreßbewegung, und welche Aufgaben stellte sie sich?*

Am **6. und 7. Dezember 1947** tagte in Berlin der **1. Deutsche Volkskongreß.** Er erhob die Forderung nach einer Volksabstimmung über die Einheit Deutschlands.

Schon Mitte Dezember 1947 fanden überall in der sowjetischen Besatzungszone Volkskongreßkonferenzen statt. Sie wählten Volksausschüsse, im März 1948 gab es bereits über 5000. Sie wurden zu Zentren einer breiten Massenbewegung von Bürgern aller Klassen und Schichten. In der Volkskongreßbewegung erweiterte sich das Bündnis der antifaschistisch-demokratischen Kräfte.

Die Volkskongreßbewegung entfaltete sich Anfang 1948 auch

Großkundgebung in der Rheinlandhalle in Düsseldorf am 1. Februar 1948 gegen das Verbot des Volkskongresses in den Westzonen

Einzeichnungsstelle für das Volksbegehren in Berlin im Mai/Juni 1948

in den westlichen Besatzungszonen. Doch die Besatzungsmächte unterbanden sie bald durch amtliche Verbote.

▮ Wahl des Deutschen Volksrates. **Am 17. und 18. März 1948** trat in Berlin der 2. **Deutsche Volkskongreß** zusammen. Genau 100 Jahre nach der Märzrevolution von 1848 sprachen sich die fast 2000 Delegierten für einen planmäßigen Wirtschaftsausbau aus eigener Kraft aus. Entschieden nahmen sie gegen den Marshallplan und die Spaltungspolitik der Imperialisten Stellung. Zum leitenden Organ der Volkskongreßbewegung wählte der Kongreß den **Deutschen Volksrat.**

Der 2. Deutsche Volkskongreß beschloß ein Volksbegehren, um einen Volksentscheid über die Einheit Deutschlands herbeizuführen. In der kurzen Zeit vom 23. Mai bis 13. Juni 1948 stimmten 14,8 Millionen Wahlberechtigte in allen Besatzungszonen dafür. Das war weit mehr als der für ein Volksbegehren nötige Stimmenanteil von 10 Prozent. Der imperialistischen Spaltungspolitik wurde damit eine klare Absage erteilt. Gegen den Willen großer Teile der Bevölkerung ließen die Westmächte jedoch einen Volkentscheid nicht zu.

▮ Die Erweiterung des Demokratischen Blocks. Die Weiterentwicklung und Vertiefung des revolutionären Prozesses in der sowjetischen Besatzungszone führte auch zur Erweiterung des Demokratischen Blocks. Am 29. April 1948 gründeten werktätige Bauern und Angehörige der landwirtschaftlichen Intelligenz die **Demokratische Bauernpartei Deutschlands (DBD)**, an deren Spitze Ernst Goldenbaum stand. Handwerker, Einzelhändler, mittlere Unternehmer, Angestellte, Angehörige der bürgerlichen Intelligenz sowie ehemalige NSDAP-Mitglieder und Offiziere der faschistischen Wehrmacht, die keine Nazi- und Kriegsverbrechen begangen hatten, schlossen sich am 25. Mai 1948 unter dem Vorsitz von Lothar Bolz zur **National-Demokratischen Partei Deutschlands (NDPD)** zusammen. Auch der FDGB wurde 1948 in den Demokratischen Block aufgenommen.

Die Blockpolitik wurde auch durch die demokratische Frauen-

Deutscher Volksrat
400 Mitglieder, davon 100 aus den Westzonen Vorsitzende des Präsidiums: Wilhelm Külz (LDPD) Otto Nuschke (CDU) Wilhelm Pieck (SED)

Emblem der DBD

Emblem der NDPD

Emblem des DFD

● *Welche Parteien und Organisationen arbeiteten 1948 im Demokratischen Block zusammen?*

Rundfunkempfänger, 1947/48

bewegung unterstützt. Aus den antifaschistischen Frauenausschüssen hervorgehend, war am 8. März 1947 der **Demokratische Frauenbund Deutschlands (DFD)** gegründet worden.

Die Londoner Empfehlungen. Am 2. Juni 1948 endete eine längere Botschafterkonferenz der USA, Großbritanniens, Frankreichs, Belgiens, der Niederlande und Luxemburgs mit folgenschweren Empfehlungen. Die beteiligten Länder stimmten einer Einbeziehung der westlichen Besatzungszonen Deutschlands in den Marshallplan zu. Außerdem forderten sie die Errichtung einer internationalen Ruhrbehörde. In ihrem Kern enthielten die Empfehlungen Grundsätze zur Ausarbeitung einer Separatverfassung für die Westzonen. Dementsprechend erhielten die Ministerpräsidenten der Länder am 1. Juli 1948 von den Militärgouverneuren den Auftrag, die Verfassung für einen Bundesstaat auszuarbeiten.

Entschieden protestierte die Sowjetunion gegen diese Entscheidungen, die dem Potsdamer Abkommen widersprachen.

Die imperialistische Spaltungspolitik fand ihre Ergänzung durch einen gegen die sowjetische Besatzungszone gerichteten Wirtschaftskrieg. Vor allem die vertraglich vereinbarten Lieferungen von Steinkohle, Koks und metallurgischen Erzeugnissen aus den Westzonen wurden nicht eingehalten und verliefen unregelmäßig. Das brachte die Wirtschaft der sowjetischen Besatzungszone, die ohnehin in besonderem Maße an den Kriegsfolgen litt, in große Schwierigkeiten.

● *Was legte das Potsdamer Abkommen für die Behandlung Deutschlands durch die Alliierten fest? Wie wurde es durch die Westmächte und die Sowjetunion realisiert?*

---

1. Januar 1947 Bildung der Bizone
8. März 1947 Gründung des DFD
Juni 1947 Marshallplan
März 1948 Wahl des Deutschen Volksrates durch den 2. Deutschen Volkskongreß
29. April 1948 Gründung der DBD
25. Mai 1948 Gründung der NDPD

▶ **Im Rahmen ihrer gegen die Sowjetunion und die Volksdemokratien gerichteten Politik strebten die Westmächte die Einbeziehung Deutschlands oder zumindest der westlichen Besatzungszonen in ein imperialistisches Paktsystem an. Das entsprach auch den Interessen der deutschen Monopolbourgeoisie. Die Westmächte und antikommunistische Politiker der Westzonen lehnten alle Vorschläge zur Bildung einer gesamtnationalen deutschen Vertretung ab.**

Mit der Bildung der Bizone vollzogen die Westmächte erste Schritte zur Konstituierung eines separaten Staates aus den westlichen Besatzungszonen. Die USA setzten ihr großes ökonomisches Potential ein, um mit Hilfe des Marshallplans die kapitalistische Gesellschaftsordnung in Westeuropa zu stabilisieren, den eigenen Einfluß auf dem Kontinent zu verstärken und die westeuropäischen Länder für die Teilnahme an einem antikommunistischen Block zu gewinnen. Die Londoner Empfehlungen vom Juni 1948 leiteten die Vorbereitung eines aus den westlichen Besatzungszonen Deutschlands gebildeten Bundesstaates ein.

Als alle Versuche zur Bildung einer gemeinsamen deutschen Vertretung aller Besatzungszonen gescheitert waren, formierte sich auf Initiative der SED eine Volkskongreßbewegung. Sie wurde zu einer Massenbewegung für Einheit und gerechten Frieden.

6.3. Im Ringen um die Festigung und Weiterführung der antifaschistisch-demokratischen Umwälzung

▌ „Mehr produzieren – gerechter verteilen – besser leben!“ Die Nachkriegsnot war noch nicht überwunden, da brachen 1947 zusätzlich die Unbilden der Natur über die Menschen herein. Im außerordentlich strengen Winter 1946/47 wurde das Leben in unbeheizten Wohnungen und Notunterkünften zur Marter. Die Kälte forderte ihre Opfer. Und dann folgte ein glühendheißer Sommer, der die Felder vertrocknen ließ. Zuvor aber hatten Überschwemmungen Teile Thüringens, Sachsen-Anhalts und Brandenburgs heimgesucht. Bis zu 70000 ha Land standen im vom Kriege stark zerstörten Oderbruch unter Wasser. Tausende Sowjetsoldaten beteiligten sich dort unter Einsatz ihres Lebens an der vorübergehenden Evakuierung von 20000 Bewohnern. Reaktionäre Elemente, zum Beispiel manche Unternehmer, Großbauern und Großhändler, versuchten, den Aufbau der Wirtschaft nicht ohne Erfolg durch Sabotage, Raub von Volkseigentum und Warenschiebungen zu behindern. Die Notlage des Volkes erreichte 1947 ihren Höhepunkt.
In dieser schweren Situation rief der II. Parteitag der SED im September 1947 unter der Losung „Mehr produzieren – gerechter verteilen – besser leben!“ die Werktätigen zu erhöhten

Aus dem Befehl Nr. 234 der SMAD

Förderung des Leistungslohns
Gleicher Lohn für gleiche Arbeit
Bezahlter Mindesturlaub von 12 Tagen pro Jahr
Betriebsessen in wichtigen Industriezweigen
Sachprämien für gute Produktionsleistungen •

Die „Tägliche Rundschau“ vom 10. Oktober 1947

TÄGLICHE RUNDSCHAU

BEFEHL

des Obersten Chefs der Sowjetischen Militärverwaltung — Oberkommandierenden der sowjetischen Besatzungstruppen in Deutschland

Nr. 234

Ueber Maßnahmen zur Steigerung der Arbeitsproduktivität und zur weiteren Verbesserung der materiellen Lage der Arbeiter und Angestellten in der Industrie und im Verkehrswesen

Der Oberste Chef der Sowjetischen Militärverwaltung und Oberkommandierende der sowjetischen Besatzungstruppen in Deutschland, Marschall der Sowjetunion W. Sokolowskij, erließ den Befehl Nr. 234, der Maßnahmen zur Steigerung der Arbeitsproduktivität und zur weiteren Verbesserung der materiellen Lage der Arbeiter und Angestellten in der Industrie und im Verkehrswesen enthält.

Nach dem Zusammenbruch des volksfeindlichen Regimes, des aggressiven Hitlerdeutschlands, so heißt es in diesem Befehl, wurden in der sowjetischen Besatzungszone überaus wichtige Maßnahmen durchgeführt, um die gesetzmäßigen Rechte der Arbeiter und Angestellten zu verankern. Der Achtstundenarbeitstag und gleicher Lohn für gleiche Arbeit wurden eingeführt. Der bezahlte Urlaub für Arbeiter und Angestellte wurde wiederhergestellt und verlängert. Das Recht der Werktätigen, sich in Gewerkschaften und anderen demokratischen Organisationen frei zu organisieren, wurde wiederhergestellt. Die im Interesse der Unternehmer eingeführten einseitigen faschistischen Tarifordnungen wurden abgeschafft. Es werden wieder Tarifverträge zwischen den Arbeitern und den Unternehmern abgeschlossen. Es bestehen demokratisch gewählte Betriebsräte, die ihre Funktionen ausüben. Das Mitbestimmungsrecht der Arbeiter und Angestellten bei der Lösung von Fragen, die mit der Arbeit des Betriebes im Zusammenhang stehen, sowie das Kontrollrecht sind gesichert. Eine einheitliche demokratische Sozialversicherung wurde eingeführt. Allein im abgelaufenen Jahr wurden für die Sozialversicherung und Sozialfürsorge der Werktätigen in der Zone über zwei Milliarden Mark ausgegeben.

In der sowjetischen Besatzungszone sind die Errungenschaften der deutschen Arbeiterbewegung auf dem Gebiete der Arbeitsgesetzgebung und der Rechte der Arbeiter und Angestellten nicht nur wiederhergestellt, sondern in einem Maße erweitert worden, wie es in der Geschichte Deutschlands noch [illegible] war.

rung des Verwaltungsapparates von ehemaligen aktiven Faschisten, Militaristen und Kriegsverbrechern wurde geleistet. Die Schlüsselpositionen der Wirtschaft befinden sich jetzt in den Händen des Volkes.

Das alles war die Grundlage der Erfolge, die von den Werktätigen beim Wiederaufbau der Friedenswirtschaft erzielt wurden. Infolgedessen gibt es in der sowjetischen Besatzungszone keine Arbeitslosigkeit, es besteht im Gegenteil Mangel an Arbeitskräften.

Die weitere Wiederherstellung und Entwicklung der Industrie und des Verkehrswesens erfordert vor allem eine Erhöhung der Arbeitsproduktivität und eine Festigung der Arbeitsdisziplin. In vielen Werken und Fabriken, Gruben und Eisenbahnen befinden sich die Arbeitsdisziplin und die Arbeitsproduktivität noch auf einem niedrigen Niveau. Diese Lage steht nicht nur mit den schweren Folgen des aggressiven Hitlerkrieges im Zusammenhang. Sie ist auch eine Folge der ungenügenden Aufmerksamkeit einiger Verwaltungsorgane, Betriebsdirektoren und demokratischer Organisationen in bezug auf die restlose Ausnutzung aller Möglichkeiten für die Verbesserung der Lage der Arbeiter, welche die Hauptkraft der Demokratisierung und des wirtschaftlichen Aufschwunges in der sowjetischen Besatzungszone sowie für die Entwicklung der Wirtschaft darstellen. Es wäre falsch, anzunehmen, daß die neue Demokratie, bei der die Schlüsselpositionen der Wirtschaft sich in den Händen des Volkes befinden, eine Senkung der Arbeitsproduktivität und eine Verschlechterung der Arbeitsdisziplin im Vergleich zu der alten Ordnung bedeute. Im Gegenteil, die neue Demokratie bedeutet eine höhere Arbeitsproduktivität, die die Möglichkeit bietet, den Verfall zu überwinden und zu einem unvergleichlich höheren Niveau der materiellen Versorgung der Werktätigen zu gelangen.

Die Steigerung der Arbeitsproduktivität und die Entfaltung der bewußten eigenen Initiative der Werktätigen für den wirtschaftlichen Aufschwung der [illegible] gegenwärtig des Haupt[illegible]

Plakat des FDGB 1948

Heinrich Rau, Vorsitzender der DWK (rechts), und Bruno Leuschner, stellvertretender Vorsitzender

Die Leitung der DWK
Vorsitzender: Heinrich Rau (SED) Stellvertretende Vorsitzende: Bruno Leuschner (SED) Fritz Selbmann (SED) Hermann Kastner (LDPD) Luitpold Steidle (CDU)

• *Welche Aufgaben erhielt die DWK bei ihrer Gründung und im Prozeß des Wirtschaftsaufbaus?*

Anstrengungen, zur Steigerung der Produktion auf. Nur durch den Wiederaufbau der Wirtschaft aus eigener Kraft konnte dem Druck der Feinde der antifaschistisch-demokratischen Umgestaltung widerstanden werden, die eine Restauration kapitalistischer Verhältnisse auch im Osten Deutschlands anstrebten.

Am 9. Oktober 1947 unterstützte die SMAD die Politik der SED durch den Befehl Nr. 234 „Über Maßnahmen zur Steigerung der Arbeitsproduktivität und zur weiteren Verbesserung der materiellen Lage der Arbeiter und Angestellten in der Industrie und im Verkehrswesen".

Sichtbare Ergebnisse dieser Politik waren deutliche Produktionssteigerungen in volkseigenen und SAG-Betrieben. 1947 wuchs die Industrieproduktion gegenüber 1946 um 11 Prozent. In der Maxhütte Unterwellenborn konnte im Januar 1948 der erste neue Hochofen angeblasen werden. Im Stahlwerk Hennigsdorf gingen Anfang 1948 neue Siemens-Martin-Öfen in Betrieb.

▮ **Die Deutsche Wirtschaftskommission und der Beginn der längerfristigen Wirtschaftsplanung.** Um die Zielstellung „Mehr produzieren – gerechter verteilen – besser leben!" auch verwirklichen zu können, war eine längerfristige Wirtschaftsplanung unbedingt erforderlich. Nur so konnten alle Kräfte und die knappen Mittel richtig eingesetzt, konnten die Ergebnisse sozial gerecht verteilt werden.

Auf Initiative der SED war im Juni 1947 die **Deutsche Wirtschaftskommission (DWK)** gebildet worden. Ihre Aufgabe hatte in der Koordinierung der Zentralverwaltungen und in der Beratung der SMAD bestanden.

Um die Tätigkeit der DWK effektiver zu gestalten, übertrug ihr die SMAD am 9. März 1948 das Recht, Verordnungen mit Gesetzeskraft zu erlassen. Das führte dazu, daß sich die DWK zu einem zentralen Staatsorgan entwickelte.

Die Übertragung neuer Rechte an die DWK war möglich, weil wesentliche Aufgaben der antifaschistisch-demokratischen Umwälzung gelöst waren. Die Arbeiterklasse hatte wichtige Machtpositionen in der Verwaltung und in der Wirtschaft eingenommen, der volkseigene Wirtschaftssektor erstarkte, erste Erfolge der planmäßigen Wirtschaft zeichneten sich ab. Jetzt kam es darauf an, den revolutionären Prozeß konsequent weiterzuführen.

Auf Initiative der SED wurde für die zweite Hälfte des Jahres 1948 ein **Halbjahrplan** ausgearbeitet, der gegenüber 1947 bei Roheisen, Stahl, Maschinen, Baumaterialien, Kunstfasern und Schuhen eine teilweise erhebliche Produktionssteigerung vorsah.

Mit dem Ziel, bis 1950 in wichtigen Industriezweigen das Vorkriegsniveau zu erreichen, fand der Halbjahrplan seine Fortsetzung in einem **Zweijahrplan** für die Jahre 1949 bis 1950.

In öffentlichen Diskussionen wurde der Entwurf des Zweijahrplanes im Sommer 1948 ausführlich beraten. Auch der kapitalistische Sektor sollte künftig durch ein Vertragssystem in die planmäßige Entwicklung einbezogen werden. Das fand die Zustimmung vieler Handwerker, Gewerbetreibenden sowie kleiner und mittlerer Unternehmer. In CDU und LDPD konnten die Gegner der Wirtschaftsplanung zurückgedrängt werden. Nach vielen Beratungen im Demokratischen Block, in Länderparlamenten und Betrieben bestätigte der Deutsche Volksrat im Oktober 1948 den Zweijahrplan.

Ein Teufelskreis wird durchbrochen. Angesichts der großen materiellen Not war die Auffassung „Erst mehr essen – dann besser arbeiten" weit verbreitet. Aber mehr Essen konnte es nur geben, wenn besser und mehr gearbeitet wurde. Wie sollte man aus diesem Teufelskreis herauskommen?

Der Übergang zur längerfristigen Wirtschaftsplanung wies dazu den Weg. Doch der konnte nur erfolgreich beschritten werden, wenn sich eine neue Einstellung zur Arbeit, verbesserte Arbeitsorganisation und -disziplin herausbildeten. In intensiver ideologischer Arbeit bemühte sich die SED, den Werktätigen klarzumachen, daß sie als Besitzer der wichtigsten Produktionsmittel alle Aufgaben selbst lösen mußten, um besser zu leben.

Fortgeschrittene Arbeiter hatten das schon erkannt. Bei der Verwirklichung des Befehls Nr. 234 waren viele von ihnen als Aktivisten und Jungaktivisten mit beispielhaften Leistungen hervorgetreten.

Doch um noch größere Teile der Arbeiterklasse von der Richtigkeit dieses Weges zu überzeugen, bedurfte es eines massenwirksamen Beispiels. Das kam nicht von selbst, es mußte organisiert werden. Nach gründlichen Erwägungen und Diskussionen in Partei- und Gewerkschaftsleitungen fiel die Entscheidung: Der Bergmann **Adolf Hennecke** aus der Grube „Karl Liebknecht" (damals hieß sie noch „Gottes Segen") im Zwikkau-Oelsnitzer Steinkohlenrevier sollte ein solches Beispiel geben. Am **13. Oktober 1948** brach Hennecke in der Frühschicht 24,4 m^3 Kohle. Das war eine Normerfüllung von 387 Prozent!

Zweijahrplan 1949/1950 – geplante Steigerung wichtiger Kennziffern (1947 = 100)[3]

Gesamte Industrieproduktion	135
Arbeitsproduktivität	130
Elektroenergie	129
Steinkohle	112
Braunkohle	116
Chemische Industrie	146
Werkzeugmaschinen-, Fahrzeug- und Schiffbau	200
Ernteerträge Getreide	123

Erich Honecker auf dem Kongreß der jungen Aktivisten der volkseigenen Industrie, Zeitz, 10./11. April 1948

„Auf den Trümmern einer Welt, die den Arbeiter zum Sklaven herabwürdigte, die ihn ausbeutete, steht jetzt in Ostdeutschland eine Jugend am Beginn einer neuen Periode des Aufbaues. Unsere arbeitende Jugend hat hier zum ersten Male in der Geschichte alle Möglichkeiten, handelnde und gestaltende Kraft im politischen und gesellschaftlichen Leben überhaupt zu sein."[4]

Aktivistenabzeichen der volkseigenen Betriebe

Adolf Hennecke nach seiner Hochleistungsschicht

- *Welche Bedeutung kam der Tat Adolf Henneckes zu?*
- *Was war zu tun, um die Tat Henneckes populär zu machen?*

Tägliche Lebensmittelration eines Arbeiters 1948
475 Gramm Brot
65 Gramm Nährmittel
40 Gramm Fleisch
18 Gramm Fett
35 Gramm Zucker
Kartoffeln, Gemüse, Obst: ohne Rationierung

HO-Preise 1948
1 kg Margarine: 110 Mark
1 kg Weizenmehl: 15 Mark
1 kg Zucker: 33 Mark
1 Brötchen: 80 Pfennige
1 Bockwurst: 5 Mark

Die Nachricht von dieser **Hochleistungsschicht** verbreitete sich schnell. Viele Kumpel wandten sich dagegen. Sie sahen in Hennecke den „Normenbrecher". Doch der wollte – wie er selbst sagte – durch seine Leistung zeigen, daß es bei einer gesunden Einstellung zur Arbeit, durch verbesserte Arbeitsmethoden und kluge Arbeitsorganisation möglich war, eine Leistungssteigerung zu erreichen. Damit verkörperte Adolf Hennecke beste Traditionen der deutschen Arbeiterklasse.

Nun kam es darauf an, seinem Beispiel zum Durchbruch zu verhelfen. Nach vielen Diskussionen folgten ihm noch im Oktober weitere Aktivisten. Zuerst waren es Bergleute wie Paul Berndt, Paul Günther und Franz Franik. Dann folgten auch Arbeiter anderer Industriezweige, so der Dreher Werner Israel in Leipzig oder der Maurerpolier Paul Sack in Stralsund. Die beispielgebende Aktivistentat weitete sich zur **Hennecke-Bewegung** aus. Ende 1948 konnten schon 4000 Aktivisten ausgezeichnet werden. Im zweiten Halbjahr 1948 stieg die Arbeitsproduktivität um 15 Prozent. Das war im wesentlichen ein Verdienst der **Aktivisten- und Wettbewerbsbewegung** in den volkseigenen und SAG-Betrieben. Sie erwuchs aus der neuen Stellung der Arbeiterklasse in der Gesellschaft: Produzierende Arbeiter begannen bewußt als Eigentümer der Produktionsmittel zu handeln.

▌ „Freie Läden". Im Kampf um die Erfüllung der Wirtschaftspläne erreichten die Arbeiterklasse, die werktätigen Bauern und die Intelligenz 1948 beachtliche Ergebnisse. Die Industrieproduktion stieg gegenüber 1947 um ein Drittel. Im Vergleich zu 1936 erreichte sie über 70 Prozent. Die Durchschnittslöhne stiegen um 17,3 Prozent.

Diese Ergebnisse ermöglichten eine bessere Versorgung der Bevölkerung mit Lebensmitteln, Kleidung und Industriewaren. Doch die Menge reichte bei weitem noch nicht aus, und die Qualität war oft mangelhaft.

Am 15. November 1948 eröffnete eine **staatliche Handelsorganisation „HO"** erste Läden und Gaststätten. Hier wurden Waren ohne Rationierung, aber zu höheren Preisen abgegeben.

Die HO-Läden waren ein schwerer Schlag gegen den „Schwarzen Markt", wo Schieber und Spekulanten viele Werktätige betrogen. Aber die „5-Mark-Bockwurst" wurde auch zu einem Symbol des wirtschaftlichen Aufstiegs. Die Tatsache, daß man jetzt für ehrlich erarbeitetes Geld mehr kaufen konnte, als auf den Rationierungskarten ausgedruckt war, wurde zu einem wirksamen Anreiz für höhere Arbeitsleistungen.

▌ Erfolge in Industrie und Landwirtschaft. Im Januar 1949 stellte die 1. Parteikonferenz der SED fest, daß die Partei vor der Aufgabe stand, „den demokratischen Neuaufbau in der Ostzone zu festigen und von dieser Basis aus den Kampf für die demokratische Einheit Deutschlands, für Frieden und für die fortschrittliche Entwicklung zu verstärken"[5]. Ganz wichtig für diese Zielstellung war die Frage, ob es gelang, den Zweijahrplan zu verwirklichen. In den Betrieben wurden dazu große Anstrengungen unternommen. Dabei entwickelte sich

Am 30. März 1949 treffen sowjetische LKW in Frankfurt (Oder) ein.

auch die Aktivisten- und Wettbewerbsbewegung weiter. Auf Initiative von Luise Ermisch entstand im Juli 1949 in den Halleschen Kleiderwerken die erste Qualitätsbrigade. Immer mehr Arbeiter machten Neuerervorschläge zur Verbesserung der Produktion.

Am 21. März 1949 lieferten die Zwickauer Horch-Werke den ersten Traktor aus. Bis Ende 1949 standen der Landwirtschaft 500 Traktoren aus eigener Produktion zur Verfügung. Weitere 1000 Traktoren und 540 Lastkraftwagen lieferte die Sowjetunion.

Diese Traktoren wurden in **Maschinen-Ausleih-Stationen (MAS)** stationiert, die seit Herbst 1948 aus den Maschinenhöfen der VdgB entstanden. „FDJler auf die Traktoren!" rief die FDJ ihre Mitglieder auf, den Aufbau der MAS zu unterstützen. Bis Mitte Mai 1949 folgten 4589 junge Arbeiter dieser Initiative. Mit den MAS-Maschinen halfen sie vor allem den Neubauern, den kleinen und mittleren Bauern. Auf diese Weise festigte sich das Bündnis zwischen Arbeiterklasse und werktätigen Bauern.

▮ **Weiterführung der antifaschistisch-demokratischen Umwälzung auf dem Gebiet von Ideologie und Kultur.** In den Jahren 1948/49 trat die demokratische Schulreform in eine neue Phase. Aus bewährten antifaschistischen und Neulehrern formierte sich ein fester Kern der antifaschistisch-demokratischen Lehrerschaft. Anfänge einer marxistisch-leninistischen Pädagogik bildeten sich heraus. Ins Deutsche übersetzte sowjetische Geschichtslehrbücher ermöglichten es, das Fach Geschichte auf der Grundlage des historischen Materialismus zu unterrichten. Die Zahl der einklassigen Landschulen verringerte sich von über 4000 im Jahre 1945 auf 1407 im Jahre 1949.

Am 13. **Dezember 1948** wurde der Verband der Jungen Pioniere gegründet; seit 1952 trägt er den Namen **Pionierorganisation „Ernst Thälmann"**. Im Sommer 1949 zählte sie schon mehr als 700000 Mitglieder. Sie stärkte die einheitliche demokratische Jugendbewegung.

Produktionsinitiativen nach der 1. Parteikonferenz der SED

2. April 1949 Saalewasser fließt durch eine 4,5 km lange Rohrleitung zu den Hochöfen der Maxhütte. Abschluß der FDJ-Aktion „Max braucht Wasser".
April bis Juni 1949: Wettbewerb der Stahlwerker „Aus Stahl wird Brot"
April 1949: Baubeginn am ersten zentralen Jugendobjekt der FDJ, der Talsperre Sosa
Juli 1949: Bewegung der Qualitätsbrigaden, ausgelöst durch Luise Ermisch, Hallesche Kleiderwerke

Eines der sowjetischen Geschichtslehrbücher für unsere Schule

Thomas Mann als Gast bei den Feierlichkeiten zum Goethe-Jahr 1949 in Weimar. Links von ihm Johannes R. Becher und Paul Wandel

Die kulturelle Betätigung der Werktätigen nahm zu. Sie setzte Traditionen der Arbeiterkulturbewegung aus der Zeit vor 1933 fort. Es wurde mehr gelesen, Chöre, Musikgruppen, Laienspielensembles entstanden in großer Zahl.
Die Pflege der sorbischen Kultur war ein wichtiges Anliegen. Am 23. März 1948 beschloß der sächsische Landtag ein Gesetz zur Wahrung der Rechte der sorbischen Bevölkerung. Erstmals in der deutschen Geschichte wurde die nationale Gleichberechtigung der Sorben garantiert.
Neue Filme entstanden, so „Die Buntkarierten" von Kurt Maetzig und Slatan Dudows Film „Unser täglich Brot". Bücher wie Anna Seghers' „Die Toten bleiben jung", Willi Bredels „Die Söhne" waren Kämpfern der Arbeiterklasse gewidmet. Otto Gotsches Buch „Tiefe Furchen" behandelte erstmals Probleme der Bodenreform.
Viele humanistisch denkende Wissenschaftler stellten ihre Arbeit in den Dienst der antifaschistisch-demokratischen Umwälzung, so der Mediziner Theodor Brugsch, der Chemiker Erich Correns, der Biophysiker Walter Friedrich, der Philologe Johannes Stroux und andere. Es kam darauf an, zwischen der Arbeiterklasse und der Intelligenz ein festes Bündnis herzustellen. Die Förderung von Wissenschaft und Kultur gehörte zur revolutionären Umgestaltung der Gesellschaft.
Um den Anteil der Arbeiter- und Bauernstudenten zu erhöhen, wurden die Vorstudienanstalten im Jahre 1949 in **Arbeiter-und-Bauern-Fakultäten (ABF)** umgewandelt und als gleichberechtigte Fakultäten den Universitäten zugeordnet. Schon ein Jahr später lag der Anteil der Studenten, die aus der Arbeiterklasse oder aus der werktätigen Bauernschaft kamen, bei etwa 33 Prozent. Ein wichtiger Schritt zur Herausbildung einer sozialistischen Intelligenz war getan.

Juli bis Dezember 1948 Halbjahrplan
13. Oktober 1948 Adolf Henneckes Hochleistungsschicht
13. Dezember 1948 Gründung der Pionierorganisation „Ernst Thälmann"
1949/50 Zweijahrplan

▶ 1948 waren in der sowjetischen Besatzungszone wesentliche Aufgaben der antifaschistisch-demokratischen Umwälzung gelöst. Es ging um den weiteren Entwicklungsweg. Der revolutionäre Prozeß mußte unter den Bedingungen des kalten Krieges und der imperialistischen Spaltungspolitik fortgesetzt werden. Der Halbjahrplan und der Zweijahrplan wurden zu Instrumenten für die Weiterführung der antifaschistisch-demokratischen Umwälzung. Die DWK erhielt gesetzgebende Funktion und entwickelte sich zu einem zentralen Staatsorgan. Dem Beispiel Adolf Henneckes folgend, bildete sich die Aktivisten- und Wettbewerbsbewegung heraus.
Die Aufbauerfolge ermöglichten die Schaffung einer staatlichen Handelsorganisation. Die Möglichkeit, unrationierte Waren zu kaufen, wurde zu einem Leistungsanreiz für die Werktätigen. Als Ausdruck des Bündnisses zwischen Arbeiterklasse und werktätiger Bauernschaft entstanden auf dem Lande MAS. Auch auf dem Gebiet von Ideologie und Kultur wurde die antifaschistisch-demokratische Umwälzung erfolgreich fortgesetzt.

6.4. Im Kampf gegen die Spaltung Deutschlands

PKW „EMW 340“, 1949

■ **Verfassungsentwurf.** Angesichts der sich immer deutlicher abzeichnenden Folgen des kalten Krieges und der imperialistischen Spaltungspolitik wandte sich der Deutsche Volksrat im Oktober 1948 mit dem Entwurf einer Verfassung für eine deutsche demokratische Republik an die Öffentlichkeit. Er sah bei konsequenter Durchsetzung der Potsdamer Beschlüsse eine antifaschistisch-demokratische Lösung für ganz Deutschland vor. Tausende Bürger stimmten dem Entwurf in öffentlichen Versammlungen zu. Der Deutsche Volksrat erhielt 15000 zustimmende Entschließungen und 503 Abänderungsvorschläge. Die Vorlage des Verfassungsentwurfs erfolgte in einer Zeit, in der der kalte Krieg auf deutschem Boden einem Höhepunkt entgegenging.

■ **Währungsreformen.** Als am 25. November 1947 in Bremerhaven der Frachter „American Farmer“ seine Ladung löschte, waren 4000 geheimnisvolle Kisten darunter. Weitere Schiffsladungen folgten. Streng bewacht wurden bis Mai 1948 insgesamt 22895 solcher Kisten nach Frankfurt am Main transportiert. Sie enthielten Banknoten – in den USA gedruckt –, die am „Tage X“ in einer **separaten Währungsreform in den Westzonen** ausgegeben werden sollten. Am 18. Juni 1948 ordneten die Westmächte für den **20. Juni 1948** die Einführung der Deutschen Mark (DM) an. Bei der Währungsreform in den Westzonen wurden die Guthaben der Sparer im Verhältnis 1:10 umgetauscht. Konzerne konnten dagegen ihr Kapital im Verhältnis 1:1 bis 1:3 umwerten. Diese Währungsreform belastete die einfachen Menschen am stärksten, während die Monopolbourgeoisie ihre Geld- und Vermögenswerte weitgehend stabilisierte.

Im Alliierten Kontrollrat waren bis Anfang 1948 intensive Beratungen über eine Währungsreform geführt worden; denn sie

Anlieferung der Spalter-Mark in Hamburg

Kupon-Mark. Bis zur Währungsspaltung gibt es in allen vier Besatzungszonen gleiche Geldscheine. Um dem Zustrom wertloser Scheine aus den Westzonen entgegenzuwirken, werden im Osten Deutschlands in aller Eile Banknoten mit einem Spezialkupon versehen. Dieser Notwährung folgen ab Juli 1948 inzwischen gedruckte neue Banknoten.

war angesichts des Mißverhältnisses zwischen der großen umlaufenden Geldmenge und dem geringen Warenfonds unumgänglich geworden. Dabei hatte die Sowjetunion eine Währungsreform vorgeschlagen, die alle Zonen umfassen sollte. Als jedoch die separate Währungsreform in den Westzonen begann, mußte gehandelt werden. Um das Hereinfluten wertloser Geldscheine in die sowjetische Besatzungszone zu verhindern, ordnete die SMAD am 19. Juni 1948 die Sperrung des gesamten Güter- und Kraftfahrzeugverkehrs aus den Westzonen an. Am 21. Juni 1948 erließ die DWK eine Verordnung über die **Durchführung einer demokratischen Währungsreform in der sowjetischen Besatzungszone.** Sie begann gemäß SMAD-Befehl Nr. 111 am **24. Juni 1948.** Um soziale Härten zu vermeiden, wurden Beträge bis zu 70 Mark im Verhältnis 1:1 umgetauscht. Vermögen, die aus Schwarzmarkt- und Spekulationsgeschäften stammten, wurden beschlagnahmt.

▌ Die Spaltung Berlins. Am 25. Juni 1948 erfolgte die Ausgabe der mit einem „B" abgestempelten Westmark in den Berliner Westsektoren. Damit brachen die Westmächte eine der UdSSR gegebene Zusage, die DM nicht in den Westsektoren Berlins einzuführen.

Die SMAD protestierte gegen diesen Schritt, der Berlin in zwei Währungsgebiete spaltete. Zusätzliche Maßnahmen zum Schutz der Bevölkerung und der Wirtschaft in der sowjetischen Besatzungszone wurden erforderlich. Verstärkter Kontrolle und Sicherung unterlag jetzt die Grenze zu den Westzonen. Der Verkehr zwischen den Westzonen und den Westsektoren Berlins wurde völlig eingestellt. Diese Maßnahmen verfälscht die imperialistische Propaganda seither als „Blockade".

Aber das war keine Blockade, denn die UdSSR hatte angeboten, die Versorgung der Westsektoren zu übernehmen. Doch das lehnten die Westmächte ab. Sie reagierten mit einer wütenden antisowjetischen Kampagne und drohten mit einem Panzerdurchbruch. Am 25. Juni 1948 begannen sie mit der Einrichtung einer **„Luftbrücke"** zur Versorgung der Berliner Westsektoren. Diese angesichts der sowjetischen Vorschläge völlig überflüssige Aktion dauerte bis zum 30. September 1949. Sie brachte den Flugzeugkonzernen der USA Riesenprofite und diente den Militärs als Test für große Luftversorgungsoperationen. In Wirklichkeit wurde nur ein Bruchteil der in den Westsektoren benötigten Güter eingeflogen. Einen Teil der Versorgungsgüter beschafften sich die Westberliner im demokratischen Sektor von Berlin, da die Sektorenübergänge offen blieben.

Auf sowjetische Initiative begannen in Moskau Verhandlungen der vier Besatzungsmächte zur Beilegung der **Berliner Krise.** Am 30. August 1948 einigten sie sich auf eine Direktive, worin die Mark der sowjetischen Besatzungszone für ganz Berlin als einzige Währung anerkannt wurde. Doch diese Lösung brachten die Westmächte unter erneuten Vorwänden zum Scheitern.

Zeitgenössisches Eingeständnis

„Der kalte Krieg ist ein Segen für die Flugzeugindustrie geworden ..."[6]

500 000 Berliner begrüßen den demokratischen Magistrat von Groß-Berlin und seinen Oberbürgermeister Friedrich Ebert am 30. November 1948 Unter den Linden.

)ie UdSSR verfolgte weiterhin eine auf Entspannung gerichete Politik. Sie erklärte sich bereit, die Beschränkungen des /erkehrs zwischen den Berliner Westsektoren und den Westonen aufzuheben, wenn sich die Westmächte zu Beratungen ler Außenminister über die Zukunft Deutschlands bereitfanlen. Am 4. Mai 1949 erzielten die UdSSR und die USA eine ntsprechende Vereinbarung, so daß die Berliner Krise beigeegt werden konnte.

n dieser Zeit nutzten bürgerliche Politiker und antikommunitische SPD-Funktionäre in Berlin die komplizierte Situation, m die städtischen Einrichtungen zu spalten. Wenn es schon icht gelang, ganz Berlin in einen Westzonenstaat einzuglielern, dann sollten es zumindest die Westsektoren sein. Die Vährungsspaltung gab ihnen Rückenwind. Am 6. September 948 zog die Mehrheit der bürgerlichen und sozialdemokratichen Stadtverordneten aus dem Stadthaus aus und tagte im ritischen Sektor als Rumpfparlament. Am 13. Oktober 1948 olgte ihnen die prowestliche Magistratsmehrheit. Das bedeuete die Spaltung des Berliner Magistrats, die **Spaltung Berins.**

Am 30. November 1948 wählte eine außerordentliche Stadterordnetenversammlung den neuen demokratischen Magitrat aus Vertretern des Demokratischen Blocks. Zum neuen)berbürgermeister wurde **Friedrich Ebert** (SED) gewählt. Im lemokratischen Berlin konnte die antifaschistisch-demokratiche Umwälzung fortgesetzt werden, während in den Westsekoren die Restauration der alten kapitalistischen Verhältnisse eschleunigt wurde.

Die Gründung der NATO. Unter Führung der USA setzten lie imperialistischen Hauptmächte die aggressive Politik einer

Die Westmächte: „Wir halten am Potsdamer Abkommen fest!"
Zeitgenössische Karikatur von Alfred Beier-Red

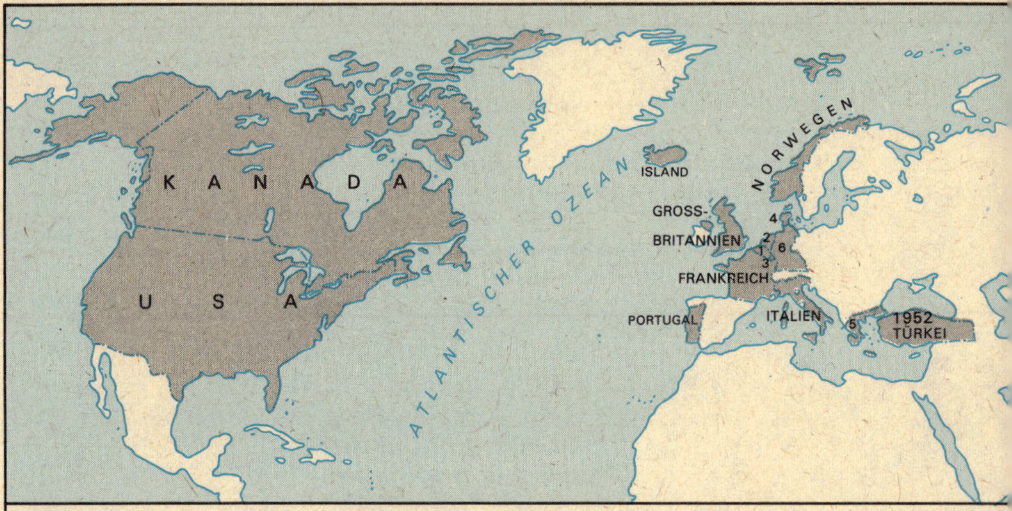

Die Gründung der NATO 1949

● *Welche Staaten waren Gründungsmitglieder der NATO? Werten Sie die Karte aus!*

antisowjetischen Blockbildung fort. Die Politik der Stärk sollte den Sozialismus eindämmen.

Am **4. April 1949** unterzeichneten die Außenminister de USA, Kanadas und von zehn westeuropäischen Staaten in Wa shington den **Nordatlantikpakt**, der die NATO (North Atlanti Treaty Organization) begründete. Der NATO-Vertrag wurd für die Dauer von 20 Jahren abgeschlossen. Schon bei de Gründung der NATO wurden Pläne geschmiedet, einen kün tigen westdeutschen Separatstaat in die NATO einzubezie hen.

▌ 3. Deutscher Volkskongreß und Nationale Front. Am 1: und 16. Mai 1949 waren in der sowjetischen Besatzungszon über 13,5 Millionen Wahlberechtigte aufgerufen, in allgeme ner, direkter und geheimer Abstimmung die Delegierten zur 3. Deutschen Volkskongreß zu wählen. Die Menschen spü ten, daß die politische Lage zu einer Entscheidung drängte Würde es gelingen, jenen Kräften der imperialistischen Wes mächte und der westdeutschen Bourgeoisie, die eifrig die Bi dung eines kapitalistischen Separatstaates betrieben, in de Arm zu fallen? Der Kampf um einen einheitlichen demokrat schen deutschen Staat erreichte in den Maitagen des Jahre 1949 ein kritisches Stadium.

Über 66 Prozent aller abgegebenen Stimmen bestätigten di Kandidaten für den Volkskongreß und waren so ein Votum ge gen die Spalter. Angesichts der vielfältigen Angriffe von bü gerlichen und SPD-Politikern aus den Westzonen sowie vo reaktionären Kräften in der sowjetischen Besatzungszone wa dieses Ergebnis ein beachtlicher Erfolg.

Die Delegierten des **3. Deutschen Volkskongresses** beriete am **29. und 30. Mai 1949** in Berlin. Sie nahmen bei nur eine

Die Delegierten des 3. Deutschen Volkskongresses[7]
1969 Delegierte (davon 528 aus den Westzonen)
Die Delegierten aus der sowjetischen Besatzungszone
251 Industriearbeiter
18 Landarbeiter
101 Bauern
55 Handwerker
671 leitende Funktionäre der Parteien und Organisationen
321 Angehörige der Intelligenz
18 Hausfrauen
6 Rentner

● *Was sagt die soziale Zusammensetzung über den Klassencharakter des Volkskongresses aus?*

Gegenstimme einen vom Deutschen Volksrat ausgearbeiteten Verfassungsentwurf für einen antifaschistisch-demokratischen Einheitsstaat an. Danach wählte der Volkskongreß die von Parteien und Massenorganisationen vorgeschlagenen 330 Mitglieder des Deutschen Volksrates neu.

In einem **Manifest an das deutsche Volk** appellierte der Volkskongreß, den Widerstand gegen die imperialistische Spaltungspolitik zu verstärken und die Eingliederung der Westzonen in ein antisowjetisches Paktsystem zu verhindern. Der Volkskongreß beschloß auch, eine deutsche Friedensdelegation zur Pariser Konferenz des Rates der Außenminister zu entsenden, um die Interessen des deutschen Volkes vorzutragen.

Die Gefahr der endgültigen Spaltung Deutschlands wuchs von Tag zu Tag. Jetzt galt es, alle patriotischen Kräfte zum Kampf gegen diese imperialistische Politik zu mobilisieren. Die SED rief dazu auf, die Volkskongreßbewegung zur **Nationalen Front** weiterzuentwickeln, in der mitzuwirken alle Bürger aufgerufen waren.

Diesem Ziel galten intensive Beratungen im Demokratischen Block. Am 20. August 1949 veröffentlichte die Presse ein wichtiges Ergebnis, die **„Grundsätze und Ziele des antifaschistisch-demokratischen Blocks in der sowjetischen Besatzungszone (Demokratischer Block)"**. Sie waren auf Anregung der SED ausgearbeitet worden. In dem Dokument bekannte sich der Block zur Volkskongreßbewegung, zum Kampf um die Bildung einer deutschen demokratischen Republik, zur Festigung der antifaschistisch-demokratischen Verhältnisse, zur Freundschaft und Zusammenarbeit mit der Sowjetunion und den Volksdemokratien und zur Anerkennung der Oder-Neiße-Grenze. Diese Grundsätze verfolgten zugleich das Ziel, daß von deutschem Boden nie wieder Krieg ausgeht. Deshalb erklärten der Deutsche Volksrat und das im Mai 1949 gegründete Deutsche Komitee der Kämpfer für den Frieden – aus ihm ging später der **Deutsche Friedensrat** hervor – den 1. September 1949 zum Tag des Friedens. Die Volksbewegung im Osten Deutschlands reihte sich in die rasch erstarkende Weltfriedensbewegung ein, deren erster Kongreß im April 1949 in Paris und Prag stattgefunden hatte.

▌ Die Konstituierung der BRD. Entsprechend den Londoner Empfehlungen war am 1. September 1948 in Bonn ein aus 65 Mitgliedern bestehender Parlamentarischer Rat zusammengetreten. Seine Mitglieder waren durch die Länderparlamente benannt worden. Den Vorsitz hatte Konrad Adenauer, Vorsitzender der großbürgerlichen CDU, übernommen. Dieser Rat arbeitete ein Grundgesetz aus, das am 8. Mai 1949 mit 53 gegen 12 Stimmen angenommen wurde. Die Kommunisten Max Reimann und Heinz Renner lehnten das Grundgesetz als Spalterverfassung grundsätzlich ab.

Das **Grundgesetz für die Bundesrepublik Deutschland (BRD)** trat am 23. Mai 1949 in Kraft. Es schrieb die Restauration des Monopolkapitalismus fest. Es enthielt jedoch auch bürgerlich-

Zusammensetzung des Deutschen Volksrates 1949[8]

SED: 90
CDU: 45
LDPD: 45
NDPD: 15
DBD: 15
FDGB: 30
FDJ: 10
DFD: 10
Kulturbund: 10
VdgB: 5
VVN: 10
SPD (Berlin): 5
bäuerliche Genossenschaften: 5
Einzelpersönlichkeiten: 35

Die Friedenstaube, das von Pablo Picasso geschaffene Symbol der Friedensbewegung demokratische Freiheiten, die für den politischen Kampf der Werktätigen wichtig waren. Anmaßend wurde in Anspruch genommen, für alle Deutschen zu sprechen. Das war mit dem Ziel verbunden, Deutschland in den Grenzen von 1937 wiederherstellen zu wollen.

Die Handlungsfähigkeit der BRD wurde jedoch durch ein *Besatzungsstatut* begrenzt, über das sich die Außenminister der Westmächte am 28. April 1949 geeinigt hatten. Entgegen den Erwartungen der deutschen Monopolbourgeoisie erteilten die Westmächte aber keine Zustimmung für die Einbeziehung der Westsektoren Berlins als Land der BRD. Im Mai 1949 nahm die *Internationale Ruhrbehörde* ihre Tätigkeit auf, um die Interessen des internationalen Monopolkapitals in diesem wertvollen Industriegebiet wahrzunehmen.

Nach Wahlen in den Westzonen im August 1949 erfolgte am **7. September 1949** in Bonn die **Konstituierung des Bundestages der BRD.** Er wählte *Konrad Adenauer* zum Bundeskanzler der BRD. Mit der Gründung der BRD schuf sich das deutsche Monopolkapital ein Machtinstrument in Form eines bürgerlich-demokratischen Staates.

Die antifaschistisch-demokratischen Kräfte des deutschen Volkes vermochten nicht die Konstituierung der BRD und damit die Spaltung Deutschlands zu verhindern. Andererseits aber waren auch die herrschenden Kreise des deutschen Monopolkapitals nicht in der Lage, den revolutionären Prozeß im Osten Deutschlands aufzuhalten und rückgängig zu machen. Diese Situation entsprach dem internationalen Kräfteverhältnis, wie es sich seit 1945 herausgebildet hatte.

- *Setzen Sie der Behauptung, die Spaltung Deutschlands ginge von der DDR aus, historische Tatsachen entgegen!*
- *Was für ein Staat entstand mit der BRD?*

Juni 1948 Separate Währungsreform in den Westzonen
4. April 1949 Gründung der NATO
23. Mai 1949 Grundgesetz für die BRD
29./30. Mai 1949 3. Deutscher Volkskongreß
7. September 1949 Konstituierung des Bundestages der BRD

▶ Mit den Londoner Empfehlungen vom Juni 1948 bereiteten die Westmächte die Gründung eines westdeutschen Separatstaates vor. Die separate Währungsreform in den Westzonen und den Westsektoren Berlins waren Schritte auf diesem Wege. Sie lösten eine schwere internationale Krise aus. Auf die Währungsspaltung reagierte die SMAD mit der Sicherung der Grenzen der sowjetischen Besatzungszone gegen das Hereinfließen wertloser Geldmengen und mit einer eigenen Währungsreform. Bürgerliche und antikommunistische SPD-Politiker nutzten die Berliner Krise, um die Stadt Berlin zu spalten.

Im April 1949 wurde die NATO als ein imperialistischer und gegen die UdSSR wie auch gegen die volksdemokratischen Staaten gerichteter Militärpakt gegründet.

Der Kampf um eine deutsche demokratische Republik und gegen die imperialistische Spaltungspolitik führte im Osten Deutschlands zum Hinüberwachsen der Volkskongreßbewegung in die Nationale Front, die alle patriotischen Kräfte vereinte. Um ihre politische und ökonomische Macht zu sichern, schuf sich die deutsche Monopolbourgeoisie mit der Bildung der BRD einen eigenen Staat. Sie vollzog damit die endgültige Spaltung Deutschlands.

6.5. Die Gründung der Deutschen Demokratischen Republik

Auf dem Wege zur Staatsgründung. Nach der Konstituierung der BRD standen die antifaschistisch-demokratischen Kräfte in der sowjetischen Besatzungszone vor der komplizierten Aufgabe, den Kampf für Einheit und Frieden verstärkt fortzusetzen. Ab Mitte September 1949 führten viele Mitglieder des Deutschen Volksrates in Städten und Dörfern – auch in der BRD – Aussprachen mit den Bürgern. Unter Führung der SED entstand eine starke Protestbewegung gegen die Spaltung Deutschlands. Immer lauter wurde in Betrieben, auf Kundgebungen und Versammlungen die Forderung erhoben, die vom 3. Deutschen Volkskongreß angenommene Verfassung in Kraft zu setzen und eine demokratische Regierung mit Sitz in Berlin zu bilden. An das Zentralorgan der SED „Neues Deutschland“ gingen beispielsweise im Namen von 3,2 Millionen Werktätigen entsprechende Resolutionen ein.

Forderung der Massen:

Deutsche Regierung

Berlin (Eig. Ber.). „Angesichts der Betrugsmanöver der Bonner Separatisten, die nichts anderes als ein Werkzeug der westlichen Imperialisten sind, wird es immer notwendiger, eine wahrhaft demokratische und unabhängige Regierung zu bilden, die die Interessen des deutschen werktätigen Volkes vertritt“, heißt es in einer Entschließung, die 5700 Arbeiter und Angestellte des Benzinwerkes Böhlen bei Leipzig am Montag annahmen. Die gleiche Forderung erhob die Belegschaft des Kombinats und der Kraftwerke Espenhain. Eine solche Regierung habe die Aufgabe, die politischen, wirtschaftlichen, kulturellen und nationalen Interessen des deutschen Volkes zu verfechten, von den Besatzungsmächten die Erfüllung der im Potsdamer Abkommen dem deutschen Volk gemachten Versprechungen zu fordern, die Auflösung des von Deutschland losgerissenen Weststaates und seine Wiedereingliederung in Deutschland anzustreben, die Einheit Deutschlands herbeizuführen und den baldigen Friedensvertrag mit nachfolgendem Abzug aller Besatzungstruppen sowie die Einstellung aller Demontagen zu verlangen.

Aus „Neues Deutschland“ vom 4. Oktober 1949

Die bewährten Arbeiterfunktionäre Otto Grotewohl, Fred Oelßner, Wilhelm Pieck und Walter Ulbricht berieten vom 16. bis 18. September 1949 mit führenden Repräsentanten der KPdSU(B) darüber, welche Schlußfolgerungen sich aus der Spaltung Deutschlands durch die Imperialisten ergaben. Die UdSSR unterstützte voll und ganz die Haltung des Demokratischen Blocks.

Am 4. Oktober 1949 stimmte der Parteivorstand der SED dem Vorschlag Wilhelm Piecks zu, mit den im Block vereinten Parteien und Organisationen über die Bildung einer demokratischen Regierung zu verhandeln und die Gründung der Deutschen Demokratischen Republik in die Wege zu leiten.

Der 7. Oktober 1949. In den späten Vormittagsstunden des 7. Oktober 1949 strömten Tausende Menschen auf dem Berliner Ernst-Thälmann-Platz zusammen. Noch säumte der Schutt der ehemaligen Reichskanzlei den Straßenrand. Aber die Blicke aller waren auf das massige graue Gebäude der DWK gerichtet. Hier kamen die Abgeordneten des Deutschen Volksrates zu ihrer 9. Tagung zusammen. Ein historisches Ereignis stand bevor, und die wartenden Menschen wußten das.

Kurz nach 12 Uhr eröffnete Wilhelm Pieck die Tagung des

Johannes Dieckmann
(1893–1969)

Volksrates. Er berichtete über die aus allen Teilen der Bevölkerung erhobene Forderung nach Bildung einer demokratischen Regierung. Den Abgeordneten lag ein Gesetzentwurf vor, den aus demokratischen Wahlen hervorgegangenen Deutschen Volksrat als **Provisorische Volkskammer** zu konstituieren. Alle 330 Abgeordneten stimmten diesem Vorschlag zu. Ebenso eindeutig setzten sie die im Mai 1949 vom 3. Deutschen Volkskongreß bestätigte Verfassung in Kraft. Zum Präsidenten der Volkskammer wählten sie den LDPD-Politiker **Johannes Dieckmann.** Anschließend nahmen sie die Gesetze über die Provisorische Länderkammer und die **Provisorische Regierung** an. Entsprechend der Verfassung beauftragte die SED als stärkste Fraktion **Otto Grotewohl** mit der Regierungsbildung.

Unter den Wartenden auf dem Ernst-Thälmann-Platz löste die Nachricht von diesen Beschlüssen stürmischen Jubel aus. Die **Gründung der Deutschen Demokratischen Republik** war erfolgt. Berlin wurde zu ihrer Hauptstadt. Nachrichtenagenturen jagten die Mitteilung darüber in wenigen Stunden um die ganze Welt.

▌ Unsere erste Verfassung. Eine Vielzahl von Zustimmungsbekundungen ging der Volkskammer zu. In weiten Teilen der Bevölkerung verband sich die Gründung der DDR mit der Hoffnung auf die Erhaltung des Friedens und auf ein besseres Leben. Das war begründet. Denn bereits in der Verfassung wurde der neue Staat als politische Organisation der werktätigen Klassen und Schichten charakterisiert. Sie verankerte die Ergebnisse der antifaschistisch-demokratischen Umwälzung. In dieser Verfassung war der Grundsatz verbürgt: „Alle Staatsgewalt geht vom Volke aus." Die Entmachtung des Monopol-

Der Oberste Chef der SMAD, Armeegeneral W. I. Tschuikow, empfängt am 11. Oktober 1949 Otto Grotewohl zur Übergabe der Verwaltungsfunktionen an die Regierung der DDR.

Erich Honecker über die Gründung der DDR

„Erstmals schufen wir im Oktober 1949 einen deutschen Staat, dessen Weg voll und ganz bestimmt ist vom Charakter und von den Gesetzmäßigkeiten der welthistorischen Epoche des Übergangs vom Kapitalismus zum Sozialismus, die von der Großen Sozialistischen Oktoberrevolution 1917 eröffnet worden war. Die Gründung der DDR war Ausdruck für den Wandel im internationalen Kräfteverhältnis seit dem historischen Sieg der Sowjetvölker über den Hitlerfaschismus. Daß ein Arbeiter-und-Bauern-Staat auf deutschem Boden entstand, verstärkte den Einfluß des Sozialismus in Europa. Es war eine schwere Niederlage des Weltimperialismus. Mit dem Erscheinen der DDR auf dem internationalen Schauplatz vergrößerten sich zugleich die Chancen, Europa in einen Kontinent des Friedens und der Sicherheit zu verwandeln."[9]

„Wir haben unsere Tätigkeit eingestellt, mein Herr, bitte bemühen Sie sich ins nächste Zimmer!"
Zeitgenössische Karikatur von Joachim Riegenring

kapitals und des Großgrundbesitzes wurde festgeschrieben. Das Volkseigentum, darunter auch die Bodenschätze und Naturreichtümer, stand unter Verfassungsgarantie. Die Verfassung enthielt das Grundrecht auf Arbeit, auf Bildung und auf Gleichberechtigung der Frauen und Jugendlichen. Die Werktätigen in der DDR erhielten mit der Verfassung vom 7. Oktober 1949 die fortschrittlichste Verfassung, die es bisher in der deutschen Geschichte gegeben hatte. Sie bot die Grundlage für gesellschaftlichen Fortschritt und für den Weg zum Sozialismus.

▮ **SMAD überträgt Aufgaben an DDR-Regierung.** Am 10. Oktober 1949 übertrug die SMAD ihre Aufgaben an die Regierung der DDR. An Stelle der SMAD trat eine **Sowjetische Kontrollkommission (SKK)**, der die Aufsicht über die Erfüllung des Potsdamer Abkommens und der anderen Deutsch-

Wahl Wilhelm Piecks zum Präsidenten der DDR am 11. Oktober 1949

Aus der Antrittsrede Wilhelm Piecks

„Wir stehen heute an der Wende der deutschen Geschichte ... Sorgen wir alle in verantwortungsbewußter, loyaler und freundschaftlicher Zusammenarbeit dafür, daß wir uns der Größe der geschichtlichen Aufgaben gewachsen zeigen und daß wir dereinst vor dem Urteil der Geschichte bestehen können.“[10]

land als Ganzes betreffenden Viermächtebeschlüsse oblag. Dieser Schritt der Sowjetunion war ein großer Vertrauensbeweis für die antifaschistisch-demokratischen Kräfte des deutschen Volkes.

▮ **Wahl des Präsidenten.** Am Vormittag des 11. Oktober 1949 traten die Volkskammer und die Länderkammer – sie bestand aus gewählten Landtagsabgeordneten und war ein Forum zur Beratung spezifischer Fragen der Länder unserer Republik – zu gemeinsamer Sitzung zusammen, um den Präsidenten zu wählen. Die Abgeordneten beider Kammern fällten diese Entscheidung einstimmig: Sie wählten den bewährten und populären Kämpfer der revolutionären deutschen Arbeiterbewegung **Wilhelm Pieck** zum **Präsidenten der Deutschen Demokratischen Republik.**

▮ **Bekenntnis der Jugend zur DDR.** Der ereignisreiche 11. Oktober 1949 klang mit der bis dahin größten Kundgebung nach dem Kriege aus. Auf dem Berliner August-Bebel-Platz und in den umliegenden Straßenzügen des Stadtzentrums drängten sich etwa 800000 Menschen aus allen Teilen der Republik, um Wilhelm Pieck zu begrüßen und die Staatsgründung zu feiern. Im Namen der deutschen Jugend sprach Erich Honecker ein Gelöbnis, das die enge Verbundenheit der jungen Generation mit dem ersten Arbeiter-und-Bauern-Staat auf deutschem Boden zum Ausdruck brachte.

▮ **Regierungserklärung.** Am 12. Oktober 1949 stellte Otto Grotewohl die aus 18 Mitgliedern bestehende Regierung der DDR vor. In ihr wirkten bewährte Antifaschisten, wie Otto Nuschke, Heinrich Rau, Fritz Selbmann und Walter Ulbricht.

Otto Grotewohl charakterisierte in seiner Regierungserklärung den Kampf um Frieden, demokratische Wiedervereinigung Deutschlands und sozialen Fortschritt als Hauptaufgabe. Er

Fackelzug der FDJ am Abend des 11. Oktober 1949

begründete die Notwendigkeit, den revolutionären Prozeß weiterzuführen und die Staatsmacht der Arbeiter und Bauern zu stärken. Die Regierung der DDR bekannte sich zu Freundschaft und Zusammenarbeit mit der Sowjetunion und den Volksdemokratien sowie mit allen friedliebenden Völkern. Weitgesteckte Ziele des wirtschaftlichen Neuaufbaus waren in der Regierungserklärung mit der Orientierung verbunden, das materielle und geistig-kulturelle Lebensniveau des Volkes planmäßig zu erhöhen.

Friedensstaat im Herzen Europas. Mit der Gründung der DDR hatte sich die politische Landschaft Europas wesentlich verändert. Im Herzen des Kontinents war ein Staat entstanden, der vom ersten Tage an alles daransetzte, daß von deutschem Boden nie wieder ein Krieg ausgeht. Nicht nur in den sozialistischen Ländern, sondern auch in der kapitalistischen Welt wurde die DDR von den Völkern als Gewinn für die internationale Friedensbewegung begrüßt. Imperialistische Kräfte in der BRD reagierten jedoch mit Haßtiraden und prophezeiten der DDR ein baldiges Ende. Sie konnten und wollten sich nicht vorstellen, daß die Arbeiter-und-Bauern-Macht auf deutschem Boden Bestand haben würde.

Am 15. Oktober 1949 nahm die Sowjetunion als erster Staat der Welt mit der DDR diplomatische Beziehungen auf. Ihr folgten bald die volksdemokratischen Staaten Europas und Asiens. Damit wurde der Weg bereitet für die Aufnahme der DDR in die Gemeinschaft der friedliebenden Völker.

Aus der Botschaft des Vorsitzenden des Ministerrates der UdSSR, J. W. Stalin, vom 13. Oktober 1949

„Die Bildung der friedliebenden Deutschen Demokratischen Republik ist ein Wendepunkt in der Geschichte Europas. Es unterliegt keinem Zweifel, daß die Existenz eines friedliebenden demokratischen Deutschland neben dem Bestehen der friedliebenden Sowjetunion die Möglichkeit neuer Kriege in Europa ausschließt, dem Blutvergießen in Europa ein Ende bereitet und die Knechtung europäischer Länder durch die Weltimperialisten unmöglich macht.“[11]

Die DDR entstand auf demokratischem Wege und unter strikter Erfüllung des Potsdamer Abkommens. Ihre soziale und politische Grundlage war das Bündnis der Arbeiter und Bauern. Unter antifaschistisch-demokratischen Losungen begonnen, markierte die Gründung des deutschen Arbeiter-und-Bauern-Staates zugleich eine qualitativ neue Stufe des 1945 eingeleiteten revolutionären Prozesses, den Übergang von der antifaschistisch-demokratischen Umwälzung zur sozialistischen Revolution. Damit erreichte die DDR jene Entwicklungsstufe, die von den meisten Volksdemokratien 1947/48 überschritten worden war.

Die Arbeiterklasse errichtete unter Führung ihrer marxistisch-leninistischen Partei die Diktatur des Proletariats. Die DDR wurde zum festen Bestandteil des sich herausbildenden sozia-

Parteizugehörigkeit der Regierungsmitglieder[12]	
SED	8
CDU	4
LDPD	3
NDPD	1
DBD	1
Parteilos	1

Aus der Regierungserklärung Otto Grotewohls

„Diese deutsche Regierung ist eine Regierung der Arbeit, der Demokratie und des Friedens. Das Programm der deutschen Regierung ist das Programm des deutschen Volkes. Wir tauschen nicht die Verfassung gegen ein Besatzungsstatut! Viel zu hoch schätzen wir unsere eigene Handlungsfreiheit, die die befreiende Tat der Sowjetunion uns gegeben hat. Jetzt gilt es, diese Handlungsfreiheit richtig zu nutzen, im Interesse des Friedens zum Wohle des deutschen Volkes.“[13]

- *Lesen Sie wiederholend auf S. 279f. nach und vergleichen Sie die Zielsetzung beider deutscher Staaten!*
- *Warum wurde die Gründung der DDR zum historischen Erfordernis?*
- *Welche Bedeutung hatte die Staatsgründung für den revolutionären Prozeß im Osten Deutschlands?*
- *Welche internationale Bedeutung kommt der Gründung der DDR zu?*

Mitteleuropa im Jahre 1949
Staatsgrenze
Saargebiet (wirtschaftlicher und währungspolitischer Anschluß an Frankreich)
0
100
200
km
UdSSR
POLEN
DDR
BRD
TSCHECHOSLOWAKEI
ÖSTERREICH
(von alliierten Truppen besetzt)
UNGARN
JUGOSL.
ITALIEN
SCHWEIZ
LIECHTENSTEIN
FRANKREICH
LUXEMBURG
BELGIEN
NIEDERLANDE
DÄNEMARK
SCHWEDEN
Nordsee
Ostsee
Kaliningrad
Gdańsk
Szczecin
Poznań
Warschau
Łódź
Lublin
Wrocław
Katowice
Kraków
Prag
Plzeň
Brno
Bratislava
Wien
Budapest
Berlin
Potsdam
Dresden
Halle
Weimar
Schwerin
Mecklenburg
Brandenburg
Sachsen-Anhalt
Sachsen
Thüringen
Schleswig-Holstein
Kiel
Hamburg
Bremen
Niedersachsen
Hannover
Nordrhein-Westfalen
Düsseldorf
Hessen
Frankfurt
Wiesbaden
Rheinland-Pfalz
Koblenz
Saargebiet
Saarbrücken
Bayern
München
Württemberg-Baden
Stuttgart
Württemberg-Hohenzollern
Tübingen
Baden
Freiburg
Strasbourg
Reims
Bern
Luxemburg
Brüssel
Antwerpen
Amsterdam
Den Haag
Kopenhagen
Neman
Bug
Weichsel
Warta
Oder
Neiße
Spree
Elbe
Havel
Weser
Rhein
Mosel
Main
Donau
Inn
Maas
Bodensee
Genfer See
Rhône

—·—·—	Staatsgrenze
- - - -	nicht feststehende Staatsgrenze
- - - -	Grenze zwischen aneinandergrenzenden Kolonien des gleichen Staates
——	Grenze eines UN-Treuhandgebietes
....	Kontrollinie zwischen Indien und Pakistan

1 UNGARISCHE VR
2 VR ALBANIEN
3 NIEDERLANDE
4 BELGIEN
5 LUXEMBURG
6 SCHWEIZ
7 LIECHTENSTEIN
8 ÖSTERREICH
9 MONACO
10 SAN MARINO
11 VATIKANSTADT
12 LIBANON
13 SYRIEN
14 ISRAEL
15 TRANSJORDANIEN
16 Kuweit (brit.)
17 BHUTAN
18 zu Pakistan
19 Kambodscha (frz.)
20 Eritrea (brit. verw.)
21 Ruanda-Urundi (belg. verw.)
22 Njassaland (brit.)
23 Togo (brit. u. frz. verw.)

Die Welt im Jahre 1949

0 1000 2000 3000 km

listischen Weltsystems. Sie knüpfte an alle revolutionären und progressiven Traditionen der deutschen Geschichte an. Sie erfüllte das Vermächtnis der revolutionären deutschen Arbeiterbewegung. Auch in einem industriell entwickelten Land, wie es die DDR war, bestätigte sich die Gesetzmäßigkeit des weltweiten Übergangs vom Kapitalismus zum Sozialismus.

---

7. Oktober 1949 Gründung der DDR

▶ **Im Verlaufe der Volkskongreßbewegung festigte sich das Bündnis der antifaschistisch-demokratischen Kräfte. Die Werktätigen im Osten Deutschlands forderten seit dem Sommer 1949, die demokratische Verfassung in Kraft zu setzen und eine Regierung zu bilden. Am 7. Oktober 1949 wurde die Deutsche Demokratische Republik gegründet. Sie ging unmittelbar aus der antifaschistisch-demokratischen Umwälzung, aus dem Kampf um die demokratische Einheit Deutschlands und den Frieden hervor. Die Bildung des deutschen Arbeiter-und-Bauern-Staates war ein Wendepunkt in der Geschichte des deutschen Volkes und Europas. Sie wurde auch zu einem großen Sieg der revolutionären deutschen Arbeiterbewegung.**

Bis zur Gründung der DDR hatte die deutsche Arbeiterklasse große Siege errungen, aber auch schwere Niederlagen erlitten. Unter marxistischer Führung wurde sie im letzten Drittel des 19. Jahrhunderts zur Avantgarde der internationalen Arbeiterbewegung. Doch von opportunistischen Einflüssen beherrscht, gelang es ihr 1914 nicht, das Kriegsabenteuer des deutschen Imperialismus zu vereiteln. In der Novemberrevolution errang die deutsche Arbeiterklasse bedeutende Erfolge – so die Schaffung einer parlamentarischen Republik –, doch sie vermochte nicht dem Beispiel der Bolschewiki und der Großen Sozialistischen Oktoberrevolution zu folgen und zur sozialistischen Revolution überzugehen. Zu einem Höhepunkt in der Geschichte der deutschen Arbeiterbewegung wurde die Gründung der KPD. Unter ihrer Führung schlug das deutsche Proletariat in der Weimarer Republik heroische Klassenschlachten gegen die kapitalistische Ausbeutung, im Kampf um den Frieden und gegen die heraufziehende faschistische Gefahr. Die Spaltung der Arbeiterbewegung aber war die Hauptursache für die schwerste Niederlage, die die deutsche Arbeiterklasse 1933 durch die Errichtung der faschistischen Diktatur erlitt. Zwischen 1933 und 1945 erwies sich die KPD als die politische Hauptkraft des antifaschistischen Widerstandskampfes.

Die Befreiung des deutschen Volkes vom Faschismus eröffnete die große historische Chance zu tiefgreifenden antifaschistisch-demokratischen und antiimperialistischen Umgestaltungen. Diese Chance wurde wahrgenommen. Die Einheit der Arbeiterklasse konnte durch die Gründung der SED verwirklicht werden. Unter Führung der einheitlichen Arbeiterpartei begann in der sowjetischen Besatzungszone ein revolutionärer Prozeß, der 1949 in die Gründung der Deutschen Demokratischen Republik mündete.

Zeittafel

Vor etwa 40000 Jahren	Abschluß der Menschwerdung und der Herausbildung der Urgesellschaft
vor etwa 12000 Jahren	Beginn von Pflanzenanbau und Haustierhaltung
um 5000 v. u. Z.	Bewässerungsbodenbau und Erzeugung eines ständigen Mehrprodukts in Mesopotamien
um 3000 v. u. Z.	Entstehung erster Staaten in Mesopotamien
um 1750 v. u. Z.	Hammurapi – König von Babylon
490 bis 480 v. u. Z.	Perserkriege mit den Schlachten von Marathon und Salamis
um 450 v. u. Z.	Blüte Athens zur Zeit des Perikles
8. Jh. v. u. Z.	Entstehung Roms
73 bis 71 v. u. Z.	Spartacusaufstand
27 v. u. Z. bis 14. u. Z.	Augustus – Kaiser des Römischen Reiches
9 u. Z.	Schlacht im Teutoburger Wald
476	Ende des Weströmischen Reiches
um 500	Entstehung des Frankenreiches unter Chlodwig
800	Kaiserkrönung Karls des Großen
841 bis 843	Stellingaaufstand
919	Wahl Heinrichs I. zum deutschen König
955	Schlacht auf dem Lechfeld
962	Kaiserkrönung Ottos I.
983	Lutizenaufstand
11./12. Jahrhundert	Entstehung von Städten in Deutschland
1077	Bußgang Heinrichs IV. nach Canossa
1122	Wormser Konkordat

1356	„Goldene Bulle“ Kaiser Karls IV.
1415	Verbrennung von Jan Hus in Konstanz
um 1445	Erfindung des Buchdrucks mit beweglichen Lettern durch Johann Gutenberg
1447/48	Berliner Unwillen
1476	Aufstandsversuch unter Hans Böheim
1492	Entdeckung Amerikas durch Christoph Kolumbus
1483 bis 1546	Martin Luther
um 1489 bis 1525	Thomas Müntzer
31. Oktober 1517	Ablaßthesen Martin Luthers in Wittenberg
1521	Martin Luther vor dem Reichstag zu Worms
1524 bis 1526	Deutscher Bauernkrieg
1534/35	Täuferreich zu Münster
1555	Augsburger Religionsfrieden
1566 bis 1581	Niederländische Revolution
1618 bis 1648	Dreißigjähriger Krieg in Deutschland
1640 bis 1649	Bürgerliche Revolution in England
1643 bis 1715	Ludwig XIV., König von Frankreich
1694 bis 1733	August der Starke
1740 bis 1786	Friedrich II., König von Preußen
1756 bis 1763	Siebenjähriger Krieg
1776	Unabhängigkeitserklärung der USA

1784	Industrielle Nutzung der ersten Dampfmaschine in England (James Watt)
14. Juli 1789	Sturm auf die Bastille
1789 bis 1795	Französische bürgerliche Revolution
1793/94	Diktatur der Jakobiner
1793	Mainzer Republik
1804 bis 1815	Napoleon I. – Kaiser der Franzosen
1806	Schlachten bei Jena und Auerstedt
1807	Oktoberedikt – Aufhebung der Erbuntertänigkeit der Bauern in Preußen
1813	Völkerschlacht bei Leipzig
1814/15	Wiener Kongreß
1818 bis 1883	Karl Marx
1820 bis 1895	Friedrich Engels
1832	Hambacher Fest
1844	Schlesischer Weberaufstand
1847	Umwandlung des Bundes der Gerechten in den Bund der Kommunisten
1848	Erscheinen des „Manifests der Kommunistischen Partei“
1848/49	Bürgerlich-demokratische Revolution in Deutschland
1856	Erfindung des Bessemer-Verfahrens
1863	Gründung des Allgemeinen Deutschen Arbeitervereins
1864	Gründung der I. Internationale
1869	Gründung der Sozialdemokratischen Arbeiterpartei (Eisenacher)
1870 bis 1924	Wladimir Iljitsch Lenin
1870/71	Deutsch-Französischer Krieg
1871	Gründung des Deutschen Reiches
1871	Pariser Kommune

1875	Vereinigungskongreß von Gotha, Bildung der Sozialistischen Arbeiterpartei Deutschlands
1878 bis 1890	Kampf der deutschen Arbeiterklasse gegen das Sozialistengesetz
1889	Gründung der II. Internationale
1905 bis 1907	Bürgerlich-demokratische Revolution in Rußland
1907	Antikriegsresolution des Stuttgarter Kongresses der II. Internationale
1914 bis 1918	Erster Weltkrieg
1. Mai 1916	Antikriegsdemonstration in Berlin
1916	Schlacht bei Verdun
Februar 1917	Februarrevolution in Rußland
24./25. Oktober (6./7. November) 1917	Bewaffneter Aufstand in Petrograd und Beginn der Großen Sozialistischen Oktoberrevolution
26. Oktober (8. November) 1917	Dekret über den Frieden
1918/19	Novemberrevolution in Deutschland
9. November 1918	Höhepunkt des revolutionären Kampfes in Berlin – Ende der Hohenzollernmonarchie
30. Dezember 1918 bis 1. Januar 1919	Gründungsparteitag der Kommunistischen Partei Deutschlands
Januar 1919	Januarkämpfe in Berlin, Ermordung Karl Liebknechts und Rosa Luxemburgs
1919	Gründung der Kommunistischen Internationale
1920	Kapp-Putsch und seine Niederschlagung
1922	Gründung der UdSSR
1924	Tod Wladimir Iljitsch Lenins

1925	Bildung des Thälmannschen ZK der KPD
1928 bis 1932	Erster Fünfjahrplan in der UdSSR
1929	Ausbruch der Weltwirtschaftskrise
1930	Programmerklärung der KPD zur nationalen und sozialen Befreiung des deutschen Volkes
1933 bis 1945	Faschistische Diktatur in Deutschland
Februar 1933	Reichstagsbrandstiftung
März 1933	Verhaftung Ernst Thälmanns
1935	VII. Weltkongreß der Kommunistischen Internationale
1935	Brüsseler Konferenz der KPD
1936 bis 1939	National-revolutionärer Krieg des spanischen Volkes
1938	Annexion Österreichs durch Hitlerdeutschland
1938	Münchener Abkommen, Zerschlagung der Tschechoslowakei
1939	Berner Konferenz der KPD
1939 bis 1945	Zweiter Weltkrieg
1. September 1939	Überfall Hitlerdeutschlands auf Polen
22. Juni 1941	Überfall Hitlerdeutschlands auf die UdSSR – Beginn des Großen Vaterländischen Krieges der Sowjetvölker
Dezember 1941	Schlacht bei Moskau
1942/43	Schlacht bei Stalingrad
1943	Teheraner Konferenz der Regierungschefs der UdSSR, der USA und Großbritanniens
18. August 1944	Ermordung Ernst Thälmanns im KZ Buchenwald
8. Mai 1945	Bedingungslose Kapitulation Hitlerdeutschlands
11. Juni 1945	Aufruf des ZK der KPD
August 1945	Potsdamer Abkommen
6. u. 9. August 1945	Atombombenabwürfe der USA auf Hiroshima und Nagasaki
2. September 1945	Kapitulation Japans – Ende des zweiten Weltkrieges in Asien
September 1945	Beginn der demokratischen Bodenreform
7. März 1946	Gründung der FDJ
21. April 1946	Gründung der SED
30. Juni 1946	Volksentscheid in Sachsen über die Enteignung der Nazi- und Kriegsverbrecher
1948	Separate Währungsreform in den Westzonen
1949	Gründung des RGW
1949	Gründung der NATO
September 1949	Konstituierung des Bundestages der BRD
7. Oktober 1949	Gründung der DDR

Empfehlungen für außerunterrichtliche Lektüre

Zusammengestellt von der Zentralstelle
für Kinder- und Jugendliteratur Dresden
Bearbeiter: Charlotte Plackmeyer
Redaktionsschluß: 31. Mai 1987

Klassenauseinandersetzungen nach dem Sieg der Großen Sozialistischen Oktoberrevolution

Wie wir regieren lernten. Erinnerungen an Lenin aus den ersten Jahren der Sowjetmacht. Aus dem Russischen. Dietz Verlag, Berlin. 397 Seiten, mit 14 Abbildungen.

Begegnungen mit Iljitsch. Erinnerungen an Lenin. Aus dem Russischen. Dietz Verlag, Berlin. 263 Seiten, mit 9 Illustrationen.
Russische Arbeiter, bekannte Bolschewiki, ausländische Schriftsteller sind Verfasser der Erinnerungen.

Anatoli Rybakow: Der Bronzeadler. Aus dem Russischen. Verlag Neues Leben, Berlin. 307 Seiten, mit Illustrationen.

Anatoli Rybakow: Der Marinedolch. Aus dem Russischen. Verlag Neues Leben, Berlin. 310 Seiten, mit Illustrationen.
In beiden Büchern des bekannten Autors sind es Jugendliche, die sich im Kampf gegen Konterrevolutionäre bewähren.

Erwin Könnemann und Hans-Joachim Krusch: Aktionseinheit gegen Kapp-Putsch. Deutscher Verlag der Wissenschaften, Berlin. 43 Seiten, mit Abbildungen. (illustrierte historische hefte; 23)

Karl Grüneberg: Brennende Ruhr. Roman aus der Zeit des Kapp-Putsches. Verlag Neues Leben, Berlin. 385 Seiten.
1920 geht der Werkstudent Ernst Sukrow ins Ruhrgebiet, um im Bergbau Arbeit zu finden. Vor die Entscheidung gestellt, der faschistischen Reaktion zu dienen oder für das Proletariat zu kämpfen, überwindet er seine schwankende Haltung und bewährt sich bei der „Roten Ruhrarmee".

Jan Koplowitz: Glück auf, Piddl! Roman. Verlag Neues Leben, Berlin. 320 Seiten.
Im schlesischen Valdberg wird 1922 für berechtigte soziale Forderungen gestreikt. Die Kinder unterstützen die Aktionen der Kumpel, allen voran die kommunistische Kindergruppe.

Der Kampf zwischen Fortschritt und Reaktion in den Jahren 1924 bis 1933

Ruth und Walter Wimmer: Kampf dem Faschismus! Thälmann 1929–1933. Urania-Verlag, Leipzig, Jena, Berlin. 355 Seiten, mit 146 Illustrationen.
Aus Augenzeugenberichten, Polizeimeldungen, Fotos, Kunstwerken und anderen Zeitdokumenten entsteht ein Lebens- und Kampfbild Ernst Thälmanns und seiner Partei.

Erika Kücklich: Ernst Thälmann und die Reichspräsidentenwahl 1932. Deutscher Verlag der Wissenschaften, Berlin. 43 Seiten, mit Abbildungen. (illustrierte historische hefte; 41)

Joachim Petzold: Generalprobe für Hitler. Deutscher Verlag der Wissenschaften, Berlin. 43 Seiten, mit Abbildungen. (illustrierte historische hefte; 24)
Am 20. Juli 1932 wurde durch den Reichskanzler Franz von Papen die preußische Landesregierung gewaltsam ihres Amtes enthoben. Damit war die wichtigste Bastion zur Verteidigung der Weimarer Republik gefallen.

Otto Gotsche: Märzstürme. Verlag Volk und Wissen, Berlin. 254 Seiten, mit Illustrationen.
Kapitalistische Ausbeutungsmethoden und arbeiterfeindliche Regierungspraktiken vergrößern die soziale Not der Mansfeldkumpel. Sie führen zu revolutionären Aktionen und Kämpfen der Arbeiter.

Rudolf Harnisch: Der goldene Kelch. Roman. Militärverlag der DDR, Berlin. 306 Seiten.
Der Landarbeiter Willi Quast entdeckt einen Fememord, den die „Schwarze Reichswehr" an einem kommunistischen Lehrer verübt hat. Er veranlaßt die Festnahme der Mörder und liefert sich damit der Verfolgung profaschistischer Verbände aus.

Die faschistische Diktatur und der antifaschistische Widerstandskampf in Deutschland 1933 bis 1939

Helga Gotschlich: Als die Faschisten an die Macht kamen. Der Kinderbuchverlag, Berlin. 189 Seiten, mit Fotos.
„... Wer Hitler wählt, wählt den Krieg!" Daß diese Warnung der Kommunisten bittere Wahrheit

wurde, daß der Faschismus Millionen Menschen den Tod brachte, beweisen eindrucksvoll Text und Bildmaterial.

Klaus Drobisch: Reichstag in Flammen. 1933. Deutscher Verlag der Wissenschaften, Berlin. 42 Seiten, mit Abbildungen. (illustrierte historische hefte; 29)

Kamen Kaltschew: Es kam ein Mann aus Jutschbunar. Georgi Dimitroff – eine Biographie. Aus dem Bulgarischen. Der Kinderbuchverlag, Berlin. 264 Seiten, mit Illustrationen.
Die Geschehnisse des Reichstagsbrandprozesses nehmen in der Biographie einen breiten Raum ein. Sie dokumentieren, welche gewaltige Kraft die internationale Solidarität darstellt.

Walter Baumert: Das Ermittlungsverfahren. Ein Thälmann-Roman. Verlag Neues Leben, Berlin. 287 Seiten.
Der Roman würdigt Ernst Thälmanns Standhaftigkeit während der ersten elf Monate seiner Haft (3. März 1933 bis 19. Januar 1934).

Willi Bredel: Die Prüfung. Aufbau-Verlag, Berlin. 348 Seiten.
Willi Bredel, der 1933 bis 1934 in Fuhlsbüttel inhaftiert war, schildert den Leidensweg deutscher Kommunisten, Sozialdemokraten und Juden in diesem faschistischen Konzentrationslager.

Eduard Claudius: Grüne Oliven und nackte Berge. Mitteldeutscher Verlag, Halle, Leipzig. 379 Seiten.
Ein autobiographischer Roman um den spanischen Bürgerkrieg, an dem Eduard Claudius als Angehöriger des Edgar-André-Bataillons teilgenommen hat.

Emil Rudolf Greulich: ... und nicht auf den Knien: Roman vom streitbaren Leben des Artur Becker. Verlag Neues Leben, Berlin. 494 Seiten, mit Bildnis.

Sergej Goljakow/Wladimir Ponisowski: Richard Sorge: Kundschafter und Kommunist. Aus dem Russischen. Verlag Neues Leben, Berlin. 462 Seiten, mit Illustrationen.

Der zweite Weltkrieg. Der Große Vaterländische Krieg der Sowjetvölker

Tschingis Aitmatow: Frühe Kraniche. Aus dem Russischen. Verlag Volk und Welt, Berlin. 138 Seiten.
Der Autor schildert, wie sich Kinder bzw. Jugendliche fernab der Front bewähren.

Alexander Bek: Die Wolokolamsker Chaussee. Aus dem Russischen. Militärverlag der DDR, Berlin. 568 Seiten.
An der Wolokolamsker Chaussee wurde der Vormarsch der faschistischen Armee gestoppt. Das Regiment des Generals Panfilow bestand dort seine Bewährungsprobe durch den beispiellosen Einsatz der Soldaten und Offiziere.

Nikolai Dementjew: Ein Blockadetag. Aus dem Russischen. Verlag Neues Leben, Berlin. 146 Seiten, mit Illustrationen.
Pascha, Schüler einer 7. Klasse in Leningrad, schildert den Tag des Blockadejahres 1942, an dem er drei Menschen das Leben retten konnte.

Alexander Fadejew: Die junge Garde. Aus dem Russischen. Verlag Neues Leben, Berlin. 544 Seiten mit Illustrationen.
Bis zum Letzten kämpfen Komsomolzen der Stadt Krasnodon gegen die faschistischen Okkupanten. Ihr heldenhafter Widerstand und der Tod von 56 Patrioten wurde zum Fanal in der fortschrittlichen Welt.

In den Wäldern Belorußlands: Erinnerungen sowjetischer Partisanen und deutscher Antifaschisten. Teilweise aus dem Russischen. Dietz Verlag, Berlin. 487 Seiten, mit 57 Abbildungen und einer Karte.
Die Berichte machen die ganze Vielfalt des Partisanenkampfes sichtbar und zeigen, wie deutsche Antifaschisten die sowjetischen Partisanen unterstützen.

Karl Kokoschko: Söhne des Regiments. Verlag Neues Leben, Berlin. 305 Seiten, mit Fotos.
Komsomolzen und Lenin-Pioniere schlossen sich Partisaneneinheiten an und leisteten als Kundschafter sowie beim Sprengen von Munitionslagern und Gleisanlagen Hervorragendes. Sie widerstanden Gefangenschaft und Folter und wurden oft – vielfach postum – mit hohen Auszeichnungen geehrt.

Wolfang Neuhaus: Kampf gegen „Sternlauf“. Der Weg des deutschen Antifaschisten Fritz Schmenkel. Militärverlag der DDR, Berlin. 483 Seiten, mit Illustrationen.

Theodor Gladkow: In den Wäldern von Smolensk. Der Weg des deutschen Antifaschisten Fritz Schmenkel. Aus dem Russischen. Verlag Neues Leben, Berlin. 209 Seiten, mit Abbildungen.

Der Soldatenjunge. Eine Sammlung sowjetischer Kriegserzählungen. Aus dem Russischen. Verlag Neues Leben, Berlin. 373 Seiten.
Im Mittelpunkt der Erzählung stehen Kinder und Jugendliche, die auf ihre Art versuchen, mit ungewöhnlichen Situationen fertig zu werden und dabei oft mehr Mut und moralische Stärke aufbringen als Erwachsene.

Marina Pawlowna Tschetschnewa: Der Himmel bleibt unser. Aus dem Russischen. Militärverlag der DDR, Berlin. 198 Seiten, mit Fotos.
Die Autorin des Buches schildert ihren Weg von der Ausbildung als Fliegerin bis zum Einsatz in einem Nachtbomberregiment, das vom Kommandeur bis zum Mechaniker nur aus jungen Frauen und Mädchen bestand.

Boris Wassiljew: In den Listen nicht erfaßt. Aus dem Russischen. Verlag Neues Leben, Berlin. 264 Seiten, mit Illustrationen. (Kompaß-Bücherei; 264)
Den heldenhaften Verteidigern der Festung Brest, unter ihnen Leutnant Pluschnikow, wird mit diesem Buch ein Denkmal gesetzt.

Bruno Apitz: Nackt unter Wölfen. Mitteldeutscher Verlag, Halle, Leipzig. 562 Seiten.

Max Burghardt: Briefe, die nie geschrieben wurden: Lilo Herrmann zum Gedächtnis. Verlag Neues Leben, Berlin. 541 Seiten, mit Illustrationen.

Peter Edel: Wenn es ans Leben geht. Meine Geschichte. Verlag der Nation, Berlin. Bd. I: 452 Seiten; Bd. II: 420 Seiten, mit zahlreichen graphischen Arbeiten des Autors.
1942 wurde der damals 21jährige Maler und Graphiker durch die Gestapo verhaftet und ins Konzentrationslager eingeliefert. In dieser Zeit entstanden unter ständiger Lebensgefahr Zeichnungen, die zum Teil durch internationale Solidarität gerettet wurden.

Anne Frank: Das Tagebuch der Anne Frank. 14. Juni 1942 bis 1. August 1944. Aus dem Holländischen. Der Kinderbuchverlag, Berlin. 280 Seiten. (Alex Taschenbücher; 112)
Abgeschnitten von der Außenwelt, verborgen in einem Amsterdamer Geschäftshaus schreibt Anne ihr Tagebuch bis zu dem Tag, als alle dort versteckt lebenden Juden von der SS entdeckt wurden.

Vera Friedländer: Späte Notizen. Verlag Neues Leben, Berlin. 270 Seiten.
Vera Friedländer ist die Tochter einer Jüdin und eines Katholiken. In ihren „Notizen“, die die Zeit von 1938 bis 1945 umfassen, schildert sie das Schicksal ihrer Familienangehörigen, von denen 21 durch faschistischen Terror umgekommen sind.

Julius Fučik: Reportage unter dem Strang geschrieben. Aus dem Tschechischen. Der Kinderbuchverlag, Berlin. 124 Seiten, mit Illustrationen.
Unter schwersten Haftbedingungen und in Erwartung des Todes hat J. Fučik diesen Bericht über Terrormethoden der Gestapo und den Widerstand im Prager Pankrác-Gefängnis geschrieben.

Emil Rudolf Greulich: Keiner wird als Held geboren. Ein Lebensbild aus dem deutschen Widerstand. Verlag Neues Leben, Berlin. 455 Seiten.
Leben und Kampf Anton Saefkows (im Buch Anton Born genannt) macht die entscheidende Rolle der KPD im Ringen für ein neues Deutschland deutlich.

Heinz Kruschel: Der Mann mit vielen Namen. Roman um Conrad Blenkle. Verlag Neues Leben, Berlin. 293 Seiten.
Conrad Blenkle war der jüngste Reichstagsabgeordnete der Weimarer Republik und Vorsitzender des Kommunistischen Jugendverbandes Deutschlands. 1943 wurde er in Berlin-Plötzensee ermordet.

Wolfgang Langhoff: Die Moorsoldaten. Aufbau-Verlag, Berlin. 306 Seiten.

Eberhard Panitz: Käte. Eine biographische Erzählung über Käte Niederkirchner nach Aufzeichnungen ihrer Schwester Mia. Verlag Neues Leben, Berlin. 176 Seiten, mit Illustrationen.

Walter Radetz: Der Stärkere. Ein Buch über Werner Seelenbinder. Sportverlag, Berlin. 414 Seiten, mit Illustrationen.

Alcide Cervi: Meine sieben Söhne. Heldenepos der italienischen Widerstandsbewegung. Aus dem Italienischen. Dietz Verlag, Berlin. 145 Seiten, mit 8 Seiten Fotos.
Ein alter Bauer erzählt die Geschichte seiner Söhne, die alle einer illegalen kommunistischen Organisation angehörten und alle den Tod gefunden haben.

Wolfgang Held: Laßt mich doch eine Taube sein. Roman. Militärverlag der DDR, Berlin. 271 Seiten, mit Illustrationen.

Aufopferungsvoll kämpft die Gruppe „Ernst Thälmann“, die „Telmanovči“, als einzige deutsche Partisaneneinheit in der jugoslawischen Befreiungsarmee. Ihr beispielloser Einsatz trägt dazu bei, daß bereits 1943 große Teile Jugoslawiens vom Faschismus befreit wurden.

Klaus Scheel: Hauptstoßrichtung Berlin. Deutscher Verlag der Wissenschaften, Berlin. 43 Seiten, mit Abbildungen. (illustrierte historische hefte; 30)

Olaf Groehler: Das Ende der Reichskanzlei. Deutscher Verlag der Wissenschaften, Berlin. 43 Seiten, mit Abbildungen. (illustrierte historische hefte; 1)

Das neue internationale Kräfteverhältnis und der Beginn der antifaschistisch-demokratischen Umwälzung auf deutschem Boden

Rolf Badstübner: Code „Terminal“. Die Potsdamer Konferenz. Deutscher Verlag der Wissenschaften, Berlin. 43 Seiten, mit Abbildungen. (illustrierte historische hefte; 36)

Günter Benser: Aufruf der KPD vom 11. Juni 1945. Deutscher Verlag der Wissenschaften, Berlin. 43 Seiten, mit Abbildungen. (illustrierte historische hefte; 19)

Günter Benser: Wie die SED entstand. Deutscher Verlag der Wissenschaften, Berlin. 43 Seiten, mit Abbildungen. (illustrierte historische hefte; 40)

Horst Bastian: Die Moral der Banditen. Der Kinderbuchverlag, Berlin. 532 Seiten, mit Illustrationen.
Das Schicksal und die Wandlung einer von den Kriegsfolgen geprüften Jugendgruppe, die in einem märkischen Dorf das Wachsen einer neuen Gemeinschaft erlebt, wird packend und überzeugend erzählt.

Horst Bastian: Wegelagerer. Der Kinderbuchverlag, Berlin. 346 Seiten, mit Illustrationen.
1945 rettet der vierzehnjährige Jörg nach einem Fliegerangriff ein zweijähriges Mädchen, das er bei sich behält. Zwei Jahre lang ziehen sie umher, ständig auf der Flucht vor den Erwachsenen, die die beiden trennen würden.

Willi Bredel: Ein neues Kapitel. Chronik einer Wandlung. Aufbau-Verlag, Berlin, Weimar. 470 Seiten.
In den ersten Maitagen des Jahres 1945, als die sowjetischen Truppen Rostock besetzten, sind es Antifaschisten, die mutig gegen das Erbe des faschistischen Krieges auftreten, um ein „neues Kapitel“ der deutschen Geschichte zu beginnen.

Dieter Noll: Die Abenteuer des Werner Holt. Roman einer Heimkehr. Aufbau-Verlag, Berlin. 544 Seiten.
1945 kehrt Werner Holt aus amerikanischer Gefangenschaft nach Hause zurück. Er steht anfangs dem Aufbau einer neuen Ordnung gleichgültig gegenüber und muß erst viele Irrwege gehen, bis er in einem Studium seine Aufgabe sieht.

Martin Viertel: Sankt Urban. Verlag Neues Leben, Berlin. 454 Seiten.
Mit Hilfe der SMAD kann der Schacht Sankt Urban wieder in Betrieb genommen werden. Der Autor erzählt von den schweren Arbeitsbedingungen und zwischenmenschlichen Beziehungen in dieser Zeit der Bewährung.

Benito Wogatzki: Romanze mit Amélie. Verlag Neues Leben, Berlin. 277 Seiten.
Ein märkisches Dorf kurz nach Ende des Krieges ist Schauplatz der Handlung, in dessen Mittelpunkt die Erlebnisse des 16jährigen Jürgen Siebusch stehen.

Horst Barthel: Adolf Hennecke. Beispiel und Vorbild. Deutscher Verlag der Wissenschaften, Berlin. 43 Seiten, mit Abbildungen. (illustrierte historische hefte; 16)

Die Herausbildung des sozialistischen Weltsystems. Die Gründung der Deutschen Demokratischen Republik

Evamaria Badstübner-Peters. Wie unsere Republik entstand. Deutscher Verlag der Wissenschaften, Berlin. 38 Seiten, mit Abbildungen. (illustrierte historische hefte; 2)

Gerhard Keiderling: Die Spaltung Berlins. Deutscher Verlag der Wissenschaften, Berlin. 44 Seiten, mit Abbildungen. (illustrierte historische hefte; 37)

Helmut Neef: Entscheidende Tage im Oktober 1949. Die Gründung der Deutschen Demokratischen Republik. Dietz Verlag, Berlin. 181 Seiten, mit 100 Abbildungen.

Register

Anmerkungen

1. Kapitel

1 W. I. Lenin: Werke, Bd. 28. Berlin 1975, S. 471ff.
2 W. I. Lenin: Werke, Bd. 19. Berlin 1968. S. 308.
3 W. I. Lenin: Werke, Bd. 29. Berlin 1965, S. 417.
4 W. I. Lenin: Werke, Bd. 33. Berlin 1966, S. 127.
5 W. I. Lenin: Werke, Bd. 27. Berlin 1960, S. 472.
6 W. I. Lenin: Werke, Bd. 31. Berlin 1966, S. 513.
7 Feliks Dzierzyński. Biographie. Berlin 1981, S. 363.
8 Ebenda, S. 422.
9 E. Thälmann: Geschichte und Politik. Berlin 1973, S. 34f.
10 Protokoll der Konferenz der Erweiterten Exekutive der KI. Hamburg 1925, S. 204f.

2. Kapitel

1 W. Bredel: Maschinenfabrik N. und K. Berlin 1977, S. 89.
2 K. Grünberg: Mit der Zeitlupe durch die Weimarer Republik. Berlin 1977, S. 56f.
3 Ernst Thälmann. Eine Biographie. Berlin 1980, S. 250.
4 Dokumente zur deutschen Geschichte 1924–1929. Berlin 1975, S. 53.
5 Der Prozeß gegen die Hauptkriegsverbrecher vor dem Internationalen Militärgerichtshof Nürnberg, 14. November 1945 bis 1. Oktober 1946, Bd. XXXV. Nürnberg 1949, S. 68.
6 C. von Ossietzky: Schriften, Bd. 1. Berlin und Weimar 1966, S. 372f.
7 F. Wolf: Gesammelte Werke in 16 Bd., Bd. 15. Berlin/Weimar 1967, S. 76ff.
8 A. und A. Thorndike: Das russische Wunder. Berlin 1962, S. 170.
9 F. C. Weiskopf: Zukunft im Rohbau. Berlin 1932, S. 94f.
10 W. I. Lenin: Werke, Bd. 31. A. a. O., S. 276f.
11 Ernst Thälmann. Eine Biographie. A. a. O., S. 517.
12 C. von Ossietzky: Gang eins. „Die Weltbühne", Heft 9/1932, S. 315.
13 Ernst Thälmann. Eine Biographie. A. a. O., S. 570f.
14 Ebenda, S. 578.
15 Sturz ins Dritte Reich. Leipzig/Jena/Berlin 1983, S. 42f.
16 Dokumente zur deutschen Geschichte 1929–1933. Berlin 1975, S. 89f.
17 Ebenda, S. 83f.
18 Ebenda, S. 90.
19 H. Laschitza/S. Vietzke: Deutschland und die deutsche Arbeiterbewegung 1933–1945. Berlin 1964, S. 280.
20 Ebenda, S. 281.

3. Kapitel

1 Dokumente zur deutschen Geschichte 1933–1935. Berlin 1977, S. 23f.
2 Ebenda, S. 21f.
3 Die illegale Tagung des Zentralkomitees der KPD. Berlin 1981, S. 23.
4 Ebenda, S. 25.
5 Ebenda, S. 25ff., 31.
6 H. Gotschlich: Als die Faschisten an die Macht kamen. Berlin 1982, S. 47.
7 Ebenda.
8 O. Buchwitz: 50 Jahre Funktionär der deutschen Arbeiterbewegung. Berlin 1973, S. 130.
9 Braunbuch über Reichstagsbrand und Hitlerterror. Berlin 1980, S. 364.
10 E. Kästner: Da samma wieda. Geschichte in Geschichten. Berlin 1969, S. 262.
11 Dokumente zur deutschen Geschichte 1933–1935. A. a. O., S. 34.
12 Ebenda, S. 23.
13 W. u. C. Küchenmeister: Bilder aus dunkler Zeit. Berlin 1985, S. 118.
14 F. C. Weiskopf: Das Anekdotenbuch. Berlin 1965, S. 9ff.
15 E. Honecker: Aus meinem Leben. Berlin 1980. S. 63, 66.
16 Dokumente zur deutschen Geschichte 1933–1935. A. a. O., S. 39f.
17 Ebenda, S. 63.
18 Anatomie des Krieges. Berlin 1969, S. 121.
19 Deutschland im zweiten Weltkrieg, Bd. 1. Berlin 1974, S. 85.
20 Sturz ins Dritte Reich. A. a. O., S. 257.
21 Zahlenmaterial aus J. Kuczynski: Das große Geschäft. Berlin 1967, S. 136.
22 Ebenda, S. 140.
23 Anatomie des Krieges. A. a. O., S. 145f., 150.
24 Geschichte der sowjetischen Außenpolitik 1917–1945. Berlin 1980, S. 369ff.
25 W. Pieck/G. Dimitroff/P. Togliatti: Die Offensive des Faschismus und die Aufgaben der Kommunisten im Kampf für die Volksfront gegen Krieg und Faschismus. Berlin 1957. S. 225.
26 H. Kühnrich: Die KPD im Kampf gegen die faschistische Diktatur 1933–1945. Berlin 1983, S. 70f.
27 Dokumente zur deutschen Geschichte 1933–1935. A. a. O., S. 70.
28 W. Pieck/G. Dimitroff/P. Togliatti: Die Offensive des Faschismus … A. a. O., S. 271.

29 Ebenda, S. 222.
30 Die Brüsseler Konferenz der KPD (3.–15. Oktober 1935). Berlin 1975, S. 607ff.
31 H. Kühne: Krieg in Spanien 1936–1939. Berlin 1986, S. 74.
32 Deutschland im zweiten Weltkrieg, Bd. 1. A. a. O., S. 105.
33 Ebenda, S. 147.
34 Dokumente zur Geschichte der SED, Band 1. Berlin 1983, S. 346.
35 A. Abusch: Der Deckname. Berlin 1981, S. 462f.
36 Dokumente zur Geschichte der SED, Band 1. A. a. O., S. 331.
37 Dokumente zur deutschen Geschichte 1936–1939. Berlin 1977, S. 96.
38 Der Nürnberger Prozeß, Bd. 2. Berlin 1957, S. 164.
39 P. P. Sewostjanow: Sowjetdiplomatie gegen faschistische Bedrohung 1939–1941. Berlin 1984, S. 25.
40 Dokumente zur deutschen Geschichte 1936–1939. A. a. O., S. 123.

4. Kapitel

1 Der zweite Weltkrieg. Dokumente und Materialien. Berlin 1961, S. 48f.
2 Ebenda, S. 57.
3 Dokumente zur deutschen Geschichte 1939–1942. Berlin 1977, S. 41f.
4 M. Pikarski/G. Uebel: Die KPD lebt! Flugblätter aus dem antifaschistischen Widerstandskampf der KPD 1933–1945. Berlin 1980, S. 196.
5 J. W. Stalin: Über den Großen Vaterländischen Krieg der Sowjetunion. Berlin 1952, S. 13.
6 Dokumente zur deutschen Geschichte 1939–1942. A. a. O., S. 73f.
7 Ebenda, S. 82.
8 G. Hass: Von München bis Pearl Harbor. Berlin 1965, S. 235.
9 Verbrecherische Ziele – verbrecherische Mittel. Moskau 1963, S. 64ff.
10 Ebenda, S. 209.
11 Dokumente zur deutschen Geschichte 1942–1945. Berlin 1977, S. 54.
12 W. Ulbricht: Zur Geschichte der deutschen Arbeiterbewegung. Aus Reden und Aufsätzen, Bd. II: 1933–1946. Berlin 1953, S. 203ff.
13 H. Kühnrich: Die KPD im Kampf gegen die faschistische Diktatur 1933–1945. Berlin 1983, S. 145ff.
14 Dokumente zur deutschen Geschichte 1942–1945. A. a. O., S. 44.
15 Ebenda, S. 65.
16 Der zweite Weltkrieg. Dokumente und Materialien. A. a. O., S. 131.
17 Teheran, Jalta, Potsdam. Dokumentensammlung. Moskau 1978, S. 201.
18 H. Kühnrich: Die KPD im Kampf gegen die faschistische Diktatur 1933–1945. A. a. O., S. 284.

5. Kapitel

1 Briefwechsel Stalins mit Churchill, Attlee, Roosevelt und Truman 1941–1945. Berlin 1961, S. 730.
2 Ebenda, S. 746.
3 Potsdamer Abkommen. Ausgewählte Dokumente zur Deutschlandfrage 1943–1949. Berlin 1970, S. 52.
4 „Probleme des Friedens und des Sozialismus", Heft 6/1972, S. 808.
5 G. Weiß: Am Morgen nach dem Kriege. Erinnerungen eines sowjetischen Kulturoffiziers. Berlin (1981), S. 113.
6 Geschichte der deutschen Arbeiterbewegung, Bd. 6. Berlin 1966, S. 349.
7 Dokumente und Materialien zur Geschichte der deutschen Arbeiterbewegung, Reihe III, Bd. 1. Berlin 1959, S. 14ff.
8 Ebenda, S. 29.
9 Bündnis der Arbeiter und Bauern. Dokumente und Materialien zum 30. Jahrestag der demokratischen Bodenreform. Berlin 1975, S. 35.
10 Ebenda, S. 45.
11 Hans Warnke: Die Enkel fechten's besser aus … 10 Jahre Demokratische Bodenreform. Berlin 1955, S. 24.
12 Geschichte der Deutschen Demokratischen Republik. Berlin 1981, S. 51.
13 Jahrbuch der Sozialdemokratischen Partei Deutschlands 1946. (Göttingen) o. J., S. 5.
14 K. Adenauer: Erinnerungen 1945–1955. Stuttgart 1965, S. 35.
15 G. Benser: Wie die SED entstand. Berlin 1986, S. 3.
16 Geschichte der deutschen Arbeiterbewegung, Bd. 5. Berlin 1966, S. 460.
17 Geschichte des FDGB. Berlin 1982, S. 200f.
18 E. Honecker: Zur Jugendpolitik der SED. Berlin 1980, S. 24.
19 Dokumente der Sozialistischen Einheitspartei Deutschlands, Bd. I. Berlin 1952, S. 32f.
20 Gesetze, Befehle, Verordnungen, Bekanntmachungen, veröffentlicht durch die Landesverwaltung Sachsen. Dresden, 27. Juli 1946, S. 305.
21 Zur Wirtschaftspolitik der SED, Bd. 1. Berlin 1984, S. 131.

6. Kapitel

1 E. Honecker: Aus meinem Leben. A. a. O., S. 151.
2 M. Hegemann: Georgi Dimitroff als Staatsmann. Berlin 1982, S. 33.
3 Zur Wirtschaftspolitik der SED, Bd. 1. A. a. O., S. 200.

4 E. Honecker: Aus meinem Leben. A. a. O., S. 168.
5 Dokumente der Sozialistischen Einheitspartei Deutschlands, Bd. II. Berlin 1952, S. 199.
6 „New York Herald Tribune" vom 24. Februar 1949.
7 Geschichte der deutschen Arbeiterbewegung, Bd. 6. A. a. O., S. 333.
8 Geschichte der DDR. A. a. O., S. 110.
9 E. Honecker: Aus meinem Leben. A. a. O., S. 158.
10 W. Pieck: Reden und Aufsätze, Bd. II. Berlin 1954, S. 303.
11 Dokumente zur Deutschlandpolitik der Sowjetunion, Bd. 1. Berlin (1957), S. 238f.
12 Geschichte der deutschen Arbeiterbewegung, Bd. 7. Berlin 1966, S. 11f.
13 Ebenda, S. 335.

Quellennachweis der Abbildungen

(Die Ziffern bedeuten die Seitenzahlen im Lehrbuch.)

ADN-Zentralbild/Archiv (S. 20 unten, 23 rechts, 28, 50, 87 unten, 96, 107 unten, 108 rechts, 147, 173, 182 [3 Abb.], 192 oben, 193 links, 195 [2 Abb.], 197 oben, 207 unten, 208, 209 [2 Abb.], 211 oben, 213, 229 links, 233 rechts, 234 oben, 242 oben links, 252 unten, 255, 265, 274, 275, 282 unten, 284; ADN-ZB/Donath (S. 218 rechts, 230); ADN-ZB/Franke (S. 202); ADN-ZB/Höhns-Pehl (S. 232); ADN-ZB/Weiß (S. 31); Beier-Red, A., Gezielt und getroffen. Berlin 1962 (S. 92, 277 unten); Bergschicker, H., Der zweite Weltkrieg. Berlin 1963 (S. 256); Bergschicker, H., Deutsche Chronik 1933–1945. Berlin 1982 (S. 121); Bildarchiv des volkseigenen Verlages Volk und Wissen, Berlin (S. 29, 37 oben, 43 unten, 45, 49, 51, 58 [2 Abb.], 59 [1 Abb.], 86 unten, 93, 104 oben, 108 links, 111 unten, 128, 129, 131 links, 137 [2 Abb.], 138, 143, 148, 149, 152 rechts, 157 links, 162 [2 Abb.], 164, 165, 169 [2 Abb.] 171 unten, 179 [7 Abb.], 180, 181 oben, 182 [1 Abb.], 184, 188, 189, 192 unten, 210 rechts, 227, 245 unten, 257, 258, 279, 282 oben, 283 oben, 2. und 3. Umschlagseite); Borchardt, Bernd, Berlin (S. 43 oben, 229 rechts unten, 234 unten, 273 unten, Außentitel); Deutsche Geschichte, Bd. 3. Berlin 1968 (S. 181 unten); Deutschland im zweiten Weltkrieg, Bd. 2. Berlin 1975 (S. 158, 159); Die Befreiung Berlins. Hrsg. von K. Scheel. Berlin 1985 (S. 217 links); Die Vereinigung von KPD und SPD zur Sozialistischen Einheitspartei Deutschlands. Berlin 1976 (S. 243 rechts); Dietz Verlag/Ewald (S. 9, 226, 266); Expressionisten – Die Avantgarde in Deutschland 1905–1920 (Katalog). Berlin 1986 (S. 71 oben); Fritz, Joachim, Basdorf (S. 70 unten); Für einen dauerhaften Frieden gegen die Kriegsbrandstifter. Zeichnungen von Boris Jefimow. Dresden 1951 (S. 54, 163); Georgi-Dimitroff-Museum, Leipzig (S. 113 links); Geschichte der deutschen Arbeiterbewegung, Bd. 5. Berlin 1966 (S. 58 [2 Abb.], 59 [2 Abb.]); Geschichte der deutschen Arbeiterbewegung, Bd. 6. Berlin 1966 (S. 281); Geschichte der russischen Kunst – Von den Anfängen bis zur Gegenwart. Dresden 1975 (S. 20 oben); Geschichte für morgen, Bd. 3. Frankfurt/M. 1985 (S. 33); Geschichtliche Weltkunde, Bd. 3. Frankfurt/Berlin/München 1976 (S. 40 unten); Gleisberg, D., Conrad Felixmüller – Leben und Werk. Dresden 1982 (S. 75 unten); Heartfield-Archiv (S. 66, 81); Heinrich Zille. Hrsg. von M. Flügge. Berlin 1979 (S. 70 oben); Hensky, Herbert, Berlin (S. 271 links); Herzfelde, W., John Heartfield. Dresden 1962 (S. 113 rechts); Hundert Jahre Deutsche Sozialdemokratie. Bilder und Dokumente. Hannover 1963 (S. 107 oben); Hütt, W., Otto Nagel. Berlin 1984 (S. 72, 218 links unten); Illustrierte Geschichte der DDR. Hrsg. von H. Heitzer/G. Schmerbach. Berlin 1984 (S. 273 oben); Illustrierte Geschichte der Großen Sozialistischen Oktoberrevolution. Berlin 1972 (S. 22); illustrierte historische hefte, Nr. 16. Berlin 1979 (S. 248 [2 Abb.]); illustrierte historische hefte, Nr. 23. Berlin 1980 (S. 38); Institut für Marxismus-Leninismus beim ZK der SED, Zentrales Parteiarchiv (S. 16, 40 oben, 58 [2 Abb.], 59 [1 Abb.], 61 [2 Abb.], 63 unten, 68, 74, 85, 94, 95, 100, 102, 106, 110, 111 oben, 112 [2 Abb.], 116 unten, 127, 131 unten rechts, 141, 152 links, 172, 174, 179 rechts oben, 182 [2 Abb.], 183 unten, 198, 224 rechts, 240, 244, 246 oben, 249 unten, 250, 260 rechts, 261 [2 Abb.], 264, 267 links, 270 unten, 283 unten); Institut und Museum für Geschichte der Stadt Dresden (S. 249 oben); 120 Jahre deutsche Arbeiterbewegung in Bildern und Dokumenten. Berlin 1964 (S. 56, 63 oben, 86 oben, 277 oben); John Heartfield – Leben und Werk. Dresden 1962 (S. 99); Kampf Tod Andenken 1939–1945, Zum zwanzigsten Jahrestag des Aufstandes im Warschauer Ghetto 1943–1963. Warschau 1963 (S. 105 unten); Kühne, H., Krieg in Spanien 1936–1939. Berlin 1986 (S. 130, 131 oben rechts, 132); Kühnrich, H., Die KPD im Kampf gegen die faschistische Diktatur, 1933–1945. Berlin 1983 (S. 178); Lasius, R./Recker, H., Geschichte, Band 3. Weinheim/Bergstraße 1962 (S. 115 unten); Maahs, R./ von Schnitzler, K.-E., Vom Glück des Menschen. Leipzig 1968 (S. 228); Mai, Karl-Detlef, Leipzig (S. 215, 217 rechts unten, 218 links oben, 229 rechts oben, 235); Meyers Handlexikon in zwei Bänden, Bd. 1. Leipzig 1977 (S. 210 unten links, 223 unten, 224 links oben, 260 links); Meyers Handlexikon in zwei Bänden, Bd. 2. Leipzig 1977 (S. 203, 210 Mitte links); Meyers Neues Lexikon in achtzehn Bänden, Bd. 3. Leipzig 1972 (S. 224 links Mitte, 267 rechts oben und unten); Meyers Neues Lexikon in achtzehn Bänden, Bd. 8. Leipzig 1972 (S. 224 links unten); Meyers Neues Lexikon in achtzehn Bänden, Bd. 9. Leipzig 1974 (S. 267 rechts Mitte); Meyers Neues Lexikon in achtzehn Bänden, Bd. 14. Leipzig 1976 (S. 234 links); Meyers Neues Lexikon in achtzehn Bänden, Bd. 15. Leipzig 1977 (S. 210 oben links); Museum für Deutsche Geschichte, Berlin (S. 37 unten, 47, 60, 62, 75 oben, 84, 87 oben, 88 unten, 105 oben, 119, 120, 124, 125 [3 Abb.], 135, 136, 142 [2 Abb.], 183 oben, 187, 207 oben, 219, 231, 243 [2 Abb.]); Nationale Mahn- und Gedenkstätte Buchenwald (S. 190); Neumann, A., Rosa Rock und schwarze Lettern – Geschichten rund um die Litfaßsäule. Berlin 1984 (S. 67); „NOWOSTI“ Presseagentur (APN) DABA Berlin (S. 216 rechts); Schätze der Berliner Museen. Berlin 1983 (S. 194 unten); Sieger der Geschichte. Berlin 1963 (S. 89); Sowjetische Fotografen 1917–1940. Leipzig 1980 (S. 23 links, 27 oben und unten, 79); Sowjetische Fotografen 1941–1945. Leipzig 1985 (S. 157 rechts, 162 oben, 171 oben, 177, 191, 197 unten); Stärker als die reißenden Flüsse. Vietnam in Geschichte und Gegenwart. Berlin 1970 (S. 211 unten); Sächsische Landesbibliothek, Abt. Deutsche Fotothek, Dresden (S. 44, 71 unten, 171 Mitte, 233 links); Thorndike, A. und A., Das russische Wunder. Berlin 1963 (S. 77); Thur, Herbert, Berlin (S. 242 unten links); VEB Deutscher Verlag der Wissenschaften, Berlin (S. 24, 41, 103, 104 unten, 194 oben, 204 [2 Abb.], 216 links, 242 rechts, 276); Schrader, B./Schebera, J., Kunstmetropole Berlin 1918–1933. Berlin und Weimar 1987 (S. 90, 91); Verlag Tribüne, Berlin (S. 42, 88 oben, 217 rechts oben, 223 Mitte, 246 unten, 269, 271 rechts); Vom Bauernheer zur Volksarmee. Berlin 1979 (S. 176 [2 Abb.]); Walter Ulbricht – Ein Leben für Deutschland. Hrsg. vom Nationalrat der Nationalen Front. Leipzig 1963 (S. 83, 245 oben); Weltgeschichte in zehn Bänden, Bd. 9. Berlin 1969 (S. 73); Wörterbuch der Deutschen Militärgeschichte, Bd. 1. Berlin 1985 (S. 61 oben rechts, 116 oben, 130 unten); Wörterbuch der Deutschen Militärgeschichte, Bd. 2. Berlin 1985 (S. 61 unten rechts, 115 [2 Abb.], 118 unten, 193 rechts); Zeiten und Völker. Wien 1982 (S. 109); Zentrales Haus der DSF, Bildstelle, Berlin (S. 30, 199); Zentralvorstand des FDGB, Archiv, Berlin (S. 223 oben, 270 oben); 1870–1970. Zum Geburtstag von Wladimir Iljitsch Lenin. Moskau 1969 (russ.) (S. 8).

Außentitel:
„Wendepunkt Deutschlands“, Wandbild von Arno Mohr, 1956 (zwei Details)
2. Umschlagseite:
Glockenturm und Buchenwalddenkmal in der Mahn- und Gedenkstätte Buchenwald
3. Umschlagseite:
Ehrenmal für die Gefallenen der Sowjetarmee in Berlin-Treptow

Vignette auf der Innentitelseite:
Zeichnung nach „Aufbauhelferin“ von Fritz Cremer, 1954